新經學

第七輯

鄧秉元　主編

上海人民出版社

目　録

學術遺札

古典新詮

出土文獻與經學

經學歷史

圓桌會談

張爾田致王國維書(三通)*

一

前在隘堪兄處,烟敘殊暢。尊集編次體例既用古法大題在下之例,則著者姓名殊難加入,不如倣鄭箋《毛詩》,於大題上題“王氏學”三字。據《釋文》,“鄭氏箋”三字乃雷次宗所加,然孔沖遠則云康成自題。邵公《公羊解詁》稱“何休學”,而不稱“氏”。稱“氏”者自是爲其學者所加,然孔説固亦可備一解也。既有自題一説,似無妨沿用。至尊集總名“永觀堂集林”,“集林”上冠以堂名,亦不雅,蹈宋以後習氣。不如竟稱之爲“王氏集林”較古也。近爲翰怡作《章實齋遺書序》一篇,以休寧、高郵諸儒榷其同異。休寧、高郵方法誠爲學者所必用,然其末流之弊,實亦有無可諱言者。近日爲此學漸離恒幹,而趍於骨董一途。骨董之學,固亦從攷古中來,但須知恒幹,否則技也,而非道矣。然自來無人訟言及此者。偶讀《落帆樓集》,見所論道光間學人風氣已如是,輒有所感,寄之於序,惟文則不甚工耳。孟蘋聞廿後歸,弟擬二十三下晚詣威海衛路,兄可以逕至彼劇譚,已告隘葊矣。此上靜安我兄道安。弟爾田頓首。

---

* 據國家圖書館古籍館編《國家圖書館藏王國維往還書信集》(中華書局 2017 年版)影印手跡整理。

二

靜菴我兄有道

前得惠書,當即裁覆。弟本擬暑假後接家入都,近因校薪至今無著,而史館又因財政困難,自行歇業,衹得從緩,再定行止。弟於史館方面,前已因桐城派傾軋,主張修史專主八家古文,不宜用攷據詞章之士,憤而辭職。彼中尚擬挽留,今已無形解散,留之一説,當然不成事實矣。惟是故國之史,若不及時整理,將來新學大行,後生小子語昭代故實,必有茫然若陳古者。是三百年之史自我而亡,念之滋懼。海上遺老多不以此爲意,此在從前易代之際則然,而非所論於今日。今日在野縱不敢修史,似宜設法將歷朝實録、國史志傳諸稿加意保存,刊印流布,庶幾後人有所憑藉,以爲載筆之資。否則郢書燕説,流爲丹青,非《禨事秘辛》,即《周秦行紀》,祖宗英文烈武,遺風善俗,必爲若輩鏟滅殆盡。如近日海上坊間所出,可爲殷鑑也。至於事實疏舛,論斷荒謬,猶其小焉者。弟嘗語章式之師云,今日修史,不患成穢史,但患成笑林。斯言雖謔,殆爲懸讖。前歲羅叔言先生有書,勸館長排印實録。當時妄謂《清史》可成,或不須此,今則似不容緩矣。鄙意擬慫恿培老、叔言諸公發起此事,斯亦養士之報所應然也。我兄倘以爲然乎?能爲我一探培老意恉否?總之,明王之夢,已斷此生,喬木之思,必宜有寄。國可亡,史不可亡,此弟數年來所蘊之於懷抱者。今亦以此意告我知己耳。益菴已返滬否?比來買得一正德本《二俊集》,係王漁洋所藏,價尚不昂。我兄北游何時?既不就大學之聘,則觀書柱下,無妨往還。弟因開學不過一月,暫時不歸。惟都中天氣驟熱,終日閉關,殊悶損耳。專肅,敬頌著祺,不一一。小弟爾田頓首。

三

静莽我兄左右

昨復一緘,想警及。校中内部暗潮甚烈,又不知演何惡劇。居長安數旬,舉目所見,無非怖景;舉足所詣,無非怪物。天行肆虐,人治無功,誰生厲階,至今爲梗。弟前所作與人書,大惑不解三端,自信真可代天使福音,合乎科學,中乎邏輯律令,雖使堪德復生,亦必首肯吾言。往歲羅素講演時,弟嘗戲語學者,羅素成績與吾車夫相等。學者皆大笑不服。弟爲解之曰:羅素是極端知此道理的人,試問知了於人何益?吾車夫是極端不知此道理的人,不知又於人何損?且車夫尚能給人以力,羅素所以予吾人之知者,充類至盡,且等於零。則雖謂羅素成績不及吾車夫可也。此雖讕言,實具妙誼。蓋宇宙一大謎也,人日在謎中,而反不安於謎,非愚則狂。不知此謎萬不可破。此謎一破,則人將無安身立足之地矣。今也狂瀾所至,胥全球人類而日趍於無安身立足一途,泰西學者不得辭其咎。語曰:剥不極則復不生。然後知仲尼已甚不爲,老氏知止不殆,此兩大哲者,真今日之救世主也。頃有人擬譯吾文以餉彼邦,使知天壤間尚有開此口者,雖不能有所補救,亦勿謂秦無人之意。生平自恨不諳横文,未能發揮盡致,但申説古誼如此。實則吾國文化,處處皆涵有此義,特百姓日用而不之知。弟老矣,終當强著一書,啓多聞於來學,待一治於後王。雖不能至,心嚮往之。前撰《史微》,其趍向已多在此。今去之十五年,閲之尚如新發於硎。此十五年中,更無有人爲吾言者,亦無有人知吾書爲何物者也,足以見弟之眼光心量,固非一世之謂矣。彼區區擬我於實齋者,豈知言哉?作者固不蘄人之知,要以俟知者知耳,此昌黎之言也。兄知我者,以爲如何。

今日得浙江志局書,分任限卷取薪,則我輩當無甚問題。仙釋一門,弟已著手緝述,隨付寫官。惟寓賢、掌故、封爵三類,即使我兩人闖分,恐亦無人能任。鄙意寓賢似可歸諸人物各門兼辦,掌故、封爵,有則續緝,無則蓋闕,志體出入,古人不嫌。培老病中,不宜煩以瑣事,可否便以此意一商古老。

此間秋煖如春,頗便孱軀。近況想佳,尚望隨時示以音問。即頌撰安。弟爾田頓首。

馮沅君《古優解(附録二)》審查意見書*

盧前撰

秦燕春附識**

著者以新觀點於戲曲史有所論列。□Fou之材料與古優並論。雖皆故有材料,但頗多創獲,附録二種似更勝。具系統之敘述及說明,有學理之根據,且能改進前人說法,可以謂之特殊貢獻。

總評:案所定給奬標凖,此書應列爲第二等。

審查人:盧前(簽名蓋章)

年　月　日

附識

馮沅君(1900—1974)於現代文壇稱女作家,亦爲古典文學史家,原名馮恭蘭,改名淑蘭,字德馥,筆名淦女士、沅君、易安、大琦、吴儀等,與哲學家馮友蘭、地質學家馮景蘭爲同胞兄妹,夫陸侃如亦有聲於時。曾先後任教於金陵女子大學、復旦大學、中山大學、武漢大學、山東大學等。

---

* 本文原件承臺灣清華大學哲學所講座教授楊儒賓先生提供,特致謝忱。

** 作者單位:中國藝術研究院中國文化研究所。

《古優解》初版於 1944 年,主幹包括“引論”“古優的起源”“古優的技藝”“古優的特徵”“古優的影響”五部分。馮氏在引論中解釋研究目的,意在闡發王國維《宋元戲曲史》中對“倡優”考據的未盡之意,另一方面引入歐洲中世紀文化中與中國古優相似的“fou”(法語,意爲侏儒、弄臣,源自拉丁文“follis”,對應英文爲 fool)進行比較。馮氏舉證西方之“fou”,一方面在於這類人物與中國古優相似,另一方面也想通過綜述西方有關“fou”的專門成果來説明中國學界也應重視古優研究。對比不同文化中發展的戲劇或能幫助後人理解其在文獻中的具體表述。

被盧前認爲“似更勝”的附録二種,則爲《漢賦與古優》和《古優解補證》。

盧前即盧冀野(1905—1951),爲近代曲學大家吴梅弟子,畢業於東南大學。先後受聘於金陵大學、暨南大學、中央大學等,曾任《中央日報・泱泱副刊》主編、國立藝術專科學校校長多職。擅新舊詩詞、小説散曲,以及譯作、曲學理論、文學研究等。

古本《老子》校讀釋·《道經》二*

——五十二至五十八章

劉志榮**

本文爲筆者書稿的部分内容，全書可視爲筆者以校讀釋的形式寫成的讀《老》筆記。《老子》一書，歷代整理解釋者頗多，但常讀常新，這也就是經典的魅力所在。新時代讀《老》，有其特殊的優勝條件：文獻方面，二十世紀七十年代以來，《老子》古本迭有發現，迄今已可見四種出土古本，可以説漢代以後前人都没有這麽好的條件。近年來研究界對重要出土文獻，如帛書二本進行重新整理，又有一些新的發現和補充；對於傳世文本，也有新的整理和認識。學術思想上，進入二十一世紀以來，學界逐漸在吸收更爲深入的學術資源，也面臨著新的時代環境，可能産生新的學術思想。這些都有助於加深對以往經典的認識。這是筆者重新讀《老》解《老》的背景和條件，在此略作説明。

歷來對《老子》進行重新整理和認識者甚多，出土諸本面世後，更是不斷掀起研究、整理和討論的熱潮。"校讀"和"解釋"都是比較有歷史和成效的基礎研究方法，新的時代條件下仍不失其有效性，也的確可以

* 本文爲國家社科基金後期資助專案"《古本〈老子〉校讀釋》"(19FZXB052)及中山大學文科重大培育專案"中國古典學研究的理論和實踐"(20wkjc01)之階段性成果。

** 作者單位：中山大學博雅學院。

有不少新的發現和啟發。當然,不同研究者的認識和理解容或不同,正可以在交流和討論中求同存異,加深對這一基礎經典的認識。管窺蠡測,譾陋難免,希望得到方家的指正。

本文讀《老》,以帛書二本,尤其甲本爲主,因此本雖有許多欠缺,仍爲目前所能見及之最早之五千言本,保留了許多後世文本没有的信息;帛書乙本抄寫年代略晚於甲本而比甲本保留完整,可以補充訂正甲本的許多地方,也非常值得珍惜。其他的出土本,郭店楚簡本時代最早,也最可珍貴,可能保留了許多早期《老子》文本的信息,但其篇幅衹有今本的五分之二;北大收藏漢簡本保留最爲完整,但其年代與帛書本相較則顯稍晚;至於存世各本,包括有古本信息或古本之名的傅奕本和范應元本,也不免在整理和流傳過程中受到各種影響,此所以今天欲讀尚且保留了早期面貌的古本《老子》五千言,仍不能不以帛書本爲主也。文中所據原文,首爲帛書甲本原整理本釋文(帛書甲、乙本原釋文均收《馬王堆漢墓帛書(一)》,北京:文物出版社,1980年),部分通假字和標點符號有調整;帛書新整理本釋文及新見,凡可採納者均在原文後的"校讀釋"部分進行説明(新整理的甲、乙二本均收入《馬王堆漢墓簡帛集成(四)》,北京:中華書局,2014年)。不徑以新整理本爲據者,乃爲表示對新整理者的發現和成果的尊重,故特另爲標出,以示不敢掠美。原文除以帛書甲本爲主、比對帛書二本之新舊整理本外,覆以郭店楚簡本及北大漢簡本釋文(分收:《郭店楚墓竹簡》,北京:文物出版社,1998年;《北京大學藏西漢竹書(二)》,上海:上海古籍出版社,2012年),並比照存世文獻中主要的唐前本子(書寫年代,非現存版本年代)如嚴遵本、河上公本、王弼本,和比較重要而有代表性的唐代本子,如有古本來源的傅奕本及影響較爲廣泛的唐石刻本景龍碑本,以及近代發現的宋范應元本(亦稱有古本依據),逐字逐句逐章校而讀之、釋之、解之。爲方便記,作爲參校的嚴本、河本、王本、傅本原本均據《道藏》本(《道藏》所收各本在版本上的優異性,專門研究的學者多有記述,本書在"前言"及"凡例"部分予以說明),並參考王德有、樊波成、王卡、樓宇烈等學者對各本的校勘整理。敦煌文書、帛書、楚簡、漢簡等文獻面世之前,唐石刻本景龍碑本頗受清代民國探尋《老子》古本的學者重視,參校本除依據原碑拓片外,參照清代嚴可均、魏稼孫等學者的校勘成果及近人朱謙之《老子校釋》中的校勘整理。范應元本爲近代發現,頗受重要學者和藏書家如繆荃孫、沈曾植、楊守敬、傅增湘、王闓運等重視,收入"續古逸閣叢書",題名爲《宋本老子道德經古本集注》,即爲本書所據;校讀過程中也發現此本的確保留了不少古本信息,其稱"古本"當有所據。出土所見,除帛書、楚簡、漢簡外,尚有敦煌文書中所見諸本及《老子》想爾注本,但這些文獻都有宗教性質,與學術研究探討性質有異,故除個別文字外,不作爲參校本。帛書本原文分章不清,兹依帛書本原文順序,據漢簡本分章,期能看到今本定型之前部分古本原貌。校讀原則,在文本方面力求於"古"有據;解釋方面,則在恢復古義之外,不排除吸收域外及後世哲理以證《老》,也不排除表達自己所見,因"體《老》"亦爲"解《老》"不可或缺之部分。《道經》之部,嚴遵本不存,則校讀比對世存本僅涉及河、王、傅、景、范數家。

校讀所用符號,【 】内爲甲本闕文釋文據他本補入的内容,[ ]内爲甲本抄漏釋文應補入的部分,{ }内爲衍文或原釋文誤綴誤釋,〈〉内爲原文抄誤釋文應是正的字詞,( )内爲通假、異體所用的正字。補文通假異體字徑改。涉及各本文字異同則於所理《老子》原文後討論;討論過程中尊重新舊整理者及其他研究者的意見,重要異同和代表性意見均於文後羅列,凡與原釋文及新整理釋文意見不一致者亦皆於原文後的"校讀釋"部分討論。校讀首先力求於古本有據,次方及於傳本;原文可讀通部分則儘量據原字釋義,其次方按通假異體處理;凡"校讀釋"引用部分均在内文說明。現代學者治《老》,帛書出土之前,朱謙之先生的《老子校釋》用力較劬;帛書面世之後,高明先生的《帛書老子校注》所獲較多;二著均有集校集注的意圖,所徵引文本及材料均較爲浩博,惜乎朱著成書較早(1954),尚未及見到帛書以降諸出土古本(其所用底本爲"景龍碑本"。此本在清代民國頗受重視,清嚴可均至謂"世間真舊本,必以景龍碑爲最",蓋亦囿於時代所限也);高著治帛書甚勤,貢獻亦大,高先生生前亦見及郭店楚簡本及北大漢簡本,而亦因著作成書較早(1990)而未遑研究徵引。筆者學力遠在二位先生之下,用作校勘的本子也僅限於出土及存世的最重要的核心文獻(亦有意避免過於繁瑣之意),惟因時代稍晚,所出所見新材料可稍多,學界研究甚劬而新見亦甚多,故雖珠玉在前,而或亦能據此略抒管見(因高著專治帛書,本书部分即以之爲質,討論引用亦稍多,凡引用皆一一説明,其不同處則出以己見並加按斷)。至於本书的哲理思辨,則古義之外,也有自己的參究,而亦不敢以己見爲必是,其間有一二可取者,讀者以野人芹獻視之,則幸莫大焉。书中凡徵引二書,均據中華書局"新編諸子集成"本。

以上爲對本书體例和重要參考書目的簡要説明,修改過程中,將進一步完善。由於全书主要部分以"校讀釋"形式寫成,寫作過程中自然對前人成果多所引用借鑒,行文之中均已標出;個人見解則以"按語"、討論等形式説明、表現;體式所限,行文不能像寫論文那樣展開,許多地方點到爲止,但基本論證和見解則均作説明,讀者詳參可知。解釋經典,最忌喧賓奪主,每苦其不能簡,本书所論列,實已較詳,由於帶有探討、研究性質,讀者或能諒其繁也。《老子》是兩千年前的古書,現代讀者可以見仁見智,但其思想的高度和深度則爲歷來所公認,且影響不限於中國,讀者貴得其深義,從中體悟一些帶有根本性的啟發,而不可死於句下。校讀、對勘、解釋各種基本材料外,本书也注重文本內證,重視以《老》解《老》,此外也重視引用其他諸子文獻如《論語》、《莊子》、《韓非子》、《文子》、《淮南子》等比較印證,取其與《老子》義理相通之處,用以解《老》證《老》。《老子》所言"道德",廣大、深遠、微妙、簡潔而宏肆,百家衆技,時有與其相通者,而皆不足以盡其道。其與《論語》等孔子遺説相通獨多者,以皆出於古學——《莊子》所謂"古之道術"是也。此源遠流長之古學精脈,演而爲兩千年之絢爛文化,以後也將找到其發展道路與前途。今雖低頭飲泉水一滴,亦可知源頭活水滋味,在會心與不會心耳。後之治《老》者尚多,則或亦有與於斯言。

五十二

> 植(持)而盈之,不【若其已。揣而群】之{□}{之},【不】可長葆之。金玉盈室,莫之守也。貴富而騎(驕),自遺咎也。功述身芮(退),天【之道也】。

是章甲本殘十字,衍二字;乙本殘一字,互校可補足。楚簡本存,漢簡本存,皆完整。

楚簡本是章,基本同帛書,見下:

> 朱(持)而浧(盈)之,不{不}若已。湍(揣)而羣(群)之,不可長保也。金玉浧(盈)室,莫能獸(守)也。貴福(富)喬(驕),自遺咎也。攻(功)述身退,天之道也。(甲組簡37—39)

"植(持)而盈之,不【若其已】。"甲本殘後三字,據乙本補,乙本"其"原作"亓"(乙本原對照表釋文識爲"六",當爲"亓"之誤,新整理釋文已改正)。楚簡本作:"植(持)而浧(盈)之,不不若已。"整理者謂"衍一'不'字","脱一'其'字"。按,"其"字或可不補。漢簡本、河、王、傅、范本皆作:"持而盈之,不如其已。"景龍碑本作:"持而盈之,不若其以。""以"當爲"已"之誤。"持"謂持守,"盈"謂盈滿,河上公注:"持滿必傾,不如止也。"

"【揣而群】之{□}{之},【不】可長葆之。"甲本殘前三字,及後句之"不"字。其第三字存右半,原整理者認爲"從台",疑爲"鉛"字,通於

“沿”，釋爲“循”；高明以爲右旁當爲“兑”，釋爲“鋭”，字當同今本；帛書新整理者則以殘存字形存疑，未釋補增入。“之”字後二字，原整理者認爲係誤抄，當删；新整理者亦作存疑保留。乙本是句作：“掩而允之，不可長保也。”楚簡本作：“湍而羣之，不可長保也。”漢簡本作：“梪而允之，不可長葆。”“掩”、“湍”、“梪”當皆通爲“摶”或“揣”。乙本、漢簡本“允”字，帛書原整理者同甲本殘字均釋爲“循”，漢簡本整理者則釋爲“捃”；楚簡本字原作“羣”（即“群”），與上所言不同，然其義自通。傳世諸本是句首字均作“揣”，唯傅本作“敱”，亦通於“揣”；另凡簡帛本作“群”或“允”處，傳世本皆作“鋭”（河、范、景龍）或“棁”（王、傅）。

今按：楚簡本是句首句作“湍而羣之”，“羣”即“群”之異寫，置於是處句義簡潔曉暢，或爲原字，可定諸本之歧。“群之”者，謂聚集之也。“湍”，魏啟鵬、趙建偉以爲可讀爲“摶”，《説文》：“圜也”，段注：“目（以）手圜之也……此篆之本字……俗字作‘團’。”古書中有“控摶”一詞，如《史記・屈賈列傳》“何足控摶”，《索隱》謂“本作‘控揣’”，魏、趙並引以爲佐證。魏啟鵬亦引《商君書・農戰》“凡治國者，患民之散而不摶也”以足其義。按：是説辯而有理，可爲一解。“揣”亦可徑訓爲“團”，《集韻》、《韻會》：“揣，徒官切，音團，與‘敦’同，聚貌。”馬融《長笛賦》：“冬雪揣封乎其枝”，《注》：“‘揣’與‘團’古通。”如從上所解，則“湍（摶、團）而群之”者，猶言“聚而群之”也。全句所言，誡積聚也。

又，是字傳本多作“揣”，如從此讀，則亦可從“揣”字本字訓。《説文》：“揣，量也。从手耑聲。度高曰揣。”如《左傳・昭公三十二年》：“士彌牟營成周，計丈數，揣高卑，度厚薄。”引申之則凡“揣度”、“揣摩”、“度量”、“猜測”之義，皆可謂之“揣”，如《孟子・告子下》“不揣其本而齊其末”及《漢書・翟方進傳》“子夏既過方進，揣知其指，不敢發言”。在古代，“揣”亦可爲一種專門技術，如《戰國策・秦策》“簡練以爲揣摩”；《鬼谷子》中亦專有《揣》、《摩》二篇。與作“聚而群之”解相比，此“揣而群之”則涉及心理、技術及認知層面，黄老傳統中可有之，然《老子》本文已徑謂“揣而群之,不可長保之”者,爲從根本上破除之也。因此亦有爲法,終有其盡,用之不當或落入歧途,且亦在消息之中,可用之一時,而不可以爲長久計也,究竟之途,亦當以明乎“道法自然”,方爲根本也。

傳世本是句作“揣而鋭之”者,因“揣”亦有“錘”之義(《説文》:“一曰捶之”)。楚簡本出,則亦有訓“揣”爲“持”(李零、劉釗)或“治”(彭浩)之義者。此皆似不如訓“湍”爲“摶”(“團”),或通“揣”,爲簡截了當,且與古人思想相通也。“群”、“允”,當以“群”爲本字,漢簡本整理者謂此當假作“捃”,亦可通,而不如從“群”字解直截。此字傳本作“棁”或“鋭”,以“鋭”爲本字,解者亦多據此釋義,如王弼注“既揣末令尖,又鋭之令利,勢必摧衄,不可長保也”,可存一説。過去材料有限,高明先生從字形認爲帛書甲本殘存之右半當爲“兑”,應從今本讀“鋭”,乙本“允”則爲“兑”的誤寫,認爲“帛書甲、乙本此句經文與今本是一致的”;今出土文本漸多,比對帛書甲乙本、楚簡本和漢簡本,可知高説非是。綜合各本及衆説,更合理的推測是實際情況可能剛好相反,蓋“群”既音假或誤讀爲“允”,則漸次可衍爲“兑”、爲“棁”、爲“鋭”矣。

“金玉盈室,莫之守也。”此據甲本,乙本後句作“莫之能守也”。楚簡本作:“金玉涅(盈)室,莫能獸(守)也。”漢簡本作:“金玉盈室,莫能守。”河本、王本、景龍本作:“金玉滿堂,莫之能守。”傅本、范本作:“金玉滿室,莫之能守。”是句之義,河上公注曰:“嗜欲傷神,財多累身。”王弼注曰:“不若其已。”蘇轍注曰:“日中則移,月滿則虧,四時之運,功成者去。天地尚然,而況於人乎?”

“貴富而驕,自遺咎也。”楚簡本作:“貴福喬(驕),自遺咎也。”漢簡本作:“富貴而驕,自遺咎。”河、王、傅、景龍、范本皆作:“富貴而驕,自遺其咎。”河上公注曰:“夫富當賑貧,貴當憐賤,而反驕恣,必被禍患矣。”按:此章教人持盈保泰,知退知止,富貴而驕,重犯其誡也,自遺其咎,亦必也矣。

“功述身芮(退),天【之道也】。”此章甲本殘三字,據乙本補;乙本、漢簡本句作:“功遂身退,天之道也”。楚簡本作:“攻述身退,天之道也。”“攻”通於“功”。“述”一般讀爲“遂”,按亦可讀如字,爲“述功”之倒,“述功”猶“紀功”也。乙本、漢簡本“述”皆作“遂”。王本近乙本,作“功遂身退,天之道”。河本、景龍本、范本作:“功成,名遂,身退,天之道。”傅本作:“成名,功遂,身退,天之道。”河本以下,蓋皆有所增益。

本節所述,爲持盈保泰之道,初似普泛,終亦歸結於政治哲學之理,亦可見道家之部分關心所在。《漢書·藝文志》以“道家之學,蓋出於史官”,有其所見。《漢志》謂其“歷記成敗存亡禍福古今之道”,明乎“成敗存亡禍福”,遠以通“古今之道”,近亦可以明乎持盈保泰、葆身全生之理,皆其關心者也。楚簡本已有此節,亦可見其傳述來源極早。

五十三

【載營魄抱一,能毋離乎?摶氣至柔】,能嬰兒乎?脩除玄藍(鑒),能毋疵乎?愛【民活邦,能毋以知乎?天門啟闔,能爲雌乎?明白四達,能毋以知乎?】生之,畜之。生而弗【有,長而弗宰也,是謂玄】德。

帛書甲本是章殘損較甚,乙本全。楚簡本未見。漢簡本存。此據乙本、漢簡本、傅本以補甲本之闕。

“【載營魄抱一,能毋離乎?摶氣至柔】,能嬰兒乎?”是句甲本殘甚,據乙本補。乙本句原作:“戴營袙抱一,能毋離乎?槫氣至柔,能嬰兒乎?”乙本“戴”,漢簡本、傅本及其他傳世本均作“載”,當以“載”爲本字。乙本“魄”原作“袙”,“營魄”,河上公注謂“魂魄也”,今所謂“精神”,生理與心理互相影響也。徐梵澄先生疑“營”有“不安”之意,“則‘營魄’可釋爲不安之魄,或不安之魂魄”,似有其理,亦何以下所言“抱一”、“毋離”

之爲必要也。“摶氣”，乙本、漢簡本原作“槫氣”，河、王、傅、景龍本作“專氣”，范本作“專炁”，按當以“摶氣”爲是。“【至柔】”，甲本原釋文徑作闕文處理，新整理本作爲未能確定之殘字以□□代替；乙本作“至柔”，據補；漢簡本作“致柔”；河、王、傅、景龍、范等傳世本皆作“致柔”，高明據改。今按：“至”、“致”可並存，各有其義，“至”爲結果、標準，“致”則爲“至”之過程也。朱謙之云：“即《管子·内業》之‘摶氣’，所謂‘摶氣如神，萬物備存。’（尹注：‘摶，謂結聚也。’）又曰：‘此氣也，不可止以力。’‘心静氣理，道乃可止。’皆與‘專氣致柔’説同。”按：此可見古書亦作“摶氣”，“摶”謂其過程，“專”則其結果也；又此亦即“修之於身，其德乃真”之部分内容，句謂：當使精神專一，身心合一而不離散，結聚氣息至於柔順，如嬰兒之自然和順，無思無慮。

“脩除玄藍（鑒），能毋疵乎？愛【民活邦，能毋以知乎】？”“脩除玄藍（鑒）”，“鑒”，甲本原作“藍”，乙本作“監”，漢簡本作“鑑”，王、河、傅、景、范本作“覽”。按：此皆當通爲“鑒”（漢簡本“鑑”字爲“鑒”之異體）；玄鑒，謂心也，心深遠明照，無物不察，故謂“玄鑒”。甲本“脩除”，乙本、漢簡本同，存世本如河、王、傅、景龍、范本並作“滌除”，帛書原整理小組、高明、漢簡本整理者據改。按：此可不改，如字，“修”未必皆“滌”也，古鏡用“修”字更爲恰切，又可通於“修行”之“修”。甲本“能毋疵乎”，乙本作“能毋有疵乎”，漢簡本同乙本，王本、傅本、景龍本、范本作“能無疵乎”，河上公本作“能無疵”。“【活邦】”，甲本原闕，乙本原作“栝國”，新舊整理者均將“栝”讀爲“活”，原整理者注：“通行本作‘治國’。《經典釋文》出‘民治’，云：‘河上本又作活。’帛書中活字寫作栝，此栝國即活國，河上公舊本蓋與此同。”“邦”，帛書原整理者補爲“國”，新整理者以爲當補爲“邦”字，以帛甲本不避漢高帝諱，其説有理，今從之。漢簡本字作“沽國”，整理者以爲“沽”字乃“治”字之誤。今按：據上説，“沽”字亦可能爲“活”字之訛，以與“治”字相比，“活”字字形更相近也。存世本如河、王、傅、景龍、范本皆作“治國”，“治”字不如“活”字爲善,以“活”字有生機也;且得其生機,使國自活,爲無爲法,得道法自然之義,故比“治國”用字爲善也。“能毋以知乎”,甲本闕,此據乙本補;漢簡本作“能毋以智虖(乎)”,除“智”、“虖”用字不同外,近帛書本。傳世諸本,王弼本作“能無知乎”,河上公本作“能無爲乎”(王卡整理本校記:影宋本及各本作“能無知”),景龍碑本作“能無爲”;唯傅奕本、范本作“能無以知乎”,近古本。此諸異文,以帛書本爲善,“能毋以知乎”,謂預留餘地也,非僅憑藉有限之知識與智慧也。“民”,景龍碑本作“人”,避諱。

“脩除玄藍(鑒),能毋疵乎?”修心使毋有疵,猶“時時勤拂拭,毋使惹塵埃”。夫頓悟不廢漸修,此於佛家,猶成就“大圓鏡智”也。心如鏡,清淨無疵,方能鑒物,明照深遠;又,如鏡者,順其自然也,物來則應,物去不留,復歸於清淨明澈;使心有所染所執,則必有所牽所阻,無此能力矣。

“愛【民活邦,能毋以知乎】?”“邦”猶“國”也。愛民活國,能不僅僅憑藉智能嗎?按:“愛民”者,夫物芸芸,各使歸其根也。民貴家常日用、飲食男女、父子倫常,乃至生存發展,此皆得正當安頓,則各老其老、幼其幼、父其父而子其子,人心向善,各循其倫,浸漸而至於“老吾老以及人之老,幼吾幼以及人之幼”,生存、發展、倫常、秩序皆得正當安排,社會和諧,風氣向善,則自然融融泄泄,不言而化矣;“活國”者,使國活也,此貴復其生機,能得其根本生機,則自然而活。此皆無爲自然,不假安排。夫知識有其邊界,智慧有其局限,此皆有其用也,奈何若不明其邊界及局限,恃之則恰足以成執礙,猶“理性之僭妄”云。若强恃之而行,則恰足以廢除無爲自然之大智慧也。此亦何以有爲法終究有其局限,不如無爲法爲根本,今人多不知也。(“無爲”即自然,非什麼都不做,否則恰成“有爲”矣。)“知”,可從本字,謂知識;亦可通“智”,則謂機械有限之“智”,非本原之“慧”也,猶今所謂左腦邏輯思維,雖有其用而不可僅憑藉之以爲根本,故《老子》中多黜之,欲復無爲自然整全之根本智慧也。他章言:“以智治國國之賊,不以智治國國之德”,此所謂“治國”者,猶對待一有機活體,其興旺繁榮者,根本上恃其自然生機,“復”者,復此也,猶《莊子·至樂》中所謂當以“鳥養”養鳥,而不當以“己養”養鳥也;否則規劃之、設計之,則恰足以損害之乃至摧殘之。此非謂“規劃”、“設計”不需要也,僅謂規劃、設計亦必以自然爲基,且須順應自然之勢也。《莊子·應帝王》謂:“明王之治,功蓋天下,而似不自己;化貸萬物,而民弗恃;有莫舉名,使物自喜。”其能無爲自然者,以此也。

“【天門啟闔,能爲雌乎? 明白四達,能毋以知乎?】”甲本殘缺,此據乙本補。“啟闔”,漢簡本作“啟閉”,河、王、傅、景龍、范本皆作“開闔”,爲避漢景帝劉啟諱所改,諸本義不異。“能爲雌乎”,漢簡本、傅奕本、范應元本同,河上公本、景龍碑本則作“能爲雌”,過去通行之王弼本作“能無雌乎”,然據王注“雌應而不昌(倡),因而不爲,言‘天門開闔,能爲雌乎’,則物自賓而處自安矣”,則王弼所據之原文亦當爲“能爲雌乎”。按:此“爲雌”與“無雌”,一字之差,恰成關鍵,今可據簡帛本以定傳世本之歧,亦可藉以復《老子》及道家古義也。“能爲雌”者,言完完全全被動,無爲自然,借之以相應天門之開闔,則有以見“衆妙”之出入無盡也;“能無雌”者,則義恰相反,亦恰足以形成障礙;或讀“無”爲“毋”,讀“能無雌乎”爲反問句,則義猶近古本。“【明】”,帛乙新整理本字作“明”,爲“明”之異體。“能毋以知乎”,漢簡本作“能毋以智虖”,王本作“能無爲乎”,河上公本、景龍碑本作“能無知乎”,傅奕本、范本作“能無以爲乎”。按:此仍以帛書本、漢簡本爲善,“能毋以知乎”,雖爲重文,而反復其義,各有所重,不當改也。

“天門啟闔,能爲雌乎?”此當謹其開闔出入,完全順應之,而不可加以絲毫私見己意,故曰“能爲雌乎”? 明白四達,此微妙玄虛之智也,不思而得,無言自化,遠勝於畫地爲牢之知,故重文言之曰:“能毋以知乎?”因一大智,一小慧也。《莊子·庚桑楚》謂:“天門者,無有也,萬物出乎無有。有不能以有爲有,必出乎無有,而無有一無有。聖人藏乎是。”或可與此處同參。

“生之,畜之。生而弗【有,長而弗宰也,是謂玄】德。”甲本保存不全,此據乙本補。漢簡本句前多一“故”字。河本、王本、傅本、范本作“生之,畜之,生而不有,爲而不恃,長而不宰,是謂玄德”,較出土簡帛本多一句“爲而不恃”,或爲後增;“弗”作“不”,義無别。“玄德”者,深遠之德也,深遠微妙難測,故曰玄德。夫天地生育萬物而又長養之,然生育之而弗以爲己有,長養之而弗爲之主宰,皆順任其自然之性也,故謂之玄德。體道之聖人,亦當效法此天地無爲而生養化育萬物之玄德妙道也。又此與十四章重文,可互參。十四章謂:“道生之而德畜之,物刑(形)之而器成之。是以萬物尊道而貴【德】。【道】之尊,德之貴也,夫莫之时(爵)而恒自然也。道生之畜之,長之遂之,亭之【毒】之,【養之復之。生而】弗有也,爲而弗寺(恃)也,長而勿宰也,此之謂玄德。”(傳世本若王、河、傅、范本爲五十一章)

五十四

卅【輻同一轂,當】其無,【有車】之用【也】。然(埏)埴爲器,當其無,有埴器【之用也】。【鑿户牖】,當其無,有【室】之用也。故有之以爲利,無之以爲用。

是章甲本殘十四字,乙本全,據乙本以補甲本,通假字徑改。楚簡本未見。漢簡本存,完整。

“卅【輻同一轂,當】其無,【有車】之用【也】。”輻,車輻。轂,車轂,輪之正中部件,《説文》:“輻所湊也。”《六書故》:“輪之正中爲轂,空其中,軸所貫也,輻湊其外。”轂爲車輪最吃力的部件,中心有孔,名曰壺中,用以置軸。當轂中心有孔之“無”處,方有車之用;若其中實,則軸無所貫,則亦無車之用也。此舉例以述“無”之用一也。“輻”,甲本殘,乙本原假

“楅”爲“輻”,漢簡本及傳世諸本均作“輻”。“卅”,帛書甲乙本、漢簡本同;“同”、“也”二字,帛甲殘闕,帛乙本、漢簡本則均有。河、王、傅、景龍、范本“卅”作“三十”,“同”作“共”,句後均無“也”字。“【有車】”,甲本原闕,據乙本補,帛甲新整理本增釋出一“有”字。

“然(埏)埴爲器,當其無,有埴器【之用也】。”甲本“然”,乙本作“燃”,漢簡本、河本、范本作“挻”,王本、傅本、景龍本作“埏”。馬敘倫以爲均當假爲“摶”,朱謙之以爲作“挻”、“埏”可通,不必改字。朱説是也。如從“挻”,則作“揉”解,朱謙之舉《説文》:“長也,从手從延”;《字林》:“挻,柔也,今字作‘揉’。”朱駿聲曰:“凡柔和之物,引之使長,持之使短,可折可合,可方可圓,謂之‘挻’。”此狀“揉”之義甚確。作“埏”則有“和”義,《集韻》、《韻會》、《正韻》:“尸連切,音羶。水和土也。”“埴”,《説文》:“黏土也。从土直聲。”古書中“埏埴”常連用,即指以水和泥製作陶器,如《荀子·性惡》、《鹽鐵論·通有》中均見。揉和黏土製作陶器,其空無之處,則有陶器之用;若其内爲實,則亦無陶器之用也。此舉例述“無”之爲用二也。甲本“然(埏)埴爲器”,乙本作“燃(埏)埴而爲器”,漢簡本作“挻埴器”,河、王、傅、景龍、范本均作“埏埴以爲器”。

“【鑿户牖】,當其無,有【室】之用也。”甲本是句殘缺不全,據乙本補,乙本“其”原作“亓”。漢簡本亦作:“鑿户牖,當其無,有室之用也。”存世本如河、王、傅、景龍、范本“鑿户牖”後皆多作“以爲室”三字,句後並無“也”字。户,門也,《説文》:“半門曰户。”通言之則門户爲一,析言之則門户亦有小異,如《六書精藴》謂:“室之口也。凡室之口曰户,堂之口曰門。内曰户,外曰門。一扉曰户,兩扉曰門。”牖,窗也。開鑿門窗,當其無,則有室之用也。頗疑此乃上古穴居野處之跡,今於黄土高原猶見之,此於古人蓋甚爲明顯,故僅云“鑿户牖”,後或不明其義,故加“以爲室”三字也。此據例述“無”之爲用三也。帛書原整理者讀“當其無,有……”均爲“當其無有,……”,本章三處皆如此,語感略異,高明、漢簡本整理者、帛書新整理者均不從此讀,今亦不從此讀。

“故有之以爲利,無之以爲用。”是句諸本同。凡人皆知“有”之爲利,不知“無”之爲用,是章則舉三例而解釋之。王弼云:“言無者,有之所以爲利,皆賴無以爲用也。”於究明道德之旨者而言,此亦言虚之理也。當其有無出入之際,最宜謹慎。河上公注:“言虚空者,謂盛受萬物……道者,虚空也。”

五十五

> 五色使人目明〈盲〉,馳騁田臘(獵)使人【心發狂】,難得之價(貨)使人之行方(妨),五味使人之口啪(爽),五音使人之耳聾。是以聲(聖)人之治也,爲腹不【爲目】,故去罷(彼)耳〈取〉此。

是章甲乙本皆有闕字,互校可補足,玆取乙本以補甲本。楚簡本未見。漢簡本存,完整。

“五色使人目明〈盲〉,馳騁田臘(獵)使人【心發狂】,難得之價(貨)使人之行方(妨),五味使人之口啪(爽),五音使人之耳聾。”是句語序,漢簡本基本同帛書本,僅用字等略有不同。漢簡本作:“五色令人目盳(盲),敺(驅)騁田獵令人心發狂,難得之貨令人行方(妨),五味令人之口爽,五音令人之耳聾。”傳世本語序不同,如王弼本作:“五色令人目盲,五音令人耳聾,五味令人口爽,馳騁畋獵令人心發狂,難得之貨令人行妨。”河本、傅本、景龍本、范本語序基本同王弼本。傳世本語序較爲整齊順口,似優於簡帛本。帛書原整理者以爲帛書甲乙本語序皆顛倒錯亂,今新出漢簡本語序亦如此,可知古本原文語序蓋即如此,或如帛書新整理者所言,“傳本句序殆經後人優化”。

帛書甲本原釋文“明”,新整理本作“明”,當爲“盲”字之誤;漢簡本作“盳”,爲“盲”之異體;帛書乙本、王本、河本、傅本、景龍本、范本均作

“盲”。“田臘”，帛書甲乙本同，“臘”字假爲“獵”；漢簡本、河本、傅本、景龍本、范本作“田獵”；王本作“畋獵”。“使人【心發狂】”，帛甲殘後三字，據帛乙本補；漢簡本、河本、王本、傅本、景龍本、范本作“令人心發狂”。“使人之行方(妨)”：漢簡本以下皆無“之”字；甲本、漢簡本“方”，乙本作“仿”，河、王、傅、景龍、范本皆作“妨”，當以“妨”爲正字；河上公注：“妨，傷也。”“五味使人之口哺(爽)，五音使人之耳聾。”帛書二本、漢簡本語序同，河、王、傅、景龍、范本無“之”字，且二句語序顛倒。“爽”，甲本原作“哺”，乙本以下皆作“爽”，以“爽”爲本字。“爽”謂食敗，亦爲“口病”之專名，蓋語義相關引申。漢簡本以下，“使”皆作“令”。

此段義謂過度馳騁於聲色刺激，則使人之感官心智錯亂也。王弼注：“夫耳目口心皆順其性也，不以順性命，反以傷自然，故曰盲、聾、爽、狂也。”河上公注：“貪好淫色，則傷精失明，不能視無色之色。好聽五音，則和氣去心，不能聽無聲之聲。……人嗜五味則亡失於道味。人精神好安靜，馳騁呼吸，精神散亡，故發狂也。……金銀珠玉，心貪意欲，不知厭足，則行傷身辱也。”

“是以聲(聖)人之治也，爲腹不【爲目】，故去罷(彼)耳〈取〉此。”“聖”，甲本原作“聲”，通假；乙本字作“耶”。“取”，甲本原誤作“耳”，乙本以下皆作“取”，據改。漢簡本以下皆無“之治也”三字，不如帛書本爲善。蓋無此三字，則此僅成内聖修身之學，存此三字，則外王之學亦並存於其中。此亦帛書本之極佳處也。

“爲腹”謂“居其實”也，“不爲目”謂“去其華”也。聖人固非禁欲主義者，唯去“甚”、去“奢”、去“泰”而已。治國以民生爲本務，修身以安養爲本務，皆貴滿其本性、得其安養；驕奢淫逸，於修身治民皆失其本，積漸則必至危殆也；故去彼取此。王弼注：“爲腹者以物養己，爲目者以物役己，故聖人不爲目也。”河上公注：“守五性，去六情，節志氣，養神明。……去彼目之妄視，取此腹之養性。”

五十六

龍(寵)辱若驚,貴大梡(患)若身。苛(何)謂龍(寵)辱若驚?龍(寵)之爲下,得之若驚,失【之】若驚,是謂龍(寵)辱若驚。何胃(謂)貴大梡(患)若身?吾所以有大梡(患)者,爲吾有身也;及吾无身,有何梡(患)?故貴爲身於爲天下,若可以迈(托)天下矣;愛以身爲天下,女(汝)何(可)以寄天下。

是章甲本殘一字,乙本全,據乙本以補甲本。楚簡本存,殘九字。漢簡本存,殘一字。

楚簡本作:

㥅(寵)辱若纓(驚),貴大患若身。可(何)胃(謂)㥅(寵)辱?㥅(寵)爲下也。得之若纓(驚),遊(失)之若纓(驚),是謂㥅(寵)辱纓(驚)。□□□□□若身?虐(吾)所以又(有)大患者,爲虐(吾)又(有)身。返(及)虐(吾)亡(無)身,或可□□□□□□□爲天下,若可以厇(託)天下矣;炁(愛)以身爲天下,若可以迲(寄)天下矣。(乙組簡五—八)

"龍(寵)辱若驚,貴大梡(患)若身。"是句諸本皆同。甲本"龍",乙本"弄",楚簡本作"㥅",漢簡本作"寵",皆當以"寵"爲本字。"患",甲本作"梡",通假;乙本、漢簡本皆同傳世本作"患"。"貴",河上公謂"畏也",蘇轍解爲"難",按似以"重之"解釋爲是。是句義乃謂:寵、辱皆若驚也,重視身如重視大患也。"若"者,似也,非實驚也,然亦不能不重視其間反饋的身心信息,而有以重視之、調整之。又此仍在二元之中,不免有所反覆,達者當皆以平懷視之。蘇轍謂:"古之達人,驚寵如驚辱,知寵之爲辱先也;貴身如貴大患,知身之爲患本也。”此預有所備,則心懷易平曠清醒也。

“茍(何)謂龍(寵)辱若驚? 龍(寵)之爲下,得之若驚,失【之】若驚,是謂龍(寵)辱若驚。”甲本“龍(寵)之爲下”,乙本作“寵之爲下也”,楚簡本作“憩(寵)爲下也”,漢簡本、王本、傅本、范本作“寵爲下”,河上公本、景龍碑本作“辱爲下”。按:此句過去有疑“寵”字當作“辱”字者,河上公本亦有作“寵爲上,辱爲下”者(參王卡整理本校記),今據簡帛本,可知皆非是。明憨山德清《老子道德經解》云:“‘寵爲下’,謂寵乃下賤之事也。譬如僻(嬖)幸之人,君愛之以爲寵,雖巵酒臠肉必賜之,非此不見其爲寵。……雖寵實乃辱之甚也,豈非下耶?”此亦可謂得其解矣。今按:夫可“寵”者,於人格已居下位,雖寵亦若辱也(其聲息相應者忘懷於世俗之禮文,持身有節者於尊長有足夠的禮敬,則皆不在此列也)。夫榮辱不由己主者,已失其主宰,斯即下也,正不必“辱”之方明其爲下也。若塊然獨立者,無寵亦無辱。《莊子·逍遥遊》謂:“舉世譽之而不加勸,舉世非之而不加沮,定乎内外之分,辯乎榮辱之境,斯已矣。”然於莊子言,此猶小成而已。

王弼注:“寵必有辱,榮必有患。驚(寵)辱等,榮患同也。”蘇轍謂:“所謂寵辱非兩物也。辱生於寵,而世不悟,以寵爲上而以辱爲下者皆是也。若知辱生於寵,則寵固爲下矣。故古之達人,得寵若驚,失寵若驚,未嘗安寵而驚辱也。所謂若驚者,非實驚也,若驚而已。”

是句楚簡本作:“可(何)謂憩(寵)辱? 憩(寵)爲下也,得之若纓(驚),遊(失)之若驚,是謂憩(寵)辱纓(驚)。”漢簡本作:“何謂寵辱? 寵爲下,是謂寵辱。得之若驋(驚),失之若驋(驚),是謂寵辱若驋(驚)。”兩本與帛書本及今本皆有小異。

“何謂貴大梡(患)若身? 吾所以有大梡(患)者,爲吾有身也;及吾無身,有何梡(患)?”是處楚簡本末句闕字,作“或可□□”,殘缺處或當補“無患”二字。“及”,傅本作“苟”,皆作“若”解。人生在世,唯身爲患也,故須重視之。河上公注:"有身則憂其勤勞,念其饑寒,觸情縱欲,則遇禍患也。使吾無有身體……當有何患?"蘇轍解:"貴之爲言難也。有身大患之本,而世之士難於履大患,不難於有其身。故聖人因其難於履患,而教之以難於有身,知有身之爲難,而大患去矣。性之於人,生不能加,死不能損,其大可以充塞天地,其精可以蹈水火、入金石,凡物莫能患也。然天下常患亡失本性而惟身之爲見,愛身之情篤,而物始能患之矣。生死疾病之變攻之於内,寵辱得失之交攖之於外,未有一物而非患也。夫惟達人知性之無壞,而身之非實,忽然忘身,而天下之患盡去,然後可以涉世而無累矣。"

按:河上公注屬道教系統,蘇轍注則有三教合一之象,皆有其義理系統,自成一説,然似皆非先秦道家古誼。先秦道家固有葆身全生一派如楊朱等是也。且"治身"與"爲天下",理非二殊,故《莊子》中之至人,或問"大道"及"爲天下"則莫之應,或問"治身"及"衛生之經"則以爲善問而答之,此皆貴"修之於身,其德乃真"也,亦爲善"近取譬者"云。此如《在宥》中之黄帝問廣成子、《庚桑楚》中之南榮趎問老子,其答問皆先秦道家故誼也。又,治身與"爲天下",皆貴"無爲"、"自然",故此則抑之,彼則言之,輾轉反復若環者也。

"故貴爲身於爲天下,若可以迈(託)天下矣;愛以身爲天下,女(汝)何(可)以寄天下。"是句漢簡本作:"故貴以身爲天下,若可以橐(託)天下;愛以身爲天下,若可以寄天下。"傳世本皆近漢簡本,如王本文字全同,唯"託"、"寄"二字位置異耳。是句唯帛書二本存"貴爲身於爲天下"之辭,義最顯豁,且最符合先秦道家重道之故誼。此言猶曰:所以,若能貴愛其身,勝於"爲天下"者,則似可以寄託天下矣。後世常有以"忘身爲天下"解此句者,此有其理,《老子》中固曰"是以聲【聖】人芮【退】其身而身先,外其身而身存"(第五十章,今本爲第七章,作"是以聖人後其身而身先,外其身而身存"),然二理實可並存而適用不同,讀者宜並參之。於儒家推崇之上古聖王而言,堯舜皆能明"無爲而治"之理,禹則"摩頂放踵以利天下”,時勢不同,所取之理亦異也,然皆合於“自然”之理。

今按:此章所言之“故貴爲身於爲天下,若可以迈(託)天下矣;愛以身爲天下,女(汝)何(可)以寄天下”,義皆似相反而實相成者也,此猶“内重而外見輕”之理,其義於《莊子》猶保存之。後世注家或多不存此解而另起新義,如河上公、蘇轍等皆如此,唯王弼注曰“無物可以損其身,故曰‘愛也’,如此可以寄天下也。不以寵辱榮患損易其身,然後乃可以天下付之也”,近得其義。先秦古義有更深者,如《莊子·在宥》云:“聞在宥天下,不聞治天下也。……自三代以下者,匈匈焉終以賞罰爲事,彼何暇安其性命之情哉?……故君子不得已而臨涖天下,莫若無爲。無爲也,而後安其性命之情。故貴以身於爲天下,則可以託天下;愛以身於爲天下,則可以寄天下。”(按:此段所引及《老子》原文,今據帛書本,“貴以身”、“愛以身”之二“以”字,似皆當作“爲”字,或後世不明其義,形近抄誤耳)此段宣穎注曰:“貴愛其身於爲天下,内重而見外之輕,此所以於天下無爲,乃可以爲天下之君也。”此最得其解。又《莊子·讓王》篇本文云:“夫天下至重也,而不以害其生,又况他物乎!唯無以天下爲者,可以託天下也。”“故天下大器也,而不以易生,此有道者之所以異乎俗也。”“今世之人……皆重失之,見利輕亡其身,豈不惑哉?”此皆可爲本章所言做注腳也。

五十七

視之而弗見,名之曰聾(微);聽之而弗聞,名之曰希;播之而弗得,名之曰夷。三者不可至(致)計(詰),故園(混)【而爲一】。[一]者,其上不攸(謬),其下不忽(忽)。尋尋(寻寻)呵,不可名也,復歸於無物。是胃(謂)無狀之狀,無物之【象,是謂惚恍。隨而不見其後,迎】而不見其首。執今之道,以禦今之有,以知古始,是胃(謂)【道紀】。

是章甲本殘缺較多,乙本僅殘一字,據乙本以補甲本。楚簡本未見。漢簡本存,完整。

“視之而弗見,名之曰聲(微);聽之而弗聞,名之曰希;捪之而弗得,名之曰夷。”甲本原釋文“聲”,新整理本識爲“聲”,正爲“聲”,均讀爲“微”;乙本作“微”;當以“微”爲本字。“捪”,帛書甲乙本原釋文均作是字,新整理本則識爲“搢”,正爲“捪”。是章漢簡本以下,“捪”作“摶”(漢簡本、河本、王本、傅本、景龍本、范本皆如此),“微”則與“夷”位置對調,如漢簡本作:“視而弗見,命之曰夷;聽而弗聞,命之曰希;摶而弗得,命之曰微。”王弼本作:“視之不見名曰夷,聽之不聞名曰希,摶之不得名曰微。”按:《説文》:“捪,撫也。从手昏聲。一曰摹也。”“夷,平也。”“捪”配“夷”則語義通暢,帛書本語句無誤,漢簡本以後,則似皆誤抄也。蓋或後抄“捪”爲“摶”字(《説文》:“摶,索持也。一曰至也。”又有“拊”、“拍”、“手擊”等義),配“夷”則不通,故與“微”對調,然“視之不見名曰夷”則似又有所不通矣,故此皆當從帛書本。又,帛書本、漢簡本作“名之曰”或“命之曰”,傳世本則無“之”字而僅曰“名曰”,語義有微别,以簡帛本爲善。又:據類似此章之處,可見漢簡本文字介於帛書本與傳世本之間,當爲一過渡本。

“視之而弗見”,道非視而可見也;“聽之而弗聞”,道非聽而得聞也;“捪之而弗得”,道非捪而可觸也。此皆似有直指之象。“微”、“希”、“夷”,則有微觀空間之象,入於窈冥之謂也。

“三者不可至(致)計(詰),故圂(混)【而爲一】。”甲本“圂”,字書無;乙本作“緍”,漢簡本作“運”,傳本皆作“混”。“圂”字原整理者注:“從束從口,疑即《説文》部首之‘橐’字,在此讀爲梱,完木未析也。”新整理者以爲此説可疑,而引或説曰“或謂此即‘困’之異體,乃‘捆’之初文,在此讀爲‘混’。”乙本“緍”,原整理者注:“疑即緄字……在此讀爲掍,同也。”高明則二處皆讀爲“混”。漢簡本“運”,整理者亦讀爲“混”。今按:帛書甲乙本二字之讀,其説雖不一,然皆取“混同”之義,今亦從傳世本讀爲

“混”。“園(混)而爲一”,此成太極之象也。

“[一]者,其上不攸(謬),其下不物(忽)。尋尋(尋尋)呵,不可名也,復歸於無物。”“[一]者”,甲本“者”之前爲重文號,新舊釋文皆據乙本釋補爲“一”;乙本是處亦徑作“一者”;傳世本基本皆無是二字,唯傅本有,同帛書。此古本之勝處也,傅奕所得古本年代近帛書,故於是處亦近同也。漢簡本是處作“參也”,當誤。甲本“其上不攸,其下不物”,乙本作“亓上不謬,其下不物”,漢簡本作“其上不杲,其下不没”,王本、河本作“其上不皦,其下不昧”,傅本作“其上之不皦,其下之不昧”。帛甲本“攸”,新舊整理本均未作解説,或以爲當作“攸”讀“悠”,按或同乙本作“謬”;“物”,同“忽”。“其上不謬,其下不忽”,雖非感官可見,而有其效驗,不爽毫釐,昭昭若日月,不可忽也,譬猶柏拉圖對話中所言“可見之物”與“可知之物”之别。漢簡本用字則近傳世本,“杲”者,“明也,从日在木上”(《説文》。注:“旦也”);“没”者,“昧也”;其義猶同傳世本之“皦”與“昧”也(“皦”爲“潔白”、“明亮”。“昧”爲“暗不明”,“冥也”)。“其上不皦,其下不昧”者,猶無對待也,幽明顯隱皆可見也。“尋尋(尋尋)呵,不可名也”,無得其名,故無常名也;“復歸於無物”者,道亦强名,並此强名而去之,則歸於潔淨虚無也,《莊子·庚桑楚》謂:“無有一無有,聖人藏乎是。”又此亦猶後世所謂“無極而太極”,破體也,道法自然也。“尋”,帛書原釋文甲乙本均作是字,新整理本識爲“㝷”,正爲“尋”,“尋”爲“寻”之異體;“寻寻”,漢簡本作“台台微微”(或以爲“微微”當改釋“徵徵”,帛書新整理者從其説),傳本作“繩繩”。按:“寻寻”,帛書原整理者以“寻”、“繩”音近通假,則“寻寻”亦即“繩繩”。又,“寻寻”,或通“運運”。河上公注:“繩繩者,動行無窮極也。”成玄英疏:“言道運轉天地,陶鑄生靈,而視聽莫尋,故不可名也。復歸者,還源也。無物者,妙本也。夫應機降跡,即可見可聞;復本歸根,即無名無相;故言復歸於無物也。”

“是胃(謂)無狀之狀,無物之【象,是謂惚恍。隨而不見其後,迎】而不見其首。”“【迎】”字據乙本補,甲本原釋文從闕,新整理本云仍存少量殘筆,但無法斷定,作"口"處理。"【惚恍】",帛書甲本原缺,據乙本補,乙本原釋文是二字作"物望",新整理本識爲"物朢","朢"爲"望"之異體,均釋爲"惚恍"。"無狀之狀"者,至大無外之狀也,他章言"有物混成,先天地生"(第六十六章,王弼本爲第二十五章),楚簡本即作"有狀混成,先天地生"(甲組簡 21—23);"無物之象"者,至高無形質之象也;王弼注:"欲言無邪,而物由以成。欲言有邪,而不見其形。""惚恍",不可得而定之貌。"隨而不見其後,迎而不見其首",是之謂無窮也。夫能體一入道者,則漸有游於無窮之象。

又,初略言之,"道"與"一"可混同而言,如具體言之,則"道"與"一"當有别。《老子》本文固曰"道生一"也,嚴遵《老子指歸》謂"一者,道之子",河上公注則曰"德,一也"。按:此"德"者,即"得一"也。"物望(惚恍)",漢簡本作"没芒",王本、河本作"惚(忽)恍",傅本作"芴芒"。

"執今之道,以禦今之有,以知古始,是胃(謂)【道紀】。""執今之道",漢簡本以下皆作"執古之道",此於理有必不可能者,帛書二本出,則此疑難不明之處爲之一清,可謂一字千金。"古始",漢簡本作"古以","以"可通"始",亦可從本字。"執今之道,以禦今之有,以知古始"者,以今之道,以禦今之有,亦可以知古始之所以,並見及古今之源流演變也,此乃謂之"道紀"。紀,理也。《韓非子・解老》"道,理之者也",多以爲即其所據本《老子》是句。又此可與下六十二章之"自今及古,其名不去,以閲衆甫。吾何以知衆甫之然哉?以此"合參(王本爲第二十五章)。"自今及古"句,義猶"執今之道"句,傳世本多誤作"自古及今",據音韻,則當以"自今及古"爲是,此亦可爲帛書本之"執今之道"句添一注腳。河上公注曰:"甫,始也。""此,今也。""言道稟與,萬物始生,從道受氣。吾何以知萬物從道受氣?……以今萬物皆得道(之)精氣而生,動作起居,非道不然。"此亦可爲"執今之道,以禦今之有,以知古始,是胃(謂)道紀"作一注腳。

又,道固超越古今,故"執古之道"與"執今之道"二處異文亦可並存。若“執今之道”者,亦可謂實際研究道德入門之口訣,入得此門,方能明白“古始”所謂“道”之所以,亦方能明白“道”本無古今也。道貴實悟,不貴口説,虚語之萬千,不若實悟之一二,或謂此“今”字乃“一字千金”,豈虚言哉。然亦不廢“執古之道”顯説者,世俗之倫理道德及文化學術傳統,藉此得以守護、維持也。

五十八

【古之善爲道者,微妙玄達】,深不可志。夫唯不可志,故强爲之容曰:與(豫)呵其若冬【涉水,猶呵其若】畏四【鄰】,【嚴】呵其若客,涣呵其若淩(凌)澤(釋),【沌】呵其若樨(樸),湷(渾)【呵其若濁,曠呵其】若浴(谷)。濁而情(静)之余(徐)清,女〈安〉以重(動)之徐生。葆此道不欲盈,夫唯不欲【盈,是】以能【弊而不】成。

是章甲本闕字較多,乙本亦殘三字。楚簡本存,漢簡本存,皆完整。甲乙本互校,仍有殘缺,則據楚簡本補之,補文通假字徑改。

楚簡本文字,較帛書本少“【曠呵其】若浴(谷)”句;亦少段中“夫唯不可志”及末句“夫唯不欲【盈,是】以能(寧)【弊而不】成”兩處,或疑帛書本以後各本摻入傳文,亦非無可能。楚簡本文字如下:

古之善爲士者,必非(微)溺(妙)玄達,深不可志。是以爲之頌:夜(豫)虐(乎)奴(如)冬涉川,猷(猶)虐(乎)其奴(如)愄(畏)四哭(鄰),敢(嚴)虐(乎)其奴(如)客,覩(涣)虐(乎)其奴(如)懌(釋),屯(敦)虐(乎)其奴(如)樸,坉(沌)虐(乎)其奴(如)濁。竺(孰)能濁以朿(静)者,牐(將)舍(徐)清。竺(孰)能庀(安)以迬(動)者,牐將舍(徐)生。保此衍(道)者,不谷(欲)端(尚)呈(盈)。(甲組簡 8—10)

“【古之善爲道者,微妙玄達】,深不可志。”甲本前兩句殘,據乙本等補;乙本“善”字處爲殘字,原整理者注“此字缺大半,似上從人,下從山,即仙字,假爲善”,新整理者以爲此説可疑,從缺。楚簡本是句作:“古之善爲士者,必非(微)溺(妙)玄達,深不可志。”漢簡本作:“古之爲士者,微眇玄達,深不可識”,無“善”字。楚簡本以下,諸本“善爲道”多作“善爲士”,王本、河本、景龍本、范本皆然,唯傅本同帛書本,作“善爲道”。按:《説文》:“士,事也。數始於一,終於十。从一从十。孔子曰:‘推十合一爲士。’”“推十合一”,推而廣之,觸類旁通之,即明道也,則“士”猶“道”也,“道”猶“士”也。“士”以“事”言,“道”以理言,士不離道,道不離士也。“玄達”,帛甲本殘,此據乙本,楚簡本、漢簡本同,傳世本如王、河、傅、景龍、范本均作“玄通”。“深不可志”,楚簡本、帛書甲乙本同,漢簡本以下皆作“深不可識”。按:“志”、“識”意同,《禮記・緇衣》:“爲下可述而志也”,鄭注:“志,猶知也。”《廣雅・釋詁二》:“志,識也。”王念孫《疏證》:“鄭注云:‘志,古文識。識,記也。’”楚簡本“微妙玄達”前多一“必”字,與諸本異。

“夫唯不可志,故强爲之容曰:與(豫)呵其若冬【涉水,猶呵其若】畏四【鄰】,【嚴】呵其若客,涣呵其若淩(凌)澤(釋),【沌】呵其若楃(樸),湷(渾)【呵其若濁,曠呵其】若浴(谷)。”夫善爲道者,其法象頗難描繪,不特“意態由來畫不出”,其心志之專一、思慮之深遠,亦非常人可識也。既非常人可識,此乃强爲言其形容,亦藉外以知内,無法之法也。“與(豫)呵其若冬【涉水,猶呵其若】畏四【鄰】”,此言其持重謹慎也,《詩》云:“戰戰兢兢,如臨深淵,如履薄冰。”(《小雅・小旻》)懷道抱德者,不能不謹慎持重、小心翼翼,故孔子亦不許“暴虎馮河,死而無悔”者爲“勇”,而許於“臨事而懼,好謀而成”者也。(《論語・述而》)“【嚴】呵其若客,涣呵其若淩(凌)澤(釋)”,前句言其莊敬也,後句言其鬆弛也,前者譬猶“敬事而信”(《論語・學而》),後者則譬猶“冰解凍釋”者也(《莊子・庚桑楚》),前者外也,後者内也。“【沌】呵其若楃(樸),湷(渾)【呵其若濁，曠呵其】若浴（谷）"，質樸無華，和光同塵，猶《史記·老子列傳》中所言"君子盛德，容貌若愚"，故"若樸"；胸次廣大，空虛包容，寂然不動而其應如響，故謂"若谷"。

楚簡本本段起首作"是以爲之頌"，無"夫唯不可志"句。"頌"，楚簡、漢簡同，他本皆作"容"，《毛詩》序："頌者，美盛德之形容也。"《説文》："頌，皃（貌）也。"段注："古作頌皃，今作容皃，古今字之異也。"陳柱《老學八篇·新定老子章句》："'頌'之籀文爲'額'，則'容'亦古假借字。"楚簡其後之形容，亦無"湛（曠）呵其若浴（谷）"句，帛書、漢簡以下則皆有。按：此形容兩兩相對，則"曠呵其若谷"句，或爲後增；楚簡本此處較質樸，後或增是句，以言"善爲道"者曠達之形容，庶幾乃免於拘束固執之誤解也。豫，楚簡本字原作"夜"，帛書二本作"與"，漢簡本作"就"，傳世本皆作"豫"。猶，楚簡本、帛乙本皆作"猷"（帛乙新釋文識爲"猷"，同"猷"），爲"猶"之異體；漢簡及傳世本皆作"猶"。嚴，楚簡本作"敢"，帛乙本、漢簡本作"嚴"，傳世本作"儼"，按當以"嚴"爲本字。《爾雅·釋詁》："嚴，敬也。"《玉篇》："威也。"《禮·大傳》："收族故宗廟嚴。"注："嚴猶尊也。""儼"則本義爲"昂頭"（《説文》），引申而有恭敬意，又通於"嚴"。"淩釋"：楚簡本無"淩"字，"釋"作"懌"，通假（又"懌"，歡喜，《説文》："懌，悦也。""釋"則有"悦"矣。）；帛書二本皆作"淩澤"，漢簡本作"冰之澤"，"淩"爲"凌"之異體，"澤"通"釋"；世存本作"冰之將釋"（王本、河本、范本）或"冰將釋"（傅本、景龍本）。"沌"字據乙本補，甲本原整理本作"口"處理，甲本原殘存字之右旁"王"（斜玉旁），新整理者以爲原字很可能作"玶"；楚簡本作"屯"，帛乙作"沌"，漢簡本作"杶"，傳世諸本皆作"敦"；此當以"沌"爲本字，意猶"忳"，誠懇混沌貌，此皆質樸渾厚、混沌未開之樸厚貌也；"敦"則本義爲"勉也"（《爾雅》）、"怒也，詆也"（《説文》），其作"敦厚"解者皆"假敦爲惇"（《説文》段注）。渾，帛書二本皆作"湷"，古通"渾"；楚簡本作"坉"，漢簡本作"沌"，王本、傅本、景龍本作"混"，河本、范本作"渾"。帛書本"沌"、"渾"或爲連綿詞，猶首二句之

"豫"、"猶",楚簡本、漢簡本則似非如是;傳世諸本中,王、河、傅、范本"曠兮其若谷"句皆位於"沌"、"渾"二句之中,惟景龍本作"曠若谷"而置於句後,略近簡帛本;帛書乙本"曠"字原作"湛","谷"原作"浴";楚簡本無此句,漢簡本有,作"廣(曠)虖(乎)其如浴(谷)",與帛書本近似,同置於句後。"【鄰】",甲本原缺,據乙本補,乙本原釋文字作"哭",新釋文識爲"叜",均釋爲"鄰"。

"濁而情(靜)之余(徐)清,女〈安〉以重(動)之徐生。"帛甲本"情",帛乙本作"靜"(新釋文識爲"䴖");帛甲本"餘",帛乙本作"徐";帛甲二處皆假字而以"靜"、"徐"爲本字;漢簡本、傳世諸本皆作"靜"、"徐"。楚簡本是句作:"竺(孰)能濁以束(靜)者,牆(將)舍(徐)清。竺(孰)能庀(安)以迬(動)者,牆將舍(徐)生。"楚簡本是句爲反問語氣,並有"將"字,於諸本中辭氣、語義最爲完足。漢簡本以下,皆保留反問語氣。漢簡本作:"孰能濁以靜之?徐清。孰能安以動之?徐生。"河本作:"孰能濁以止靜之?徐清。孰能安以久動之?徐生。"王本作:"孰能濁以靜之?徐清。孰能安以久動之?徐生。"傅本作:"孰能濁以澄清之而徐清?孰能安以久動之而徐生?"景龍本作:"孰能濁以靜之徐清、安以動之徐生?"范本作:"孰能濁以靖(靜)之而徐清?孰能安以久動之而徐生?"此皆不如楚簡本爲善也。"濁而情(靜)之余(徐)清,女〈安〉以重(動)之徐生。"句義謂濁則靜之,則將徐徐清也;安則動之,則將徐徐生也。此《老子》中之修養法門,前者以免身心之渾濁散亂也,後者以免身心之閑惰昏沉也;其"徐清"、"徐生"者,身心互相影響,身心皆得輕安,則生氣來復也;其言"徐"者,潤物細無聲,非威猛剛利者也,亦先秦文本之温和處也。夫一陰一陽之謂道,一動一靜謂之行,身心不二,動靜一如,陰陽動靜皆不離於道者,方爲有得也。又於後世傳來之修養法門而言,前者猶止,後者猶觀,止觀不二,乃爲入道。

"葆此道不欲盈,夫唯不欲【盈,是】以能【弊而不】成。""葆",原釋文徑釋,新整理本識爲"葆",正爲"葆",讀爲"保"。盈者,滿也、全也、成也。弊,帛乙原作"襒",通"弊","敗衣也"(《説文》),引申爲"困"、"壞",此處亦可訓爲"缺"。"能"則訓"寧"、"乃"。高明引劉師培云:"'能弊'之'能',義與'寧'同。"引王引之《經傳釋詞》:"'能'與'寧'一聲之轉,而同訓爲'乃',故《詩》'寧或滅之',《漢書·谷永傳》作'能或滅之'。"按:此皆以訓"乃"爲善,句義謂:葆此道者,不欲尚盈滿也。正因爲不尚盈滿,所以乃寧殘缺而勿盈滿也。此皆留有餘地之象,以防物極必反也。《老子》言:"曲則金〈全〉,枉則定(正),窪則盈,敝則新,少則得,多則惑"(第六十四章。今本爲第二十二章,"正"作"直"),道家明乎此,乃預爲避防之,猶《易》終"未濟"也。

諸本皆無"尚"字,唯楚簡本有,以有之爲善。簡帛諸本、傅奕本皆無"新"字,通行最廣之王本、河本則多一"新"字,作"故能蔽不新成",語義轉狹,而保守意味大增,其所失處,猶上章誤"執今之道"爲"執古之道"云。今則亟宜據古本校正之,以恢復古誼,並以見先秦以上吾國學術思想源頭,絶非盲目保守者也。道家固有其因任自然、不妄爲變動的一面,如《論六家要旨》所謂"其術以虚無爲本,以因循爲用",然絶非拘執不化者,如同篇所引之"聖人不朽,時變是守"是也。是以"能弊而不成"則善,"能蔽不新成"則有所失。後章經文有"敝則新"者,舊的反而是新的,此因其生命力長久也,"能蔽不新成"如作是解,則亦可爲"能敝不成"之一例也。

又楚簡本是處,僅作"保此衍(道)者,不谷(欲)竘(尚)呈(盈)",則帛書以下後文之"夫唯"云云,語義似爲解釋此句,亦有傳文摻入經文之可能。又由楚簡此句,最能見出通行本加入"新"字後所致語義之變化,楚簡本則僅謂"不欲尚盈滿"也。

草於2017年初夏

校改於2021年5月初

《孟子·盡心上》講疏

鄧秉元[*]

【解題】孟子之學,心性合一之學也。心行旁迕錯雜,不惟本心、習心有别,其所謂習心者,亦有情(情感)、欲(欲望)、知(知性)、意(意志)之不同。所謂習心,皆合性而言。蓋萬物之生,皆出天之所命。故萬物之性,亦皆本之於天。此本於天者有知有能,是皆萬物本能之性也,故性統知、能。性雖本能,然亦有通性、自性之别,通性在自性之先,故爲性之本。此義前文言之備矣。

萬物既爲身體所限,故習心用事,惟人爲萬物靈長,能有以自反,而得其本心,是所謂"性善",是所謂"人與禽獸相去幾希"。本者,根也。盡心者,窮盡此心至於本根也。人能盡心,始明性之本源,是所謂知性。知性則知人之所以上達於天者,是所謂知天。本心爲性之明覺,故與性相互作養,人能存其本心,則能養其上達於天者,而得生命之實感,是所謂養性。人能養性,至於夭壽不疑、死生以之,始真能壁立千仞、頂天立地,是所謂立命。上篇自其發用處論性,所謂性善不善、小大之辨是也;本篇則直探性天之本,儒者事天、立命之學遂得以昭揭天下。孔子曰:"死生亦大矣";又曰:"朝聞道,夕死可矣。"孟子以

* 作者單位:復旦大學歷史學系。

立命之學殿於七篇之末,不惟見本心與性皆歸宿於天,君子立身之大本亦於焉可見。

章旨結構圖

- 性命總綱
  - 1. 總論盡心,知性,知天;存心,養性,事天,立命。
  - 2. 論知命,正命,盡其道。道家趨避(造命),墨家非命。
  - 3. 論内求。内外之别。
- 本體
  - 盡心
    - 4. 論萬物一體,反身,誠,樂,仁與恕。
    - 5. 不知反身者。
    - 6. 論恥(羞惡之心,五常之義),恥之恥。
    - 7. 論恥。
    - 8. 論樂與忘(好善忘勢)。
    - 9. 論自得之樂(囂囂,不慍)。
    - 10. 反身:凡民與豪傑之别。
    - 11. 忘(好善忘勢)。
  - 知性
    - 12. 以仁、恕(佚道與生道)化民則不怨。養民之性。
    - 13. 存神過化。上下與天地同流。
    - 14. 仁言、仁聲:論内外之别。
    - 15. 論良知、良能;仁義内外有别。
    - 16. 論存心、集義。
    - 17. 依(居)仁由義。
    - 18. 操心與慮患;仁知一體。
  - 知天
    - 19. 四種一體性。
    - 20. 四種樂。
    - 21. 論欲、樂、性之層次。
    - 22. 證所過者化(文王以政發仁)。
    - 23. 證過化(以政發仁)。

- 工夫
  - 存心
    - 24. 論志道、成章;“盡其道”。
    - 25. 恒(勇、信);義與利。
    - 26. 論執一;信與義;存神。
    - 27. 執一。
    - 28. 破無所執。
    - 29. 有恒;盡其道。
    - 30. 反身内求;假仁(未“盡其道”)。
    - 31. 無伊尹之志;假義。
  - 養性
    - 32. 論教化之用;養性。
    - 33. 論尚志;工夫論。
    - 34. 論尚志與義外有别。
    - 35. 論親與天下孰重;尚志。
    - 36. 論居;居、志、氣之層次。
    - 37. 論恭敬之實(誠)。
    - 38. 形色天性,踐形。變化氣質;盡己之性;内聖。
    - 39. 論理、義。
    - 40. 五種教化。盡人之性。
  - 立命
    - 41. 不枉道而行。守禮俟命。
    - 42. 殉身、殉道與殉人;直道而行。
    - 43. 挾長、挾貴,失恭敬之心。修身以俟。
    - 44. 違失五常。居易俟命。
    - 45. 親親、仁民、愛物;知本末先後之别。居易。
    - 46. 當務;知本末先後之别。居易。

本篇凡四十六章,其文皆似甚簡,而義旨一以貫之。首言心、性、天、命之總綱,以合内外之道;次言心、性、天本體造極之境;次言存心、養性、立命之工夫,皆與總綱密合。此儒者盡性至命之學,與大《易》、《論語》、《中庸》義旨相通。本篇既出,孟子學術之大體可謂底裏傾盡,臻於圓融矣。蓋儒者之學,周公集百王之大成,而達其政本;孔子集歷聖之大成,而明其道本;孟子則執其道樞,與百家相駁辯,而斯學始大明於世。象山云:"夫子以仁發明斯道,其言渾無罅縫;孟子十字打開,更無隱遁。"故夫子爲大道所宗,而入學之門當由孟子也。微孟子,吾孰與歸?

第一章

孟子曰:"盡其心者,知其性也。知其性,則知天矣。存其心,養其性,所以事天也。殀壽不貳,修身以俟之,所以立命也。"

【講疏】所謂"盡其心",指窮盡其心,此心乃即習心而言。[1]習心以知性爲主,而以德、意、情、欲爲一體,此常人當下即是之心也。佛家以心王視之,而統攝諸識所變現之心所有法。心行恒轉如瀑流,刹那生滅,新新不已。佛家欲人觀此心行之緣起生滅,而悟真如涅槃之常樂我淨。惟自德性論觀之,此緣起生滅雖似空華,亦各成其象、各得其用,故"聖人立象以盡意"、"顯諸仁,藏諸用"(《繫辭上》)。[2]倘窮究此心,至其極境,則見本心呈露,是即吾人與萬物爲一體,可以上達於天者,[3]《中庸》所謂"未發之中"。本心之在大《易》,即所謂乾元:"大哉乾元,萬物資始,乃統天。"(《乾·彖》)蓋天(宇宙)雖爲一體,然自人道觀之,固已在時空之中展開。[4]《詩》曰:"維天之命,於穆不已"(《大雅·文

[1] 言即者,不是亦不離也。此心儒者多言本心,大意未嘗不是,然本心乃盡心所得、所呈露者,故仍當以習心爲是。本心實不離此習心。

[2] 此處所謂仁,乃指本體而言。本體概念雖係後起,至中古佛教及玄學極盛,然其觀念先秦早已有之。如《繫辭》或言"顯諸仁,藏諸用"、"精義入神,以致用也"或以天地之撰(事)、萬物之情與"神明之德"對眼,此仁、神、德皆是體用之體的層次。參拙作《周易義疏·繫辭上》第五章疏證,上海:上海古籍出版社,2011年。

[3] 此天非自然天,乃即宇宙之統體而言也。宇宙亦非物理學之宇宙,乃生機盈溢之生命宇宙。牟宗三以爲指"超越意義的天",誠是。見其《圓善論》第二章《心、性與天與命》,臺北:臺灣學生書局,1985年,第132頁。惟自習心乃可言超越,自本心言,無所謂超越也。是學者所當知。

[4] 此人道即萬物立場,惟人類爲萬物之靈,故言人道,非人類社會倫理(人倫)之義。此外,時空亦非抽象範疇,乃由生命展開所呈現者,此義參拙作《易象與時間:關於易象學的論綱》,《中國文化》2018年春季號。

王》),此渾淪不已之天,所以成其一體性者,自其體言,曰有,曰一,曰仁,曰太極;自其象言,曰命,曰道,曰天理,曰乾元;〔1〕自其用言,曰德,曰心,曰生,曰各正。〔2〕言心者,以人心喻之耳。天地以生物爲心,〔3〕聖賢之參贊天地者以心,是人心乃天地之發竅,能不失其天心者即所謂本心。惟既以生物之心爲本心,則非如佛家涅槃之抽象理境,可由人心一證即得者。〔4〕蓋回復本心,已爲"體仁"之君子,倘能定於此境,亦可與大化同流,不致澌滅矣;〔5〕惟欲優入聖域,必當"於穆不已",贊天地之化育,而無有終成也。

所謂性者,生也,生命之本能也。本能分知(能知)與能(能爲,作用),合併言之曰本能。倘渾言之,知亦能也,因能而有知;倘析言之,則知、能固亦有别。故曰:性統知、能。人既與天地萬物爲一體,是得其相通者矣,所謂通性(本性,德性);〔6〕萬物既各得其命,各賦其形,是所謂自性(才);惟人之性受矯揉(可塑性),意志亦由自主,故因其所習,而成

〔1〕命乃擬人之辭,即道說。此開言語、名辯之學。

〔2〕此德即天德,此心即天心,在人則爲本心。《周易·復卦》:"復,其見天地之心乎!"各正,即《文言》"乾道變化,各正性命"或"敬以直内,義以方外"之方。方亦同正。

〔3〕"天地以生物爲心",此朱子《仁説》之言。然亦未嘗無本,《易》曰:"天地之大德曰生"(《繫辭下》);又曰:"復,其見天地之心乎!"(《復卦·彖傳》)

〔4〕按此言一證即得,非指一悟即得,乃指其定境。蓋佛家視世界如空華,故不起分别心。而儒者則雖見事物之生滅異變,仍能常應此生物之心。惟此生物之心,必由物始能見之耳。參下文"道不遠人"之義。

〔5〕依《禮記·曲禮下》:"天子死曰崩,諸侯曰薨,大夫曰卒,士曰不禄,庶人曰死。"《檀弓上》:"君子曰終,小人曰死。"依鄭玄注:"卒,終也。不禄,不終其禄。死之言澌也,精神澌盡也。"此文固然可以理解爲古人關於身份地位的某種規定,但從禮制中所隱含的地位與精神境界相互呼應的角度來説,死意味著精神的澌滅,終則是某種精神形態之告一段落。以佛家視角觀之,死相當於進入輪迴,終相當於預流果、一來果或阿羅漢以上的境界。惟"六合之外,聖人存而不論"(《莊子·齊物論》),但存察而已,不必形諸言説也。後世道教所言諸神格,頗淵源於此。儒學所以具宗教性者以此,惟學者不可耽於此境,仍有向上一機也。

〔6〕就人與萬物相通而言,曰通性;就萬物皆本於天而言,曰本性;就萬物皆有得於天而言,曰德性。諸義所指皆同。與此相對者,曰自然之性,曰習性,曰現實性,曰才性,皆就現實狀態指點,然含義有别。

其現實性,是所謂習性。[1]三性之中,孔孟惟以其上通於天者爲性,故學者不必以辭害意。子曰:"性相近也,習相遠也。"(《論語·陽貨》)言性使人相接近,以成其一體,而習則使人相遠、相離也。[2]

故通性者,萬物可倚之以上達,惟人能自覺此渾淪一體,[3]是所以爲全德,即本心也。此全德與生命水乳交融,所以謂之性。[4]《中庸》"天命之謂性",言性乃天之所命,非言性即是天命也。[5]此性與常識所言自性不同,常人以知性(觀察理性)構畫自然,與孔門德性之義不同,前文辨之詳矣。[6]然則惟盡心始能知其"通性",惟知"通性",始能明天人一體之故,是所謂知"天"。通性與本心,皆本於天者也,惟誠、明有

---

〔1〕此處"人"既可指羣體而言,亦可指個體。羣體之自性乃人類之自然屬性,個體之自性即性格。通性一詞雖爲杜撰,然亦有所本,《莊子·大宗師》:"墮枝體,黜聰明,離形去知,同於大通,此謂坐忘。"此"大通"即天之境。按莊子以儀則言性,相當於自性,可由孟子所谓"才"见之;其通之境則以德言之,此即孟子之性,本文所謂通性。故性修則德復(返德),《天地篇》:"泰初有無,無有無名。一之所起,有一而未形。物得以生謂之德。未形者有分,且然無間謂之命。形體保神,各有儀則謂之性。性修反德,德至同於初。"才之義參《告子上》第六章。

〔2〕按此句之義前人多誤解,糾纏於此性爲本性還是習性。不知遠、近皆爲動詞。玆不具論。

〔3〕如人皆有惻隱、辭讓、羞惡、是非之心,即此本心存在之證明。此心不僅可以對人,亦可以對物言。

〔4〕此全德不即是性,與生命水乳交融始爲性。理學言性即理、王學以本心與性爲一,雖大旨亦通,然實非一物,蓋皆由此致誤。詳下文。

〔5〕按之謂、謂之有別,參《滕文公上》第一章講疏。楊儒賓以爲,孟子論性乃以人性爲主,非如宋儒所言天地萬物之本體,與本書所論孟子心性結構稍有不同。參氏著《從〈五經〉到〈新五經〉》第六章《〈孟子〉的性命怎麼和'天道'相貫通的?》,臺北:臺灣大學出版中心,2013年,第185—189頁。關於孟子之性不僅局限於人倫界之證明,本篇論知性、養性諸章皆可參。特别是第四章"萬物皆備於我"、第十三章"上下與天地同流"、第十九章"正己而物正",皆是直接證明。此外,孟子論性是否與《中庸》相合,宋明儒大體無異詞,但近世學者頗多異議。本書亦承宋明儒之見,故以《中庸》、《孟子》互釋。蓋倘無此同體之性,則惻隱之心實不可能。此惻隱之心,近世學者或以移情、假設、共通感釋之,皆非。移情之説,既不承認生命之實感,惟生造一詞以擬議之而已,實則空洞無物。此皆因局限於知性思維使然。以德性論觀之,人之可以移情,即因有氣以感通之。人之可以感通,即因本與萬物未失其一體性。

〔6〕常人言性,即《離婁下》所言"天下之言性者,則故而已矣",參《離婁下》講疏第二十六章(《新經學》第二輯,上海:上海人民出版社,2018年,第109—111頁)、《告子上》講疏(《新經學》第三輯,上海:上海人民出版社,2018年)。按此處"知性"(觀察理性)乃名詞,非本章動賓結構之"知性"。

别。[1]本心乃性(通性)之明體,故同中有異。言誠,可見天道之生生、存有、因時、有恒;[2]言明,可見天心之一體、虚寂、大公、明覺。[3]明覺乃未失其一體、神光自照之覺,雖不離知覺,固與知覺不同,後者乃知性所覺知者也。[4]

顧何以能盡其心?曰存。所謂"存其心"者,保任、存察其本心,使不失且能復也。"理義之悦我心,猶芻豢之悦我口"(《告子上》),本心既存,則能護持、滋養其通性,使漸固也,此皆可發用於身體之中,是所謂"養性"。《大學》"富潤屋,德潤身,心廣體胖",亦是此義。參第二十一章。人能養性,始能實證此天人之一體,故知、能(行)合一。[5]

---

〔1〕參第十五章言良知、良能。

〔2〕《周易·乾·彖》:"大哉乾元,萬物資始,乃統天。雲行雨施,品物流形,大明終始,六位時成,時乘六龍以御天。"資始即存有之義,生生可當乾德之健。統天之義有三,"大明、御天,健也;終始,有恒也;時成而且時乘者,因時也。因時者,變易也;有恒者,不易也;健者,易簡也。易有三義,合健、有恒、因時三義者,乃可稱統天也。"參拙作《周易義疏》乾卦義解。《中庸》:"誠者物之終始,不誠無物。"萬物皆氣之所凝,蓋倘不誠,萬物皆不成其爲物,是亦合生生、存有二義而言。牟宗三先生則主要以創生、存有之義爲言,創生即生生也,可謂得其大。依其所言,"性即是能起道德創造之'性能'","此性體即吾人道德實踐(道德行爲之純亦不已)之'先天根據'或'超越的根據'","自其有絶對普遍性而言,則與天命實體通而爲一。故就統天地萬物而爲其體言,曰形而上的實體(道體,Metaphisical Reality),此即是能起宇宙生化之'創造實體';就其於個體之中而爲體言,則曰'性體',此則是能起道德創造之'創造實體',而由人能自覺地作道德實踐以證實之,此所以孟子言本心即性也。"參氏著《心體與性體》第一部《綜論》,臺北:臺灣正中書局,1969年,第40頁。按此説所見甚精,惟言孟子以本心即性,此雖宋明儒通説,然尚有未諦,蓋心、性有别,孟子所言本心乃性之明體。此外,其"道德理性"概念亦有可商,兹不具論。

〔3〕一體即是渾沌之境,相對於絶對的無,渾沌一體已是明之顯現。絶對的無並非空無,乃是絶對無所顯現。故《周易》卦序乾坤在屯之前,乾坤爲純形式而無所顯現,亦即絶對的無,屯即渾沌之境。老子所謂"象帝之先",道教及宋儒言"父母未生前"、"無極而太極",其實已有見於此。魏晉玄學家言有無之辯,亦在此際。西洋神學言上帝無中生有(ex nihilo)創造世界,亦自此際開始,惟諸家立場有異,故所見有别。虚寂、大公、明覺,即《繫辭上》"易无思也,无爲也,寂然不動,感而遂通天下之故",小程子所謂"廓然大公,物來順應"。

〔4〕明覺、知覺略當熊十力所謂性智、量智,參《離婁下》第一章講疏所引。此明覺亦可當牟宗三所言"智的直覺":"(此)'心知'既不是感觸的知覺之知,亦不是有限的概念思考之知,乃是遍、常、一而無限的道德本心之誠明所發的圓照之知。此'心知'之意義乃根據孟子所謂'本心'而説。非認知心,乃道德創生之心。"見氏著《智的直覺與中國哲學》第十八節,臺北:臺灣商務印書館,1971年,第186頁。

〔5〕陽明言"知行合一"其實當爲知、能合一。如不行孝親、友弟,實即不能孝親、友弟也。

事有二義，其一曰“敬事”之事，朱子所謂“順承而無違”，焦循所謂“猶人臣事君也”。其一曰“從事”之事，即《公孫丑上》所謂“必有事焉而勿正”之事。自習心而言，則爲敬事；自本心而言，則可云從事。君子、小人(常人)境界不一，其與天之關係亦不一致，小人惟可言敬事，大人則可言從事，蓋雖言從事而敬在其中矣。若有君子，如顔回之“三月不違仁”(《論語·雍也》)，尚與天道有隔，故敬事、從事常交錯而言也。世俗之人恒以君子自居，不知君子以上乃果位境界，非可以自居者。[1]

然則所謂“事天”，當以敬事、從事合言。孟子諸篇所言存心之義甚夥，皆事天之學也。惟儒者事天，非必立一超越性境界，若上帝，若天國，若淨土，而爲崇拜、敬事之對象。“道不遠人”(《中庸》)，[2]人能隨處返本應物，使“各正性命”，是即事天也。

無論人之能否事天，既與宇宙時勢交錯變化，則有果(境遇)隨之，如受天之命令也，故謂之“命”。《萬章上》：“莫之爲而爲者，天也；莫之致而至者，命也。”此命運不知何所從來，惟可歸之於天。如天地生物，各有通性、自性，而萬物有成有不成(習性)，除萬物自爲者之外，亦皆天之所命。惟習心不知天命與己爲一體，視内外依然有别，故有性、命之分。所謂内外，皆即習心而言。本心及性(通性)爲習心之本，故曰内；一己身命之所遇，則以爲自外來。倘自本心觀之，固無所謂内外之别也。故人倘復性，則“合内外之道”(《中庸》)。以名理言之，内者必然也，外者偶然也，其實亦無所謂必然、偶然。語言本約定俗成，世俗論命既已如此，儒者乃不得不言正命：其自性而來者曰正命，乃天之前定；其自習而來者非正命，故可以改。參下章。

---

〔1〕孔子不以仁人、君子自居，其所自處，亦不過好學有恒之士而已。彼時君子乃社會對一般貴族之通稱。參《離婁下》第六章講疏。按原文(收入《新經學》第二輯)言孔子自居士君子，衍“君子”二字。《論語·憲問》：“子曰：君子道者三，我無能焉，仁者不憂，知者不惑，勇者不懼。”

〔2〕按“道不遠人”之人，前人多作人類或人事解，竊以爲此句意謂“道不可脱離對象而求”，參拙作《説“絜矩之道”》，《中國文化》2019年秋季號。

然則命與天亦有别。天命猶天之言,就其軌持萬物言,曰天道;就其隨時而至言,曰天時。[1]天道本來蕩蕩平平,天時則有吉凶否泰。道有路之義,亦有道説義,天之道説乃無言之命,故"上天之載,無聲無臭"(《中庸》);夫子亦曰"予欲無言":"天何言哉?四時行焉,百物生焉,天何言哉!"四時行、百物生,是即天之言也,亦即此百物之天命。然百物有成有不成,是其個體之命亦有不同。以命之運轉流行而言,曰命運;以命之涵蓋一身而言,曰生命(性命)。

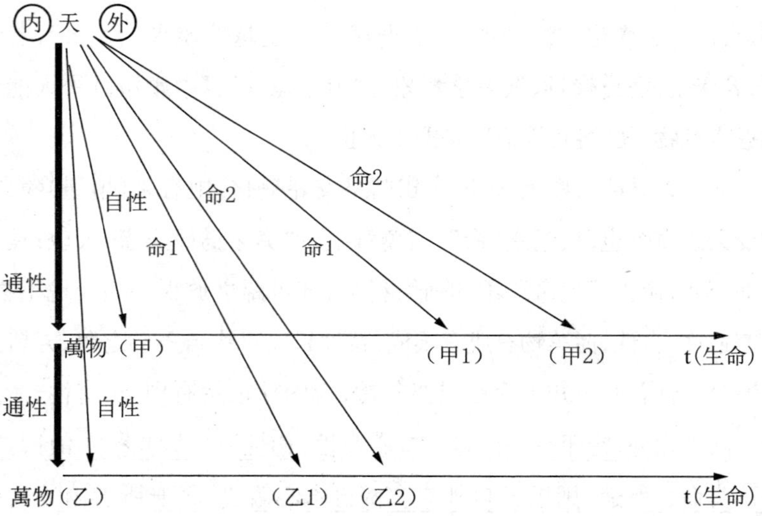

性命本天圖

萬物既各得其命,故各有窮通壽殀。自天道言之,窮通壽殀既皆天之所命,自與天道生生之意不違。自萬物言之,其窮蹙、殀亡者,是"天地不仁,以萬物爲芻狗"(《老子》)。人情好生惡死,故當死生之際,或"窮極呼天",或斥"昊天不弔",皆欲違其本然之命也。蓋雖皆本天,而人倘未能知性、養性,則不能實證此性命相通之理,故常憂戚;惟聖賢可

〔1〕 參《公孫丑下》首章"天時不如地利"講疏,拙著《孟子章句講疏》,上海:華東師範大學出版社,2011年。

以“盡性至命”,[1]“殀壽不貳”,合二而一。夫子自言“四十而不惑,五十而知天命”,然則四十以前固有大惑,五十以前亦嘗憂懼也。[2]

顧儒者亦言衛生,衛此天命自然之生也。“身體髮膚,受之父母,不敢毀傷,孝之始也”(《孝經·開宗明義章》),“既明且哲,以保其身”(《詩經·大雅·烝民》),皆此義也。儒者不主輕生死,故與俠士有别。蓋人倘不愛己,又安能愛人?輕生死者,是未仁也。然既得天命召唤,亦可“殺身成仁”、“舍生取義”。蓋恢復其生生之大本,是此身雖終,而實得其永生(仁)。《儒行》有言:

> 儒有居處齊難,其坐起恭敬,言必先信,行必中正,道途不爭險易之利,冬夏不爭陰陽之和;愛其死以有待也,養其身以有爲也。其備豫有如此者。

世俗之人,則惟知一己之身命,欲全身保命,或從事修禳,以祈天永命,故流爲方術之士。後衍爲“造命”之説。顧身命雖重如此,仍有“所欲有甚於生者,所惡有甚於死者”,如“不自由毋寧死”、“寧鳴而死,不默而生”者是也。“非獨賢者有是心也,人皆有之,賢者能勿喪耳”(《告子上》)。蓋君子既能知性、養性,終能不喪本心、“殀壽不貳(疑)”,是矯其自然之性,順其天命之性,而俟其應然之命矣。人能超拔於自然性命之間,自其習心復返本心,而因其對天命之信念而挺立宇宙之間。是即所謂“立命”。故儒者所行既過,倘有天罰(佛家言業果),亦悔之改之而已,不必求免其罰也。然倘能誠心“補過”,亦可“無咎”。[3]此與《儒行》所言“(儒有)往者不悔,來者不豫;過言不再,流言不極……其特立有如此者”之義正同。[4]另如《論語·八佾》:

---

[1] 《周易·繫辭上》:“樂天知命,故不憂。”《周易·説卦》:“昔者聖人之作易也……窮理盡性以至於命。”

[2] 參《盡心下》第十九章講疏。

[3] 《繫辭上》:“無咎者,善補過也。……震無咎者存乎悔。”此處所謂震,即指天罰。

[4] 此處不可以辭害意。《儒行》所言“往者不悔”,不是不悔改,而是不以悔存心。故下文言“過言不再”,是即悔改之證。

王孫賈問曰:“與其媚于奧,甯媚於竈,何謂也?”子曰:“不然。獲罪於天,無所禱也。”

此言小者尚可恕,倘所失已大,是無可恕矣。若巫者、道流則喜用修禳之術,使人逃其天罰。是亦《中庸》“君子居易以俟命,小人行險以僥倖”之義。行險者,用謀也。[1]孔子亦不違之,故“鄉人儺,朝服而立於阼階”(《論語·鄉黨》)。惟儒者不執著於此,故“敬鬼神而遠之”(《雍也》)。此悔過之義,宗教亦頗有之。依佛經所言,釋迦亦未能全免其宿世業報,然既歷世修持,是其報已輕。是正命固不可改,然可改其習心以應之。

《説文》:“立,住也,從大立一之上。”徐鉉曰:“大,人也。一,地也。會意。”[2]立之字乃言人之頂天立地。當此之際,雖未必爲勿忘勿助之大人,固可時時見其天心矣。既矯其自然之性,則必與當下之生命相反,老子云“反者道之動”,《易》言“復,其見天地之心”(《復卦》),皆是也。反求與修身之義,下文另有詳述。要言之,盡心、知性、知天者,言天道之本體也;存心、養性、事天者,言復性之工夫也;殀壽不疑、修身俟命者,言君子之證果(有得)也。[3]

《孟子》本章,前人人言言殊,蓋於天、命、性、心諸義理解不同。夫天本不可名,此如道家之“道”,“强而名之”(《老子》),則或曰天,或曰道。《説文》:“天者,顛也,至高無上,從一、大”;“道,所行道也。”此皆以現實生活之切近者比喻之,以見其義,實未作何種規定也。

遠古之世,莫可究詰,試以文字書契以來言之。殷之至上神常以帝名之,周人則力言天命,此見諸《詩》、《書》而爲學者所熟知者。蓋周本視殷爲大邦,初亦尊崇其上帝,及既克殷而爲天下共主,勢須有以解釋之。故追本溯源,乃見族羣遞嬗,王政遞嬗,其能統此遞嬗者,惟“於穆

[1] 險,此處當是“有謀”之義,與《周易》坎險義通。參予《周易義疏》坎卦義解,另參下文。

[2] 許慎《説文解字》,北京:中華書局,1963年,第216頁。

[3] 子曰:“君子坦蕩蕩,小人常慼慼。”(《論語·述而》)坦蕩蕩即因“樂天知命”而來,其未能坦蕩蕩者,尚未達君子階位也。《論語》所言君子,凡非從俗指代貴族者,皆是果位之義,非世俗人可以自居者。孔子亦未嘗以君子自居。

不已”、不可名狀之天。此天乃總括一切人事所以然之故。周本農業部族，於天運之週期變化尤爲敏感，在人類諸大民族中德性思維最爲發達。故有天人合德、祖考“配天”“配上帝”諸觀念之反思。故“郊祀后稷以配天，宗祀文王於明堂以配上帝”(《孝經》)；“作樂崇德，殷薦之上帝以配祖考”(《周易·豫卦》)。

晚周以降，人文漸興，乃有道之觀念流行。道家既主“玄同”，務言一體，《老子》所謂“天法道，道法自然”，故天爲第二義。儒者既不廢天，遂以“天道”連言。墨者則好言天志。倘以世俗人格神觀念衡之，墨家似尤近，蓋墨者既出平民，亦多殷遺也。此因儒、道二家本出周人之上層，其德性思維遂亦根深蒂固。周代王官學術本即以道統物、以德統知，及晚周道術分裂，其學術之分野，脈絡之淵源，尚有不期而然者。〔1〕

漢承秦火之餘，天人一體之義已失，學者乃競言天人感應、性分三品，雖有趙氏奮起救正，尚未能挽其頹波。東漢以降，道教勃興，頗以禱祠崇拜爲事天之術；當佛老昌大之世，佛家治心、道家治身、儒者治世之説爲舉世所宗，倘自中古文化之精神結構而言，固有其不滅之價值；惟即經學自身而言，是失内外交養之義矣。韓愈之闢佛、揭道統論，李翱之撰《復性書》，雖所造深淺不一，而精神趨向已定。蓋此風激盪垂二百餘年，宋儒始能接續孟子學脈，而明儒者内聖之學。

顧宋儒雖言返本，實則欲復内聖外王之大義，與佛老出世之教畢竟不同。故宋儒之攘棄佛老，其理由或曰儒公而道私，或曰佛家乃出夷狄，其實亦不過欲學者扭轉趨向，面向世間。此實宋學轉捩關鍵之點。儒者言“志於道”、“道不遠人”、“各正性命”，皆“面向世間”之義。

然則宋儒之捨天、捨道而言天理者，從可知矣。大程子曰：“吾學雖有所受，天理二字卻是自家體貼出來。”〔2〕天理雖爲孟、莊二子所已言，

〔1〕本節關於周代文化分野之討論，可參拙作《早期儒家的名辯思想》，《新經學》第五輯，上海：上海人民出版社，2020年。

〔2〕《程氏外書》卷十二，《二程集》，王孝魚點校，北京：中華書局，1981年，第424頁。按二程初學於周敦頤，所以爲此言者，即因濂溪主静無欲之説尚與佛老牽纏不清，故有“周茂叔窮禪客”之論。見《河南程氏遺書》卷六，《二程集》，第85頁。

然惟至二程乃成最高境界之代言,蓋懼學者動以出世爲言,流於自我解脱也。[1]理本不離物而言,故不離世間;且孟子既言“理義之悦我心,猶芻豢之悦我口”(《孟子·告子上》),是理固在義之内,可以爲本者矣。[2]程子故曰:

> 心也,性也,天也,一理也。自理而言謂之天,自禀受而言謂之性,自存諸人而言謂之心。

朱子遂引此以釋本章盡心、知性、知天之義。且云:

> 心者,人之神明,所以具衆理而應萬事者也。性則心之所具之理,而天又理之所從以出者也。
>
> 張子曰:“由太虛,有天之名;由氣化,有道之名;合虛與氣,有性之名;合性與知覺,有心之名。”愚謂盡心知性而知天,所以造其理也;存心養性以事天,所以履其事也。不知其理,固不能履其事;然徒造其理而不履其事,則亦無以有諸己矣。

程子以理言天,張子以氣言天,一言其相,一論其用,其説微異。朱子則以理爲本體、以變化氣質爲工夫,合而一之。雖以天爲“理之所從以出”,然以“知天”爲“造其理”,由“太虛”“氣化”而論天、道,實已截斷漢唐時代以宗教意識視天之嶄向。上帝主宰之義雖不廢,顧已非天道之本,所本者天理也。惟既以德性範疇(“心所具之理”)言性,[3]性乃易流於抽象之教條,天命之源便不暢達,而失其“德潤身”之義。性、心交相作養,性既不復,本心則難存。理學之出現本富救世精神,其後所以漸失神采,日趨僵化,終爲秦政所利用,亦職此故也。蓋超越精神既失,[4]則於天命之本源有所不暢。故象山力倡心學,以矯此失。然元

[1] 如《河南程氏遺書》卷二上:“昨日之會,大率談禪,使人情思不樂。”可見當日士大夫聚會談禪之一斑。見《二程集》,第23頁。

[2] 參《告子上》講疏第七章。

[3] 此問題擬另文詳述。

[4] 本心不可以言超越,言超越皆自習心觀之。

儒亦難承之。此超越精神之恢復,可由江門心學求之,經湛門、江右王門之提倡,至劉宗周得其大成。晚明諸儒於性論亦頗有見,漸由宋儒性體觀向先秦復歸,重還性與身體不可分離之古義。兹不具論。[1]

及至清儒,既以知性(觀察理性)言心,以自然欲望視性,與孟子本章大旨全不相應。其持論雖未嘗不可自成一説,惟以此義加諸孟子,遂有汗漫之失。戴震云:

> 孟子曰:"盡其心者,知其性也。知其性,則知天矣。"耳目百體之所欲,血氣資之以養,所謂性之欲也,原於天地之化者也。是故在天爲天道,在人咸根於性而見於日用事爲爲人道。仁義之心,原於天地之德者也,是故在人爲性之德,斯二者一也。由天道而語於無憾,是謂天德;由性之欲而語於無失,是謂性之德。性之欲,其自然之符也;性之德,其歸於必然也。歸於必然,適全其自然,此其爲自然之極致。[2]

依戴氏之義,所謂天即指天地而言,天地之化自然而然,人性之欲亦自然而然,此自然中有應然(即戴氏所謂"必然")者,爲天德、爲性德;人能達此"仁義之心",即達其性德,則天道由此無憾,人道由此無失。是謂盡心、知性、知天。此説之矛盾所在,即在孟子言人性既善,故不可戕賊(逆)其人性(《告子上》),然則何必有"性之欲""性之德"、自然、應然(戴氏所謂"必然")之分?倘"性之欲"爲善,則何必另設應然之義?倘性之德爲仁義,仁義爲應然,則是戕賊此自然者也。其在荀子,既以人性爲惡,故自可戕賊此人性,積僞而成善。戴氏既持荀子自然人性

---

〔1〕可稍參拙作《王學與晚明師道復興運動》(增訂本)第四編第二章第三節《東林學派的"復性之學"》,上海:復旦大學出版社,2020年。程子論性本不離氣,陽明《傳習録》中亦重提的性氣不分之説,其實已接近孟子論性古義。此説與現代西方哲學"身體主體"之説頗可相發。關於"身體主體"概念,參楊儒賓《儒家身體觀》導論,上海:上海古籍出版社,2019年。另,清儒極力批評宋儒爲流於佛學(參《告子上》第三章講疏),其實亦受東林學派影響所致,蓋東林雖號稱朱學,而所同主要在其政治儒學,其心性義理實與朱子之學不同也。

〔2〕《原善》,焦氏已引及。

論,又欲彌合孟子仁義四端諸説,有此矛盾,固其宜也。[1]及後程瑶田亦據《中庸》由盡己之性推廣至盡人之性、盡物之性,爲"心盡矣"[2],以盡心爲認識萬物之性,"窮盡物則,以知其心所具之性"。焦循引之,以爲盡其心,即"伏羲之通德類情,黄帝堯舜之通變神化",存心養性以事天即"參天地之化育",此"存之養之即所以修身,使天下皆歸於善"。倘如其所言,則盡心與盡性爲無别矣。其説皆與孟子本章大義不合。近儒解此問題者莫過牟宗三先生,於宋儒諸家可謂辨析毫芒,然於孟子之心性結構亦有未合之處。[3]

第二章

孟子曰:"莫非命也,順受其正。是故知命者,不立乎巖墻之下。盡其道而死者,正命也。桎梏死者,非正命也。"

【講疏】非命之義,向有二説。趙岐曰:"莫,無也。人之終無非命也。命有三名:行善得善曰受命,行善得惡曰遭命,行惡得惡曰隨命。"觀趙岐之意,似以"無非"連讀。此義朱子亦承之,故言:

> 人物之生,吉凶禍福,皆天所命。然惟莫之致而至者,乃爲正命,故君子修身以俟之,所以順乎此也。……盡其道,則所值之吉凶,皆莫之致而至者也。……犯罪而死,與立巖牆之下者同,皆人所取,非天所爲也。此章與上章蓋一時之言,所以發起末句未盡之義。

---

〔1〕戴震人性論之矛盾,參《告子上》講疏。阮元《揅經室集》卷六《性命古訓》(《清經解　清經解續編》第六册)也認爲"古人但言節性,不言復性",大體與戴震相應。

〔2〕《中庸》引文見第四章。

〔3〕牟氏所失在未能揭示孟子仁知一體之心性結構,只關注仁(道德理性)的層次。參《告子上》講疏關於牟氏之學的討論。勞思光分自我爲德性我、認知我、情意我、形軀我,對自我之内在層次已極有見。楊澤波以仁性、智性、欲性三分論孔子的心性結構,但仍以孟子爲仁性、欲性。參氏著《孟子性善論研究》(再修訂版)序言、導論及第十二章,上海:上海人民出版社,2016年。諸説與本書有關德性、知性的理解雖結構相似,但含義不同,故亦不必混爲一談。

朱注雖簡,其實已無餘韻。惟視此句甚輕,以爲“蓋一時之言”,是其所失。船山本之作《訓義》,亦能闡其底蘊。[1]焦循既釋此章,乃引《韓詩外傳》之説,言“非命”二字相連,即章末“非正命”之義。遂言“莫非命,禁戒之辭,謂不可非命而死也”。後世“死於非命”乃成習語,是“非命”連讀亦久矣,惟“非命”之義未必如焦循所言耳。《韓詩外傳》:

> 哀公問孔子曰:“有智壽乎?”孔子曰:“然。人有三死而非命也者,自取之也:居處不理,飲食不節,勞過者,病共殺之。居下而好干上,嗜欲無厭,求索不止者,刑共殺之。少以獲(敵)衆,弱以侮强,忿不量力者,兵共殺之。故有三死而非命者,自取之也。”《詩》云:“人而無儀,不死何爲!”[2]

《説苑·雜言》所記唯文字稍異。詳其上下文,孔子所謂“人有三死而非命者,自取之也”,其意蓋曰人有三種死況,乃咎由自取也,皆不可以稱之爲命。並非如焦氏所言,以“非命”爲固定名辭也。[3]今就《論語》所記,其泛論命者略引如下:

> 子曰:“吾十有五而志於學,三十而立,四十而不惑,五十而知天命,六十而耳順,七十而從心所欲不逾矩。”(《爲政》)

> 伯牛有疾,子問之,自牖執其手,曰:“亡之,命矣夫! 斯人也而有斯疾也! 斯人也而有斯疾也!”(《雍也》)

> 季康子問:“弟子孰爲好學?”孔子對曰:“有顔回者好學,不幸短命死矣! 今也則亡。”(《先進》)

> 子夏曰:“商聞之矣:死生有命,富貴在天。”(《顔淵》)

> 子曰:“道之將行也與,命也;道之將廢也與,命也。公伯寮其如命何!”(《憲問》)

---

〔1〕參王夫之《四書訓義》卷三十七《孟子·盡心上》。船山全書編輯委員會編《船山全書》第八册,長沙:嶽麓書社,1996年。

〔2〕屈守元《韓詩外傳箋疏》卷一,成都:巴蜀書社,1996年,第20頁。

〔3〕屈守元《韓詩外傳箋疏》引薛據《孔子集語》及《孔子家語·五儀解》,此句皆作“人有三死而非其命者”,顯然不可以“非命”連讀矣。參該書第21頁注【四】。

子曰:"不知命,無以爲君子也;不知禮,無以立也;不知言,無以知人也。"(《堯曰》)

孔子似惟言命與非命,而未言正命。然觀《韓詩外傳》所言,其"自取之"而死者不可以命言,則孔子之"命",即孟子所言"正命"也。二師論命與世俗命運之義不同。依世俗之義,人之窮通、禍福、壽殀皆天之所命,莊子所謂"死生,命也"(《大宗師》),即上引子夏所言"死生有命,富貴在天"之意。此義儒道兩家雖皆不廢,然儒家主順受其正,道家主因任自然,其所因、所順者實不相同。如《老子》所言"禍兮福之所倚,福兮禍之所伏",《淮南子·人間訓》於塞翁失馬一章亦引申此義,皆以禍福利害言之,與正命與否無關。故儒、道亦因此分途,儒者主"殺身成仁",故不務趨避;道家主全生保命,是欲人趨避也。[1]後者與古史官所言占卜之道相通,蓋占卜皆教人趨吉避凶者也。至孔子,則自言與巫史有别:"吾求其德而已,吾与史巫,同途而殊归者也"(《帛書周易·要》),[2]故不以趨避爲順命,而特表君子知命之説。孔子論《易》,所謂"不占而已矣"(《論語·子路》),亦可由此觀之。上文所謂"不知命,無以爲君子也",蓋亦恢復天命之古義,此孔子"正名"之學也。然則近世學者多以孔子爲命定論者,皆膚末皮相之見耳。惟世俗語義既已變化,命之含義遂亦混淆。墨子繼起,乃并一切命運之説皆欲一掃而盡空之,此即"非命"之説:

子墨子言曰:執有命者以雜於民間者衆。執有命者之言曰:"命富則富,命貧則貧;命衆則衆,命寡則寡;命治則治,命亂則亂;命壽則壽,命夭則夭;命雖强勁,何益哉?"以上説王公大人,下以駔百姓之從事,故執有命者不仁。故當執有命者之言,不可不明辨。

---

〔1〕此處所論道家,亦泛言之。如莊子即與一般道者不同,兹不具論。

〔2〕老氏之學"清虚以自守,卑弱以自持"(《漢書·藝文志》),與趨避之義相通。且老子一説本周之徵藏史(《莊子·天道》),亦與周代史官傳統相通。關於孔子與巫史之别,可參拙作《從巫史到孔子:〈周易〉文本的經典化——一種基於經學進路的探討》,收入陸康、張巍主編《權利與占卜》,北京:中華書局,2016年。

……今天下之士君子，或以命爲有，蓋（盍）嘗尚觀於先王之書？……先王之憲亦嘗有曰“福不可請，而禍不可諱，敬無益、暴無傷”者乎？

……今用執有命者之言，是覆天下之義。覆天下之義者，是立命者也，百姓之誶也。[1]説百姓之誶者，是滅天下之人也。（《非命上》）

今天下之士君子，或以命爲亡。……然胡不嘗考之百姓之情？自古以及今，生民以來者，亦嘗見命之物、聞命之聲者乎？則未嘗有也。若以百姓爲愚不肖，耳目之情，不足因而爲法；然則胡不嘗考之諸侯之傳言流語乎？自古以及今，生民以來者，亦嘗有聞命之聲、見命之體者乎？則未嘗有也。（《非命中》）

觀墨子所斥，所謂“福不可請，而禍不可諱，敬無益、暴無傷”，當指儒家順命之説：

有强執有命以説議曰：“壽夭貧富，安危治亂，固有天命，不可損益。窮達、賞罰、幸否有極，人之知力，不能爲焉。”羣吏信之，則怠於分職；庶人信之，則怠於從事。吏不治則亂，農事緩則貧，貧且亂政之本，而儒者以爲道教，是賊天下之人者也。（《墨子·非儒下》）

墨子既欲非命，乃提出判斷合理性之標準，是爲三表之法：

何謂三表？子墨子言曰：有本之者，有原之者，有用之者。於何本之？上本之於古者聖王之事；於何原之？下原察百姓耳目之實；於何用之？廢以爲刑政，觀其中國家百姓人民之利。此所謂言有三表也。（《非命上》）

“本之”即指可信據之經驗，“原之”乃指理性觀察之實踐，“用之”則指理論應用之效驗。顧上古歷史言人人殊，未必可以徵實；順命、非命亦各有信之者，難以觀其效驗。然則墨子所能信據者實即“自古以及

〔1〕誶，孫詒讓引俞樾説，釋爲憂。《墨子閒詁》卷九，諸子集成本。

今,生民以來者,亦嘗見命之物、聞命之聲者乎?則未嘗有也。”墨子本知性思維,以觀察理性爲判斷依據,固其立場所在。雖言天志,然此天乃一理性天,惟視人之義不義而報之,以行其賞罰。是亦殷紂王所謂“我命由我不由天”之義。[1]其所論頗爲漢代天人感應説張本。惟既以未見、未聞者爲烏有,亦武斷之至。

由是觀之,道家趨避、墨者非命,皆各得一偏者也,必當以孔子知命之學爲中道。然儒者亦非絶對不言趨避,爲與道家區以别之,孔孟故發正命之説,此即本章“莫非命也,順受其正”之義。故言:雖皆命也,而有正不正之别;其覆壓於危牆之下而死者,與夫所行不義、桎梏而死者,皆不正者也;惟盡其道者雖死亦不違其正命。與上引《韓詩外傳》之言實皆相應,惟稍簡略耳。觀趙岐所言正命、遭命、隨命云云,蓋皆漢儒畫蛇添足之論,實無甚大義可言。如所言遭命之説,蓋本《白虎通》所言,“冉伯牛危言正行,而遭惡疾”,是爲行善得惡,[2]故與正命相區别。夫“行惡得惡”之“隨命”固非“正命”,冉伯牛既入孔門德行科,蓋亦“殀壽不貳,修身以俟”者也,另如顔回雖殀亡,亦可謂“盡其道而死者”也,豈可不視爲正命?以是知漢儒已不明孔子知命之大義,惟以功利之見辨别善惡。及至王充,乃於隨命另載一義:

> 《傳》曰:“説命有三:一曰正命,二曰隨命,三曰遭命。”正命謂本稟之自得吉也。性然骨善,故不假操行以求福,而吉自至,故曰正命;隨命者,戮力操行而吉福至,縱情施欲而凶禍到,故曰隨命;遭命者,行善得惡,非所冀望,逢遭於外,而得凶禍,故曰遭命。(《論衡·命義篇》)

雖剖判頗細,去聖言則彌遠。[3]漢儒既多以世俗禍福爲依歸,亦可

〔1〕參《墨子·天志》。“我命由我不由天”,見《史記·殷本紀》。墨子本殷遺也,故與之相合。
〔2〕據焦循考證,正命、遭命、隨命之説當出《孝經援神契》,其後《白虎通·受命篇》、《論衡·命義篇》大同小異,趙岐所言與《白虎通》合。
〔3〕按此王充所引並加以詮釋之説,非王氏本人之説。此處暫不詳及。

見世俗命説影響之大,此道教興起之土壤。及佛教入華,其三世因果之説較道流尤爲精密,數百年間,無論士民文野,皆趨之若鶩,亦有由矣。及至宋儒,始能究明大義,然後世學者亦多隨文解義,或與《易傳》、《中庸》所言盡性致命諸説相互比量,徒擬諸高天之上,未嘗求其的論。

嘗試論之。所謂"盡其道而死者",即依仁、合義、守禮而死者也;其未能正命而死者,是不仁、不義、無禮而死者也。此三説正與《韓詩外傳》所言三種非命之死相應。以德性論言之,仁義禮居四德、五常之三,所以不言智與信,蓋因死不可以智言,因信而死,亦未必完全合道。凡依仁、合義、守禮者,皆合道而能信者也。故倘泛言"盡其道而死者",惟可以依仁、合義、守禮三者觀之。[1]

夫人情莫不好生惡死,然亦有殺身成仁、舍生取義者也,無論殀壽,是皆所謂正命。孔子曰:"志士仁人,無求生以害仁,有殺身以成仁。"(《論語·衛靈公》)另如魯人汪錡,雖一童子,孔子曰:"能執干戈以衛社稷,可無殤也。"[2]此舍生取義者也,孔子亦以正命待之。至於守禮而死,則多於忠臣義士見之。《左傳》昭公二十年:

> 齊侯田於沛,招虞人以弓,不進。公使執之,辭曰:"昔我先君之田也,旃以招大夫,弓以招士,皮冠以招虞人。臣不見皮冠,故不敢進。"乃舍之。仲尼曰:"守道不如守官。"

虞人雖未殺身,然固有因守官而殺其身者也。當此之時,既守其官,是能依禮而行,豈可不云"盡其道"?孟子故曰:"昔齊景公田,招虞人以旌,不至,將殺之。志士不忘在溝壑,勇士不忘喪其元。孔子奚取焉?取非其招不往也。"(《滕文公下》)其不仁、不義、無禮者亦有數端:

---

〔1〕仁義禮乃五常之三,其智者不必死,不智則不能合義。然亦有知其不可爲而爲之者矣,是欲守其仁義禮者,雖有智可以逃死,亦不得不爲也,是所謂"舍身取義",故不必論智與不智。其因信而死,如《莊子·盜蹠》:"尾生與女子期於梁下,女子不來,水至不去,抱梁柱而死。"此不知權變者也,是亦不智、不義之類。若守其仁義禮而死者,是皆有其信者也,亦不必單言之矣。此處可見古人義理之精密。

〔2〕按,此事《左傳》哀公十一年、《禮記·檀弓下》皆言之,引文據《左傳》。

其一曰因不仁而死。仁本有不同層次,大可以彌綸天地,小則惟以愛己、愛親、愛人、愛物爲言。既以愛爲言,是出於内者也,此義雖告子亦不否認。[1]顧人之愛既出於内,是不能必其有此愛也。如人雖知孝親、敬長,亦能以禮事之,不可謂之不孝也,然固有内心實不愛其親、實不敬其長,而能依禮而行者也。此在陽明,以爲失其良知,然此良知存否非他人可知也。故雖君子亦有不仁者,[2]言其所行雖正,卻乏愛心也。世俗之人,相交以禮,即便不知愛人,[3]亦非取死之道。其不知仁愛而爲取死之道者,惟并己身亦不愛者乎?人之當愛己身,其故有二。《孝經》曰:"身體髮膚,受之父母,不敢毀傷,孝之始也。"(《開宗明義章》)蓋愛身亦愛親遺體之義,是亦仁也。其不知愛身者,是失親親之仁矣。己身既不愛,又焉能愛人?此其一。人之能有愛人之仁,其所本者既在人能愛己,否則無惻隱之心矣。此其二。

人既不愛己身,則疾病隨之,倘因此而殺身,是不得其正命者也。<u>蓋惟無原因可求者始可言命,否則是有理可求,非天之所命也。</u>此即《萬章上》所言"莫之爲而爲者天也,莫之致而至者命也"之義。孔子亦云:"知其不可奈何而安之若命,德之至也。"(《莊子·人間世》)此論雖出《莊子》,實與夫子所言不悖。故孔子評論伯夷、叔齊餓死首陽山之下,曰:"求仁而得仁,又何怨!"(《述而》)[4]伯夷、叔齊不食周粟而死,乃"自取"之也,非天命之也,故亦不必怨天。孔子則雖不爲人知,而亦不怨天:

> 子曰:"莫我知也夫!"子貢曰:"何爲其莫知子也?"子曰:"不怨天,不尤人,下學而上達。知我者其天乎!"(《憲問》)

---

〔1〕參《告子上》講疏第四章,另下文尤細分仁、愛之别,此處則可不必。參本篇第四十五章。

〔2〕《論語·憲問》:"君子而不仁者有矣夫,未有小人而仁者也。"

〔3〕此"人"非人類之人,乃括己身以外宇宙間一切事物而言。

〔4〕按,此説本爲衛君而發,衛靈公逐其世子蒯聵,靈公薨,國人立蒯聵之子、出公輒。後晉人欲納蒯聵而出公拒之。《論語·述而》:"冉有曰:夫子爲衛君乎。子貢曰:諾,吾將問之。入曰:伯夷、叔齊何人也。曰:古之賢人也。曰:怨乎。曰:求仁而得仁,又何怨。出曰:夫子不爲也。"雖爲衛君而發,其實亦是爲伯夷、叔齊而發,此處惟論其大義,學者不必以辭害意。

既明此義,故“居處不理,飲食不節,勞過者,病共殺之”乃是咎由“自取”,不可以視之爲正命。孟子本章所言不立乎危牆之下,亦同此義。觀《論語》,夫子之所以“食不言,寢不語”、“食不厭精,膾不厭細。食饐而餲,魚餒而肉敗,不食。色惡,不食。臭惡,不食。失飪,不食。不時,不食。……肉雖多,不使勝食氣。唯酒無量,不及亂。沽酒市脯,不食”(《鄉黨》),皆攝生保身之義也。反之,既知攝生之道,而無故染疾、飢不擇食、因義過勞(此亦舍生取義)者,亦不可言非正命也。

其無故染疾者,不妨以上引冉伯牛之事證之,故子曰:“亡之,命矣夫!斯人也而有斯疾也。”顏回之死,夫子亦言“不幸短命”,其故正同。古人之所以欲人“頤養天年”者,爲求其正命也。

其飢不擇食者,可以墨子所非孔子之行證之:

> 孔某窮於蔡、陳之間,藜羹不糂。十日,子路爲享豚,孔某不問肉之所由來而食;號人衣以酤酒,孔某不問酒之所由來而飲。哀公迎孔子,席不端弗坐,割不正弗食。子路進請曰:“何其與陳、蔡反也?”孔某曰:“來,吾語女:曩與女爲苟生,今與女爲苟義。”夫饑約,則不辭妄取以活身;贏飽,則僞行以自飾。汙邪詐僞,孰大於此?(《墨子·非儒下》)

墨子既曾學儒,蓋亦頗聞孔子之往行。惟既不解其人,學術亦本異路,故於孔子極盡譏諷之能事,稱孔某而不名。既聞孔子攝生之義,偶聞孔子陳、蔡之事,便以爲“得間”矣,此在名理而言,孔子似無可辯駁,然倘以夫子所言“知命”觀之,則孔子所行亦無可非議。蓋前者乃爲生存,後者乃知命之義。本文既引子路之疑,墨子或爲子路門人,於此又得一證。[1]子路在孔門乃不得正命者(詳下),墨子之非命,蓋淵源於此乎?

其因義過勞者,或可以孔子之言證之。子曰:“士而懷居,不可以爲

〔1〕前人疑墨子出漆雕氏之儒,以其任俠也。子路亦孔門勇者,且年紀居前。漆雕氏之儒蓋即子路之儒也。

士矣。"(《憲問》)士者事也,[1]既有公事,自當不辭辛勞、不可苟安也。《周易・蹇卦》:"王臣蹇蹇,匪躬之故。《象》曰:王臣蹇蹇,中無尤也。"此言王臣雖處蹇難,然非爲自身,亦不可怪責也。[2]

其二曰因不義而死。是即上文孔子所言"居下而好干上,嗜欲無厭,求索不止者,刑共殺之"。以德性論言之,人之好干上、貪得無厭,是無廉恥、羞惡之心也,故以不義言之。此理甚易,不必舉證矣。

其三曰因無禮而死。是即"少以敵衆,弱以侮强,忿不量力者,兵共殺之"。人之忿不量力,如城濮之戰,楚將子玉雖似勇矣,實無恭敬之心也。[3]"子謂顔淵曰:'用之則行,舍之則藏,惟我與爾有是夫!'子路曰:'子行三軍,則誰與?'子曰:'暴虎馮河,死而無悔者,吾不與也。必也臨事而懼,好謀而成者也。'"(《述而》)故子貢"惡勇而無禮者"(《陽貨》),夫子則警子路:"若由也,不得其死然。"(《先進》)子路乃孔門勇者,所謂"野哉,由也!"(《子路》)子路之死,非正命也。

"子之所慎:齊(齋)、戰、疾。"(《述而》)此皆孔子修身俟命之法。蓋齋於神靈之前,使精神專一,能收其不知羞惡之心,則不爲不義之舉矣;當戰而慎,是養其戒懼恭敬之心,則不爲無禮之事矣;當疾而慎,是養其哀痛、惻隱之心,則不失其仁矣。人能戒慎於不仁、不義、無禮之事,而仍因疾、因戰、因刑而死者,則必非己之過也,此真"莫之致而至者命也",故"知其不可奈何而安之若命",是真所謂"殀壽不貳,修身以俟"者也。夫子自言"五十而知天命",蓋知大道之不廢,斯文之在兹,[4]是其

---

〔1〕《白虎通・爵》:"士者事也,任事之稱也。"按,此漢儒通説,故《毛詩傳》、《説文》皆持此論,邢昺《孝經注疏・士章》並引之。

〔2〕參拙作《周易義疏》蹇卦六二義疏。

〔3〕事見《左傳》僖公二十七年,即言子玉"剛而無禮"。

〔4〕按,大道不廢可見諸上引公伯寮之事,依《憲問》:"公伯寮愬子路于季孫。子服景伯以告,曰:'夫子固有惑志于公伯寮,吾力猶能肆諸市朝。'"是孔子已知道之將行、將廢與公伯寮無關。時孔子已過五十。另,《論語・子罕》:"子畏於匡,曰:'文王既没,文不在兹乎?天之將喪斯文也,後死者不得與於斯文也;天之未喪斯文也,匡人其如予何?'"此皆孔子已知天命之證。

德已進至仁者生生之境矣。

第三章

孟子曰:"'求則得之,舍則失之',是求有益於得也,求在我者也。'求之有道,得之有命',是求無益於得也,求在外者也。"

【講疏】"求則得之,舍則失之"、"求之有道,得之有命"二語,蓋古之成語。[1]首句亦見《告子上》,言人之本心,乃性分所固有,雖或陷溺、放失,尚有存之之道,不必外求,故曰"在我"。[2]故孔子曰:"仁遠乎哉?我欲仁,斯仁至矣。"(《論語·述而》)

依上章,"盡其道而死者,正命也",不惟生死、殀壽,人之窮通、禍福皆有"盡其道"而不得者,此即"求之有道,得之有命",亦孟子所謂正命。故孔子云:"富貴如可求,雖執鞭之士,吾亦爲之;如不可求,從吾所好"(《述而》)。所謂"可求"者,"盡其道"而求也,執鞭雖爲賤役,亦不必非之。蓋"雖小道猶有可觀"(子夏語),是亦"盡其道"也。故又曰:"飯疏食飲水,曲肱而枕之,樂亦在其中矣。不義而富且貴,於我如浮雲!"(《述而》)以道求之而仍不得,則安之若命,不爲不義之舉也。此安貧樂道即是"從吾所好"。孔子此言,學者多隨文解義,實則當與孟子正命之説相參,始明其理。

不寧惟是。上文既言"莫之致而至者命也",其有理可求者,不必言命也;惟以道求之而仍不得,是則命耳。故命之爲命,自人觀之,乃絶對無理可言者。[3]如人之富貴,倘因爲人執鞭,乃至一切合理行爲所致,

〔1〕此清儒翟灝之説,焦循已引及。

〔2〕參《告子上》講疏。《告子上》另有"操則存,舍則亡",大義亦同。

〔3〕自天觀之,當亦有理可言,故諸大宗教皆欲言之,聖人則存而不論,蓋非人類之先務也。先務之義,參本篇末章。

此皆“盡其道”者也,故不必言命。另如人之富貴,雖不勞而獲,然本出富貴之家,承襲祖業,是亦有理可言者也,不必言命。至於何以生於此富貴之家,是則命也。或有拾人金而昧之者,是“莫之致而至者”也,固可以命言,此世俗所謂福也,然君子乃以爲不義之財(未能“盡其道”),故“於我如浮雲”。亦有人兢兢業業,察其天時,别其地理,選其嘉種,深耕易耨,然種瓜而不得,種豆而不收,此豈非天哉。惟天命如此,則是“所求無益於得也”,然則自習心而言,此天命乃自外而來者,亦即非由“性”而來者,是即“求在外者也”。然則性之與命,是内外有别也。

蓋尤有説。孟子本章所言求得、内外,皆自習心而言,此即常識所謂自我。本心既爲習心之本,故言内;天命非自我所決定,故言外。其内外之間者何也?曰身。故天命倘泛言之,實涵三義。其一曰“生之謂性”,乃此身形質之稟賦也,下文另有討論;其内則“天命之謂性”,此世俗視之爲命,而君子固以之爲性也(即通性,參上文);其外則此“莫之致而至者”,此絶對之天命。蓋在内者固天之所命,在外者既無理可言,亦唯可歸諸天。其即此身而言者乃人事之理,是皆可以謀之,故孔子“所欲與”者,乃“臨事而懼,好謀而成”者,此亦俗語所謂“謀事在人,成事在天”、“盡人事,聽天命”之義。既言“好謀”,則知性(指觀察理性)即含藴其間,此孔門仁智一體之精神結構。由是觀之,漢儒惟言命而不知性,宋儒則知性(指天命之性)、知身(即氣質之性)而不知命,至於清儒所知者唯一身耳,性、命之大旨皆無與焉。

綜上所述,自習心而言,在内者乃宇宙一體之通性,在外者則上天授此個體之天命也。命者,令也。由在内之性,可證宇宙之一體;由在外之命,乃見絶對之律令。[1]由此律令,則君子所當爲者,亦唯“修身以俟”:修身以復性,“居易以俟命”;小人既不識性命之理,則唯出之以功

〔1〕倘知此絶對律令而不明性體,即西洋神學。故康德祇有道德神學,而無牟宗三所言道德的形上學。

利計度之心,"行險以僥倖"而已(《中庸》)。既復性,是"樂天"者也;既俟命,故"不憂"矣。"不憂"亦可攝上文"殀壽不貳(疑)"。故《易》曰"樂天知命,故不憂"(《繫辭上》)。及既合性、理(本心與物之交)、命於一道,則天人合一,是大《易》所謂"窮理盡性,以至於命"也(《説卦》)。是即孔門立命之學。學者倘明此義,則《論》、《孟》、《易》、《庸》之旨可以貫通如一。惜宋明儒以性等同天命,不知性雖本天而非同於天,命亦有本然(天)與律令(命)之别,故性之與命,本不可强合也。[1]惟有此異,故聖人知天而有别於天。《中庸》曰:

> 君子之道,費而隱。夫婦之愚,可以與知焉,及其至也,雖聖人亦有所不知焉。夫婦之不肖,可以能行焉;及其至也,雖聖人亦有所不能焉。天地之大也,人猶有所憾。

聖之字從耳從口,所言者乃上天之消息也。既有所憾,故當敬畏天命。孔子曰:"畏天命,畏大人,畏聖人之言。"(《論語・季氏》)漢儒不知性而知命,故猶重讖告;宋儒雖明性學,既知主敬,尚能恪守斯旨。惟王安石輩乃多師心自用,無復敬畏矣。此與禪宗之流行亦不無關係。及後宗宋儒者性體之義既失,象山、陽明乃以心體救正之,惜末流亦陷於猖狂恣肆之習。蓋心體雖明而未能存之,亦無以養其性。泰州王心齋乃發"大人造命"之説,雖不爲無見,然以性造命,等同天神,其流弊有不可勝言者。[2]明季惟劉宗周得宋儒性宗之傳。蓋學者當游心於敬畏與灑落之間,道可任而不可居,以是知俟命之説爲無敝也。

---

[1] 按性、命相分之説,道教尚保存之,故言煉性修命、性命雙修。宋明儒觀點以程子、陽明最爲分明。《傳習録上》:"性一而已。自其形体也谓之天,主宰也谓之帝,流行也谓之命,赋于人也谓之性,主于身也谓之心。"其所以致誤者,一因誤讀《中庸》"天命之謂性"一語。朱注:"命,猶令也。性,即理也。天以陰陽五行生化萬物,氣以成形,而理亦賦焉,猶命令也。於是人物之生,因各得其所賦之理,以爲健順五常之德,所謂性也。"此外,程子、陽明以流行言命,當係誤讀《詩經》"維天之命,於穆不已"之義。蓋天命雖然流行不已,然非言此流行不已者即是命也。此猶性乃天之所命,然天之所命亦不即是性。

[2] 關於師心自用,另可參拙作《王學與晚明師道復興運動》(增訂本)導言、第四編第一章第二節、第二章第三節。

申言之,天人之道,乃一切學術所共由。佛家不欲顯言天命,而言“因緣生萬法”,故有因緣,有增上緣,略示内外有别。此因緣和合實即業力因果,亦不出儒者所言天命也。雖以佛力之威神,亦難逃業力。其以大梵天王當中土之天,非也。倘以耶教觀之,則天命相應於上帝,惟耶教不承認天命之性,故必有待於耶穌之“道成肉身”以當此性,聖靈則相應於人之本心。及後既承認“三位一體”,是猶儒者所言天、性、本心皆可上通如一。蓋耶教既主人之性惡(原罪),[1]其救贖與否惟可依上帝之恩典,故聖靈必由外鑠,不可有本心之名。及康德出,既欲人之“德福一致”,則勢必假定上帝存有(命)、靈魂存在(性)、意志自由(略當本心之明體)三義。諸説雖大義未失,固不如孔門性命之旨爲圓融。近世學者,惟棲霞牟宗三論此甚深,能補康德之闕,然既欲上推聖境,而以圓教爲依歸,尚有可商之处。[2]蓋孔門性命之説乃以不圓見其圓也,是亦《易》終未濟、虛中應外之旨。

第四章

孟子曰:“萬物皆備於我矣,反身而誠,樂莫大焉。强恕而行,求仁莫近焉。”

【講疏】上章既分内外,此言“反身”,是向内而言也。蓋倘向外,我身與萬物彼此異構,歷歷分明,不可以言“備於我”也。[3]惟向内而言,

[1] 此皆以天主教、新教等主流神學言之,其不承認三位一體諸義者,亦可由此衡之。本篇體例所關,暫不詳及。

[2] 康德、牟宗三之説,可參康德《實踐理性批判》、牟宗三《圓善論》諸書。以上諸義,擬專文另述,兹不詳及。

[3] 近世以來,頗有以唯心主義認識論解孟子此説者,可謂全錯。諸説雖本舶來之見,然清儒已由觀察理性論之。焦循曰:“謹按此章,申明知性之義也。知其性而乃盡其心,然則何以知其性?以我推之也。我亦人也,我能覺於善,則人之性亦能覺於善,人之情即同乎我之情,人之欲即同乎我之欲,故曰‘萬物皆備於我矣’。”按,焦氏本節所謂“知性”乃動賓結構,非知性思維之“知性”,然既以“覺善”爲言,其思維固無别也。

乃見人我之性皆上通於天。天爲宇宙之統體,人乃指人我分立之萬物。萬物既皆居此宇宙之中,亦當本之於天。然則萬物之性即我之性,是所謂“備於我”。備即一體之義。古人祭祀,重視備物,即犧牲之完整。故無論芻豢,皆可用之,惟毛色不純以及身體不完整者不可用。[1]蓋惟備物,乃代表物德之完整,可以敬獻於神明。萬物各能成己,而人能自反、成物,是所以爲備物。孟子借此備物之義,而言萬物之性亦皆與我爲一體。萬物之性既皆一體,故人與天地萬物始不復有隔。此亦《中庸》所言“合内外之道”。[2]《中庸》另言:

> 唯天下至誠,爲能盡其性;能盡其性,則能盡人之性;能盡人之性,則能盡物之性;能盡物之性,則可以贊天地之化育;可以贊天地之化育,則可以與天地參矣。

《中庸》由盡己之性、盡人之性至盡物之性,蓋反言此理。此即宋儒所謂“人與天地萬物爲一體”之義。

誠者,實也。首章言“盡心知性”,猶禪宗“明心見性”,本心與性之理雖明,然必實體之,乃得其存之養之之樂。此樂乃吾身與萬物同體之樂,如春陽雷動、萬物發舒,皆能欣欣向榮也。故《中庸》曰:“大哉聖人之道!洋洋乎!發育萬物,峻極於天。”《周易》之釋此境,其在豫卦,故曰:“雷出地奮,豫。先王以作樂崇德,殷薦之上帝以配祖考。”古樂(yuè)與樂(lè)通。此樂(yuè)非普通音樂(古稱之爲“音”),乃指祭祀之樂歌,可以上達於神靈者。故《樂記》言“樂統同,禮辨異”,此同即人與天地萬物一體之同。此境體現於吾人之心,即是本心呈露之樂(lè),故陽明曰“樂是心之本體”,非言本體是樂,而言本心之狀態乃體現爲樂。此樂超越一切世間凡俗之樂,而爲之本,故云“樂莫大焉”,非以樂之程

〔1〕參《國語·楚語下》“楚昭王問於觀射父”一節。關於備物與禮之關係,參拙作《孔曾禮學探微》,《中國經學》第二十六輯,2020年。

〔2〕《中庸》:“誠者,非自成己而已也。所以成物也。成己仁也,成物知也。性之德也,合外内之道也。故時措之宜也。”

度言也。[1]孔子曰:“不仁者不可以久處約,不可以長處樂。”(《里仁》)又曰:“君子坦蕩蕩,小人常戚戚。”(《述而》)人能觀其自心,則君子、小人境界判然。蓋“坦蕩蕩”者未必君子,[2]而“常戚戚”者必是小人也。小人猶言常人、普通人,學者不必以辭害意。人能以小人自處,知恥而反身,始有入道之機。

此萬物一體之境,倘以名相言之,即是天道生生之仁。蓋反身乃言復性之工夫,誠乃言復性之境界,樂乃言復性之體驗,[3]求仁乃復性之歸宿。有此仁,則自我與天地同流,而證其生生之境。故能超越死亡,“殀壽不貳”,佛偈所謂“無憂亦無怖”。惟佛家以憂怖源出於愛,故言“因愛故生憂,因愛故生怖”。以儒者觀之,此愛雖亦仁之體現,固與生生之仁境界有别也。故孔子雖知天命,然不欲以宗教律令化導之,後者即周以來禮教所言鬼神之説,墨家、道教乃至人類各大宗教大體亦秉同一立場。自經學言之,此命宗也。夫子“敬鬼神而遠之”,所以如此者,蓋因上通於天者人人俱在,可不必外求也。此夫子所發性宗之大義,是所以爲天德也。[4]《論語・先進》:

> 季路問事鬼神,子曰:“未能事人,焉能事鬼?”曰:“敢問死。”曰:“未知生,焉知死?”

子路蓋墨者先驅,故以鬼神相問。孔子非不言鬼神,而於人我之間指點之,亦欲子路得以復其本心之仁。所謂生,亦非世俗所謂生活、生

[1] 參第二十章。

[2] 晚明王門有“樂學派”,其末流即唯樂是求,蓋即因此致誤。關於樂學派,參拙作《王學與晚明師道復興運動》(增訂本)第二編第三章第二節。

[3] 此體驗人於日常生活中皆可見之。如人能由恨人改爲愛人,即可體會此樂。孟子本章所言反身而誠,或以爲乃某種冥契型的宗教經驗,非是。宗教家於精神關注、物我兩忘之際固然可冥契某種境界,但此亦不過小道,乃天道之“端倪”而已,尚非真正與“天地同流”。“上下與天地同流”乃萬物之本然,惟返本復性,始真能體之耳。此絶非個體冥契可限者。如人能無愧於心,即可體會此樂,此固非冥契之時也。

[4] 據《帛書周易・要》孔子歷數自己與此前巫史易之差異,終乃自言:“吾達其天德矣。”參前揭《從巫史到孔子:〈周易〉文本的經典化——一種基於經學進路的探討》。

命之生，而是天道之生生。自《周易》言之，生生非可泛言之也，上經三十卦，由乾坤以降直至第二十八卦大過死象，即生命自身之示現。由大過復經坎離，由坎離復生乾坤，則是貞下起元、由死而生。[1]明此生生之理，乃可以超越具體死亡。此即"未知生，焉知死"之義。孔子曰："加我數年，五十以學《易》，可以無大過矣。"(《述而》)"加我數年"者，蓋孔子尚未五十，自言倘五十之年得明大《易》生生之理，則可不必有大過之死象矣。[2]古人五十而死不爲殀，倘未及五十，雖"殀壽不貳"，亦當凜然也。孔子之學，求仁之學也，其一生汲汲皇皇，雖似不離乎人("事人")，實即對越鬼神也，是"丘之禱也久矣"。

孔子語子路先"事人"，學者頗以"奉事"解之，自上下文而言似無不可。然"事"亦有"從事"之義(參首章)，事人亦不必以事親、敬長言之，言待人接物亦可。此亦《中庸》"道不遠人"之義，非言大道不離人倫日用，乃言道之所存，當自人事見之。[3]蓋人事自身即蘊含物則("有物有則")，此物則可以"忠恕"之道求之：

> 子曰："道不遠人。人之爲道而遠人，不可以爲道。《詩》云：'伐柯伐柯，其則不遠。'執柯以伐柯，睨而視之，猶以爲遠。故君子以人治人，改而止。忠恕違道不遠，施諸己而不願，亦勿施於人。"(《中庸》)

"忠恕"之所以"違道不遠"，即因人我之間皆具"秉夷(彝)之德"，依《告子上》，此"秉夷之德"即人之本心。[4]倘以諸篇互參，則知本章下文所言"强恕而行，求仁莫近焉"之義。實則此恕道即本心之"直道"，[5]亦即"己所不欲，勿施於人"之義。人己相交，欲求其物則，當本忠恕之

---

〔1〕 參《周易義疏》上經卦序義解。

〔2〕《論語》此言"大過"當以大過卦解之，參拙作《周易義疏》大過卦義解。

〔3〕 關於"道不遠人"的辨析，參拙作《説"絜矩之道"》，《中國文化》2019年秋季號。

〔4〕 參《告子上》第六章講疏。

〔5〕 前揭《説"絜矩之道"》。

道,此因本心人人皆具;然則欲求取本心者,莫近於行“恕”之時也。[1]是即“强恕而行”也。

强,勉也,猶言勉力而爲。《中庸》:“不勉而中,不思而得,從容中道,聖人也。”蓋能“不勉而中”方是“中道”也。普通人唯可言“勉”,其强勉之中,則是“忠”;其强勉之恕,則是“强恕”。所以言“忠恕違道不遠”,蓋因二者離“從容中道”已不遠矣。惟“忠”“恕”雖皆可通仁,然一有爲,一無爲,是“恕”尚先於忠也。[2]故子貢問孔子:“有一言而可以終身行之者乎?”子曰:“其恕乎! 己所不欲,勿施於人。”(《衛靈公》)故求仁當自“强恕而行”始,是所謂“求仁莫近焉”。

由此觀之,《中庸》言“忠恕”,而本章惟言“强恕”,正可見孟子義理之精。知“强恕”之義,乃知儒門所謂盡心,非如佛老之冥然兀坐、觀其本心,亦非隨處體認其抽象而應然之理,而是隨時反身,“成己成物”,使萬物“各正性命”。

第五章

孟子曰:“行之而不著焉,習矣而不察焉,終身由之而不知其道者,衆也。”

【講疏】本章乃承上而言,人雖皆有“秉彝之良”,皆可上達於天,然能知性者鮮矣。朱子曰:“著者,知之明;察者,識之精。言方行之而不能明其所當然,既習矣而猶不識其所以然,所以終身由之而不知其道者多也。”陽明本此,言“行之明覺精察處便是知”,其不能明覺精察者是不知反身之義也。此亦《繫辭上》所謂“百姓日用而不知,故君子之道鮮矣”。

---

〔1〕按忠者信也,實也,忠非本心,然倘無忠,則本心皆不定,故曾子(《里仁》)、子思皆言“忠恕”。仁不見於忠,而見於恕,蓋“己所不欲,勿施於人”,即吾人惻怛不忍之仁心也。

〔2〕此亦《梁惠王上》第六章所言積極仁政、消極仁政之説所本。

第六章

孟子曰:“人不可以無恥。無恥之恥,無恥矣。”

【講疏】“終身由之而不知其道者”既如是之衆,倘欲教育之,當自何始?如佛家教人,必自苦始,欲人離苦得樂;耶教教人,必恫之以罪,欲人希求拯救。儒者教人,欲人有所承擔,常曰立志,然何以有立有不立?倘教人成聖,或應之曰:成聖者有幾,不成聖者又何妨?倘教人得其大樂,或應之曰:吾惟知今樂之樂,不欲聞古之樂也。或有受其歆動者,亦不過欲受人尊敬,頂禮膜拜,此動之以利者也。宋明儒之末流,常陷於虛僞者,未必非立志成聖之説有以致之也。今世學者,或有欲學聖賢者,吾欲“先攻其邪心”也。[1]

孟子似早見及此,故首言知恥。所謂知恥,即羞惡之心也。人皆有惻隱、羞惡、恭敬(辭讓)、是非之心,此皆本心仁義禮智之端也,欲人之復其本心,必當有以動之,使知自反。顧惻隱、辭讓、是非諸心皆向外者也,其所及者外物耳,雖有以動之,亦不必其能自反。惟羞惡乃指向人之自身,如言“人與禽獸相去幾希”,則人或恥之矣,故欲有爲,以自别於禽獸。既知自别於禽獸,乃動之以“不當泯然衆人”,或可令其發憤向上也。既知發憤圖强,倘動之以“人皆可以爲堯舜”,則或有優入聖域之機。此羞惡之心,即返本入道之門。故“人不可以無恥”。

雖然,倘真無恥可言,或可以“恥之恥”動之,以復其羞惡之心。上篇末章,孟子曰:“教亦多術矣,予不屑之教誨也者,是亦教誨之而已矣。”蓋不教之教,即故意羞辱之,所謂“恥之恥”,使動其羞憤之心也。倘並此“恥之恥”亦無之,如縱横家,如鄉愿,則真不可救藥矣。此佛家所謂一闡提,永世不可成佛者。按“無恥之恥,無恥矣”一句,先儒多解

〔1〕《荀子·大略》:“孟子三見宣王不言事。門人曰:‘曷爲三遇齊王而不言事?’孟子曰:‘我先攻其邪心。’”

作能恥其無恥,則可無恥辱之累,雖文意可通,實無大義可言。孟子似不必作此畫蛇添足之語。

第七章

孟子曰:"恥之於人大矣。爲機變之巧者,無所用恥焉。不恥不若人,何若人有?"

【講疏】此復申言恥之義。無恥則不可入道,終身爲小人矣,故"恥之於人大矣"。此羞惡之心固可與惻隱、辭讓、是非之心同時,亦可與憂虞、悔吝乃至攘奪、竊盜、要譽等功利之心相併。惟恥之相反者非無恥也,乃"無恥之恥"者也,是不可與羞恥心相併。此無恥之恥者倘非木石之人,[1]則必"爲機變之巧者"。蓋巧詐之人,[2]唯欲用其巧計,無所不爲,不知恥爲何物,乃無恥之尤者也。戰國之時,兵家、縱横家中,此類多有,蓋皆道家之末流也。若今世之技術專家,滅棄天理人倫,乃至無所不爲者亦多矣。

"不恥不若人,何若人有",義頗聚訟。趙岐曰:"不恥不如古之聖人,何有如賢人之名也?"其説可從。蓋言古之聖賢倘不有恥不如人之心,又如何成爲"如此人物"(若人)?此與上篇"舜發於畎畝之中"一章可以相參。

第八章

孟子曰:"古之賢王,好善而忘勢。古之賢士,何獨不然?

〔1〕如道家修行者之"形若槁木,心如死灰"(《莊子·齊物論》),佛家禪定,或墨家之"氣壹動志"(參《公孫丑上》),皆可至於此境。然既脱此境,則恥亦隨復。

〔2〕趙岐釋"機變之巧者"爲"造機變陷阱之巧,以攻戰者",蓋指魯班、墨子之徒,或指兵家之用計謀以陷人者。朱子已不然之,釋爲"爲機械變詐之巧者",是也。焦循引高誘《淮南子·原道訓》注"機械,巧詐也",云"不必以攻戰言之"。

樂其道而忘人之勢。故王公不致敬盡禮,則不得亟見之。見且由不得亟,而況得而臣之乎?”

【講疏】前文言“反身而誠,樂莫大焉”,此樂乃樂天者也。人之爲人,合天人、性命於一身,其樂天知命者稍類莊子所言“真人”之境:

> 知天之所爲,知人之所爲者,至矣。知天之所爲者,天而生也;知人之所爲者,以其知之所知以養其知之所不知,終其天年而不中道夭者:是知之盛也。……其好之也一,其弗好之也一。其一也一,其不一也一。其一與天爲徒,其不一與人爲徒。天與人不相勝也,是之謂真人。(《大宗師》)

所謂天、人即分别與性、命對言。故“其耆(嗜)欲深者,其天機淺”(《大宗師》),“爲學日益,爲道日損”(《老子》),反之亦然,此皆言天、人境界之别。惟莊子言“天與人不相勝”乃客觀立場,若孟子,固欲以人合天,盡心、知性、知天。既得此一體之樂,則於人事(即“天人”之人)之分位差别皆消而泯之,是所謂“忘”,孔子、顏回所言“心齋”、“坐忘”雖以内聖修證之理言,其義則可相通。既由心齋之與道(或神靈)合一,則可以忘其外物也。

> 顏回曰:“回之家貧,唯不飲酒不茹葷者數月矣。如此,則可以爲齋乎?”曰:“是祭祀之齋,非心齋也。”回曰:“敢問心齋。”仲尼曰:“若一志,無聽之以耳而聽之以心,無聽之以心而聽之以氣!聽止於耳,心止於符。氣也者,虚而待物者也。唯道集虚。虚者,心齋也。”(《人間世》)

> 顏回曰:“回益矣。”仲尼曰:“何謂也?”曰:回忘仁義矣。”曰:“可矣,猶未也。”他日復見,曰:“回益矣。”曰:“何謂也?”曰:“回忘禮樂矣。”曰:“可矣,猶未也。”他日復見,曰:“回益矣。”曰:“何謂也?”曰:“回坐忘矣。”仲尼蹴然曰:“何謂坐忘?”顏回曰:“墮肢體,黜聰明,離形去知,同於大通,此謂坐忘。”仲尼曰:“同則無好也,化

則無常也,而果其賢乎！丘也請從而後也。”(《大宗師》)

莊子或爲顔回門人,自韓愈以來,多有此論,觀《莊子》書中所引孔、顔之處,未必皆出寓言。[1]蓋齋戒觀想皆周人祭祀前應有之義,德行科本修道之人,與道家固有相通之處,其所異者,在道家惟以安命保身爲務(如楊朱之“爲我”),與儒者參天地化育之理想迥然不侔。故其天人、性命之架構雖同,而莊子多言天,孟子多言人,其實並不相非。荀子故曰:“莊子蔽於天而不知人”(《非十二子》),雖言其所蔽,實則許其知天也,學者不必以辭害意。

由此觀之,樂之與忘,乃一體之兩面,不忘不足以爲樂。故七情雖有喜怒哀樂,喜、樂則並不相同,蓋喜有所指之物,而樂則無對象可言,[2]此亦上文《大宗師》中孔子所言“同則無好(hào)”之義。故樂可以形容萬物一體之境。其樂天知命者固不憂生死,若樂其道而忘其勢,亦是應有之義。惟樂道忘勢有二,一曰忘己之勢,此賢王之好善者也;一曰忘人之勢,此賢士之安貧樂道也。此與《告子上》所言“天爵”之義可以相參。惟忘勢者可以相與爲友,不可以相招也。故世俗王公倘欲見之,亦當致敬盡禮來求,倘欲臣之,亦當學然後臣之也。

按,本章所欲言者惟樂道忘勢而已,致敬盡禮云云,非篇義所關。孟子諸篇本非作於一時,多平生講學而爲弟子所記者,及晚年與萬章之徒退而修之,想來亦不過分門别類置於諸篇之内,故常有歧出之論。篇義既明,則見孟子貫珠之旨。然則當有二孟子:其一曰講學之孟子,諸篇既爲講學之實録,當合具體情境參之;其一曰作書之孟子,可於諸章之一貫處求之。近人常言,先秦諸子不自著書,以孟子觀之,未可一概而論。

---

〔1〕明末覺浪道盛、方以智、王夫之等亦頗闡此説,近人鍾泰《莊子發微》言之尤力。最近討論當推楊儒賓《儒門内的莊子》,從形氣一身體主體視角欲重新證成此義,説亦可參。另參《盡心下》第三十七章講疏。

〔2〕參第十三章。

第九章

孟子謂宋句踐曰:“子好遊乎?吾語子遊:人知之亦囂囂,人不知亦囂囂。”

曰:“何如斯可以囂囂矣?”

曰:“尊德樂義,則可以囂囂矣。故士窮不失義,達不離道。窮不失義,故士得己焉。達不離道,故民不失望焉。古之人,得志,澤加於民;不得志,脩身見於世。窮則獨善其身;達則兼善天下。”

【講疏】本章大旨亦承上而言。囂囂,趙岐以爲“自得無欲之貌”,朱子從之。焦循考證甚精,以爲趙説蓋本《爾雅・釋言》以閑釋囂,與《莊子・齊物論》“大知閑閑”相通。閑閑,《經典釋文》以爲“廣博之貌”。段玉裁則以爲此囂囂義爲“人自得無欲,如氣上出悠閒也。”[1]按焦説大體無謬,然亦有可爲引申者。《齊物論》所謂“大知閑閑,小知間間”,《釋文》以“廣博”釋“閑閑”,頗與《禮記・經解》“廣博易良,樂教也”相通。樂(yuè)與樂(lè)之關係上文已言及,“廣博易良”乃正形容心體之樂。諸説可以貫通。

宋句踐其人不詳,所謂好游,趙岐以爲“好以道德游,欲行其道者”,朱子遂以游爲“游説”之義,此蓋因下文句踐希求人知,故作此解。實則游亦可作交游解,言句踐好與人交游也。倘泛言之,亦可言游於世。故孟子告以交友之道,言無論人之知否,皆可以自得其樂也。士人修身見世,或爲養親,或爲干禄,或求聞達,其欲人知本亦無可厚非。其知而能遇者命也,其不知而不遇者亦命也。其在經典,以《周易》姤卦所言爲最深。[2]惟“君子求諸己,小人求諸人”(《衛靈公》),是則不同耳。玆以孔

〔1〕以上皆參焦循《孟子正義》所引。
〔2〕姤者,遇也。參拙作《周易義疏》姤卦義解。

子所言,略示如下:

子曰:"人不知而不愠,不亦君子乎?"(《學而》)

子曰:"不患人之不己知,患不知人也。"(《學而》)

子曰:"莫我知也夫!"子貢曰:"何爲其莫知子也?"子曰:"不怨天,不尤人,下學而上達。知我者其天乎!"(《憲問》)

子曰:"君子病無能焉,不病人之不己知也。"(《衛靈公》)

言"囂囂",則"不愠"之義已在其中。孟子下文之言皆所熟知者,蓋君子樂天知命,故"尊德樂義"。此義在自身言,是出處之義、修身見世,故"窮不失義";倘發之於外,則是"兼善天下",是所謂"達不離道"。蓋此道即孔子"志於道"之道,[1]與老氏奉爲最高者不同,《中庸》所謂"率性之謂道",言此道乃循性而行者也。終則以"古之人"作結,道不行,則修身以俟;道得行,則兼善天下。此亦前文孔子所言"道之將行也與,命也;道之將廢也與,命也"之義。

第十章

孟子曰:"待文王而後興者,凡民也。若夫豪傑之士,雖無文王猶興。"

【講疏】君子既兼善天下,則天下皆能復性矣。能優爲之者,其文王乎?非唯文王也,文王固君子之極境也。凡民者,衆人也,亦上文所言"終身由之而不知其道者",因王政之教化,始能復其性,是"待文王而後興者"也。若豪傑之士則能自反,故"雖無文王猶興"。

第十一章

孟子曰:"附之以韓魏之家,如其自視飲然,則過人

〔1〕《論語·述而》"子曰:志於道,據於德,依於仁,遊於藝。"

遠矣。”

【講疏】本章亦以“忘”爲言。趙岐曰:“附,益也。韓魏,晉六卿之富者也。言人既自有家,附益韓魏百乘之家,其富貴已美矣。而其人欿然不以足,自知仁義之道不足也。此則過人甚遠矣。”其不以自足者,雖與上文賢王之“好善忘勢”尚有不及,然亦“過人遠矣”。朱子引尹氏之說,“言有過人之識,則不以富貴爲事”,似有未諦。

第十二章

孟子曰:“以佚道使民,雖勞不怨。以生道殺民,雖死不怨殺者。”

【講疏】佚,逸。“以佚道使民”,可以文王之事證之。依《詩經》,文王之建靈臺,“經始勿亟,庶民子來”(《梁惠王上》)。雖欲民之勿疾,而民皆“子來”,是即所謂“勞而不怨”。蓋文王之爲此靈臺、靈沼,皆與民共之,是安民之所也。可謂“佚道”。[1]“以生道殺民”,趙岐以爲“謂殺大辟之罪者”,其說可從。後儒亦多泛泛從之,非也。蓋因“殺人者死”乃“以直報怨”之“直道”,亦即前文所謂“恕道”。[2]“以直報怨”既爲公義,殺人者人亦殺之,爲君者秉公義而殺此不義之人,被殺者亦不怨之矣。

綜上所述,“以佚道使民”者,仁也;“以生道殺民”者,恕也。仁之與恕大本無别,倘仔細區分,仁者愛人,恕者不忍施諸人也。參第四章。

---

〔1〕趙岐以爲可以《詩·豳風·七月》“亟其乘屋”之類當之,朱子引程子之言亦從之。然《七月》本身農人似甚勞苦,非可以言佚道也。《毛詩序》亦言此詩乃“陳后稷、先公風化之所由,致王業之艱難”。故不從。

〔2〕此處“殺人者死”指故意殺人者,學者不必以辭害意。關於以直報怨,可參前揭《說“絜矩之道”》。

仁、恕皆盡心者也,顧本章所言尚不止盡心而已,蓋王者既以仁恕而行,則養民之性,故皆爲所化,是所以“不怨”也。本章以下至十八章,所論皆“知性”之事。性以身見,諸章言性,故多以教化、正物爲言。

第十三章

孟子曰:“霸者之民,驩虞如也;王者之民,皞皞如也。殺之而不怨,利之而不庸,民日遷善而不知爲之者。夫君子所過者化,所存者神,上下與天地同流,豈曰小補之哉?”

【講疏】驩虞即歡娛,言樂其利也。皞皞即浩浩,廣大之貌,樂其德也。驩虞與皞皞,即上文所言喜、樂之别。當霸者之時,是無王者也,[1]諸侯之中,惟霸者能“以力假仁”,是亦行仁政也,過他國之率獸食人者遠矣,故霸者之民皆歡樂之也。既有王者,則天下是無别矣,雖行仁政,民衆得其安樂,《樂記》所謂“治世之音安以樂”;顧此皆以制度行之,非“惠而不知爲政”者也。[2]既“以德行仁”,是能養民一體之性,故“殺之而不怨”,雖利民而不居其功,民雖逐日遷善而不知爲之者,如康衢童謡所謂“帝力何有於我哉”![3]

由此可見君子養性之道。此道非以理告人而已,而是“上下與天地同流”,自其與天地萬物一體處動之。此略當莊子“獨與天地之精神相往來”之義(《天下篇》)。蓋君子所存者,乃其本心也,即天地生物之心。《盡心下》:“聖而不可知之之謂神。”此心神妙不測,故曰“所存者神”;此生物之心乃乾變坤化之源,萬物皆爲所化,故曰“所過者化”。此亦《中庸》“贊天地之化育,則可以與天地參矣”之義,豈可言“小補”於世? 倘

〔1〕所謂無王者,非無世俗意義上之時王或天子,而是無行王道者。

〔2〕參《梁惠王下》講疏。

〔3〕按,程子亦引此童謡釋之,朱注已引及。

推原其本,亦不過存心養性有以致之。言君子而不言聖賢者,聖賢亦人也,君子亦皆可爲。〔1〕

第十四章

孟子曰:"仁言,不如仁聲之入人深也。善政,不如善教之得民也。善政民畏之,善教民愛之;善政得民財,善教得民心。"

【講疏】本章與《離婁下》所言頗可相通。孟子曰:"以善服人者,未有能服人者也。以善養人,然後能服天下,天下不心服而王者,未之有也。""善政"者"以善服人",使人能明其理,故"民畏之";"善教"者"以善養人",與民成其一體,故"民愛之"。民既畏服,故能奉養之,是"得民財";民既愛之,故皆歸往之,是"得民心"。仁聲乃惻隱之心所發,故能動人實感,而生同體之意。以本篇大義觀之,仁言、善政皆自外來;仁聲、善教,則能動人之本心。故其效不同。

申言之,本章所言仁言、仁聲與政、教之别,即是理、性之不同,學者不可輕忽。人與天地萬物爲一體者,皆即其性言也。以理教人者,明之也;以性教人者,誠之也。故啓人良知者,非告其理即可,必當動其本心,養其人我相通之本性,"輔之翼之,使自得之"(《滕文公上》)。是所以爲知"性"之學也。此聖人所以能"存神過化",教人於無形也。

第十五章

孟子曰:"人之所不學而能者,其良能也。所不慮而知者,其良知也。孩提之童,無不知愛其親者,及其長也,無不知敬

〔1〕朱子以爲君子乃聖賢之通稱,兹不從。小補之義,朱子亦以爲指霸者之政,雖可通,亦未免過拘。

其兄也。親親,仁也。敬長,義也。無他,達之天下也。"

【講疏】性統知、能。學與慮皆知性之運用,故皆有外在所指。其不待慮而知、不待學而能者,是人人固有"秉彝之良"。此良知、良能即在孩提之無不愛親見之。顧雖皆性體之發用,而良知、良能有別。蓋良能者誠也,良知者明也,是所謂誠、明之别。《中庸》:"自誠明,謂之性;自明誠,謂之教。誠則明矣,明則誠矣。"《中庸》自心言性,故言誠、明;孟子以性顯心,故言知、能。孟子既發此論,則心性之結構乃大明於世。然則知與能固人性之兩維,以"知"言,則論德性與知性;以"能"言,則論事物之"可以"與"可能"。所謂人性善惡者,就其"能"而言也。惟德性之良知、良能可以合二爲一,是孟子所謂"良心"(《告子上》)。若荀子既未明德性之義,故知、能二義有隔,遂不得不以性惡、材樸(無善無惡)並言。〔1〕

綜上所述,"性統知、能"凡有二義:一曰自然之性涵攝知、能兩面,此知亦括德性與知性(聞見)之知。二曰人之德性(本性,通性)亦攝知、能兩面,即本章所謂良知、良能。在昔儒者,多未深究此義,故常以良知、良能混爲一談。後世陽明學即多言良知而罕言良能,是其所偏也。

仁之與義,稍有内外之别。孩提既有愛親之心,及其稍長,倘發之於外,則是敬兄、敬長之義。趙岐曰:"欲爲善者無他,達,通也,但通此親親敬長之心,推之天下人而已。"此即孟子擴充之説,諸篇論之詳矣。惟擴充之法亦不可輕忽,猶上章所言,倘能養其良能,則自可發其良知也。良者實也,良之義,參《告子上》"人之所貴者,非良貴也"章。

或曰:敬兄之説不可恃。少兒雖知愛親,然與兄奪食者多矣,豈非不敬兄乎?此亦不學而能者也。荀子言人性惡者以此。應之曰:良知、良能皆本能也,然本能卻不即是良能。惟即此本能之中而不失其上達

〔1〕以上另擬專文討論。

於天者,是真所謂良能也。依此良能而發之於外,故可以敬兄、敬長也。倘無此良能,或可畏服其兄,然不知有敬也。孟子本章故以敬長爲言,此敬皆自其内心所發,非由外鑠者也。

第十六章

孟子曰:"舜之居深山之中,與木石居,與鹿豕遊,其所以異於深山之野人者幾希。及其聞一善言,見一善行,若決江河,沛然莫之能禦也。"

【講疏】本章與《離婁下》所言可以相參:

> 孟子曰:"人之所以異於禽獸者幾希;庶民去之,君子存之。舜明於庶物,察於人倫,由仁義行,非行仁義也。"

深山野人者,庶民也,猶衆人、小人也。舜所存者,本心也。此本心發之於外,即上文所言"由仁義行"。惟《離婁上》所强調者,在舜之依仁由義;本章則形容其本心勃發之狀,澎湃不已,若決江河。蓋此沛然莫之能當者,即心體内在之生機也。此"聞一善言,見一善行",當即孟子"集義"之説。蓋言人之善言、善行與己之本心共貫同流,如涓滴之水匯入滄溟之中,是亦《公孫丑上》所謂舜"善與人同"、"取於人以爲善"之義。孟子自言"我知言,我養吾浩然之氣",蓋集義既久,則發爲"浩然之氣"(《公孫丑上》)。惟彼處所言在"氣",本章則言大舜之"神";前者言"至大至剛",後者言"沛然莫之能御",一而二、二而一者也。此境與《莊子》所言"無聽之以心而聽之以氣"(《人間世》)或"以神遇而不以目視"(《養生主》)可以相通。

第十七章

孟子曰:"無爲其所不爲,無欲其所不欲,如此而已矣。"

【講疏】此亦居(依)仁由義之義。無,勿。“其”蓋指本心也。依本心良知良能而行,是依(居)仁由義。人能不爲良能所不爲,不欲良知所不欲,則復其本心矣。本章大義,朱子引李氏之言,其意略同,兹不具引。趙岐言“無使人爲己所不欲爲者,無使人欲己所不欲者”,蓋以恕道言之,大義亦通。惟文句似不甚協,故不從。

第十八章

孟子曰:“人之有德慧術知者,恒存乎疢疾。獨孤臣孽子,其操心也危,其慮患也深,故達。”

【講疏】德慧術知,趙岐釋爲德行、智慧、道術、才智,朱子則云德之慧、道之知,皆可通,惟不甚確。道物相接曰術。[1]德與道,即孔子所言“志於道,據於德”,二者一内一外,仁與義亦然。慧,乃德所發之慧,即德性之知也;知,乃及物發用之智,可通於聞見之知。此即今人所言智慧、才智。所以能有德慧(智慧)、術知(才智)者,即因操心與慮患。操心,言操持其本心使不失,《告子上》所謂“操則存”,所以復其性。慮患乃知性之運用,人既處於憂患,反易“動心忍性”,於是用其謀略,故“慮患也深”。倘能“增益其所不能”,則亦可至亨通,是所謂“達”也。此即上文孔子所謂“好謀而成”者。蓋生於憂患,雖不知天命如何,而能反其本心,用其謀略,是能德知雙運者也。由此亦可見孟子仁知一體之心性結構,學者每輕忽之。蓋人之患乃自外來者,其居易俟命,反身内求,固可以殀壽不貳、不憂不懼;然倘欲脱此憂患,亦當運用其知也。《周易》坎卦卦義爲陷於險中,卦德則爲“有謀”,蓋惟有此謀,始能脱其坎險也。[2]

---

〔1〕關於此問題,可參《離婁上》第一章講疏。

〔2〕參拙作《周易義疏》坎卦義解。另參屯卦、蹇卦、困卦義解。坎之義本爲險、爲陷,然自卦德而言,人心能險,即是有謀。心險本爲中性詞,猶言“胸中大有丘壑”、“有城府”,流爲貶辭如“人心險惡”。《莊子·列禦寇》:“孔子曰:凡人心險於山川,難於知天。”

本章與上篇“天將降大任”章可以相參。疢疾，即疾病之義，泛言之則災患也。“操心也危”，言戒慎恐懼以對正其心，[1]此道甚難，故曰“危”。孤臣孽子，朱子以爲遠臣、庶子，“皆不得於君親，而常有疢疾者也”。既慮患，故當守正，“戰戰兢兢，如履薄冰”，依禮而行，不可錯失。故不惟須操持本心，一出於正；亦當深謀遠慮，以自保其身。故德慧、術知隨之而生。蓋處“憂患”者未必能生，然能“生於憂患”者，常有德慧術知隨之也。此亦首章“養性”之義，惟不僅養其德性，亦可以養其知性也。

蓋猶有説。自第十二章以下至此，皆言知“性”。近人言人性論，惟知論人性善惡，此皆一偏之見。蓋性乃心身相結之樞紐，人之所能皆性也。所能且及物者有三，曰德性、知性、可能性，是皆性也。本章言操心、慮患，是所着眼者在德性與知性也。

第十九章

孟子曰：“有事君人者，事是君，則爲容悦者也。有安社稷臣者，以安社稷爲悦者也。有天民者，達可行於天下而後行之者也。有大人者，正己而物正者也。”

【講疏】前文言“萬物皆備於我”，是言宇宙一體之義。顧此一體性亦當有以表現之。人我之間相結爲羣，則羣亦涵一體性矣。及人羣漸大而至其極，其能羣之者，即所謂君。“君者，羣也。”故政治權力乃人羣(即社會)一體性之體現。惟此一體性亦有開放與封閉之别，如天命雖爲一體，然既“於穆不已”，則为“開放之一體性”；此開放性一旦喪失，則

---

〔1〕“操心也危”，與《荀子·解蔽》、《古文尚書·大禹謨》所言“人心惟危”，危字之義頗可相通，惟一自人心對事物之觀察而言，一自人心之回復本心而言。參前揭拙作《早期儒家的名辯思想》。

生機必漸銷矣。孟子故於此章揭示一體性之層次,其有得於天人之道者深矣。

常人(小人)本不知一體之義,然亦有知一體之説者,惟不知何者爲一體耳。故既委質爲臣,則思與君爲一體,既事其君,遂以苟容取悦爲盡心之道,此"小人同而不和"之法,非君子"羣而不黨"、"和而不同"之道也。此即封閉之一體性,後世忠君愛國、集體主義之起源在此。[1]其爲臣者,雖佞幸、愚忠、斯德哥爾摩綜合徵有别,其實亦無大異,是亦人類奴性之源。時下俗學,於家國爲何物尚不知,即動曰家國情懷者,[2]皆此之類。

其稍有進者,則以君子之道自任者也。既知民貴君輕之義,故不以私人性君權爲效忠之對象,而明君權公天下之義,是所謂"社稷次之,君爲輕"(《盡心下》)。此其所忠者,非君主私人,乃守其官者也,故子曰:"守道不如守官。"或有尤進於此者,"君有大過則諫,反覆之而不聽,則易位"(《萬章下》)。此皆"安社稷臣者",以安社稷爲樂也。此一體之義已漸開放,然亦僅止於此矣,不知有尤大者焉。近世有言政權與人權孰大者,倘明乎此,亦當知所去就矣。蓋政治之上,另有尤大者在。倘以儒學言之,天理大於君權(主權、政治權力)。倘人權能建基於天理,固大於君權也。此傳統經學之通義,惟秦政之下,禮樂皆無,此道亦遂廢矣。下篇言社稷變置一章可參。

安社稷固然不易,能具守官之勇即可爲之,故亦不甚難。其能超越君權一體之上,必上躋於天而知天地萬物爲一體之義者。此雖一體,而萬物"各正性命"(《乾·彖》),是能得天地之大生、廣生者也。此即上文

---

[1] 近世愛國主義情形似稍複雜,亦有初以公共性君權爲國,然爲私人性君權所篡亂者,顧此公共性君權之上亦有尤大之者,如天理是也,故不可執定。此義墨子亦頗知之,故言屈君申天,惟其所謂天乃爲墨者之團體所竊據,故尊其道者,終以上同爲務,是亦封閉之一體性也。此"封閉的一體性"概念之提出,可參《新經學》第五輯編後記。

[2] 非言家國情懷不是,不可以家國情懷爲歸宿也。人生宇宙間,尚有大於家國者。此其一。即便言家國,亦不可以家長、執政代家國也。此其二。

"窮則獨善其身,達則兼善天下"之天民。此天民蓋知存心養性、修身以俟者,是亦顏回所言天子:

> 內直者,與天爲徒。與天爲徒者,知天子之與己皆天之所子。而獨以己言蘄乎而人善之,蘄乎而人不善之邪?若然者,人謂之童子,是之謂與天爲徒。(《莊子·人間世》引)

所謂"內直",直即是仁,[1]與德相通,即本章所謂性。此"童子",可當孟子所言赤子之心。此雖莊子所引,然大義乃與孟子密合,學者不可以寓言視之也。[2]有此天民、天子之義,可知孔門德行科非以世俗所言天子爲尊者。能存心、養性、事天,始可云天子;世俗"天子",倘不能存心、養性、事天,實亦不足以爲天子也。"王"之義亦然,王者通天地人、而爲天下所歸往,時王倘無以及此,亦非王者也。春秋之時,天子、王諸義既已變亂,孔子作《春秋》、"正名分",故特表天王之義,顏、孟所言者,蓋皆孔子之新義也。而以孔子爲玄聖素王之説,亦因之以成。天王當就正於素王,素王亦天王也。[3]"性與天道",子貢尚且"不得而聞"(《公冶長》),此夫子微言所存,不可行於當世,而可懸衡於萬古者,寧不偉歟?

天民之義既明,則無以上矣,蔑以加矣。惟既同爲天民,固有"先覺"如伊尹者,"以先知覺後知,以先覺覺後覺"(《萬章上》),倘推而之於天下萬物,即"正己而物正"者也。以其德,固亦天民也;以其功,則可稱大人矣。[4]蓋"君子素其位而行,不願乎外","無入而不自得焉"(《中

---

〔1〕《繫辭上》:"夫乾,其靜也專,其動也直。"《孟子·公孫丑上》:"以直養而無害。"大體皆通。參前揭拙作《説"絜矩之道"》所論"直道"。

〔2〕按,莊子亦有天民、天子之説,《庚桑楚》:"宇泰定者,發乎天光。發乎天光者,人見其人,物見其物。人有脩者,乃今有恒;有恒者,人舍之,天助之。人之所舍,謂之天民;天之所助,謂之天子。"惟莊子全自內聖角度而言,孟子則由內聖進之於外王,故進入政治領域。莊子、孟子之相互呼應,即二者皆本於顏回之證。此義鍾泰《莊子發微》亦稍見之,其卷四釋《人間世》此節,即引孟子天民之義爲言。駱駝標點,上海:上海古籍出版社,2002年。

〔3〕素王、天王之義亦並見《莊子·天道》。文中舜稱堯爲天王而己實正之。堯既從之,故"以此處上,帝王天子之德也;以此處下,玄聖素王之道也。"

〔4〕小程子曰:"順天行道者,天民也。順天行政者,天吏也。大人者,又在二者之上。"《河南程氏遺書》卷十八《伊川先生語四》,《二程集》,第213頁。

庸》),無論隱、見、飛、潛,皆大《易》所謂龍也。

第二十章

孟子曰:“君子有三樂,而王天下不與存焉。父母俱存,兄弟無故,一樂也。仰不愧於天,俯不怍於人,二樂也。得天下英才而教育之,三樂也。君子有三樂,而王天下不與存焉。”

【講疏】反身而誠,是與天地萬物爲一體,故“樂莫大焉”。此境已神而明之,固非常人可及,亦非君子可及。如上章所言,一體之義固有不同層次,倘自樂境而言,亦當大小有别。顧樂與喜不同,喜因其對象與己之關係不同、輕重不同,自深淺有别。其“漫卷詩書喜欲狂”、“何處登臨不狂喜”者,蓋其極境矣。喜既有所指向,故有偏弊,《内經》所謂“喜傷心”。若樂則不然,凡於人我同體之境皆可見之,惟此同體之境既有本末,故樂亦小大有别。此小大,非以世俗輕重之程度言也。且樂亦無對象可言,惟在此一體境中,故覺此樂耳。孟子故言,君子有三樂,乃先於王天下者,蓋王天下者亦樂也。父母俱存、兄弟無故,此親親之仁也;仰不愧天,俯不愧人,是人我之義也,可於鄉人、朋友見之;得天下英才而教育之,是由近及遠,而其王天下者亦不過推廣之於萬民耳。天下英才尚可見者也,王天下唯可以制度爲之,是不可見者也。倘以本末次序觀之,是三樂皆先於王天下也。[1]喜、樂之義早爲世俗所混淆,如孟子問齊宣“獨樂樂,與衆樂樂”已是如此,《貨殖列傳》所言“巨萬者乃與王者同樂”亦是顯例。古來學者引孟子此章者衆,然明其大義者鮮矣。

---

〔1〕 此義牟宗三先生亦有所見,以三樂分别當天倫、修身、文化,大義可通。又言:“王天下固重要,乃君子之所不廢,而且内聖必然函着外王之要求,然而總就人間文化整體以觀,輕重本末之間不可不知。”見氏著《圓善論》第三章《所欲、所樂與所性》,第 164 頁。

第二十一章

孟子曰:“廣土衆民,君子欲之,所樂不存焉。中天下而立,定四海之民,君子樂之,所性不存焉。君子所性,雖大行不加焉,雖窮居不損焉,分定故也。君子所性,仁義禮智根於心。其生色也,睟然見於面,盎於背。施於四體,四體不言而喻。”

【講疏】本章亦承上而言,欲之與樂,亦不同也。廣土衆民皆欲望所求者,此猶孔子所言“富貴如可求”,得之固喜,然君子所樂者不在是,以其無一體之義也。其頂天立地,定四海之民,如王者之王天下,亦能樂之,然樂之所以樂者不在是,故曰“所性不存焉”。然則前文所言一體與樂,尚不即是性,性乃二者之本也。“所性”,言君子之所謂性者,非天下人所言之性也。此性非君子所獨有,無論窮通、殀壽,人人皆具,故雖大行其道而無增,不得其志而不損。有得於天,故言分(fèn);恒常不變,故曰定。此性倘以德言之,乃表現爲仁義禮智,而爲習心之本,故曰“根於心”。倘發諸於外(“生色”),則於其容貌之潤澤,生機之盈溢,乃至視聽言動之發而中節見之。何以言生色?蓋顔色乃目所及者,故色可以括視聽也。下文另言“四體不言而喻”,亦即隱含視聽言動之義。《中庸》所謂“發而中節”。清儒不欲言心,如毛奇齡乃必欲解心爲身,言仁義禮智“本於身”;或解根爲始,言“始於心”,[1]實皆徒事張皇耳。

睟然,言顔色潤澤;盎然,朱子以爲“豐厚盈溢之意”。此亦《大學》“富潤屋,德潤身,心廣體胖”之義。依焦循,盎與泱、英諸字皆可通,可釋爲顯榮之榮。倘其說不誤,則盎亦可釋爲枯榮之榮,言生機流溢之象,今成語所謂欣欣向榮、生機盎然者,亦是此義,故朱子說是也。此亦

---

〔1〕 參焦循《孟子正義》。

能先立乎其大,故不以辭害意。惟何以曰"盎背",學者多不得其解。按《周易》曰"艮其背",亦曰"艮其限",乃人身督脈所在,亦修煉家所常意守之處。〔1〕然則"德潤身"尚不止以氣色之潤澤而言,實可以養身也。此亦後文踐形之義。養性、養身、養氣,在孟子而言,非兩事也。"氣,體之充也",所謂"四體不言而喻",即因浩然之氣充盈體内,是達其天德矣。"其爲氣也,至大至剛,以直養而無害,則塞於天地之間。"(《公孫丑上》)

本節與《公孫丑上》養氣章所言,當係孟子自身體驗,與莊子亦皆密合,學者不可輕忽。蓋前文多以政治、倫理言,本章則以身體言,亦可見養性之説實如《中庸》所言:"君子之道費而隱……《詩》云'鳶飛戾天,魚躍於淵',言其上下察也。"

第二十二章

孟子曰:"伯夷辟紂,居北海之濱,聞文王作,興曰:'盍歸乎來!吾聞西伯善養老者。'太公辟紂,居東海之濱,聞文王作,興曰:'盍歸乎來!吾聞西伯善養老者。'天下有善養老,則仁人以爲己歸矣。五畝之宅,樹墻下以桑,匹婦蠶之,則老者足以衣帛矣。五母雞,二母彘,無失其時,老者足以無失肉矣。百畝之田,匹夫耕之,八口之家,足以無飢矣。所謂西伯善養老者,制其田里,教之樹畜,導其妻子,使養其老。五十非帛不煖,七十非肉不飽。不煖不飽,謂之凍餒。文王之民,無凍餒之老者,此之謂也。"

【講疏】伯夷之事,《離婁上》亦曾言之,可以相參:

〔1〕 參拙作《周易義疏》艮卦義解。

孟子曰:"伯夷辟紂,居北海之濱,聞文王作,興曰:'盍歸乎來!吾聞西伯善養老者。'太公辟紂,居東海之濱,聞文王作,興曰:'盍歸乎來!吾聞西伯善養老者。'二老者,天下之大老也,而歸之,是天下之父歸之也。天下之父歸之,其子焉往?諸侯有行文王之政者,七年之内,必爲政於天下矣。"

兩章所釋背景相同,然用意有别。彼言誠能動物,故天下歸之以信;此章大旨則極隱晦,似僅陳述養老之政。觀首二句文字皆同,似非不同語境所言,而是有意爲之者。此亦《孟子》一書本其自作之證。以本篇大義觀之,孟子本章所言,蓋以文王之政,爲上文"過化存神"一語作疏。如養老本政事也,似與後生無與,然既有仁人如伯夷、太公者,二者皆天下之大老,亦以此爲歸宿,是"天下之父歸之也。天下之父歸之,其子焉往"?然則養老雖本一政,而收"制其田里,教之樹畜,導其妻子,使養其老"之效。是豈非"民日遷善而不知爲之者"乎?以政教民,亦誠可謂"所過者化"矣。

第二十三章

孟子曰:"易其田疇,薄其税斂,民可使富也。食之以時,用之以禮,財不可勝用也。民非水火不生活,昏暮叩人之門户,求水火,無弗與者,至足矣。聖人治天下,使有菽粟如水火。菽粟如水火,而民焉有不仁者乎!"

【講疏】此亦承上而言,發聖人以政教民之旨。趙岐注:"易,治;疇,一井也。"田疇即泛言田地。使民勤力耕作,輕其賦役,則民可富足。民既富足,倘見不足者,皆易發其惻隱之心,是所謂仁也。然則聖人動人心之法,亦可謂神妙不測矣。此非必事實,孟子固言其理也。朱子引尹氏之言,以爲"言禮義生於富足,民無常産,則無常心",是則非也。何以言之？曰:"倉廪實而知禮節,衣食足而知榮辱"者,言人既富,則知自别於禽獸,此羞惡之心也,非必其行仁也。蓋人人雖具本心,而陷溺之者衆,如年穀不登,人既乏食,故不易發其善心。年景既佳,則陷溺之者少矣,故仁心易發。《告子上》:"富歲,子弟多賴;凶歲,子弟多暴。非天之降才爾殊也,其所以陷溺其心者然也。"賴者,恃也,可依靠也。〔1〕

第二十四章

孟子曰:"孔子登東山而小魯,登泰山而小天下。故觀於海者難爲水,遊於聖人之門者難爲言。觀水有術,必觀其瀾。日月有明,容光必照焉。流水之爲物也,不盈科不行;君子之志於道也,不成章不達。"

【講疏】東山,或以爲蒙山,〔2〕在魯之東。本章文義不難,然大義所在,學者並不一致。趙岐以爲賢者當志其大,朱子則以爲"言聖人之道大而有本,學之者必以其漸,乃能至也。"此皆因文義所藴含者各取所需,亦不可以言其非是。顧倘依本篇大旨而言,蓋言人於性命之際,自當"盡其道"而求之。蓋大人之"正物"、"兼善天下",欲其"各正性命"(《易》)、"止於至善"、"君子無所不用其極"也(《大學》)。

依文義而言,孔子登東山而小魯,登泰山而小天下,蓋言視野及境界高下有别。顧雖高下有别,東山與泰山亦皆各極其勝,蓋風景不同也。〔3〕下文言滄海與聖人之學,孟子懼人誤解其意,特爲表出"觀水有術,必觀其瀾",故觀於海者所以難爲水,非因滄海自身之大也,乃因海

〔1〕《漢書·高帝紀》:"始大人常目臣亡賴"。應劭曰:"賴者,恃也。"按"子弟多賴"一句,《告子上講疏》初從阮元説釋爲"懶",倘以此文相證,似當釋爲依賴之賴。

〔2〕如周廣業《孟子四考》、翟灝《四書考異》卷三十五皆作此説。

〔3〕朱子曰:"所見既大,則其小者不足觀也。"按,自趙岐以來,學者大體皆同此説,實則非也。詳下。

水波瀾壯闊,不可以一端名。亦如聖人之道甚大,不可以一端言。所謂瀾者,水之波紋也,水之與水其質相類,然所以不同者,即因其波瀾不同也。此即《論語》所言文質之義:

子曰:"質勝文則野,文勝質則史。文質彬彬,然後君子。"(《雍也》)

棘子成曰:"君子質而已矣,何以文爲?"子貢曰:"惜乎夫子之説君子也。駟不及舌。文猶質也,質猶文也。虎豹之鞟,猶犬羊之鞟。"(《顔淵》)

文之最高境界即是禮,孔子所謂"郁郁乎文哉"、"文不在茲乎",皆指禮而言。後世重質輕文者多,不知孔門所謂文,乃指精益求精以達至善之義。故《中庸》云"禮儀三百,威儀三千",又曰"君子尊德性而道問學,致廣大而盡精微"。所言"威儀三千"、"盡精微",皆以文而言。文、質與西洋哲學形式、質料之義頗可以相參。由純粹質料角度而言,形式(文)決定事物之性質。此文不止言花紋,或外在虚文;如事物之結構、文理,亦皆所謂文也。[1]此亦與"觀水有術"之義相通。

至於"日月有明,容光必照焉"一句,趙岐注:"容光,小隙也。"後儒多從之,即縫隙可以容光之處。學者多著眼於"大明照幽微"(趙岐),或"明之有本"(朱子),不知與觀水一句皆爲類似之比喻也。[2]蓋水之與水不殊,惟波瀾有異;光之與光亦無别,惟視明之所及耳。孟子若曰,倘日月有明,則其於容光之隙必無不照也。然則觀明不必直視日月,當觀其容光之處,所謂容光者,亦猶水之有瀾也。《周易·離卦》:"日月麗乎天,百穀草木麗乎土。重明以麗乎正,乃化成天下。"此以光明之燭照萬物作比,亦如聖人之以禮樂(文)化成天下。故《周易·賁卦》:"觀乎

〔1〕參前揭拙作《孔曾禮學探微》。關於文,另可參拙作《"以經術緣飾吏治"發微:早期的經學、禮教與政治》,《復旦政治哲學評論》第十一輯,上海:上海人民出版社,2019年。

〔2〕朱子亦以二句比喻類似:"此言道之有本也。瀾,水之湍急處也;明者,光之體;光者,明之用也。觀水之瀾,則知其源之有本矣;觀日月於容光之隙無不照,則知其明之有本矣。"此以有本爲言,雖不違孟子學術大旨,實非孟子本章大義。詳下。

天文,以察時變;觀乎人文,以化成天下。”諸義皆能密合。

此義既明,方知本章所言志道、成章之旨。孟子亦以流水作比,《離婁下》言“源泉混混,盈科後進”,是强調其源泉之有本,本章則强調“不盈科不行”。科,坎,坑。《周易》以水流爲坎之本象,六畫坎卦即所謂“習坎”,即“重坎”、坎之又坎。故水流乃坎之連接,必先盈一坎,而後進之,及再遇一坎,亦必盈而後進,是爲“不盈科不行”。然則盈科之狀即猶水之有瀾、容光之得照,亦如禮文之精益求精也。所謂成章,即斐然成章之義,章者,文也。《説文》用其引申義,曰“樂竟爲一章”,尤通。然則君子之志於道,亦當如水之“不盈科不行”,凡遇一事,即當切磋琢磨、“無所不用其極”(皆參《大學》),待其成章而後通也。是所謂“不成章不達”。以此返視孔子之登東山而小魯,蓋亦無可非也,東山之於魯,亦可謂成章矣。惟孔子能不以盈科、成章爲足,故能通之於天下。

第二十五章

孟子曰:“雞鳴而起,孳孳爲善者,舜之徒也。雞鳴而起,孳孳爲利者,蹠之徒也。欲知舜與蹠之分,無他,利與善之間也。”

【講疏】本章文義甚簡,所以置於此者,蓋亦承上而言。盈科、成章皆有恒者也,然有恒者固不必爲善也。故言如大舜、如盜跖等輩,皆雞鳴即起,孜孜以求者,然一爲善,一爲利。爲善乃反求本心,依仁、由義之事也,若求利則惟用其習心耳,二者内外有别。以德性論言之,有恒可當三達德之勇、五常之信。子路曰:“君子尚勇乎?”子曰:“君子義以爲上。君子有勇而無義爲亂,小人有勇而無義爲盜。”(《陽貨》)若盜跖,是小人之尤者也。

第二十六章

孟子曰:“楊子取‘爲我’,拔一毛而利天下,不爲也。墨子‘兼愛’,摩頂放踵利天下,爲之。子莫‘執中’,執中爲近之。執中無權,猶執一也。所惡執一者,爲其賊道也,舉一而廢百也。”

【講疏】楊、墨皆孟子所深闢者,然亦非完全否定之。蓋楊、墨皆於道有所見,惟各得其一偏耳。道家之學亦欲究其性天,復其自然而然之道,與儒者實有相通之處;顧其長生保命之道僅就人之一身而言,視天下猶敝屣也,故言“爲我”。後世理學言儒公而道私者以此。所言“拔一毛利天下而不爲”,乃依理言之者,欲人各守其分際,“人人不損一毫,人人不利天下,天下治矣”。[1]顧分際雖明,而失一體之義,倘以政治而言,必“無君”也(《滕文公下》)。以西洋政治學言之,是温和的無政府主義。至於墨者之主兼愛,亦不可以不謂之仁也,故雖勞苦而不辭。摩頂,即摩突(秃)其頂;放,至。由頭頂至足跟皆摩秃之,即《莊子·天下篇》所謂“腓無胈,脛無毛”之義。此義焦氏已言之。夫墨學誤在惟知尚同,而不知物性不齊之義。[2]二家之學正相反對,以孟子觀之,皆各執一端者也。一端亦非全誤,此猶盲人摸象,“舉一而廢百”,是害道者也。子曰:“吾有知乎哉? 無知也。有鄙夫問於我,空空如也。我叩其兩端而竭焉。”(《論語·子罕》)

子莫其人不詳,趙岐、朱子皆以爲魯之賢人,孫詒讓疑即《荀子·非十二子》所言魏牟,羅根澤以爲即《説苑·修文篇》所謂顓孫子莫,錢穆則以爲即子張之子申祥(即《公孫丑下》申詳)。子莫之學處兩家之間,似

---

〔1〕《列子·楊朱篇》張湛注。
〔2〕參《滕文公上》第四章。

折而中之,是所謂“執中”。[1]顧中非可如是而執者,必當權衡其情境,方得其宜,此亦中庸之理。有“執中”(秉持中道)之意,是所謂“近之”,然亦似是而非而已,是“執中無權,猶執一也”。孟子於各家皆有所取,是可見儒道之大矣。[2]以德性論而言,執者,定也,信也。本章蓋亦承上而言,言信之云否,當“惟義所在”(《離婁下》),不可以執一也。人能知此神化通變之義,[3]而因時行之,是亦前文所謂“所存者神”矣。

第二十七章

孟子曰:“飢者甘食,渴者甘飲,是未得飲食之正也,飢渴害之也。豈惟口腹有飢渴之害?人心亦皆有害。人能無以飢渴之害爲心害,則不及人不爲憂矣。”

【講疏】本章亦承上而言。飢食渴飲,各隨其時,此正道也。然或甘食而棄飲,或甘飲而棄食,皆執一端者也。學術之於人心亦然。其有不知大道,見人之有所好,即欲己有之,亦大可不必。反之,倘執己之所有以衡人,恐亦失之矣。此執一者皆非出於本心,而是出於欲利之心。此欲利非言慾望、利益,凡有所向,即是欲利之心。[4]與《大學》正心之旨相通。蓋心有所忿懥、恐懼、好樂、憂患(《大學》),則身皆不得其正矣。

---

〔1〕孫説見氏著《籀廎述林》卷一《子莫學説考》,轉引自王蘧常《諸子學派要詮》卷三《荀子·非十二子篇》,上海:中華書局、上海書店聯合出版,1987年。羅根澤《子莫考》,參《羅根澤説諸子》,上海:上海古籍出版社,2001年。錢穆大體贊同羅説,並進而以爲即子張之子申祥。參氏著《先秦諸子繫年》第八十一《子莫考》,北京:商務印書館,2001年。倘此説不誤,則趙岐以爲魯之賢人一説是也。錢氏亦指出,申祥當早於楊朱。故孟子此處所言折中,未必是子莫有意折中楊、墨,蓋因其學術處於楊、墨之間,故以執中爲言。

〔2〕朱子引楊氏之説,言禹、稷類墨子,顏回似楊朱,惟諸人有“權”,故“易地則皆然”,“不然,亦楊、墨而已矣。”此説甚爲有見。

〔3〕焦氏以變通神化之説釋孟子之拒斥執一,可謂得之。

〔4〕“只有所向便是欲”,程子已有此義。參《盡心下》講疏第三十五章討論。

第二十八章

孟子曰:"柳下惠不以三公易其介。"

【講疏】既言不可執一,則隨波逐流之説興矣。或有以柳下惠爲説者,言其雖有女子裸裎在側而不以爲異,[1]且既稱聖人,是聖人可無所執也。孟子若曰,柳惠"進不隱賢,必以其道",即便誘之以三公高位,亦不改其操守。其所執守者,人蓋未之見也。朱子以"和而不流"況之,得之矣。

第二十九章

孟子曰:"有爲者,辟若掘井,掘井九軔而不及泉,猶爲棄井也。"

【講疏】有爲者,猶前文所言豪傑之士,"雖無文王猶興",是知反求也。故以掘井喻之,言必當及泉也。否則,雖用力甚深,是仍未能"盡其心"也。既未盡心,安能知性?性乃生生之本源,可以上通於天者,故《周易》以井卦喻之。[2]本章孟子之喻亦若合符轍。"有爲"、"棄井"之説,可與《離婁上》所言"自暴自棄"相參:"自暴者,不可與有言也;自棄者,不可與有爲也。言非禮義,謂之自暴也;吾身不能居仁由義,謂之自棄也。"

第三十章

孟子曰:"堯舜,性之也;湯武,身之也;五霸,假之也。久假而不歸,惡知其非有也?"

---

〔1〕參《萬章下》第一章講疏。
〔2〕參拙作《周易義疏》井卦義解。

【講疏】本章以二帝、三王、五霸之境界彰顯存心復性之理。堯舜順乎天則,湯武以德行仁,五霸以力假仁,所行雖皆合義,然固境界有别者也。性乃天之所命,赤子之心人皆有之,堯舜是未失者也,湯武是反身而得者,若五霸乃"義襲而取之也"(《公孫丑上》)。如人身披華服以掩其敗絮,故言義襲。假,借。"久假而不歸"一句稍聚訟,趙岐以爲"譬如假物,久而不歸,安知其不真有也"? 漢儒大體皆同此義,如賈誼引孔子之言,所謂"少成若天性,習貫(慣)如自然"(《漢書·賈誼傳》)。[1]僞《古文尚書·太甲》亦有"習與性成"之語。朱子則曰:"言竊其名以終身,而不自知其非真有者。或曰:'蓋嘆世人莫覺其僞者。'亦通。"依孟子本篇大義,朱子得之。蓋惟知反身内求者,方可以盡心知性也,其假仁者,存心不誠,是未能"盡其道"者也。

第三十一章

公孫丑曰:"伊尹曰:'予不狎于不順。'放太甲于桐,民大悦;太甲賢,又反之,民大悦。賢者之爲人臣也,其君不賢,則固可放與?"

孟子曰:"有伊尹之志,則可;無伊尹之志,則簒也。"

【講疏】伊尹之言,見於僞《古文尚書·太甲》,惟不知孟子所本者出於何書。朱子注:"狎,習見也。不順,言太甲所爲,不順義理也。"伊尹之放太甲,合乎民心,及其返之亦然,是順天而爲者也。本章亦承上章之論,蓋言人臣放君,雖若合義,然倘無"伊尹之志",是亦假義者也,故云"簒"。所謂簒者,蓄意謀奪之也。

---

〔1〕《孔子家語·七十二弟子解》、《大戴禮記·保傅篇》文字微異,大義無别。《保傅篇》蓋亦賈誼所作。

第三十二章

公孫丑曰:“《詩》曰:‘不素餐兮。’君子之不耕而食,何也?”

孟子曰:“君子居是國也,其君用之,則安富尊榮;其子弟從之,則孝弟忠信。‘不素餐兮’,孰大於是?”

【講疏】“不素餐兮”,出《魏風・伐檀》之篇。何以不可素餐?曰報。《禮記・曲禮上》:“太上貴德,其次務施報。禮尚往來,來而不往非禮也,往而不來亦非禮也。”夫“貴德”但可以責己,人我之間,惟當以施報爲尚,此推己及人之恕道,是直道也。世俗所謂“不素餐”,亦不過爲人所用,是報之以利也。倘其君用之,固已非素餐矣;倘不爲君用,亦可教其後生子弟。教育子弟何以曰“不素餐”?蓋君子教人,欲子弟能孝弟忠信,是養其性也,其用豈不大於爲君謀利者乎?故本章重點在“子弟從之,則孝弟忠信”一句,蓋亦承上文,而言善、利有别耳。以通篇大旨言之,本章以下,蓋言養性之義也。《中庸》云:“天命之謂性,率性之謂道,修道之謂教”,養性者,修道也,故下文多以教爲言。所言尚志、養氣、誠、踐形諸義,皆養性之節目。本節與《公孫丑上》養氣一章可以相參。

第三十三章

王子墊問曰:“士何事?”

孟子曰:“尚志。”

曰:“何謂尚志?”

曰:“仁義而已矣。殺一無罪,非仁也;非其有而取之,非義也。居惡在?仁是也。路惡在?義是也。居仁由義,大人之事備矣。”

【講疏】所謂士,是有恒心者也,故曰:“無恒産而有恒心者,唯士爲能。”(《梁惠王上》)顧士亦有多種,未必皆志於仁者也。其“言必信,行必果,硜硜然小人哉”者,亦可以謂之士。[1]故齊國王子問士當以何爲己任,孟子曰,當以仁義之志爲尚,是所謂“尚志”。孟子本主“以志帥氣”者,“持其志,無暴其氣”(《公孫丑上》),故當究心於志也。

不寧惟是。人心雖止虛靈明覺,倘真能“尚志”,則可以任天下之重。“殺一無罪,非仁也;非其有而取之,非義也”,雖似泛言“出處、辭受、取與”之義,然倘守之不失,則“行一不義,殺一不辜,而得天下,皆不爲也”(《公孫丑上》)。此“王天下”之重亦皆由不殺無罪、不取非義而來。故所謂“居仁由義”即是前文所言“集義”。仁是五常之本,故言“居”;義乃此仁體因時因事而發,故言“路”。居,言所處也。故曰:“仁,人心也;義,人路也。”(《告子上》)“居仁由義”,能時時定於此境,則大人之事亦不過如此。所謂大人之事,非以其功也,乃因其志於仁也。故子曰:

> 士不可以不弘毅,任重而道遠。仁以爲己任,不亦重乎?死而後已,不亦遠乎?(《論語·泰伯》)

以通篇大義言之,志者心之所之,其志於仁者,是欲人於本心發端處即能定之,孟子蓋示人以用功之法。此亦儒者“研幾”之學。[2]《周易·繫辭下》:“子曰:知幾其神乎?君子上交不諂,下交不瀆,其知幾乎?幾者動之微,吉之先見者也。君子見幾而作,不俟終日。”周敦頤《通書》曰:“誠無爲,幾善惡”,言善惡自幾時即已分矣。既以仁義持其志,“志壹則動氣”,是能達之於外矣,此亦孟子養性之學。

第三十四章

孟子曰:“仲子,不義與之齊國而弗受,人皆信之,是舍簞

---

〔1〕參《公孫丑上》第九章講疏。
〔2〕關於“研幾”,可參《萬章下》解題。

食豆羹之義也。人莫大焉亡親戚、君臣、上下。以其小者，信其大者，奚可哉？"

【講疏】陳仲子之事詳見《滕文公下》，本齊國世家，"兄戴，蓋禄萬鍾，以兄之禄爲不義之禄而不食也，以兄之室爲不義之室而不居也，辟兄離母，處於於陵"。仲子之學蓋出墨家，"苟以分異人爲高"（《荀子·非十二子》），雖以廉隅自持，而不知大義。[1]孟子故言其不食兄禄、不居兄室之所謂義，亦不過如人舍一簞食、一豆羹而已，實不足道也。而人皆信之，以爲倘欲與之齊國而不合義，彼亦不受也。是仲子以廉潔之名高天下。此蓋承上章而言取與之道。仲子之取與不過如簞食、豆羹，而人信其可以不取天下。此"不義與之齊國而弗受"，即如上文所言"行一不義，殺一不辜"得天下而不爲者。是能"尚志"而以仁義行者也。依《滕文公上》，仲子之所謂義，亦不過義外者耳，非真能出於本心者也。且其離母，是無親戚者也；隱處於陵，是無君臣者也；避兄，是不知上下者也。親戚、君臣、上下，普通人皆可爲之，仲子三者皆無，是不仁不義者也，又安能"尚志"而以仁義行？是所謂"以其小者，信其大者"。"不義與之齊國"之爲大義，先儒多未能明，兹論之如此。

第三十五章

桃應問曰："舜爲天子，皋陶爲士，瞽瞍殺人，則如之何？"

孟子曰："執之而已矣。"

"然則舜不禁與？"

曰："夫舜惡得而禁之？夫有所受之也。"

"然則舜如之何？"

---

〔1〕參《滕文公下》講疏。

曰:"舜視棄天下,猶棄敝蹝也。竊負而逃,遵海濱而處,終身訢然,樂而忘天下。"

【講疏】桃應爲孟子弟子,故與孟子設問瞽叟殺人一事,以論聖賢義理,趙岐所謂"揆聖意也"。本章大旨,朱子得之,而稍有未盡:

> 此章言爲士者,但知有法,而不知天子父之爲尊;爲子者,但知有父,而不知天下之爲大。蓋其所以爲心者,莫非天理之極,人倫之至。

朱子所以未盡者,蓋依本篇大旨,皋陶與舜是皆能"盡其道"者也。皋陶之"盡其道"在於守官,舜之"盡其道"則在取捨親親與天下之孰重。此在世俗觀之,似大不合理者,孟子乃遂即此不合理處,指點聖人盡性之學。蓋以舜之處境,其父殺人,皋陶執之,此固天經地義之事,故雖爲天子,不得壞其法。然倘聽之,是忍於見父之死,不仁也;倘藏匿之,則壞天下法度,不義也。且皋陶爲士,己爲天子,雖云皋陶執之,猶己執之也。既爲天子,固不得犯公義;然倘不爲天子,則可援親親相隱之義矣。[1]欲忠孝、仁義能兩全者,則惟有辭去天子之位一途。以俗見觀之,天下重於親身;以聖人觀之,則是親親大於居位。故本章之重點在"竊負而逃",蓋既爲編氓,自可子爲父隱,皋陶倘能執之,亦無不可;然既"遵海濱而處",是皋陶亦無從覓之矣。是大舜之所以"盡其道"也。

要之,本章孟子蓋設定一極端場景,以言本心與天下孰重,天下固然重要,然倘失其本心,則天下不過大利而已。故舜之所爲,是亦義重於利,"行一不義"得天下而不爲也。舜之"尚志"如此,是舜之所以爲舜也。

第三十六章

孟子自范之齊,望見齊王之子,喟然嘆曰:"居移氣,養移

〔1〕 參前揭拙作《説"絜矩之道"》。

體,大哉居乎!夫非盡人之子與?"孟子曰:"王子宫室、車馬、衣服多與人同,而王子若彼者,其居使之然也。況居天下之廣居者乎?魯君之宋,呼於垤澤之門。守者曰:'此非吾君也,何其聲之似我君也?'此無他,居相似也。"

【講疏】居者,言住於此也。如人居於房舍,所謂"安宅"也。《離婁上》:"仁,人之安宅也;義,人之正路也。曠安宅而弗居,舍正路而不由,哀哉!"故居仁者,即本心安住於仁,能有恒而不失,則本心"存"矣。本心既存,則性得其養,是謂"養性"。既養其性,始能得其生命之實感也。倘此實感徹内徹外,則是後文所謂"踐形"矣。即此可見心、性之别。此義人不易知,孟子故以齊王之子及魯君發之。范乃齊國之邑。王子雖"宫室、車馬、衣服多與人同",然氣象乃大不同,蓋養尊處優使然也。故言"居移氣,養移體",氣指氣象,體言儀表,合言之略當今所云氣質,古人所謂"威儀"。[1]所謂"養尊處優",非指其心志而言,乃言其心志所處之勢。此勢未必決定其志與氣,[2]然固可滋養之也。趙岐曰:"居尊則氣高,居卑則氣下,居之移人氣志,使之高涼。"蓋已有見於此。夫"志壹則動氣,氣壹則動志"(《公孫丑上》),亦可見居、志、氣三者之相互影響矣。顧齊王之子與魯君所居者亦不過養尊處優而已矣,其能"居天下之廣居",以萬物一體之仁爲安宅者,豈不尤大乎?

第三十七章

孟子曰:"食而弗愛,豕交之也。愛而不敬,獸畜之也。恭敬者,幣之未將者也。恭敬而無實,君子不可虚拘。"

---

[1] 参《梁惠王上》第六章講疏論威儀一節。

[2] 如《梁惠王上》言梁襄王,即云"望之不似人君",是居亦或未能移氣也。另與《萬章下》解題所言"存心之勢"可以相參。

【講疏】食,養。養而不愛,是未仁也,如人之待豕。愛而不敬,是無禮也,如人之養畜。將,奉。人我相交以禮,雖以幣帛奉人,而無此恭敬之實,是雖有儀式而無其實者,如孟子引《書》所言"儀不及物"(《告子下》)。拘,致。朱子以爲"當時諸侯之見賢者,特以幣帛爲恭敬,而無其實也"。斯言得之。惟即本篇大義而言,恭敬之實者,誠也,非誠不足以言養性矣。

第三十八章

孟子曰:"形色,天性也。惟聖人然後可以踐形。"

【講疏】天性,猶言自然本性,即告子所言"生之謂性"。此天下之所言性也,孟子亦不反對,然非君子之所性也。形之與色,乃狀人之體貌,身軀曰形,容貌曰色。《莊子·大宗師》:"大塊載我以形。"踐形之義,古今頗聚訟。趙岐曰:

> 踐,履居之也。《易》曰"黄中通理",聖人内外文明,然後能以正道履居此美形。不言居色,主名尊陽抑陰之義也。

此論實亦不誤,而後人多不從。朱子但言"人之有形有色,無不各有自然之理,所謂天性也。踐,如踐言之踐。蓋衆人有是形,而不能盡其理,故無以踐其形;惟聖人有是形,而又能盡其理,然後可以踐其形而無歉也。"大旨皆通,惟因各自義理系統而有所抑揚。[1]其所誤者,在以

---

〔1〕楊儒賓指出趙岐、朱子關於踐的解釋不同,後者有"實現"義,其説可從。參氏著《儒家身體觀》第三章《論孟子的踐形觀》,上海:上海古籍出版社,2019年,第146頁。然以爲趙、朱之説皆不合原意。其實二家皆不誤。趙氏以履居釋踐,亦本"居移氣"、"居仁"之説而來,乃安住之義,故云"履居此美形"。所謂美形,與《荀子·勸學》所言"美身"相通:"君子之學也,入乎耳,著乎心,布乎四體,形乎動靜。……君子之學也,以美其身。"楊儒賓已認爲荀子"美身"説與孟子"踐形"説可以相通,参前引書導論,第17頁。此蓋儒學各派共法,趙氏語言容有粗處,然大旨不誤。此外,關於朱子所言"自然之理",實亦天理,在朱子系統中,亦即是"所性",故朱子亦不誤。此處可見釋經與析論不同。析論則察其所異,因學者論説系統各有不同;釋經則觀其立説是否可以"調適而上遂",以明其所指。以此衡之,趙、朱之説皆不誤。

天性爲天理。不知自然本性亦天之所命,即世俗所謂天性也。[1]晚明學者多反對宋儒“氣質之性”,故以形色當氣質,言氣質之善,肯定人情與欲望,此固新説,然不必爲孟子本旨。及至清儒,亦就物之自然屬性言性,戴震、焦循遂以踐形爲天下萬物之各得其所:“性至不同,各呈乎才,人之才,得天地之全能。……知卉木之性,良農以時刈,良醫任以處方。聖人神明其德,是故治天下之民,民莫不育於仁,莫不條貫於禮與義。”[2]此説與上文“正己物正”之理亦通,然未必孟子本章之義也。

嘗試論之。踐形當統括形色言之,其義即上文所言“君子所性,仁義禮智根於心。其生色也,睟然見於面、盎於背。施於四體,四體不言而喻”。踐形指“施於四體”,踐色即是“生色”。性體雖人所固有,與自然本性固有順逆之别,故“君子所性”不同於“天下之言性”。老子亦云:“吾所以有大患者,在吾有身”;又云:“五色令人目盲,五音令人耳聾,五味令人口爽。”荀子則直以此自然本性爲惡之來源。至於孟子,雖不以自然人性(才)爲惡,亦自然而然者耳,“志壹”固可“動氣”,“氣壹”亦能“動志”(《公孫丑上》),隨才成就而已。惟聖人所能者尚不止此,既以所性養心,而生浩然之氣,且能睟面盎背、達於四體。“氣,體之充也”(《公孫丑上》),浩然之氣既充盈此體,是自然之性皆爲天命之性所化矣,乃個體養性之極致,是《中庸》所謂“盡己之性”。此即孟子“踐形”之義。宋儒言“變化氣質”以此。其通體光輝之境,後文尚有討論。

蓋尤有説。孟子既言“惟聖人然後可以踐形”,是未能踐形者不可以聖人言也。莊子所謂“内聖外王”(《天下》),後人頗誤解之,以爲惟内聖始可以外王。近儒乃發以内聖開出新外王之論。雖泛言之亦無不可,然其説實與聖王本義相違,故不得不假道於“良知的自我坎陷”之説。[3]蓋

---

〔1〕此天性,諸家大體以天命之性相釋,兹不從。

〔2〕參戴震《孟子字義疏證》及《原善》,焦氏已引及。

〔3〕此牟宗三先生之説也。顧此説雖與聖王本義不合,然本身亦自有其意義,非可輕率否定之也。關於牟先生此説之意義,擬另文詳述。

倘必内聖而後可以外王,則孟子津津告語齊、梁,欲其以王道行者,皆爲虚語矣。夫人皆有其本心,倘擴而充之,在身可以踐形爲聖,在世可以施仁作王,身之與世,固有内外之别也,是所謂内聖外王。故聖可以統王,而王者不必皆聖也。此亦《莊子·天道》"静而聖,動而王"之義。雖然,此在先秦,或爲顔回、曾子、孟子一派新義,若大禹之狀若偏枯,似非聖者也,而世皆以聖王視之。大禹非不能踐形也,蓋無暇盡心於此耳。故子貢有言:"如有博施於民而能濟衆,何如?可謂仁乎?"子曰:"何事於仁,必也聖乎!堯舜其猶病諸!夫仁者,己欲立而立人,己欲達而達人。"(《論語·雍也》)蓋仁者推己及人,聖則使萬物各得其所。故仁者皆知養氣,而惟聖人可以踐形,而達通體光輝之境。

然則孟子"惟聖人然後可以踐形"與子思"心之精神是乎聖"(《孔叢子·記問》)之説不同。後世若象山、慈湖以心學相倡者,皆子思之宗子也。思孟皆爲德行科大儒,荀子且以思孟並稱,然二家之説實大同而小異,予昔嘗稍揭其異同,[1]學者可以相參。

第三十九章

齊宣王欲短喪。公孫丑曰:"爲期之喪,猶愈於已乎?"孟子曰:"是猶或紾其兄之臂,子謂之'姑徐徐'云爾。亦教之孝弟而已矣。"

王子有其母死者,其傅爲之請數月之喪。公孫丑曰:"若此者何如也?"曰:"是欲終之而不可得也,雖加一日愈於已。謂夫莫之禁而弗爲者也。"

【講疏】紾,扭曲。趙岐注:"齊宣王以三年喪爲太長久,欲減而短

〔1〕 參拙作《思孟五行説新論》,《學術研究》2018年第8期。

之,因公孫丑使自以其意問孟子。”三年喪齊國是否曾行,實未可知。周代三年喪之情形,前文亦有討論。[1]或曰宣王蓋聞此大義,顧又以三年爲太久,遂欲定爲一年之喪。是謂“短喪”。[2]孟子故引兄弟相爭爲例,言當此之際,唯可告之以孝弟之義,當兄友弟恭,不可以教之“且須緩行”。及有王子之母死,依禮,此王子既非嫡子,父在爲諸母無服,[3]故其師傅爲之請數月之喪,孟子乃嘉許之,言王子欲終親喪而不可得,雖加一日,亦勝於不加者。向日所言,乃就其可以自由服喪而不欲行三年喪者言。

依本章大義而言,孟子必以三年喪相告者,言其理也;嘉許其請數月之喪者,言其義也。理之與義,皆本心所發,孟子故曰:“理義之悦我心,猶芻豢之悦我口。”(《告子上》)理義既能悦心,是即“養性”也。顧倘細究之,理、義亦不無分别。程子云“在物爲理,處物爲義”,此亦《詩經》“有物有則”之旨。[4]此理之表現於外者,即是禮,與本心常德之禮稍有一間之别,學者不可混淆。顧理雖如此,而或爲時空所限,故另有權時之義。孟子之言,可謂各有攸當。

第四十章

孟子曰:“君子之所以教者五:有如時雨化之者,有成德者,有達財者,有答問者,有私淑艾者。此五者,君子之所以教也。”

---

〔1〕參《滕文公上》第二章講疏。

〔2〕此清趙佑《四書温故録》之説,焦循已引及。

〔3〕按,趙注以爲“王之庶夫人死,迫於嫡夫人,不得行其喪親之數”,清閻若璩、錢大昕等皆引古禮壓降當指父而言,乃壓於其父,非嫡母。焦氏已引及。此説雖是,然觀趙岐之義,蓋從王子之視角而言,其爲嫡母當行朞年喪,是所謂“迫於嫡夫人”也。趙説亦不誤。此在本文,其實無關大義。

〔4〕參《告子上》第六章講疏。

【講疏】君子教人,欲其成人也,此即《中庸》所言“盡人之性”。然所教之方亦各有不同。所謂時雨之化,如上文所言文王以政教民,是“所過者化”也。亦如五帝之世,野叟不知帝功,而曰:“帝力何有於我哉!”〔1〕季康子嘗問子游,孔子既偉大如許,何以鄭人知愛子産,不知愛仲尼?子游曰:

> 譬子産之與夫子,其猶浸水之與天雨乎!浸水所及則生,不及則死。斯民之生也,必以時雨,既以生,莫愛其賜。故曰:譬子産之與夫子,猶浸水之與天雨乎!(《説苑·貴德》)

此皆“時雨化之”之義。〔2〕依此言之,除王政化民之外,歷代賢哲,或立德,或立功,或立言,其精神浸潤於語言文化,乃至民族心理之中,而爲後人“日用而不知”者,亦皆所謂“時雨化之”。雖然,亦有暴政邪説流毒於後世,或亦可言“化之”,顧非可言“時雨”矣。

其次則成德者。成德之義,儒門亦有不同。依思孟一派德行科而言,蓋指仁義禮智信五常齊備者。郭店楚簡《五行篇》:

> 五行:仁形於内謂之德之行,不形於内謂之行;義形於内謂之德之行,不形於内謂之行;禮形於内謂之德之行,不形於内謂之行;智形於内謂之德之行,不形於内謂之行;聖形於内謂之德之行,不形於内謂之德之行。德之行,五和謂之德,四行和謂之善。善,人道也。德,天道也。……五行皆形於内而時行之,謂之君子。

帛書本略同,惟次序作仁智義禮聖,稍有不同。〔3〕至於《易傳》,則以乾德詳論君子教人成德之序:

> 君子以成德爲行,日可見之行也。“潛”之爲言也,隱而未見,

〔1〕皇甫謐《帝王世紀》卷二,宋翔鳳集校,續修四庫全書本。

〔2〕參《公孫丑上》第八章講疏。

〔3〕引文據荆門博物館編《郭店楚墓竹簡》,北京:文物出版社,1998年。帛書《五行篇》,收入裘錫圭主編《長沙馬王堆漢墓簡帛集成》第四册,北京:中華書局,2014年。关于五行之討論,參前揭拙作《思孟五行説新論》。

行而未成,是以君子"弗用"也。君子學以聚之,問以辯之,寬以居之,仁以行之。《易》曰"見龍在田,利見大人",君德也。九三重剛而不中,上不在天,下不在田,故乾乾因其時而惕,雖危无咎矣。九四重剛而不中,上不在天,下不在田,中不在人,故或之。或之者,疑之也,故"无咎"。夫大人者,與天地合其德,與日月合其明,與四時合其序,與鬼神合其吉凶,先天而天弗違,後天而奉天時。(《文言》)

其大人之義,即隱仁、禮、義、信、智五常。[1]既主成德,故德行科雖學孔子,亦皆主學其人,故云:"子夏、子游、子張皆有聖人之一體,冉牛、閔子、顔淵則具體而微"(《公孫丑上》)。[2]至於其他諸科,雖亦本孔子成德之教,實則因材施教、隨材成就而已。[3]倘泛言之,即是本章所謂"達財"。財、才、材皆可通。才者裁也,[4]分也,此才即人之自然屬性,分有於天者,故云"富歲子弟多賴,凶歲子弟多暴,非天之降才爾殊也"。且云:"若夫爲不善,非才之罪也。"人之才性既别,故當各盡其才,其所以未能"盡其才"者,即因失其本心:"仁義禮智,非由外鑠我也,我固有之也,弗思耳矣。故曰:求則得之,舍則失之。或相倍蓰而無算者,不能盡其才者也。"(《告子上》)[5]然則才雖非善之源,固"可以爲善",唯有以本心性體養之,始能爲善矣。能教人各"盡其才",即本章所謂"達財"。

其次則答問者。人既來問,或據實明告;或循循善誘;或"初筮告,再三瀆,瀆則不告"(《周易・蒙卦》);或"不憤不啓,不悱不發。舉一隅不以三隅反,則不復矣"(《論語・述而》);或"善待問者如撞鐘,叩之以

〔1〕參拙作《周易義疏・乾文言》義解。
〔2〕此雖非孟子之語,然是德行科内部有此一説也。
〔3〕此義朱子已發。
〔4〕才,翟灝以爲"多與裁通。今即裁義爲説,成德者就其德性以成,達裁則需引達於中行之路,以裁成之"。氏著《四書考異》卷三十五《孟子・盡心上》。
〔5〕參《告子上》第六、七章講疏。

小則小鳴,叩之以大則大鳴”(《禮記・學記》);或“不屑之教誨也者,是亦教誨之而已矣”(《告子下》)。誠可謂“教亦多術矣”(《告子下》)!

其次則私淑者。淑艾,趙岐釋淑爲善,釋艾爲治。後儒多從之。焦循則以淑爲叔,艾爲刈,淑艾即拾取之義。私淑艾即私淑之義。其説甚精,可從。然趙説大義亦未失。此言雖無耳提面命,而能自得其説,且奉以爲師者。如孟子自言“予未得爲孔子徒也,予私淑諸人也”(《離婁上》)。此與被“時雨之化”者不同,蓋私淑是因自覺而有所認同也。下篇言有“聞知者”、“見知者”,其聞知者即私淑也。此後世道統論之依據,宋儒所謂“傳心之法”也。

第四十一章

公孫丑曰:“道則高矣、美矣,宜若登天然,似不可及也。何不使彼爲可幾及而日孳孳也?”

孟子曰:“大匠不爲拙工改廢繩墨,羿不爲拙射變其彀率。君子引而不發,躍如也。中道而立,能者從之。”

【講疏】公孫丑以爲大道高若登天,似難以企及。何不隨順人情,以淺近之法教人,使人容易企及,而願意孜孜以求。幾,近。幾及,速成。此道蓋即指孟子本篇所言本心、性命諸論。

儒學自有淺近之道,如灑掃應對者可習可教,公孫丑所言當非後者,以是知所言當指聖賢境界。故孟子乃曰,欲習工匠之事,當遵繩墨;欲學張弓,當循法度。率猶律,彀率猶言張弓之度。欲習君子之道,亦當遵君子之法度也。君子既得其度,猶張弓者引而不發,大道於是呼之欲出矣。躍如,朱子釋爲“如踴躍而出也”,得之。“中道而立,能者從之”,亦“禮聞來學”、虚中應外之義。

申言之,不由君子法度,則不得其門而入。以德性論言之,是不遵禮、義者也。《孟子·萬章下》:“夫義,路也;禮,門也。惟君子能由是路,出入是門也。”禮在本心而言,則是恭敬之心。枉道而行,是不恭也。且道之行廢,自有其命,君子修身以俟,亦不必枉道以求。子曰:“道之將行也與?命也。道之將廢也與?命也。”(《論語·憲問》)本章以下,皆以五常爲言,此皆本心常德,即君子之“所性”,殀壽不貳,是爲立命之學。

第四十二章

孟子曰:“天下有道,以道殉身;天下無道,以身殉道。未聞以道殉乎人者也。”

【講疏】殉,從也。大道之目的,即在使天地萬物“各正性命”。於萬物而言,因道而充盈、潤澤其身也。故“天下有道,以道殉身”。倘天下無道(道不可行),則當以身從道。子曰:“邦有道,危言危行;邦無道,危行言孫(遜)。”(《論語·憲問》)言雖可遜,行不可枉。不可如縱横家者流,枉道以從人。後者即“妾婦之道”。枉道從人者,是不恭也。《離婁上》:“責難於君謂之恭,陳善閉邪謂之敬,吾君不能謂之賊。”故本章大旨,實亦承上而言。枉之反曰直,直道而行,即“居易俟命”。易,平易。蓋無論殉道、殉身,皆平常事耳,是所謂易。

第四十三章

公都子曰:“滕更之在門也,若在所禮,而不答,何也?”孟子曰:“挾貴而問,挾賢而問,挾長而問,挾有勳勞而問,挾故而問,皆所不答也。滕更有二焉。”

【講疏】挾之義可參《萬章下》。滕更乃滕君之弟,而在弟子之列。

趙岐以爲蓋以貴、賢自居。故孟子不答,此亦不答之答,欲其自反也。以本篇大旨言之,有挾而問師,是失恭敬之心,未能修身以俟也。

第四十四章

孟子曰:"於不可已而已者,無所不已。於所厚者薄,無所不薄也。其進鋭者,其退速。"

【講疏】已,止。可已,猶言可止。"交交黄鳥,止於丘隅"(《大學》),人之所止,在其禮也。不可已而已,是亦枉道而行,未能居易俟命者也。馴致其道,則無所不已,是不義矣。

所厚者,言厚待己者也,故亦當厚之。孔子所謂"以德報德"(《論語·憲問》)。[1]"於所厚者薄",是不知禮尚往來之義者也,故無禮。禮尚往來即直道也。[2]於所厚者尚能如此,則"無所不薄"矣,是不仁。所謂進鋭者,欲速成也,是未能俟命。既有躁進之失,常不能有恒,故其退反速,是不智。恒者,定也。定於五常爲信。觀孟子本章所言,分别與仁義禮智信五常相應,惟反言之耳。蓋四十一章以下乃言事天之學,五常既失,是未能居易俟命也。

申言之,"其進鋭者其退速",汉儒嘗引作《老子》所言,[3]不見於傳世本《老子》。然其説與老子之學實合。如"跂者不立,跨者不行","反者道之動"之類,皆似也。倘非漢儒誤引,則可見老、孟二子相通之處。[4]蓋二家雖大本不同,固皆有得於《易》,易卦六爻,三爲躁位,[5]

---

〔1〕《大學》:"其本亂而末治者否矣;其所厚者薄,而其所薄者厚,未之有也!"此文與本章並非言一事,然可相參。朱子以本對應身,以所厚對應家,非是。

〔2〕禮之爲直道,參前揭拙作《説"絜矩之道"》。

〔3〕見《後漢書》卷六十三《李固傳》。清儒翟灝等已注意及之。

〔4〕如臧琳即以爲是"孟子述老子",見氏著《經義雜記》卷五,《清經解　清經解續編》第二册,第1436頁。

〔5〕參拙作《周易義疏》乾卦義解。

故常有違失。易道可以觀化,此儒老之所同也。本篇所論“正命”“立命”,多與《論語·憲問》呼應,[1]蓋原憲本孔門知命者也。進鋭退速之義亦然:

闕黨童子將命。或問之曰:“益者與?”子曰:“吾見其居於位也,見其與先生並行也。非求益者也,欲速成者也。”

第四十五章

孟子曰:“君子之於物也,愛之而弗仁;於民也,仁之而弗親。親親而仁民,仁民而愛物。”

【講疏】仁之義,倘統言之,則宇宙一體之生機,凡人我、彼此之相連者無不可以言仁也;倘析言之,則固有親親、仁民、愛物之分。愛,惜。言仁則有同類之情、同體之悲,然亦汎愛之耳。孔子所謂“汎愛衆,而親仁”(《論語·學而》),近人以友愛或博愛釋之,亦通。[2]親者,思慕之也。由親親,而仁民,而愛物,所依託者,雖皆吾人本心之仁,而内外有别也。[3]君子待物,能各隨其所止,是篤恭守禮者也,與“君子思不出其位”(《憲問》曾子之言)者同。以易道通之,艮者止也,故《艮卦·大象》亦言“君子以思不出其位”。《彖傳》則曰:“時止時行,其道光明。”君子親親、仁民、愛物,遠近各得其所,是真能“居易”者也。

---

〔1〕此義前人似罕及,然即此可見《孟子》當已見完整之《論語》(至少是《憲問》篇),且能直探其大旨。《憲問》宋儒以來大都以爲原憲所記。

〔2〕如蔡元培即曾發表《對於教育方針之意見》,以自由、平等、友愛三項與儒學所説的義、恕、仁相通。參氏著《我在教育界的經驗》,收入高平叔編《蔡元培教育論著選》,北京:人民教育出版社,1991年。此“友愛”,後通譯爲“博愛”。

〔3〕近人言愛之差等多本此章。如唐文治《孟子大義》:“夫親親、仁民、愛物,皆發於不忍之心,所謂理一也。然親親有親親之道,仁民有仁民之道,愛物有愛物之道,各有其等差而不可越,各有其秩序而不容紊,所謂分疏也。”

第四十六章

孟子曰:“知者無不知也,當務之爲急;仁者無不愛也,急親賢之爲務。堯舜之知而不徧物,急先務也。堯舜之仁不徧愛人,急親賢也。不能三年之喪,而緦小功之察;放飯流歠,而問無齒決;是之謂不知務。”

【講疏】先務者,所當務者有先後也。堯舜皆大聖,既仁且知,然知物、愛人皆有先後。以政治而言,徧愛人是“惠”也,如子産以己車“濟人於溱、洧”,是“惠而不知爲政”(《離婁下》)。既不知務,故僅爲“惠人”而已(《憲問》)。爲政者當以親賢爲務,則百官得人,是雖不勞而天下治矣。或如三年之喪,乃爲父母至親者也,不以此爲先務,反辨析緦麻、小功之喪,是亦不知本末内外之别者。另如與尊者共食,不可大嚼大啜,當此之時,是否以齒斷肉乃小事,可勿問也。[1]以本篇大旨言之,知務之義,即《大學》所言:“物有本末,事有終始,知所先後,則近道矣。”人能知本末先後,是所謂“居易”也。倘自君子成德言之,修身、立命者,君子之先務也。子曰:“不知命,無以爲君子也。”(《論語·堯曰》)人能知其當務,是真能以仁義禮智信存心,殀壽不貳,是所以立命也。本節凡六章,皆爲首章作疏,有此立命之學,儒者壁立千仞之精神始自足圓成,視後世僞儒之明哲保身、蠅營狗苟,相去何啻霄壤!以此知孟子“修身以俟”、《中庸》“居易俟命”,非泛泛而談。此真能“天行健,君子以自强不息”者也。今世學者讀此,當知所愧。

〔1〕放飯,趙岐以爲“大飯”,即“大食”,食、飯皆爲動詞。孔穎達以爲古人以手自食器取飯,將其餘返放回食器之中,故不潔淨。兹從趙氏。

【主持人语】

關鍵詞索隱:“中”

林志鵬

作爲中國思想史上的關鍵詞,“中”字折射出豐富的内涵,知識階層通過這個詞,表達“内”、“心”、“正”、“平”等概念,諸子又將之理論化,建立複雜的言説體系。本專欄所收三篇文章分别就《論語・堯曰》及清華大學所藏戰國竹書《保訓》、《心是謂中》所涉及的“中”進行語文學及觀念史的考察。鄔可晶先生討論歷來經師聚訟的《堯曰》“天之歷數在爾躬,允執其中”二句,指出此章所謂“中(衷)”指“天心”,其内涵與“天命”密切相關。針對學者熱議的《保訓》“中”字,古育安先生考察相關的文獻,提出竹書所述舜“求中”、“得中”及上甲微“假中”、“績中”之“中”俱有“法則”義,並將二處的“中”分别解爲“理物治民”與“止亂息爭”的法則。拙作將視角轉到新近發表的《心是謂中》,辨析簡文“心,中”之命題,指出其具有“天命”與“身命”相成、“君術”與“心術”合一的内涵,對於前述鄔先生説及《保訓》“中”字,亦有所闡發。三文所見雖不盡相同,但對於先秦文獻“中”這個概念,都進行了饒有興味的探索。

説《論語・堯曰》“天之歷數在爾躬，允執其中”

鄔可晶*

《論語・堯曰》記堯禪位於舜：

> 堯曰：“咨！爾舜！天之歷數在爾躬，允執其中。四海困窮，天禄永終。”

顧頡剛在 1936 年發表的名文《禪讓傳説起於墨家考》中有“論語堯曰章辨僞”一節，接續崔述《唐虞考信録》之志，[1]專論此章晚出，其辨僞的重點主要集中在“天之歷數在爾躬，允執其中”句。[2]我們認爲，顧氏發疑所據的前人對《堯曰》的主流解釋，恐怕未必符合此句的原意。

一

“天之歷數在爾躬”，自東漢鄭玄“歷數在汝身，謂有圖籙之名”以下，多數人認爲是説上天所定“帝王易姓而興”，或謂帝位承繼與天象運

* 作者單位：復旦大學出土文獻與古文字研究中心。

〔1〕崔氏已疑此章爲僞作在先。見崔述撰著、顧頡剛編訂《崔東壁遺書》，上海：上海古籍出版社，1983 年，第 65—66 頁。

〔2〕《顧頡剛古史論文集》卷一，《顧頡剛全集》第一册，北京：中華書局，2010 年，第 449—454 頁。此文係顧頡剛與童書業合著。

行之次相應;"歷數",前人多解爲"位次"、"帝王相繼之次第"。[1]所以顧頡剛認爲祇有到戰國晚期鄒衍的"五德轉移説"出來後,才可能有此説。[2]東漢蔡邕《光武濟陽宫碑》:"僉曰歷數在帝,踐祚允宜。"[3]大概也是採用此種意義的"歷數"爲文的。果真如此,自難逃顧氏《堯曰》此語出在鄒衍"五行相次轉用事"之後的懷疑。不過,現在大家承認鄒衍的"五德轉移説"當是綜合了此前有關説法而成的,[4]"帝王相繼之次第"的觀念在鄒衍之前不一定還未出現。

更可注意的是,早於鄭玄、蔡邕的西漢時期,對"天之歷數在爾躬"已有二説:一是董仲舒《春秋繁露·郊語》的"言察身以知天也";一是司馬遷《史記》卷二十六《曆書》云:

> 其後三苗服九黎之德,故二官(引者按:指司天之重、司地之黎)咸廢所職,而閏餘乖次,孟陬殄滅,攝提無紀,歷數失序。堯復遂重、黎之後不忘舊者,使復典之,而立羲、和之官,明時正度,則陰陽調,風雨節,茂氣至,民無夭疫。年耆禪舜,申戒文祖云:"天之歷數在爾躬。"舜亦以命禹。由是觀之,王者所重也。[5]

顧頡剛批評二説"都是斷章取義的説法":"從董説則'歷數'兩字没有著落,從《史記》則'在爾躬'三字又不可通。"[6]今按,董説是站在他"天人

〔1〕參看黄懷信主撰《論語彙校集釋》下册,上海:上海古籍出版社,2008 年,第 1714—1719 頁;高尚榘主編《論語歧解輯録》下册,北京:中華書局,2011 年,第 995—996 頁;高尚舉主編《論語誤解勘正》,北京:社會科學文獻出版社,2016 年,第 465—466 頁。

〔2〕顧頡剛《禪讓傳説起於墨家考》,《顧頡剛古史論文集》卷一,《顧頡剛全集》第一册,第 451—452 頁。

〔3〕歐陽詢撰,汪紹楹校《藝文類聚》卷十二《帝王部二》"漢光武帝"條,上海:上海古籍出版社,1982 年,上册第 237 頁。

〔4〕參看楊向奎《西漢經學與政治》,南京:獨立出版社,1945 年,第 1—26 頁;裘錫圭《釋〈子羔〉篇"鮑"字並論商得金德之説》,《裘錫圭學術文集·簡牘帛書卷》,上海:復旦大學出版社,2012 年,第 502—503 頁;裘錫圭《出土文獻與古典學重建》,李學勤主編《出土文獻》第四輯,上海:中西書局,2013 年,第 11—12 頁。

〔5〕[日]瀧川資言、水澤利忠《史記會注考證附校補》,上海:上海古籍出版社,1986 年,第 723 頁。

〔6〕顧頡剛《禪讓傳説起於墨家考》,《顧頡剛古史論文集》卷一,《顧頡剛全集》第一册,第 453 頁。

感應”的立場上對原文所作的“别解”,兹不深究;《史記》之説則難輕易否定。

顧頡剛對《史記》以“曆象”解“歷數”似有微詞。[1]其實,“曆象”的“曆”就是從“歷”分化出來的一個字。[2]孔穎達爲《尚書・洪範》“歷數”《僞孔傳》(原文詳下)作疏云:“筭日月行道所歷,計氣朔早晚之數,所以爲一歲之歷。”[3]從語法上分析,“天之歷數”猶言“天之所歷、天之數”,指天之日月所歷行的軌跡、氣朔早晚的變化數序。觀測、推算“天之歷數”,掌握其運行規律並制定成法,便爲“曆數”或“曆象”。“天之歷數”可以相當於“曆數”,但“天之歷數”的“歷數”卻不宜直接讀爲“曆數”。因爲“曆象”、“曆法”意義上的“曆數”,原本就是通過觀測天象而得出的有關“天”的某些規律,其前再加“天”作爲限定語,幾近畫蛇添足。有的《論語》本子,如唐開成石經本,“歷數”之“歷”寫作“曆”,[4]上引《史記・曆書》的兩處“歷”字亦有作“曆”之本,蓋皆傳抄者所改,恐非原貌。

劉寶楠釋《論語》“天之歷數在爾躬”句,曾引《尚書・堯典》“乃命羲、和,欽若昊天,曆象日月星辰,敬授民時”,謂“‘曆象’、‘曆數’詞意並同”。[5]他還引《中論・曆數》開頭一段以申“曆數之義”:

> 昔者聖王之造曆數也,察紀律之行,觀運機之動,原星辰之迭中,寤晷景之長短,於是管儀以準之,立表以測之,下漏以考之,布筭以追之。然後元首齊乎上,中朔正乎下,寒暑順序,四時不忒。夫曆數者,先王以憲殺生之期,而詔作事之節也,使萬國之民不失其業者也。[6]

實與《史記・曆書》同趣。其説“天之歷數”的含義雖近是(劉氏以“天之

[1] 顧頡剛《禪讓傳説起於墨家考》,《顧頡剛古史論文集》卷一,《顧頡剛全集》第一册,第453頁。

[2] 毛子水《論語今注今譯》解《堯曰》此章,引“歷”、“曆”關係的資料較多,可參看。見其書第305頁,臺北:臺灣商務印書館,1979年。

[3] 《尚書正義》,《十三經注疏整理本》第3册,北京:北京大學出版社,2000年,第363頁。

[4] 參看黄懷信主撰《論語彙校集釋》,下册第1713頁。

[5][6] 劉寶楠撰,高流水點校《論語正義》,北京:中華書局,1990年,第756頁。

歷數"的"歷數"爲"曆數"則不妥,詳上文),但他釋此語云:"王者,天之子,當法天而行,故堯以天之曆數責之於舜。"[1]又以"天垂象而人主法焉,天示異而人主懼焉"云云發揮董仲舒説,[2]仍未擺脱天象與人事相應的老路,不可從。不過,董仲舒之説雖不足信,從他的解釋則可看出,"天之歷數"衹就"天"本身的情況而言,絲毫没有"帝王相繼之次第"一類的影射。在這一點上,《史記·曆書》的"曆象"説跟它並無矛盾。無論對"天之歷數在爾躬"的具體理解存在多大分歧,似乎當時還很少有人把"天之歷數"與所謂"帝位承繼"加以聯繫的,以至於這種後來成爲主流的解釋,在現存的西漢早中期文獻裏反而找不到明顯的痕跡。

《説苑·辨物》云:

《易》曰:"仰以觀於天文,俯以察於地理。是故知幽明之故。"夫天文地理人情之效存於心,則聖智之府。是故古者聖王既臨天下,必變四時,定律歷,考天文,揆時變,以望氣氛(引者按:此前當脱去"登靈臺"三字)。故堯曰:"咨!爾舜!天之曆數在爾躬,允執其中。四海困窮。"《書》曰:"在璿璣玉衡,以齊七政。"……[3]

此文對"天之歷數在爾躬"的理解與《史記·曆書》一致。它們都從定歷(曆)數、授民時爲"王者所重"的角度解讀《堯曰》此句,這應該是合乎古義的。

《尚書·洪範》記箕子所陳"天乃錫禹洪範九疇",其四爲"五紀":

一曰歲,二曰月,三曰日,四曰星辰,五曰歷數。[4]

《僞孔傳》:"歷數節氣之度以爲歷,敬授民時。"[5]過去多認爲《洪範》的

---

〔1〕劉寶楠《論語正義》,第756頁。

〔2〕同上書,第756—757頁。

〔3〕向宗魯《説苑校證》,北京:中華書局,1987年,第442頁。參看楊樹達《論語疏證》,上海:上海古籍出版社,1985年,第505頁。

〔4〕《尚書正義》,《十三經注疏整理本》第3册,第362頁。此文劉寶楠《論語正義》已引及,見其書第756頁。

〔5〕同上書,第362頁。

時代較晚。二十世紀八十年代以來,陸續有學者提出不同看法。豳公盨銘文發表後,裘錫圭先生明確指出:“盨銘中的一些詞語和思想需要以《洪範》爲背景來加以理解。這説明在鑄造此盨的時代(大概是恭、懿、孝時期),《洪範》已是人們所熟悉的經典了。由此看來,《洪範》完全有可能在周初就已基本寫定。”[1]“洪範”就是治國大法。天子以制定歷(曆)數、敬授民時爲治國理政的根本,這種認識大概古已有之。

在治古史者所熟知的《國語・楚語下》那個著名的“絶地天通”傳説裏,顓頊“承服”後,“命南正重司天以屬神,命火正黎司地以屬民”,斷絶了地民與天神之間的交通。此事的實質,當是作爲“羣巫之長”的最高統治者把溝通“天”、“人”的權力真正掌握在自己的手中。這在“政教合一”的上古時代無疑具有十分重要的統治意義;而定曆數、授民時,正是體現統治者把握上天意志、與天“交通”的主要方式。從實際應用層面來説,曆法又是古代中原地區進行農業生産的必要基礎,“掌控觀測天象和制定曆法的專門人才和權力的首腦人物,也就自然會成爲多個政治體共同擁戴的核心人物,促成更龐大而複雜的社會組織”。[2]考古發現的位於山西省襄汾縣汾河東岸塔兒山西麓的陶寺城址中,有大型建築ⅡFJT1基址,發掘者稱之爲觀象臺。此外,在陶寺22號墓中還發現了漆木圭尺。陶寺遺址是龍山文化的代表性都邑遺址,其時代大體與古史傳説中的堯舜禹相當。出土漆木圭尺的22號墓,當屬於統治階級上層甚至是邦君的墓葬。研究者據此認爲《尚書・堯典》所記堯“曆象日月星辰,敬授民時”“是有事實依據的”,當時“對曆法的頒布,如周代的‘告朔’,在陶寺都邑應該是掌握在最高統治者手中的”。[3]由此可

---

〔1〕裘錫圭《豳公盨銘文解釋》,《裘錫圭學術文集・金文及其他古文字卷》,第164頁。

〔2〕林沄《中國考古學中“古國”“方國”“王國”理論與方法問題》,《中原文化研究》2016年第2期,第11頁。

〔3〕王震中《中國早期國家——陶寺都邑邦國研究》,《出土文獻與中國古代文明——李學勤先生八十壽誕紀念論文集》,上海:中西書局,2016年,第492頁。我們對陶寺遺址有關情況的介紹,也主要參考了王文,見該書第490—494等頁。

見,《史記・曆書》、《説苑・辨物》等把堯命舜"天之歷數在爾躬"放在"曆象"的語境下敘述,是相當合理的。

總之,定曆數、頒正朔於天下,乃是統治者最高權力的象徵,所以古書説到天下無道、天子失勢,常舉"正朔不行於諸侯"(《史記・曆書》)、"不告朔於諸侯,玉〈王〉瑞〈端—正〉不行"[1](《大戴禮記・用兵》)爲例。[2]堯禪位於舜而言"天之歷數在爾躬",意思是説,從此"變四時,定律曆,考天文,揆時變,登靈臺以望氣氛"等溝通"天"、"人"之事(代表人間最高的權力)就落在你(指舜)的身上了。[3]這實際上就是授舜以天命。

前人根據《尚書・堯典》等文獻認爲,先民(如傳説中的黄帝)雖早已知"天之歷數",但精密周詳的歲時曆法的推定、成型,大概要到堯之時。[4]在後人看來,這或許可算是堯最爲重要的文化勳績了。所以,在春秋時代流傳的堯禪讓時所説的話裏,特别提到"天之歷數"以代指"天命"、權位,不是没有原因的。

二

"允執其中"的"中",一般認爲指"中道"。[5]如劉寶楠説:

---

〔1〕從陳劍先生校。説見陳劍《結合出土文獻校讀古書舉隅》,《首屆新語文與早期中國研究國際研討會論文集》,澳門大學、武漢大學、香港城市大學、佛羅里達大學合辦,2016年6月19—22日,第26—28頁。

〔2〕從出土曆書的實例看,春秋戰國以迄秦漢,雖中央頒朔之時,國家層面有統一的曆法,但各地實際用曆似乎確實存在一些差異。參看陳侃理《出土秦漢曆書綜論》,楊振紅、鄔文玲主編《簡帛研究:二〇一六(秋冬卷)》,桂林:廣西師範大學出版社,2017年,第53—56頁。

〔3〕"天之歷數在爾躬"的"在"的用法,與《今本竹書紀年》卷下"周武王"條"知天命在昌"的"在"相似。

〔4〕參看崔述《唐虞考信録》卷之一,《崔東壁遺書》,第56—57頁。

〔5〕參看黄懷信主撰《論語彙校集釋》,下册第1714—1719頁;高尚榘主編《論語歧解輯録》,下册第996—998頁;高尚舉主編《論語誤解勘正》,第466頁。

"執中"者,謂執中道用之。《禮·中庸》云:"子曰:'舜其大知也與!執其兩端,用其中於民。'"執而用中,舜所受堯之道也。[1]

顧頡剛引《孟子·盡心上》"楊子取爲我……墨子兼愛……子莫執中",認爲"'執中'是因楊、墨兩家各趨極端而激起來的調和之説,在楊、墨以前的人恐不能説出這樣的話";[2]他又據"孟子説'執中無權,猶執一也'"等,"可見單一的執中是孟子所不贊成的",進而推斷:"若《論語》這章出於孟子以前,而載在《論語》之中,孟子敢反對孔子所傳的堯、舜之道嗎?"[3]

顧氏認爲"執中"的出現不得早於楊、墨,現在看來,這是他以自己的邏輯排斥思想發展的可能性。《清華大學藏戰國竹簡(壹)》所收《保訓》篇記周文王臨終遺武王訓,在所述"前人傳寶"中,講到"久作小人"的舜"求中自稽"、"得中";上甲微"假中于河",又"儨中于河","微持弗忘,傳貽子孫"。不少學者主張簡文的"中"與中道有關。[4]尤其是簡文的堯舜傳説部分出現了舜"求中"、"得中",很容易讓人聯想到《論語·堯曰》堯命舜的"允執其中"。所以,晚近出版的有的《論語》注釋本,明謂《堯曰》的"中"、《論語》"中庸"的"中"與清華簡《保訓》的"中""皆同義","尚中思想很古老"。[5]《清華大學藏戰國竹簡(伍)》所收《命訓》(又見於傳世的《逸周書》),也有"臨之以中"、"中不忠"(12號簡)、"以中從忠則賞,賞不必中"(15號簡)等語。《保訓》是不是真的文王臨終遺言,大家的看法尚未統一;此篇的"中"究爲何指,更無定

---

〔1〕劉寶楠《論語正義》,第757頁。

〔2〕顧頡剛《禪讓傳説起於墨家考》,《顧頡剛古史論文集》卷一,《顧頡剛全集》第一册,第453頁。

〔3〕同上。按:此説崔述《唐虞考信録》卷之二已先倡之,《崔東壁遺書》,第66頁;參看上注所引顧文,第451頁。

〔4〕參看陳民鎮《清華簡〈保訓〉"中"字解讀諸説平議》,復旦大學出土文獻與古文字研究中心網,2011年9月19日。

〔5〕董楚平《論語鉤沉》,北京:中華書局,2011年,第458頁。

論。〔1〕不過《命訓》的"中"指中道,是多數人都同意的。雖然《命訓》寫定於何時,還没有明確的結論,但從其文風、思想看,不會是戰國時代新出現的作品。這就可以説明,指執持中道而言的"執中"的觀念,並不是晚到楊、墨之後才出現的。

這樣解釋"中",當然很可能符合孔子時代的一般用法;在《論語》中引録此文者,應該也是以"中"爲"中道"的。後來將此語稍加點竄而編入《尚書·大禹謨》,使之成爲所謂"十六字心傳"的人,無疑更持此解。但是按照此説,"允執其中"的"其"究竟指代什麽,從語言上根本無法落實。

"允執其中"承"天之歷數在爾躬"言,"其中"既有可能指"天之歷數之中",也有可能指"天之中"。上文已指出這裡以"天之歷數在爾躬"代指天命在舜,可見並不是真讓舜去做制定曆法等專門的事(當時必有實際掌曆法者,最高統治者享有的是名義上的權力。《大戴禮記·五帝德》載舜時"羲和掌厤,敬授民時",《史記·曆書》"蓋黄帝考定星曆"句《索隱》引《繫(世)本》、《律曆志》:"黄帝使羲和占日,常儀占月,臾區占星氣,伶倫造律吕,大橈作甲子,隸首作算數,容成綜此六術而著《調曆》也"(此皆傳説中的上古掌曆法之官)。堯禪讓於舜,如囑咐舜"允執"曆數之"中",似乎也不是禪天子之位時該説的話,倒有些像對"曆官"的任命之辭。所以從文義看,"其中"指"曆數之中"似不合理。但如指"天之中",從語法上看又不如指"天之歷數之中"妥當。既然"其中"指"天之歷數之中"或"天之中"都有可能,使人難於抉擇,那就應該認爲這句話犯了指代含混不明的毛病,但古人行文一般來説不致如此。所以,前面對"其"的用法的理解恐怕是有問題的。

我們知道,古漢語中位於名詞前起指示作用的"其",可以"表示人、

〔1〕最近,馮勝君先生對《保訓》的"中"義有新的解釋。見其《也説清華簡〈保訓〉篇的"中"》,中國文化遺産研究院編《出土文獻研究》第十六輯,上海:中西書局,2017年,第25—29頁。

事、物的範圍,或者表示對具體對象的强調”,此種“其”或譯爲“那”。[1]與“其”可以互代的“厥”,也有同類用例。[2]“允執其中”的“其”似即屬於這一用法,所謂“那‘中’”,就指“天之歷數在爾躬”亦即“天命在舜”那件事。“天之歷數在爾躬”既是上天降賜於舜的“大命”,“那‘中’”自然指天之“中”而言了。我們所理解的這種“其”,有些學者看作“定指標記”,類似於英文的定冠詞 the,如《論語·八佾》“子貢欲去告朔之餼羊。子曰:‘賜也,爾愛其羊,我愛其禮。’”中“其羊”之“其”。大西克也《論上古漢語代詞“之”和“其”的替代功能》認爲,上古漢語“其”常作“内涵定語”,“它的基本功能是參照先行詞來給中心語賦予某種屬性”,這樣的“其”後來有可能被重新分析爲定指標記。如“爾愛其羊”的“其羊”是指作爲“告朔之餼羊”的那樣的羊。[3]據此,“允執其中”的“其中”就可以理解爲“‘天之歷數在爾躬’那個‘中’”,“其”的功能是參照先行語“天之歷數在爾躬”對“中”的屬性或内涵加以限定。

《清華大學藏戰國竹簡(柒)》所收《越公其事》,記吴王夫差言闔閭伐郢邦:

天賜中于吴,右我先王。(12 號簡)

故“吾先王用克内(入)于郢”(12—13 號簡)。[4]整理者注引《國語·吴語》中吴王夫差的話“今天降衷於吴,齊師受服”,指出簡文的“賜中”即“降衷”[5](但在釋文中爲“中”括注“忠”則不確,學者已有批評)。陳偉先生又引出《國語·晉語二》“以君之靈,鬼神降衷”,並據《國語》兩處韋昭注皆作“衷,善也”(《僞古文尚書·湯誥》:“惟皇上帝,降衷於下民。”

[1] 何樂士等《古代漢語虚詞通釋》,北京:北京出版社,1985 年,第 415 頁。或以爲是遠指代詞,參看楊伯峻《古漢語虚詞》,北京:中華書局,1981 年,第 111 頁。
[2] 參看何樂士等《古代漢語虚詞通釋》,第 321 頁;楊伯峻《古漢語虚詞》,第 92 頁。
[3] 《歷史語言學研究》第十三輯,北京:商務印書館,2019 年,第 279—281 頁。
[4] 李學勤主編《清華大學藏戰國竹簡(柒)》,上海:中西書局,2017 年,上册第 56—57 頁,下册第 119 頁。
[5] 同上書,下册第 120 頁。

《僞孔傳》亦云:"衷,善也。")説:"這裡的善,實爲吉祥義。降衷、賜衷,都是説上天給予吉祥。"[1]我認爲這些"衷"不能僅據古注訓爲"善"或"吉祥"了事。

天"賜中"、"降衷",跟古書屢見的"天誘其衷"、"天舍其衷"應是一回事。《左傳·僖公二十八年》"晉人復衛侯",寧武子與衛人盟曰:

> 天禍衛國,君臣不協,以及此憂也。今天誘其衷,使皆降心以相從也。……不協之故,用昭乞盟于爾大神以誘天衷。

同書《成公十三年》所載"吕相絶秦"書,講到晉襄公雖"願赦罪於穆公",秦穆公卻"即楚謀我":

> 天誘其衷,成王隕命,穆公是以不克逞志于我。

《襄公二十五年》記鄭國子産應對晉人問陳之罪,有如下之語:

> 天誘其衷,啓敝邑之心。陳知其罪,授手(首)于我,用敢獻功。

《定公四年》敘吴王闔閭攻入郢邦事,吴人追楚王至隨國,謂隨人曰:

> 周之子孫在漢川者,楚實盡之。天誘其衷,致罰於楚,而君又竄之,周室何罪?君若顧報周室,施及寡人,以獎天衷,君之惠也。

《哀公十六年》衛侯輒命鄢武子(肸)告於周:

> 蒯聵得罪于君父、君母,逋竄于晉。晉以王室之故,不棄兄弟,寘諸河上。天誘其衷,獲嗣守封焉,使下臣肸敢告執事。

楊伯峻先生在上舉第一例"天誘其衷"下,引《國語·吴語》夫差使王孫苟勞於周曰:

> 天舍其衷,楚師敗績……天舍其衷,齊師還。

並解釋道:

> "天舍其衷"即"天誘其衷"。皆天心在我之意。[2]

---

〔1〕陳偉《清華簡七〈越公其事〉校讀》,簡帛網,2017年4月27日。又見其《清華簡七〈越公其事〉校釋》,《"出土文獻與傳世典籍的詮釋"國際學術研討會論文集》,上海:復旦大學,2017年10月14—15日,第31頁。

〔2〕楊伯峻《春秋左傳注(修訂本)》,北京:中華書局,1990年,第469頁。

他在"用昭乞盟于爾大神以誘天衷"句下引《定公四年》"以獎天衷"之文,[1]指出:

天衷,天心之意。此謂乞天心向我也。[2]

其説甚是。

緊接上引《國語·吴語》的"天舍其衷,齊師還",王孫苟還説了"夫差豈敢自多,文、武寔舍其衷"。"舍"古訓"予",與"賜"、"降"義近。上天和文、武二后把他們的心意給予吴,也就是説,吴得到了上天和周之先王的佑助,因而能戰勝齊師。《吴語》載越王勾踐謀伐吴,問計於出使越的楚大夫申包胥:

吴國爲不道,求殘我社稷宗廟,以爲平原,弗使血食。吾欲與之徼天之衷,唯是車馬、兵甲、卒伍既具,無以行之。……

勾踐召問五大夫時,重複了這段話。韋昭注:"徼,要也。"勾踐想跟吴國一同謀求"天之衷",即看看越、吴兩國誰能得到"天心",上天究竟會眷顧哪一方。相較於上天"賜中"、"降衷"、"舍其衷","徼天之衷"顯然是從"下人"的角度來説的。"天誘其衷"的"誘"應與"賜"、"降"、"舍"相似;但在"用昭乞盟于爾大神以誘天衷"裏,"誘"又與"徼"相似,看來"誘"的詞義當兼有"給予"和"求取"兩方面。"誘"常訓"道(導)"、訓"引"。[3]所謂"天誘其衷",意即天引導其心、使其心導向某一邊;"誘天衷",則是説我招引、引受天心(《漢書·吴王劉濞傳》:"而吴王濞背德反義,誘受天下亡命罪人……""誘"、"受"義近連文。後代尚有"誘納"、

---

〔1〕杜注:"獎,成也。"按前文已講"天誘其衷,致罰於楚",可知天心早有定屬,無須再由隨人來"成就"。此"獎"與其訓"成",不如訓"順"合適(參看楊伯峻《春秋左傳注(修訂本)》第1547頁)。同書《昭公二十六年》"若我一二兄弟甥舅獎順天法,無助狡猾","獎"、"順"連言,"獎"亦當訓"順"。《莊子·庚桑楚》:"備物以將形。"《釋文》:"將,順也。""將"、"獎"音通。"獎天衷"就是順從天意。《越絶書·越絶外傳枕中第十六》:"聖人緣天心,助天喜,樂萬物之長。""緣天心"的意思跟"獎(將)天衷"差不多。

〔2〕楊伯峻《春秋左傳注(修訂本)》,第469頁。

〔3〕參看宗邦福等主編《故訓匯纂》,北京:商務印書館,2003年,第2123頁。

"誘接"等説)。洪亮吉在《左傳・哀公元年》"使季杼誘豷"下引《廣雅》"誘,致也"爲訓。〔1〕檢《廣雅・釋言上》,原作:"羑、薄,致也。""羑"、"誘"音近,洪氏當是讀"羑"爲"誘"。"致"既有"致送"義,又有"招致"義,可與"誘"的用法相印證。

《後漢書・文苑列傳》載杜篤《論都賦》:"受命於皇上,獲助於靈祇。"李賢注:"皇上,謂天也。《尚書》曰:'惟皇上帝降衷於下人。'"已點出了"降衷"與"受命"之間的聯繫。清華簡《越公其事》中,夫差在説完"天賜中于吴,右我先王"而入郢之後,接著説:"今我道路攸(修)險,天命反昃(側)。豈甬(庸)可智(知)自得?"(13號簡)〔2〕兩下對照,"天賜中于吴"猶言"天命在我",可以看得很明白。天賜中、降衷或誘其衷、舍其衷,意謂上天把它的心給了我,站在我這一邊;對我而言,就是得到了"天命"。天心、天意當然是好的、善的,所以古人多訓此類"衷"爲"善"。《上海博物館藏戰國楚竹書(七)》所收《吴命》簡3正云:"昔上天不中,降禍於我……(下殘)"研究者多從原整理者説,讀"中"爲"衷",訓"善",並舉上引古書裏的"天衷"爲證。〔3〕按:此"中(衷)"訓爲"善"是有道理的。《左傳・昭公二十二年》:"君若惠保敝邑,無亢不衷,以獎亂人,孤之望也。"楊伯峻先生謂"無亢不衷"的"不衷""猶言不善、不誠、不忠",〔4〕可以參看。"上天不中(衷)"猶《詩》屢見之"不弔(一般讀爲'淑'、訓'善')昊天"。《吴命》簡5下有"天□其中,卑(俾)周先王佾……(下殘)"之語,劉雲先生釋"天"下之字爲"引",引古書"天誘其衷"、"天舍其衷"等説作爲類比,〔5〕思路是很對的(但他直接讀"引"爲

〔1〕洪亮吉撰,李解民點校《春秋左傳詁》,北京:中華書局,1987年,第845頁。

〔2〕李學勤主編《清華大學藏戰國竹簡(柒)》,下册第119頁。

〔3〕馬承源主編《上海博物館藏戰國楚竹書(七)》,釋文注釋310頁,上海:上海古籍出版社,2008年。參看林文華《也説〈吴命〉"天不中"》,簡帛網,2009年1月3日。

〔4〕楊伯峻《春秋左傳注(修訂本)》,第1433頁。

〔5〕劉雲《説〈上博七・吴命〉中的"引"字》,復旦大學出土文獻與古文字研究中心網,2009年2月25日。

“誘”則非)。由此可知譴責上天不善的“上天不中”,實際上仍是從天衷不向我、天不降衷於我之意而來的。可惜簡5那個字殘損嚴重,究竟是不是“引”,無從評斷。

我們討論的《堯曰》“允執其中”的“中”,應該就是《越公其事》“天賜中”的“中”,如從古書一般的用字習慣,也可讀爲“衷”;這裡指上天命“天之歷數”在舜的心意。《淮南子·泰族》等篇説“聖人懷天氣,抱天心”,“抱天心”與“執天衷”語近。堯命舜執“天之歷數在爾躬”之“天衷”,牢牢抓住天心,宅天命而毋喪,文意極爲曉暢,並且跟上一句指上天授大命於舜的“天之歷數在爾躬”,彼此的意思也能打成一片。〔1〕

如果我們的解釋基本符合事實,堯命舜之“天之歷數在爾躬,允執其中”,反映的就是比較古老的傳統政治思想;其語被採入《論語》之前,應已有一段時間的流傳。〔2〕顧頡剛等人關於《堯曰》此章晚出的疑慮,也許可以就此打消了。

三

最後簡單討論一下“四海困窮,天禄永終”的意思。

我們先看“天禄永終”。何晏《集解》引包咸曰:

> 言爲政信執其中,則能窮極四海,天禄所以長終。〔3〕

皇侃《義疏》曰:

---

〔1〕《大戴禮記·五帝德》言顓頊“執中而獲天下”,此句《史記·五帝本紀》作“帝嚳溉執中而徧天下”。孫詒讓謂“獲”當讀爲“護”,“徧”當讀爲“辨(辦)”,“辨”、“護”“皆理董監治之義”(雪克點校《大戴禮記斠補》,北京:中華書局,2010年,第62頁)。《史記》的“溉”讀爲既已之“既”。疑這裡的“執中”本亦指執守天衷,猶上文所説“順天之義”,故能“辨護”天下。

〔2〕崔述《唐虞考信録》卷之二説:“且此篇在《古論語》本兩篇,篇僅一、二章;《魯論語》以其少,故合之。蓋皆斷簡,無所屬,附之於《論語》之末者,初不知其傳自何人。”(《崔東壁遺書》,第66頁)他認爲這幾句話“不知傳自何人”,出於某種原因而附於《論語》之末,這一推測很有道理。

〔3〕黄懷信主撰《論語彙校集釋》,下册第1714頁。

永,長也。終,猶卒竟也。若内正中國,外被四海,則天祚禄位長,卒竟汝身也。執其中則能窮極四海,天禄所以長終也。[1]

撇開對"執其中"的理解不論,包、皇二氏説"天禄永終",大體上還是能得其實的。但皇侃似乎想把"永"和"終"分屬於"天禄"和"汝身",是其不足。邢昺《疏》言"天之禄籍所以長終汝身",對皇氏的缺陷作了進一步的引申。

清代的閻若璩、毛奇齡、劉寶楠等人,都曾闡發此説之長。如閻若璩舉《尚書·洪範》"考終命"、《詩·大雅·既醉》"高朗令終"等,[2]毛奇齡舉《尚書·金縢》"惟永終是圖"、《周易·歸妹》的《象》辭"君子以永終知敝",[3]以及漢代的班彪《王命論》"福祚流於子孫,天禄其永終矣"等,指出"永終""無不以'永長'爲辭";"典午以後(引者按:指司馬氏代魏),始解'永絶'"。[4]這是很正確的。[5]

西周金文屢見祈求"永命、靈終"的"嘏辭",也可證明"永終"決非"永絶"之意。西周晚期的井人妄鐘銘有"永終于吉"之語(《殷周金文集成》00109、00111)。"天禄永終"也可以換説爲"永終于天禄",意思就是上天所給予的福禄,既永長又能善終。"永"、"終"都是指"天禄"而言的。

至於"四海困窮"一句,皇侃説"四海"指"四方蠻夷戎狄之國","若内執中正之道,則德教外被四海,一切服化莫不極盡";[6]劉寶楠認爲此句説的是堯時洪水氾濫的情形,堯咨告舜"當憂恤之"。[7]二説似皆

---

[1] 皇侃撰,高尚榘點校《論語義疏》,中華書局,2013年,第516頁。標點略有改動。

[2] 閻若璩撰,黄懷信、吕翊欣點校《尚書古文疏證》卷七第一百三"言《大禹謨》於'四海困窮'上插入他語,似舜誤會堯之言"條,上海:上海古籍出版社,2010年,下册第545頁。

[3] 黄懷信主撰《論語彙校集釋》,下册第1716頁引毛奇齡《論語稽求篇》。

[4] 閻若璩《尚書古文疏證》,下册第545—551頁;黄懷信主撰《論語彙校集釋》,下册第1716—1717頁引毛奇齡《論語稽求篇》。

[5] 黄式三撰,張涅、韓嵐點校《論語後案》謂"永終"當作"綿延"解,舉書證頗詳(鳳凰出版社,2008年,第536頁)。可參考。此條材料蒙匿名審稿人賜示。

[6] 皇侃《論語義疏》,第516頁。

[7] 劉寶楠《論語正義》,第757頁。

有一定的道理。但從上下文看,這裡好像不應説到"憂恤"洪水之患。而且"當堯之時,水逆行,氾濫於中國"(《孟子·滕文公下》),絶不僅僅是"四海"的問題。所以"四海"之意,當以皇説較爲可取。《爾雅·釋地》:"九夷、八狄、七戎、六蠻,謂之四海。"即皇説所本。

不過,皇侃對"四海困窮"句意的解釋,總體上看仍不可信,主要的問題在於他把"困窮"的主語"四海",通過"德教外被"轉换成了"一切服化"。這層意思從原文是看不出來的。我們認爲,"困窮"與"殛鯀于羽山"(《尚書·舜典》)、"天罰不極庶民"(《尚書·吕刑》)、"今也爲臣……有故而去,則君搏執之,又極之於其所往"(《孟子·離婁下》)的"殛"、"極"同意(古書訓"極"爲"窮"、訓"困"爲"極"之例,不勝枚舉。楊伯峻《孟子譯注》解釋上舉《離婁下》的"極"時,已引包咸爲《論語·堯曰》"四海困窮"注"困,極也"爲據),王筠《説文句讀》讀《舜典》之"殛"爲"極","謂窮極之於羽山也"。[1]"四海困窮"的意思是四方蠻夷戎狄陷於窮途末路。《史記·五帝本紀》説舜"南,撫交址、北發;西,戎、析枝、渠廋、氐、羌;北,山戎、發、息慎;東,長、鳥夷","四海之内,咸戴帝舜之功"。[2]這就是後來舜踐行堯"四海困窮"之命而取得的功業。

根據以上所説,此章的大意當是:堯告誡即將受命的舜,要好好地執"天心"、宅天命(使天命在我而不易),如此則四方蠻夷戎狄困窮、降服,並可達"天禄永終"之境。

《大戴禮記·少閒》:"昔虞舜以天德嗣堯(引者按:此句又見於同書《四代》,無'以'字),布功散德制禮,朔方幽都來服,南撫交趾,出入日月,莫不率俾。西王母來獻其白琯,粒食之民,昭然明視,民明教,通于四海,海外肅慎、北發、渠搜、氐、羌來服。"舜居有"天德"與"天中(衷)在舜"而舜執守之,實質上是一回事;"朔方幽都來服……通于四海"云云,

---

〔1〕參看沈培《侯馬、温縣盟書"明亟視之"及傳世古籍相關問題合論》,《中國語文》2017年第3期,第357—359頁。
〔2〕[日]瀧川資言、水澤利忠《史記會注考證附校補》,第15頁。

與"四海困窮"亦合。春秋時代的秦公簋銘有"丕顯朕皇祖受天命,鼏宅禹蹟,十又二公,在帝之坯,嚴龏寅天命,保鬻厥秦,虩事蠻夏"之語(《殷周金文集成》04315),秦公鎛有"丕顯朕皇祖受天命,竈(肇)有下國,十又二公,不彖(惰)在上,嚴龏寅天命,保鬻厥秦,虩事蠻夏"之語(《殷周金文集成》00270)。"丕顯朕皇祖受天命"猶此言"天之歷數在爾躬","嚴龏(訓'奉持')寅(引?)天命"猶此言"允執其中","虩事蠻夏"猶此言"四海困窮"。彼此行文思路十分相似,可以參閱。

2018年2月18日改完

2019年12月29日又改

附識:本文初稿曾在香港中文大學召開的"古籍新詮——先秦兩漢文獻國際學術研討會暨中國文化研究所五十週年慶典"上宣讀,蒙沈培、顏世鉉、何有祖等先生賜教,又蒙會議論文集匿名審稿人賜示材料,謹致謝忱。

戰國竹書《心是謂中》的二重"命"觀及"心"論

林志鵬 *

一、簡文梳理

《心是謂中》發表於《清華大學藏戰國竹簡》第八册,共 7 枚簡。[1]全文以"心"爲人身之"君",闡述了"身—心"、"天—人"的關係。筆者已發表《清華大學藏戰國竹書〈心是謂中〉疏證》對全篇文義作了初步的詮解。[2]今在前作的基礎上梳理竹書所反映出的二重"命"觀及"心"論。下面先將筆者所作修訂本釋文迻録[3]:

心,中——處身之中以君之;目、耳、口、容四者爲相。心是謂中。心所爲媺惡,復何若競? 心所出小大,因名若當。【簡 1】心欲

---

* 作者單位:復旦大學歷史學系。

〔1〕李學勤主編《清華大學藏戰國竹簡(捌)》,上海:中西書局,2018 年,上册第 87—90 頁(圖版)、下册第 148—152 頁(釋文及注釋)。

〔2〕《清華大學藏戰國竹書〈心是謂中〉疏證》,《出土文獻與古文字研究》第九輯,上海:上海古籍出版社,2020 年,第 195—209 頁。

〔3〕見前揭《疏證》"釋文"一節。此處所録已參考整理者及時賢考訂意見,將通假字破讀,誤、衍、脱字亦已校正。相關學者的意見,請參考拙文的引述討論。

見之，目故視之；心欲聞之，耳故聽之；心欲道之，口故言之；心欲用之，容故舉之。心情毋有所至，百體【簡 2】四相莫不槷陷。爲君者其監於此，以君民人。

人之有爲，而不知其萃，不惟晦而不度乎？如晦而不度，則無以【簡 3】知短長。短長弗知，妄作横觸，而有成功，名之曰幸。幸，天；知、事之萃，心。必心與天兩事焉，果成。寧心謀之，稽之，度【簡 4】之，監之。問訊視聽，在善之攈，心焉爲之。

斷命在天，疴疾在鬼，取命在人。人有天命，其亦有身命，心是爲【簡 5】死，心是爲生。死生在天，其得失在心。君公、侯王、庶人、平民，其毋獨祈保家没身於鬼與天，其亦祈諸〔心〕【簡 6】與身。【簡 7】

前揭拙文已參酌竹書整理者及時賢之説，歸納傳世典籍中可與《心是謂中》對讀的材料包括《孟子》、《荀子》的部分篇章；《禮記》中的《緇衣》、《大學》、《中庸》等；《管子・心術上》、《心術下》、《白心》及《内業》等四篇；《淮南子・繆稱》、《人間》。在出土文獻方面則有郭店楚墓竹書《五行》、《性自命出》；清華大學藏竹書《邦家處位》、《天下之道》、《管仲》；上海博物館藏竹書《凡物流形》；馬王堆帛書《經法》、《十六經》等。從上列材料不難看出，這篇竹書與儒家子思、孟子一系和黄老道家有較爲密切的聯繫。

二、竹書的二重“命”觀

竹書在第五簡點出“人有天命，其亦有身命”，將“天命”和“身命”對舉。“天命”在簡文中主要指個人的生命、命運，但這篇竹簡一開頭已引出“心”與“君”對應的線索，篇末又提到“君公、侯王”之“保家”，所以在論及竹書中“天命”與“身命”的關係時，自然需要將作爲家國命數的“天命”也納入考察。事實上，作爲一種類比，個人死生之“命”與王朝或國家所受“天命”,並無本質上之不同。[1]

統治集團所受之天命,在文獻中也稱爲“中”。鄔可晶先生在討論先秦“中”這個概念時指出,先秦文獻涉及“天”的“中”,往往讀作“衷”,“天衷”即“天心”(天的心意)。[2]

“天心”一詞見於郭店竹書《成之聞之》簡 33 引《大禹》“余(舍)玆宅(度)天心”,[3]李學勤先生認爲所引《大禹》即《書・大禹謨》的佚文。[4]劉釗先生指出,“天心”與“天意”、“天衷”之用法相近,“宅”當讀爲“度”。[5]其説是。“宅天心”即“度天心”,也就是稽度天的心意,以掌握“天命”。

“中(衷)”指“天的心意”,在劉釗、鄔可晶文中所舉例證甚多,兹參考其説,從傳世典籍和出土文獻各舉一例:傳世文獻如《論語・堯曰》“天之歷數在爾躬,允執其中”;戰國竹書如清華簡《越公其事》簡 12“天賜中于吴,右我先王”。二例之“中”皆指天(或人格化上帝)的心意。

早期文獻所謂“降衷”、“執中”與王者“受命”有密切關聯,鄔可晶先生在討論《堯曰》“允執其中”時已作了充分的論證。他指出,君王能持守天之心意,即保有“天命”,因此“執中”往往成爲“得天命”的同義詞。[6]今進一步結合《心是謂中》所言,君王爲政“執中”,即受“天命”;人之修養能夠“執心”,[7]即得“身命”。“君術”與“心術”對應,其關係略如下圖:

〔1〕鄔可晶先生在《孔子與天命》(載《中華文史論叢》2019 年第 4 期)已指出:“死生之‘命’……跟王朝所受的‘天命’,很難説有什麽本質上的不同。”

〔2〕鄔可晶《説〈論語・堯曰〉“天之歷數在爾躬,允執其中”》,曾發表於“古籍新詮——先秦兩漢文獻國際學術研討會暨中國文化研究所五十週年慶典”(香港中文大學,2017 年 12 月),亦收入本刊。

〔3〕前揭鄔可晶文指出,“天心”一詞亦見於《淮南子・泰族》、《越絶書》等傳世文獻。

〔4〕李學勤《試説郭店〈成之聞之〉兩章》,《煙臺大學學報》2000 年第 4 期。

〔5〕劉釗《説“度天心”》,《書馨集續編——出土文獻與古文字論叢》,上海:中西書局,2018 年,第 188—191 頁。

〔6〕參考鄔可晶《説〈論語・堯曰〉“天之歷數在爾躬,允執其中”》。

〔7〕按,上海博物館藏楚竹書《彭祖》言“執心不芒”,“執心”及即守心。

天心 — 天命 — 執中 — 君術
中(衷)
人心 — 身命 — 執心 — 心術

竹書謂“必心與天兩事焉,果成”,對於統治者而言,天命與人心都需持守,“心術”與“君術”是二而爲一的。張舜徽说:“心術者,猶云主術也、君道也。……百家殊業,皆務爲治,故其立言,莫不有專篇以闡明南面之術,顧標題各有不同耳。……遠象諸物,則謂之内,故《管子》又有《内業》;近擬諸身,則謂之心……抑百家主術,同歸本乎内潔其心。”[1]

三、“中”、“曆數”與“天命”——兼論《保訓》之“中”

《心是謂中》開宗明義以“中”訓解“心”,而典籍裏的“天中”亦如前文所引時賢説,讀爲“天衷”,理解爲天的心意。作爲天之意志的“中(衷)”如何跟觀象授時的“曆數”和政治上的“天命”發生聯繫,仍需稍作梳理。古代施政以“觀象授時”爲本,《漢書・律曆志》説:

> 曆數之起上矣。傳述顓頊命南正重司天,火正黎司地,其後三苗亂德,二官咸廢……堯復育重、黎之後,使纂其業,故《書》曰:“乃命羲、和,欽若昊天,曆象日月星辰,敬授民時。”……其後以授舜曰:“咨爾舜,天之曆數在爾躬。”“舜亦以命禹。”

從這段話可知,一代君王禪位後,要將曆法傳給後繼者,而天命、曆數之象徵則爲“中”,即《論語・堯曰》“天之曆數在爾躬,允執其中”之“中”。《堯曰》之“中”或解爲“中正之道”(皇侃説),或説爲“無過不及之名”(朱熹説),[2]均非古義。

甲骨、金文“中”字作“”,李零先生認爲其原始形象是測日影、觀

[1] “内潔其心”即《管子・白心》名篇之意。張舜徽説見《心術上篇疏證》,氏著《周秦道論發微》,武漢:華中師範大學出版社,2005年,第211頁。
[2] 程樹德《論語集釋》第四册,北京:中華書局,1990年,第1349頁。

風向、聚羣衆之“旗表”。[1]此説上承羅振玉、唐蘭等,如唐蘭認爲“中”象斿旗形(上下飄動的條狀物爲斿),後温少峰、黄德寬等進一步推衍,謂“中”象測日儀或測風器。[2]裘錫圭先生近年也撰文重新分析古文字的“中”,他認爲帶有旗斿者,當如黄德寬説,象風向標,而非測日影之表。[3]鵬按,一根有飄帶的旗杆,固可作爲測風向的工具,若需測時,祇要將飄帶收卷,束於杆上,仍可作爲測日之用,所以李零先生將“中”視爲測日影、定風向的複合式工具仍有一定的道理。

在古人的觀念中,“天”作爲一有意志的最高存在,其心意可稱之爲“天心”、[4]“天中(衷)”,古書習見的“天誘其衷”、“天舍其衷”之“衷”,皆指天的心意。[5]天之意向具體表現爲自然界的風雨雷電及日月四時的運轉,就人的角度來看,這些皆爲天命或天意之表徵,而得“天命”也成爲君王政治權威的根源。

在甲骨卜辭中,可以見到人格化的天帝有受年、令雨、令風雷、降熯的權能,在對人間政治上,更有“終兹邑”(即決定國家興衰之命運)、“佐王”、“咎王”的最高能力。[6]孔子説:“天何言哉,四時行焉,百物生焉,天何言哉!”(《論語・陽貨》)風雨、四時等既然作爲天意之表現,人要測度天的意向,自然就要使用“中”作爲測日觀風的工具,而“執中”就成爲

---

〔1〕李零《説清華楚簡〈保訓〉篇的“中”字》,《中國文物報》2009年5月20日,第7版。

〔2〕説見于省吾《甲骨文字詁林》第四册,北京:中華書局,1996年,第2935—2937、2940—2942頁。

〔3〕裘錫圭《説〈盤庚〉篇的“設中”——兼論甲骨、金文“中”的字形》,《出土文獻與傳世典籍的詮釋》,上海:中西書局,2019年。

〔4〕劉釗先生在《清華簡〈保訓〉篇幾個疑難問題的再探討》(稿本)曾舉出典籍中有“度天心”、“考天心”、“占天心”、“觀天心”、“求天心”、“啟天心”、“知天心”、“懷天心”、“抱天心”、“應天心”、“當天心”、“緣天心”等種種説法。

〔5〕參考鄔可晶《説〈論語・堯曰〉“天之歷數在爾躬,允執其中”》。“天誘其衷”見於《左傳》僖公二十八年、成公十三年、襄公二十五年、定公四年、哀公十六年,“天舍其衷”見《國語・吴語》。

〔6〕參考拙著《殷代巫覡活動》,臺灣大學中國文學研究所碩士學位論文,2003年,第147、150頁。

“得天命”的同義詞。

測日觀風所以定時,徵發軍隊亦需用“中”作爲召集,此爲其實際的功能,且“中”如前文所説,象徵著“天命”,所以上古帝王禪位需傳以“中”。清華大學藏戰國竹書《保訓》託言周文王遺訓云(見簡4—9):[1]

> 昔舜舊(久)作小人,[2]親耕于歷茅,恐(恭)求中[3](指天之心),自稽厥志(指舜之心意),不違于庶萬姓之多欲,厥又施于上下遠邇,迺易位埶(勢),稽測陰陽之物,[4]咸順不逆。舜既得中言(焉),不易實變名,[5]身兹服惟允,翼翼不懈,用作三降之德。帝堯嘉之,用受厥緒。嗚呼!祗之哉!
>
> 昔微假中于河,以復有易,有易服厥辠,微亡害,迺逾(續)中于河。[6]微寺(持)弗忘,[7]傳貽子孫,至于成唐(湯),祗服不懈,用受大命。

此段敍述堯傳舜、上甲微報復有易的故事,以作爲周人得天命之鋪墊。

---

〔1〕李學勤主編《清華大學藏戰國竹簡(壹)》,上海:中西書局,2010年,上册第56—59頁(圖版);下册第143頁(釋文)。

〔2〕“舊”讀爲“久”,從李零先生説,見《讀清華簡〈保訓〉釋文》,《中國文物報》2009年8月21日,第7版。

〔3〕“恐”讀爲“恭”,從周鳳五先生説,見《北京清華大學藏戰國竹書〈保訓〉新探》,《孔德成先生學術與薪傳研討會論文集》,臺北:臺灣大學出版中心,2009年。

〔4〕“迺易位勢,稽測陰陽之物”之釋讀參考拙文《清華大學藏戰國竹書〈保訓〉校釋》,《出土文獻文字與語法研讀論文集》第一輯,臺北:萬卷樓圖書公司,2013年。

〔5〕“舜既得中焉,不易實變名”之斷讀參考前揭拙文。

〔6〕對於《保训》“假中”、“逾中”之解,學者頗有爭议,劉釗先生在《清華簡〈保訓〉篇幾個疑難問題的再探討》(稿本)中重新討論這兩個詞,得到可信的結論。他指出,“假中”之“假”當訓爲“憑藉”、“借助”、“依賴”。“假中於河”當理解为“假河之中”,即“憑藉或依靠河的中(衷)”之意,也就是求得河神的佑助。“逾中”之“逾”,學者多釋作“歸”,但仔細分析字形,知簡文“逾”當隸作“逌”,他引用裘錫圭先生《説从“肻”聲的从“貝”與从“辵”之字》一文指出,此字所从“肻”原爲从“止”从“自”之字,應隸作“𣥺”,是“踰”字的表意初文。簡文“逌”从辵,可釋作“逾”。“逾中”,劉釗從李鋭説讀爲“續中”,“續中于河”即“繼承中於河”或“延續中於河”之意。他進一步指出,“假中于河”、“續中于河”之“中”指“河神之佑助”、“河神之眷顧”。

〔7〕簡文“寺”原从又,之聲,整理者逕釋爲“志”,此從沈培先生説讀爲“持”,見《清華簡〈保訓〉釋讀一則》,《出土文獻》第一輯,上海:中西書局,2010年,第90頁。

學者對於此篇"中"的解釋,據劉釗先生的歸納統計,多達三十多種。[1]劉先生認爲把《保訓》的"中"都讀作"衷",指"心",這是最爲平實、貫通的解釋。[2]筆者認爲"中"讀爲"衷"之説,與"中"作爲測日測風的旗表説,並非互相排斥,後者偏向"中"作爲工具的原始用途,前者偏向"天中"之"中(衷)"的内心義。

簡文中作爲君王權柄之"中",其原始用途如李零先生所言:"用'中'(指圭表)來確定大地的高下遠近,所以變方設位,隨時觀測萬物陰陽的變化,使一切順而不逆。"可知"中"本指測時的之"表"(即"周髀"之"髀"),即"曆數"、"天命"之象徵。《保訓》説舜"恭求中",所求即天之心意;經過試煉之後,舜"得中",所獲即天命。

下文商族先公上甲微向"河"所求之"中",疑非最高之天命,因爲上甲微並非如"帝堯"般的天子,而是一方之伯。從前引簡文看,其祈願之對象並非上帝,而是次一等的自然神"河"(黄河之神),所以上甲微所憑藉之"中"應當理解爲河伯之"衷",得河伯之"中(衷)"就是得到河神佑助的意思,[3]這跟天子得"天之衷",受到上天的佑助、取得天命,思路一致。

在殷代卜辭中,河、岳等神祇具有"告秋"或"告天災"之權能,可以影響天象、風雨與年成。在人事方面,河、岳及王亥具有其他自然神明

〔1〕劉釗《清華簡〈保訓〉篇幾個疑難問題的再探討》(稿本)指出:有將其訓釋成具體之物的"旗幟説"、"標杆説"、"獄訟簿書説"、"木主説"、"兵符説"、"兵書説"和"寶物説";有將其訓釋成職官名或區域指稱的"司中説"、"地中説"和"天下之中説";有將其訓釋成某種活動或事務的"祭祀説"、"婚事説"、"訴訟説";有將其訓釋成一種觀念或理論的"中道説"、"道統説"、"中和説"、"中庸説"、"命數説"、"曆法説"、"易數説"、"音樂説"、"天命説"、"最高權力説"、"社會組織原則與標準説"、"治國理念説"、"處理事務的分寸説"、"公平公正説"、"常説"和"中和之氣説";有將其通假爲"衆"的"通衆説";有認爲"中"爲訛字的"帀(師)字之訛説";有將其訓釋成與"心"有關係的"内心説"、"讀忠説"和"讀衷説"。

〔2〕參考劉釗先生前揭文。類似的評斷也見於馮勝君先生《也説清華簡〈保訓〉篇的"中"》,《出土文獻研究》第16輯,第26—27頁。

〔3〕參考劉釗《清華簡〈保訓〉篇幾個疑難問題的再探討》(稿本)。

及先公所未具的影響戰事的能力,[1]這應當是上甲微起兵報復有易氏要"假中于河",祈求河伯佑助的原因。由於微所得並非最高之天命,所以下文特別强調商湯通過不斷地努力,"祗服不懈",最後才能"用受大命(即天命)"。

四、竹書的"心"論——兼説其學派歸屬

梳理完與竹書有關的"命"、"中"這兩個概念後,可以進一步考察簡文的"心"論,並探討此篇的學派問題。

簡文最核心的"心爲身之君"説,亦見於《管子·心術上》經文:"心之在體,君之位也。九竅之有職,官之分也。"《心術上》解文稱"耳目者,視聽之官也","心術者,無爲而制竅者也,故曰君"。《心術下》亦云:"心安,是國安也;心治,是國治也。治也者,心也;安也者,心也。"同書《白心》以隱語論"心",稱"人有治之者,譬之若夫雷鼓之動也……故口爲聲也,耳爲聽也,目有視也,手有指也,足有履也,事物有所比也。"諸篇皆爲戰國中期齊稷下道家的作品。[2]此外,清華竹書《管仲》亦云:"從人之道,趾則心本,手則心之枝,目、耳則心之末,口則心之竅。"[3]

從前文所舉可與簡文對讀的材料中,很容易得出這是一篇黄老道家逸書的印象,但在稷下"心術"説流行之前,戰國早期的子思已强調"心"在修養及認知上的主導地位,如《意林》卷一録《子思子》"百心不可得一人,一心可得百人"。"君子以心導耳目,小人以耳目導心。"[4]《孔叢子·記問》載子思問孔子曰:"物有形類,事有真僞,必審之。奚由?"

---

[1] 參考拙著《殷代巫覡活動》,第150頁。

[2] 裘锡圭《稷下道家精氣説的研究》,《文史叢稿》,上海:上海遠東出版社,1996年,第16—17頁。並參考拙著《宋鈃學派遺著考論》(上海:復旦大學出版社,2018年)對於《管子·心術》等篇的討論。

[3] 李學勤主編《清華大學藏戰國竹簡(陸)》下册,上海:中西書局,2016年,第111頁。

[4] 王天海、王韌《意林校釋》,北京:中華書局,2014年,第27、28頁。

子曰:“由乎心。心之精神是謂聖。推數究理,不以物疑,周其所察,聖人難諸。”〔1〕《孔叢子》所記蓋子思託言孔子以自高其説。

子思有“勝心”之論,〔2〕即以“心”爲人身之主宰,見《中論・修本》引子思語:“能勝其心,於勝人乎何有? 不能勝其心,如勝人何? 故一尺之錦足以見其巧,一仞之身足以見其治,是以君子慎其寡也。”〔3〕這段話有兩處值得留意:一是末句“君子慎其寡”即《中庸》“君子慎其獨”之義。子思所謂“獨”即“一”,乃就“心”而言,指内心的專一(即“誠”)。〔4〕二是“能勝其心,於勝人乎何有? 不能勝其心,如勝人何”乃是對於《論語・子路》“苟正其身,於從政乎何有;不能正其身,如正人何”之推闡,羅焌《諸子學述》認爲“《大學》言正心修身,此言勝心正身,文異義同”。〔5〕《修本》所引子思“勝心”説同時與《大學》、《中庸》發生聯繫,也側面説明《學》、《庸》可能與子思一派有關。

在談論“身心”關係方面,郭店楚簡《五行》、《性自命出》亦值得重視,李學勤、周鳳五等諸位先生認爲二篇爲子思一派作品。〔6〕《五行》云:“耳目鼻口手足六者,心之役也。”“心曰唯,莫敢不唯;諾,莫敢不諾;進,莫敢不進;後,莫敢不後;深,莫敢不深;淺,莫敢不淺。”《性自命出》篇末也説“君子心以爲主身”。〔7〕更值得留意的是,郭店《性自命出》“心術”、“内業”二詞並出,前者見於第14簡“凡道,心術爲主。道四術,唯

〔1〕傅亞庶《孔叢子校釋》,北京:中華書局,第96頁。鵬按,宋咸注本原作“不以疑”,當從葉氏藏本、潘承弼校本作“不以物疑”。“心”、“物”在此相對而言,“推數究理”指推究外物之數、理。

〔2〕按,上海博物館藏戰國竹書《凡物流形》亦見“勝心”之説,容另文討論。

〔3〕徐湘霖《中論校注》以子思語至“如勝人何”止。按,下文“慎其寡”即子思“慎獨”之義,疑“如勝人何”以下數句亦子思語。

〔4〕參考拙著《宋鈃學派遺著考論》,第268頁。

〔5〕參考阮廷焯《先秦諸子考佚》,臺北:鼎文書局,1980年,第24頁。

〔6〕按,簡文原作“君子身以爲主心”,“身”、“心”二字誤倒。

〔7〕李學勤《荆門郭店楚簡中的〈子思子〉》,氏著《重寫學術史》,石家莊:河北教育出版社,2002年;周鳳五:《郭店竹簡的形式特徵及其分類意義》,《郭店楚簡國際學術研討會論文集》,武漢:湖北人民出版社,2000年。

人道爲可道也”。後者見於簡54“獨處而樂,有内䜌(業)者也”。[1]

從現存《子思子》佚文亦能見到子思將“君”比作心者,如《文選・王子淵四子講德論》注引《子思子》“民以君爲心,君以民爲體,心正則體修,心肅則身敬也”。所引蓋出於《緇衣》。晚於此者,《荀子・天論》、《解蔽》以心爲“天君”(統耳目鼻口等“天官”)或“形之君”,亦承襲此一思路。

在《淮南子・繆稱》及《人間》、馬王堆帛書《十六經》等流行於西漢前期的黄老道家著作中,“心—中—君”這組概念,呈現出更豐富的内涵,如《繆稱》云:“主者,國之心。心治則百節皆安,心擾則百節皆亂。故其心治者,支體相遺也;其國治者,君臣相忘也。”《人間》更將“心”、“術”分言:“發一端,散無竟,周八極,總一筦,謂之心。見本而知末,觀指而睹歸,執一而應萬,握要而治詳,謂之術。”

馬王堆帛書《十六經・立命》以黄帝作爲理想君王的典範,稱其“方四面,傅〈摶〉一心。[2]四達自中,前參後參,左參右參,踐位履參,是以能爲天下宗”。同篇《五正》言“五正”之施行“始在於身,中有正度,後及外人”,在己有所謂“内刑(型)”,指内心的自省及規範;[3]同篇《正亂》又謂“天地立名,□□自生,以隨天刑”,[4]“天刑(型)”即“天法”。[5]“内型”、“天型”相對,其關係有如《心是謂中》的“身命”與“天命”。

若將《心是謂中》放在戰國時期心術説的發展源流來看,竹書“心

---

〔1〕關於《性自命出》“内業”一詞的考證,參看拙文《先秦儒家内業説初探》,收入《宋鈃學派遺著考論》附録,第333—339頁。

〔2〕“傅心”疑爲“摶心”之誤,《管子・内業》:“四體既正,血氣既靜,一意摶心,耳目不淫,雖遠若近”,王念孫指出“摶”爲“摶”之誤,安井衡亦據尹注“摶謂結聚”,謂其本作“摶”。

〔3〕參考國家文物局古文獻研究室編《馬王堆漢墓帛書(壹)》,北京:文物出版社,1980年,第65頁;魏啟鵬《馬王堆漢墓帛書〈黄帝書〉箋證》,北京:中華書局,2004年,第119頁。

〔4〕國家文物局古文獻研究室編《馬王堆漢墓帛書(壹)》,第67頁。按,“自生”以上缺文,陳鼓應《黄帝四經今註今譯》補“萬物”二字,魏啟鵬前揭書補“刑德”,《長沙馬王堆漢墓簡帛集成(肆)》據施謝捷先生説補作“胥備”,各有理據,存疑待考。

〔5〕魏啟鵬《馬王堆漢墓帛書〈黄帝書〉箋證》,第134—135頁。

中”之論頗與前引子思説相合。竹書僅説“心是謂中”,稷下道家的《管子・白心》更進一層,言“中又有中,孰能得夫中之衷乎”。[1]《心是謂中》未見《管子・内業》之精氣論和養形説,[2]也未見黄老帛書《十六經》的陰陽刑德説,[3]其時代應該與郭店《五行》接近,[4]當即子思一派論“心”之作品。

---

〔1〕按,《管子・内業》亦言“心以藏心,心之中又有心焉”。“中之衷”,指内心的情實。

〔2〕筆者曾指出,《内業》以精氣説爲基礎,雜糅心術論及方技養生之説,爲稷下道家集大成之作。説見《宋鈃學派遺著考論》,第198頁。

〔3〕除前揭《十六經・五正》、《正亂》言“内刑”、“天刑”外,《觀》、《姓爭》又言“刑德”,《雌雄節》、《順道》則標舉“雌雄”爲説。

〔4〕曹峰先生已指出,《心是謂中》與郭店簡《五行》的“心論”及清華簡《命訓》的“命論”有相近之處,三篇可能是同時代的産物。見《清華簡〈心是謂中〉的心論與命論》,《中國哲學史》2019年第3期。

清華簡《保訓》之“中”再思考

——從“測陰陽之物”談起

古育安*

一、前言

《保訓》是清華簡公布以來引起最多關注的一篇，不論是以“中”爲核心的思想内涵，還是此篇的文本性質，或者字、詞考釋及文義理解，至今還有很多問題仍無定論。由於相關研究較多，自《保訓》公布以來，不少學者做過集釋，爲研究者帶來很大的便利，近年劉麗先生出版了《清華簡〈保訓〉集釋》，内容詳實，也提出了許多精闢的見解，爲集大成之作，筆者因此得以綜覽諸説，重新思考一些尚無定論的舊問題。

本文擬從《保訓》簡 5—簡 6 的“測陰陽之物”的解釋入手，進一步對“中”的内涵作一重探，而《保訓》文本的敘述分爲禪讓與征伐兩部分，也帶出“中”的兩個面向。本文認爲這兩個面向即“治民”與“伐罪”，或可理解爲“政”與“刑”，則《保訓》之“中”應非儒家之“中”。

---

* 作者單位：臺灣政治大學中國文學系。

二、"測陰陽之物"補論

《保訓》中記載了不見於傳世文獻中的堯舜禪讓敘事,内容如下:

昔𡔲(舜)舊复(作)⺌=(小人),親勸(耕)于鬲(歷)茅(丘),忈(恭)救(求)中,自詣(稽)氒(厥)志,【4】不諱(違)于庶萬眚(姓)之多欲。氒(厥)有攺(施)于上下遠埶(邇),迺(乃)易立(位)埶(設)詣(稽),測【5】侌(陰)昜(陽)之勿(物),咸川(順)不誁(逆)。𡔲(舜)既旻(得)中,言不易實㝸(變)名,身兹備(服),惟【6】允。翼=(翼翼)不解,甬(用)乍(作)三隆(降)之悳(德)。帝尭(堯)嘉之,甬(用)受(授)氒(厥)緒。【7】[1]

其中,對"測陰陽之物"這一句的解釋目前仍存在很大的歧異,大多數學者將"測"字釋爲"度",意爲"考量"、"測量"、"測度"之類,或釋爲"則",意爲"效法",或以爲此"測"字指觀測天象,還包含"聽"的習俗。"陰陽之物"的解釋更爲分歧,或以"陰陽"爲"二氣",或以爲指"方位",或以爲"泛指正反兩方面的事物",而"物"除了"事"、"物"的基本義涵之外,還有釋爲"則"、"道"、"别"、"雜色旗"等,則"陰陽之物"有"陰陽之則"、"陰陽之道"、"世間萬物"、"天地萬物"、"萬事萬物"、"陰陽萬物"、"陰陽之分"、"萬物"等解釋。還有將"測陰陽之物"解釋爲"以明本末而立中"、"求空間地域之中"、以"物"測陰陽等説法。[2]由於學者對"測陰陽之物"的解釋南轅北轍,因此建構出不同的情節。然而檢索古籍中關於"測"的解釋,尚有釋爲"盡"之説,似未受到注意,故本文對此作進一步討論。

王引之對《禮記·樂記》之"測淚厚"曾有如下説法:

---

〔1〕 釋文參李學勤主編《清華大學藏戰國竹簡(壹)》,上海:中西書局,2010年,第143頁。"忈"讀爲"恭",參劉麗《清華簡〈保訓〉集釋》,上海:中西書局,2018年,第85—88頁。

〔2〕 參劉麗《清華簡〈保訓〉集釋》,第100—104頁。

“及夫禮樂之極乎天而蟠乎地，行乎陰陽而通乎鬼神，窮高極遠而測深厚。”《正義》曰：“測，知也。”家大人曰：“測，盡也。”謂盡其深厚，非謂測知其深厚也。窮、極、測，皆盡也。言禮樂之大無所不至，窮乎高，極乎遠而盡乎深厚也。《中庸》曰：“其爲物不貳，則其生物不測。”言天地之生物無窮也。又曰“及其無窮”、“及其不測”，不測亦無窮也。《莊子・在宥篇》：“彼其物無窮而人皆以爲終，彼其物無測而人皆以爲極。”無測亦無窮也。《管子・九守篇》：“高山仰之不可極也，深淵度之不可測也。”不可測亦不可極也。《説文》：“測，深所至也。”“深所至”謂深之盡極處也。《吕氏春秋・論人篇》：“闊大淵深，不可測也。”高注曰：“測，盡極也。”《下賢篇》：“昏乎其深而不可測也。”《淮南・原道篇》：“(水)大不可極，深不可測。”高注竝曰：“測，盡也。”皆其證矣。[1]

這段話指出古籍中“測”與“窮”、“極”往往對文並列且意思相近。王引之所舉的例子中，《莊子・在宥》一句值得注意。《在宥》提到黄帝問廣成子“至道”，涉及人是否應該主宰萬物的問題，黄帝曰：

我聞吾子達於至道，敢問至道之精。吾欲取天地之精，以佐五穀，以養民人；吾又欲官陰陽，以遂羣生。爲之奈何？

“官陰陽，以遂羣生”成疏曰：“欲象陰陽設官分職，順羣生之性。”[2]林希逸以爲“官”爲各任其職之義，“陰陽不相戾，各當其職曰‘官’”。陳鼓應據此將“官”解釋爲“管”、“治”之義，“謂調和陰陽”，將此句解釋爲“管理陰陽，來順應萬物”。[3]王叔岷則引《禮記・禮運》“同官於天地”之鄭注“官猶法也”，指出“官陰陽”猶“法陰陽”，而“遂羣生”，從宣穎“育及萬物”之説，並引《在宥》該段後文之“合六氣之精，以育羣生”及文獻中

[1] 王引之《經義述聞》，臺北：世界書局，1975年，第366頁。
[2] 郭慶藩《莊子集釋》，臺北：貫雅文化，1991年，第379頁。
[3] 陳鼓應《莊子今注今譯》，北京：中華書局，2007年，第280、281頁。

"育"、"遂"通用之例證明"遂"應釋爲"育"。[1]王説可從,此句意爲效法陰陽化育之道以長養萬物。

黄帝所説的"至道"是主宰天地萬物之道,然而廣成子答曰:

所欲問者,物之質也;而所欲官者,物之殘也。

又曰:

天地有官,陰陽有藏,慎守汝身,物將自壯。

彼其物無窮,而人皆以爲有終;彼其物無測,而人皆以爲有極。

廣成子的"至道"是任天地萬物自生自成、無有主宰之道,"物"之本質即至道,因此至道本無窮無盡,人卻以爲有終有極,同時也表達了人欲主宰萬物,其實萬物本不可窮盡、無法主宰的意涵。

相對於廣成子之"無爲",黄帝之"有爲"比較接近儒家式的聖人。《大戴禮記·哀公問五義》記載了哀公問孔子何爲聖人的内容:

哀公曰:"善!敢問何如可謂聖人矣?"孔子對曰:"所謂聖人者,知通乎大道,應變而不窮,能測萬物之情性者也。大道者,所以變化而凝成萬物者也。情性也者,所以理然不然取舍者也。故其事大,配乎天地,參乎日月,雜於雲蜺,總要萬物,穆穆純純,其莫之能循;若天之司,莫之能職;百姓淡然不知其善。若此,則可謂聖人矣。"

王聘珍釋"測"爲"盡",[2]這裡的聖人通大道而"能測萬物之情性",《在宥》中廣成子的論述似亦能回應此孔子之説。聖人能窮盡萬物之情性便能徹底掌握之而主宰之,故後文曰"總要萬物"。

類似的内容又見於《孔子家語·五儀解》:

公曰:"何謂聖人?"孔子曰:"所謂聖者,德合於天地,變通無方,窮萬事之終始,協庶品之自然,敷其大道而遂成情性。明並日

[1] 王叔岷《莊子校銓》,臺北:"中研院"歷史語言研究所,1999年,第388頁。
[2] 黄懷信《大戴禮記匯校集解》,北京:中華書局,2008年,第61頁。

月,化行若神。下民不知其德,睹者不識其鄰。此謂聖人也。”

這段話與上引《哀公問五義》之内涵相近而表述較精簡,相應於“測”者爲“窮”,應該是改寫時换用義近詞表述,説明“測”可以解釋爲“盡”。《荀子·哀公》所載與《哀公問五義》大同小異:

哀公曰:“善!敢問何如斯可謂大聖矣?”孔子對曰:“所謂大聖者,知通乎大道,應變而不窮,辨乎萬物之情性者也。大道者,所以變化遂成萬物也;情性者,所以理然不、取舍也。是故其事大辨乎天地,明察乎日月,總要萬物於風雨,繆繆肫肫,其事不可循,若天之嗣,其事不可識,百姓淺然不識其鄰,若此,則可謂大聖矣。”

“測”字於此作“辨”,二字不同義,但兩句話表達了同樣的觀念。[1]“辨”爲“辨别”之義,《荀子·禮論》曰:“天能生物,不能辨物也,地能載人,不能治人也;宇中萬物生人之屬,待聖人然後分也。”此“辨物”爲聖人之事。《易經·同人·象》曰:“君子以類族辨物。”“辨物”即以類别物進而能主宰之,故“辨乎萬物之情性”便能“總要萬物”。

《大戴禮記·哀公問五義》、《孔子家語·五儀解》之聖人窮盡萬物而能統領萬物,《荀子·哀公》之聖人辨别萬物而能統領萬物,都是説聖人能如天地長養萬物一般主宰萬物,故其理物治民而民不知其治。學者曾指出《保訓》的“測陰陽之物”的表述與《容成氏》的“辨陰陽之氣”類似,[2]上引《大戴禮記·哀公問五義》、《荀子·哀公》所載哀公問孔子的對話中也有同樣的用字現象,所“測”、所“辨”者爲“萬物之情性”,亦與“陰陽之物”可以對應,《保訓》的“測陰陽之物”很可能與《大戴禮記·

〔1〕《大戴禮記·哀公問五義》、《孔子家語·五儀解》、《荀子·哀公》三種文本之間的先後關係複雜,相關問題可參鄔可晶《〈孔子家語〉成書考》(上海:中西書局,2015年,第61—69頁),及寧鎮疆《〈孔子家語〉新證》(上海:中西書局,2017年,第422—423頁。基本上二人都認爲《荀子》文本較早。

〔2〕杜勇、曹峰、曾振宇三位先生之説,參劉麗《清華簡〈保訓〉集釋》,第102、104頁。其中曹峰先生關於“陰陽之物”的説法於“測陰陽之物”該條集釋未收,參曹峰《〈保訓〉之“中”即“公平公正”之理念説——兼論“三降之德”》,《文史哲》2011年第6期,第38頁。

哀公問五義》的“測萬物之情性”意思相近。因此本文認爲“陰陽之物”爲“陰陽二氣所生之物”,亦即“萬物”的説法,[1]應該是比較合理的。則“測陰陽之物”即“窮盡陰陽二氣所生之物”,也就是“窮盡萬物”之義。

附帶一提,有學者從用詞推測《保訓》的主體“寫定於西周中晚期”,“其來源年代有可能更早”,[2]《保訓》的内容“應該包含了許多時代較早的書寫,可以追溯到西周晚期至春秋時期”。[3]也有學者認爲早期“陰陽”的觀念涉及天文地理等自然現象,到春秋戰國時期才有抽象的哲理概念與二氣化生萬物之説,並據此認爲《保訓》寫作時代較晚。[4]就“厥有施于上下遠邇,迺賜位設稽,測陰陽之物”這句來看,“厥”、“迺”是西周時期的用法,而“陰陽之物”是春秋以後的觀念,西周時期應該是以“五行”指涉“萬物”,[5]或許《保訓》在流傳的過程中,抄寫者以當時習用的觀念與詞語修改了早期的内容。

三、治民之“中”:舜所得之“中”爲理物治民的“法則”

關於舜所得之“中”爲何,衆説紛紜,没有定論,主要分爲九類,包括

[1] 杜勇、曹峰、季旭昇三位先生之説,參劉麗《清華簡〈保訓〉集釋》,第102、104頁。《清華簡〈保訓〉集釋》“測陰陽之物”該條集釋未收曹峰先生之説。

[2] 李鋭《清華簡〈保訓〉與中國古代“中”的思想》,《孔子研究》2011年第2期,第47頁;《“陰陽”與“中”》,《深圳大學學報(人文社會科學版)》第29卷第3期(2012年5月),第55頁。

[3] 黄國輝《清華簡〈厚父〉新探——兼談用字和書寫之於古書成篇與流傳的重要性》,《清華大學學報(哲學社會科學版)》2016年第3期,第71頁。

[4] 參李存山《試評清華簡〈保訓〉篇中的“陰陽”》,《中國哲學史》2010年第3期;杜勇《關於清華簡〈保訓〉的著作年代問題》,《天津師範大學學報(社會科學版)》2010年第4期;曾振宇《清華簡〈保訓〉“測陰陽之物”新論》,《中原文化研究》2015年第4期。

[5] 梁啟超曾在《陰陽五行説之來歷》一文中指出早期“五行”觀念見於《尚書・洪範》,“不過是將物質區爲五類”,裘錫圭先生進一步指出《洪範》中的觀念與“五行之官”的相關傳説“在西周時待完全有可能已經存在”,參《豳公盨銘文考釋》,《裘錫圭學術文集・金文及其他古文字卷》,第153頁。李學勤先生也曾指出《叔多父盤》銘有辟王、卿事、師尹,與《洪範》一致,“爲西周作品是完全可能的”,參《叔多父盤與〈洪範〉》,《中國古代文明研究》,上海:華東師範大學,2004年,第105頁。關於《洪範》的時代問題,可參丁四新《近九十年〈尚書・洪範〉作者及著作時代考證與新證》,《中原文化研究》2013年第5期。

“中道、道統、中庸、中和”,“訴訟”、“治國理念、組織原則、處理事情的分寸”,“曆法、易數”,“地中、天下之中”,“旗表、師、兵符、兵書、軍事編制”,“衆”,“公平公正”,“其他”。〔1〕本文對“測陰陽之物”提出新的看法,並由此入手重新思考《保訓》之“中”的意涵。從“測陰陽之物,咸順不逆”來看,舜所得之“中”能夠窮盡萬物而使之理順,且能照顧“庶萬姓之多欲”,又能“施于上下遠邇”,可能是指一套可以實際運作的“法則”。

上舉九類説法中,主張“曆法、易數”的學者或從《論語·堯曰》的“天之歷數在爾躬,允執其中”理解《保訓》之“中”,近年也有學者重探《堯曰》此句並聯繫到《保訓》的堯舜禪讓敘事,指出舜所得之“中”的“曆數”背景,〔2〕皆有啟發性。“曆數”確實是遠古社會建構典法制度的重要基礎,《尚書·堯典》開篇記載堯“觀象授時”的傳説,自“乃命羲和”至“以閏月定四時成歲”爲定曆法之事,接著説“允釐百工,庶績咸熙”,即順應天時設立百官職掌,萬事皆得以興盛。《論語·泰伯》曰:

子曰:“大哉堯之爲君也,巍巍乎,唯天爲大,唯堯則之。蕩蕩乎,民無能名焉。巍巍乎,其有成功。焕乎,其有文章也。”

梁韋弦先生曾將此段内容與《堯典》開篇比較,指出:

從孔子對堯的這種讚揚來看,至少在春秋人的知識中,如《尚書·堯典》所載堯之事迹已然存在。“唯天爲大”,是説天道法則對人的生存發展是最重要的;“唯堯則之”講的就是《堯典》上説的“欽若昊天,歷象日月星辰,敬授人時”,即制定曆法,法天道而施政令;

〔1〕參劉麗《清華簡〈保訓〉集釋》,第17—24,233—260頁。

〔2〕參鄔可晶《説〈論語·堯曰〉“天之歷數在爾躬,允執其中”》,發表於香港中文大學中國語言及文學系、中國文化研究所劉殿爵中國古籍研究中心主辦:“古籍新詮——先秦兩漢文獻國際學術研討會暨中國文化研究所五十周年慶典”,香港:香港中文大學,2017年12月14—15日。顔世鉉《説三則古文獻“中”字的意義》,發表於香港孔子學院主辦“多維視野下的早期中國宇宙論國際研討會”,香港:香港理工大學,2019年8月2—5日。之後題目修改爲《再談“中”的實體形態和觀念形態意義——從〈論語·堯曰〉“允執其中”談起》。林志鵬《天之曆數在爾躬——禪讓説考原》,發表於浙江大學主辦“中國早期的數術、藝術與文化交流”國際學術研討會,杭州:浙江大學,2017年6月12—13日。

“巍巍乎其有成功”，就是對堯觀象授時之政取得的“允釐百工，庶績咸熙”的政績的稱頌。[1]

説明了“曆數”確爲治民之本。

鄔可晶、顔世鉉二位先生談《堯曰》該句都提到林澐先生關於“敬授民時”的説法，林先生指出：

據《堯典》，堯即位後的大事之一是“乃命羲和，欽若昊天，歷象日月星辰，敬授人時”。……在古代中原地區普遍從事農耕的條件下，曆法是保證農業正常生産和獲得豐收的基礎。因此，掌控觀測天象和制定曆法的專門人才和權力的首腦人物，促成更龐大而複雜的社會組織。從這個意義上，才可以理解《夏小正》、《月令》成爲政書的原因，和歷代“奉正朔”的原始意義。[2]

古聖王透過曆法掌握天地運行及萬物消長之規律後，還要將“自然時間”轉换爲與人民生活有關的“社會時間”，再形成具有政治規範意義的“政治時間”，[3]最後制定出一套理物治民的法則與制度，並設官分職以治理各項事務，因此本文認爲舜所得之“中”大概就是一套以曆數爲基礎用以理物治民的法則。

在早期中國的《月令》類文本，《詩經・豳風・七月》及保存於《大戴禮記》中的《夏小正》相對於其他文本較爲樸實，反映了比較早期的形態。夏緯瑛先生指出二者物候學的色彩較濃厚。[4]王利華先生進一步比較二文本中的物候、天象與經濟社會事務，指出《七月》偏向“民間生活紀實”，《夏小正》具有“官方性質”、“統治者頒曆授時性質”。[5]薛夢

---

〔1〕梁韋弦《古文獻考辨三題》，《古籍整理研究學刊》2014年第6期，第49頁。

〔2〕林澐《中國考古學中“古國”“方國”“王國”理論與方法問題》，《中原文化研究》2016年第2期，第11頁。

〔3〕參薛夢瀟《早期中國的月令與“政治時間”》“序論”，上海：上海古籍出版社，2019年，第3—4頁。

〔4〕夏緯瑛《夏小正經文校釋》“後記”，北京：農業出版社，1981年，第73—76頁。

〔5〕王利華《〈月令〉中的自然节律与社会节奏》，《中國社會科學》2014年第2期，第189、191頁。

瀟先生則指出《禮記·月令》等其他成於春秋戰國時期的文本,“大多以曆法知識與時節宜忌打底,注入陰陽五行理論和災異學説,站在人君的立場,編排每月的儀式與政令”。[1]而夏緯瑛先生很早就指出《月令》的物候内容多襲用《夏小正》而有所竄改,以致脱離實際,《吕氏春秋·十二紀》、《逸周書·時訓解》、《淮南子·時則訓》都是同類作品。[2]由此可知《夏小正》、《月令》之類的文本都屬於“政治時間”,《夏小正》較樸素而貼近現實,其他較晚的文本配合理論與政治而作的色彩較濃。就《月令》而言,楊雅麗先生指出其内容多規範當施行之政與禁止施行之政,将“令”理解爲“政令”應無問題。[3]

《堯典》、《保訓》的成書時代及其内容所反映的時代學界尚無共識,若所載内容確爲堯、舜時事,則舜之“中”背後應該是較樸實的“政治時間”,若是戰國時人託古之作,便可能是《月令》之類較複雜的“政治時間”的投射。

而舜所得之“中”涵蓋“庶萬姓之多欲”、“上下遠邇”、“陰陽之物”,這些用語是施政内容的概括性代稱,《清華六·管仲》也有類似的表述,[4]文中提到齊桓公問管仲“立輔”之事,管仲答曰:

> 臤(堅)𥗽(實)以亢吉凶侌(陰)昜(陽),遠逐(邇)=(上下),可立於榑(輔)。[5]

“亢”字如何解釋尚無定論,從前後文看應該是“掌握”之類的意思,指立爲輔者須能掌握吉凶、陰陽、遠邇、上下。若“中”可理解爲一套理物治

---

〔1〕薛夢瀟《早期中國的月令與“政治時間”》,第54頁。

〔2〕夏緯瑛《夏小正經文校釋》“後記”,第76—78頁。

〔3〕楊雅麗《〈禮記〉“月令”之“令”辨》,《西北工業大學學報(社會科學版)》第22卷第3期(2002年9月)。

〔4〕本文初稿發表時没有注意到《管仲》此條材料,承蒙張宇衛教授提醒筆者此段内容與本文的討論有關,特此致謝。

〔5〕參李學勤主編《清華大學藏戰國竹簡(陸)》,上海:中西書局,2016年,第111頁。“堅實”據網名ee之説,“亢”或釋爲“抗”、“極”、“綱”,參朱忠恒《〈清華大學藏戰國竹簡(陸)〉集釋》,武漢:武漢大學碩士學位論文,2018年5月,第41—43頁。

民的法則,舜自然需要設官分職才能實踐“中”,則上引管仲之説從政治理論的角度上或可呼應舜之“中”。[1]

最後,關於《保訓》之“中”的詞義問題,本文認爲“中”與“極”義近,有“法則”之義。近年裘錫圭先生重新檢討了“中”字的形義源流,指出“中”字原爲指事字,本義表“左中右”、“上中下”、“前中後”、“大中小”等觀念,其後才孳生出“物名”之義,兹簡述其説如下:

A. (甲骨文) (金文)

B. (甲骨文) (金文)

C. (甲骨文) (金文)

> ……“左中右”、“上中下”、“前中後”、“大中小”等觀念,都應該是在文字出現之前就存在於人們頭腦之中的。在古漢語裏,含有中間一類意義的“中”這個詞,應該早已存在。決不可能先出現作爲徽幟、旌旗名稱的“中”,然後引申出“中”的各種一般意義。我們認爲C的字形可以分析爲在一根直線的中部加一個指示符號(本應爲圓圈,書寫時多變爲橢圓,甲骨文爲了契刻方便又往往變爲長方),乃是表示“中”的一般意義的指事字。C的出現應早於A和B,決非由B簡化而成。A所象之物當具有某種與“中”義有關的特點,所以即以“中”爲名。在語言層面上,作爲一種物名的“中”,可以看作一般的“中”的孳生詞。……B應爲A的後起字形,由A加C爲聲而成,可分析爲“从A、从C省聲”。……所以,從字的本義

[1] 本文初稿曾將“易位設稽”之“易”釋爲“賜”,則“賜位設稽,測陰陽之物”義爲“分職命官並確立考核標準,以窮盡陰陽二氣所生之物”,如此解釋或可與上引管仲之説呼應。不過此説的立論基礎是將此句與《尚書·堯典》“試舜”之事中的“納于百揆,百揆時敘”、《孟子·萬章下》“百官牛羊倉廩備,以養舜於畎畝之中”及《左傳·文公十八年》大史克以舉“八元”解釋“納于百揆”等材料對應。而《保訓》舜“求中”之敘述與其他相關文本文字差異較大,並非異文互證,僅爲情節之對應,解釋的主觀性較大,學者也各有説法,未有定論。因此“賜位設稽”之説也只是初步推測而已,或有可商,故於此簡述舊説存以備考。

看,A和B是一字的異體,C則是另一個字。

至於A所象爲何,裘先生同意黄德寬先生“風向標”之説。[1]裘先生梳理了“中”字早期的詞義面貌,而後代“中”的詞義在此基礎下引申出諸多義涵,並衍生出如“中庸”、“中和”等思想觀念,[2]

“中”與“極”皆有“正”義,如《逸周書·度訓》:“度大小以爲正,權輕重以爲極,名本末以立中。”葛志毅先生談《保訓》之“中”時曾指出“中”是與“極”相當的概念,葛先生著重於“中”的“政治倫理概念”意涵,即“中正之道”,[3]本文則著重於“中”的“法則”之義。《詩經·商頌·殷武》有“商邑翼翼,四方之極”,馬瑞辰指出:

> 《傳》:“商邑,京師也。”《箋》:“極,中也。商邑之禮俗翼翼然可則傚,乃四方之中正也。”瑞辰按:《後漢書·樊儵傳》引《詩》“京邑翼翼,四方之則”。衡所治是《齊詩》,則《齊》、《韓詩》同。鄭君先通《韓詩》,故箋《詩》兼用韓説,然仍分極與則爲二義。今按:極與則音近而義同,故通用。則,法也;極亦法也。《説文》:“極,棟也。”《釋名》:“棟,中也。”極爲棟,居室之正中,因通訓極爲中。爲中正可爲法則,故極亦爲法。文六年《左傳》“陳之藝極”,藝與臬通;臬,法也;則極亦法矣。《周禮》云“以爲民極”,猶云以爲民法也。[4]

“極”訓爲“中”,爲標準、法則之義。薛培武先生對先秦文獻中的“極”之“準則”義有詳細的討論,並指出“極”是由“至高”、“至遠”之義引申出“法則”義,[5]金文常見“不刑不中”(《牧簋》)、“不中不刑”(《四十三年

---

[1] 裘錫圭《説〈盤庚〉篇的“設中”——兼論甲骨、金文“中”的字形》,發表於復旦大學出土文獻與古文字研究中心主辦“出土文獻與傳世典籍的詮釋國際學術研討會”:上海:復旦大學,2017年10月14—15日。

[2] 鄭吉雄先生對“中”的詞義有詳細的整理,可參《先秦經典“中”字字義分析——兼論〈保訓〉“中”字》,陳致主編《簡帛·經典·古史》,上海:上海古籍出版社,2013年。

[3] 葛志毅《釋中——讀清華簡〈保訓〉》,《邯鄲學院學報》第22卷第3期(2012年9月)。

[4] 馬瑞辰撰,陳金生點校《毛詩傳箋通釋》,北京:中華書局,2008年,第1188頁。

[5] 薛培武《〈雅〉〈頌〉字詞與出土文獻合證》,長春:吉林大學碩士學位論文,2018年5月,第78—80頁。

逑鼎》),“中”與“刑”往往相提並論,亦有標準、法則之義。而“中”是由“至中”、“至正”之義引申出“法則”義,與“極”不同。

綜上所述,本文認爲“中”在《保訓》中的詞義應該就是“法則”,文王向武王説明古代聖王掌握了一套“法則”,並謹慎服膺這套法則,而後得天下,“中”的詞義本身不必有具體的指向,在舜與上甲典故的敘述脈絡中,“中”自然被理解爲理物治民的法則與止亂息爭的法則。

四、伐罪之“中”:上甲所得之“中”爲止亂息爭的“法則”

《保訓》在堯舜禪讓敘事後記載了上甲得中、傳中至湯受天命的内容:

昔𢼸(微)叚(假)中于河,以復(復)又₌易₌(有易,有易)伓(服)氒(厥)辠(罪)。𢼸(微)亡(無)害(害),迺(乃)追(續)中于河。【8】𢼸(微)寺(志)弗忘,連(傳)貽(貽)孫₌(子孫),至于成康〈唐〉,𪓸(祇)備(服)不解,甬(用)受大命。於(嗚)虖(乎)!發,敬才(哉)!【9】朕〈朕〉䎽(聞)兹不舊(久),命未有所次(延)。今女(汝)𪓸(祇)備(服)毋(毋)解,亓(其)有所逌(由)矣。不【10】及尒(爾)身受大命,敬才(哉),毋(毋)淫!日不足,隹(惟)宿(宿)不羕(詳)。【11】[1]

其中上甲復仇之事亦見於先秦古籍,民國初年王國維透過甲骨文重新整理了上甲復仇故事,引起了學者的注意。後來學者對甲骨文中的“河”是自然神還是祖先神,是否爲上甲復仇故事中的河伯,也有討論。[2]而清華簡《保訓》出現後,相關問題再次受到關注,其中關於《保訓》中“河”的身份問題,劉麗先生整理出“河伯”,“河内、黄河、河洛之

---

〔1〕參李學勤主編《清華大學藏戰國竹簡(壹)》,第143頁。“追”字或讀爲“歸”、“追”、“贖”、“敦”、“師”、“率”、“續”等,參劉麗《清華簡〈保訓〉集釋》,第145—148頁。本文從李鋭讀爲“續”。

〔2〕參宋鎮豪、劉源《甲骨學與殷商史研究》第8章“商代後期的鬼神崇拜和祭祀”,福州:福建人民出版社,2006年。

地","天道","河神","先公遠祖"五類説法。[1]不同身分的河衍生出各種關於上甲與河之間關係的解釋,也産生了各種不同内涵的"中",最後又須考慮這些"中"是否與舜所得之"中"相同,相關説法十分複雜。多數學者認爲此"河"即上甲復國故事中的"河伯",爲"歷史"人物,本文基本同意此類説法。

相對於堯舜禪讓敘事,《保訓》後半的敘事包含上甲得"中"、商湯得天命及文王期許武王得天命等内容,焦點應該在受天命而有天下,商湯與武王對應,所得之"中"承自上甲,與上甲對應的則是文王。

從《保訓》提供的訊息來看,舜、河伯、上甲、商湯有"中",堯有天下,應該也有"中",《堯典》開篇"觀象授時"的記載或即堯得"中"之事。夏族有天下,亦當有"中"。《墨子·非攻下》有"禹既已克有三苗,焉磿爲山川,别物上下,鄉制大極,而神民不違,天下乃静",不少學者談到"測陰陽之物"時以"别物上下"類比,葛志毅先生則以爲"大極"即"皇極"、"大中",即中正之道。[2]本文認爲此條材料或可説明禹克三苗後做了跟《保訓》中之舜類似的事而得"中",求得治天下的"法則"並制定"大法"。這是禪讓系統的"中",皆由聖王自求而得。

湯之"中"承自上甲,得"中"後"祗服不懈,用受大命",文王説武王"祗服毋懈,其有所由矣",並且期待武王"身受大命",武王應該也有"中"。文王受命之説在先秦應屬常識,[3]武王之"中"自然來自文王,而文王之"中"從何而來?很可能來自商紂王,商紂王應該擁有商湯傳下來的"中",衹是未能"祗服毋懈"而失天命。雖然《保訓》未提到文王得"中"、紂王得"中",但他們有"中"亦合於《保訓》的邏輯。

---

[1] 參劉麗《清華簡〈保訓〉集釋》,第223—228頁。

[2] 葛志毅《釋中——讀清華簡〈保訓〉》,《邯鄲學院學報》第22卷第3期,第27頁。

[3] 先秦流傳文王受命、文武受命之説,相關討論可參羅新慧《周代天命觀念的發展與嬗變》,《歷史研究》2012年第5期;王坤鵬《近出古書與早期史學源流》附録四"周代受命理論新考",長春:吉林大學出版社,2017年。

王坤鵬先生曾指出先秦有所謂"文王之典"的説法:

> 周取代商成爲四方共主,武力征伐之外,也伴隨著一套典禮制度的形成。周人舊爲商伯,在祭祀及日常政治活動中,經常使用商人的典禮,這種情況在克商之後短期内並未徹底改變。《尚書·多士》云:"惟爾知,惟殷先人,有册有典。"可知商人有一套成熟的典册制度。周人也在使用這套典制,《逸周書·世俘解》記武王克商後,"告於周廟曰:古朕聞文考修商人典",顧頡剛謂"此即周人循商人之典"。《康誥》云"師兹殷罰有倫",周公叮囑衛康叔要借鑒商代刑罰制度,不過《康誥》同時説"乃其速由文王作罰",已説到要根據文王所定的刑罰來行事。另外《酒誥》云:"尚克用文王教,不腆于酒。故我至于今,克受殷之命。"周公認爲周代能接受天命,關鍵就在於能恪守文王之典教。可見文王時期雖然没有最終完成由伯而王的過程,但卻制定了一些統治典法。文獻中對"文王之典"渲染有加,《詩經·周頌·維清》云"維清緝熙,文王之典,肇禋,迄用有成,維周之禎",正式有了"文王之典",周代始受命作祀,事業大成。又《周頌·我將》云"儀刑文王之典,日靖四方","文王之典"也是周人統治四方的基本方略。[1]

如前所述,本文認爲"中"爲"法則"之義,是具體可行的施政法則,需要設官分職方能實踐,亦需要著於典册才能流傳。從王先生所舉的例子來看,周人從商人得到治國之大法後,進而發展出屬於自己的典法制度,其中包含"政"與"刑"兩方面,成就此事者便是文王,用《保訓》的話來説,就是"文王假中於紂","文王祗服不懈,用受大命"。而文王爲商之西伯,《史記》説紂"賜之弓矢斧鉞,使西伯得專征伐",則文王不僅從商得到典法制度,也得到征伐之權。

從全篇的敘述來看,上甲與舜雖皆得"中",但兩個典故的情節與主

---

〔1〕 王坤鵬《近出古書與早期史學源流》,第203—204頁。

題差異較大,兩個“中”的意涵確實不容易調和。然而,若兩個典故的内涵真的有别,應該可以用更具體的詞彙表述舜與上甲所得之事物,何必同用“中”? 劉麗先生從作者的角度思考,認爲:

> 他完全可以如同《竹書紀年》一樣,直接寫作“假師于河”“追(歸)師于河”,簡單明瞭。但如此,就無法强調“中”這個貫穿全文的概念。……我們設想是《保訓》作者爲了强調“中”,有意地置换了詞彙。……作者爲了實現全文概念和思想的統一,置换成了“中”。[1]

這樣的設想有其合理性,作者比較可能用“中”統攝兩個典故,兩個“中”應有共同的指涉。本文進一步推測作者的想法,上甲假“中”於河很可能是爲了比擬文王承殷之制而改“師”爲“中”。上甲雖不如文王,但他的角色很像文王,上甲之“中”得自河伯,著重於伐罪,是用以止亂息爭的法則,此套法則或源於典册,亦可著之於典册,商湯之“中”承自上甲,在傳承的過程中逐漸形成一套屬於商人自己的典法制度,其後又傳給文王。

喬松林先生曾將河伯比擬爲文王,認爲河伯爲上甲主持公道如同西伯之決平,[2]河伯可能有方國聯盟盟主的身分,對盟國的糾紛有仲裁與懲罰的權力,[3]這或許是《竹書紀年》“殷主甲微假師於河伯”的歷史背景。而《保訓》的作者進一步將河伯與上甲的關係比擬爲紂王與文王的關係,則河伯的援助便不衹是軍隊,而是一套伐罪的法則,以此呼應舜之“中”,並下啟文、武之“中”。

值得注意的是,《上博二・子羔》記載禹、契、后稷之感生神話而稱之爲三天子,《詩經・商頌・玄鳥》追憶先王曰“天命玄鳥,降而生商”。

---

〔1〕 參劉麗《清華簡〈保訓〉集釋》,第229—230頁。

〔2〕 喬松林《對清華簡〈保訓〉篇思想的三層解讀——由〈保訓〉篇“中”的含意談起》,《船山學刊》2012年第3期,第78頁。

〔3〕 關於方國聯盟的問題,可參林澐《甲骨文中商代方國聯盟》,《林澐學術文集》,北京:中國大百科全書出版社,1998年。

《長發》提到“有娀方將,帝立子生商”,都追溯到始祖契,但《保訓》之商湯受天命卻追溯至河伯,可見《保訓》作者的立場與商民族不同。

五、《保訓》的敘述結構與“中”的兩個面向

劉光勝先生曾認爲舜所得之“中”爲“禮”,即《堯典》“慎徽五典”、“五典克從”之“五典”,上甲所得之“中”爲“刑”,即“刑書”,並舉《逸周書·嘗麥》之“中”爲例,説明“中”爲盛放刑書之器具進而代指“刑書”,由此進一步提出二者在治國層面上的關聯,即舜之“中”爲“社會秩序的治理”,上甲之“中”爲“社會秩序的恢復與重建”。〔1〕劉先生指出《保訓》敘述結構的特點很有啟發性,可進一步討論。

我們從堯舜禪讓與上甲至湯這兩個敘事看到“中”的兩種功能,即秩序的建構與重構,也可以説是“中”的兩個意涵。〔2〕進一步看,《保訓》敘事的設定是文王傳遺訓給武王,遺訓中透過舜與商湯這兩個古聖王得“中”而後有天下的故事勉勵武王。本文認爲“中”爲“法則”之義,從文章的脈絡來看,此“中”是有天下者都應先持有的,故可理解爲治天下的“法則”。在禪讓與征伐的敘述脈絡中,治天下的法則分別偏向“治民”與“伐罪”兩個面向,前者是理物治民的法則,後者是止亂息爭的法則,而“伐罪”故事又帶出“革命”的結果,因此《保訓》的作者是在“禪讓”與“革命”兩種政權轉移的敘事中談“中”。值得注意的是,《保訓》説舜“帝堯嘉之,用授厥緒”,指受人命,湯“祗服不懈,用受大命”是受天命,則有天下者還有受人命與受天命的區別。

---

〔1〕劉光勝《禮與刑——〈保訓〉文王傳“中”的兩個維度》,《江漢論壇》2013年第1期。

〔2〕楊儒賓先生曾指出《逸周書·嘗麥》、《尚書·吕刑》中蚩尤作亂的典故同爲“秩序—失序(渾沌)—再秩序”的敘述結構,本文初稿接受劉光勝先生對文本結構的詮釋,並引述楊先生之説,認爲《保訓》、《吕刑》、《嘗麥》敘述結構類似。不過《吕刑》、《嘗麥》主要是歷時性的敘述,而《保訓》二典故分別指向禪讓與革命,結構偏向二元,故本文删除相關論述,於此略述舊説大意,存以備考。

《孔叢子·論書》中曾有一段關於"受天命"的討論：

> 子張問曰："聖人受命，必受諸天，而《書》云'受終於文祖'，何也?"孔子曰："受命於天者，湯、武是也；受命於人者，舜、禹是也。夫不讀《詩》、《書》、《易》、《春秋》，則不知聖人之心，又無以別堯、舜之禪，湯、武之伐也。"〔1〕

這段對話説明禪讓與革命有受命於人與受命於天之别，可以代表孔氏家學的觀點，同時也呼應《保訓》的敘述立場，不過《保訓》將受人命與受天命歸因於得"中"及守"中"，與儒家的觀點不同。

《論書》中未對"受命於天"及"受命於人"作進一步解釋，不過儒家的天命觀承襲西周天命觀，强調天命之得失取決於王者是否有"德"及"民心"之向背，與《保訓》不同。至於"受命於人"，孟子曾回答過類似的問題，《孟子·萬章下》曰：

> 萬章曰："堯以天下與舜，有諸?"孟子曰："否。天子不能以天下與人。""然則舜有天下也，孰與之?"曰："天與之。"……曰："使之主祭而百神享之，是天受之；使之主事而事治，百姓安之，是民受之也。天與之，人與之，故曰：天子不能以天下與人。舜相堯二十有八載，非人之所能爲也，天也。堯崩，三年之喪畢，舜避堯之子於南河之南。天下諸侯朝覲者，不之堯之子而之舜；訟獄者，不之堯之子而之舜；謳歌者，不謳歌堯之子而謳歌舜，故曰天也。夫然後之中國，踐天子位焉。而居堯之宫，逼堯之子，是篡也，非天與也。《太誓》曰'天視自我民視，天聽自我民聽'，此之謂也。"

孟子將堯舜禪讓迂迴地歸因於天與民。冢田虎吸收了孟子的觀點，對《論書》的受命説有如下解釋：

> 唐、虞之禪，商、周之伐，雖同是天也，然湯、武之爲王，非有上之人命之者焉，唯天下去桀、紂而歸湯、武，是且受命於天也。舜、

〔1〕 傅亞庶《孔叢子校釋》，北京：中華書局，2011年，第17頁。

禹之爲王,非天下去堯而歸舜,去舜而歸禹,有上之人命之者在焉,是而受命於人也。[1]

這樣的觀點也與《保訓》不同。

《保訓》之有天下者不管受天命還是人命都需要得"中",其後還要謹慎持守"中"才能有天下,據本文對"中"的解釋,《保訓》强調"法則"的重要,並將治天下的法則分成"治民"與"伐罪"兩類。前文提到舜的部分著重理物治民的法則,是制定政令的基礎,而上甲至湯的部分著重止亂息爭的法則,是用兵、制刑的基礎,這讓我們聯想到《論語·爲政》:

子曰:"道之以政,齊之以刑,民免而無恥;道之以德,齊之以禮,有恥且格。"

皇侃《疏》引郭象曰:"政者,立常制以正民者也。"《集注》曰:"政者,謂法制禁令也。"[2]《保訓》之"中"以"政"、"刑"爲内涵,所體現的政治思想是孔子所批判的,或者是孔子批判的思想在戰國時代的延續。《清華六·子産》也談到"令"與"刑":

子産既由善用聖,【23】班羞(好)勿(物)畯(俊)之行,乃聿(肆)參(三)邦之命(令),以爲奠(鄭)命(令)、埜(野)命(令),道(導)之以孝(教),乃怺(繹)天埅(地)、逆川(順)、弜(强)柔,【24】以咸斅(禁)御;聿(肆)參(三)邦之型(刑),以爲奠(鄭)型(刑)、埜(野)型(刑),行以尊(尊)命(令)裕義(儀),以臭(釋)亡(教)不姑(辜)。此胃(謂)【25】張光(美)弃亞(惡)。……【26】[3]

程燕指出"繹"義爲"尋繹,理出事物的頭緒,可引申爲解析",[4]此"繹"與"辨"意思相近,表述與《容成氏》的"辨陰陽之氣"類似。而"令"可以

---

[1] 傅亞庶《孔叢子校釋》,第23頁。

[2] 程樹德撰,程俊英、蔣見元點校《論語集釋》,北京:中華書局,1990年,第69頁。

[3] 參李學勤主編《清華大學藏戰國竹簡(陸)》,第138頁。"繹"從程燕之説,"禁"從網名ee、徐在國之説,參朱忠恒《〈清華大學藏戰國竹簡(陸)〉集釋》,第170—171頁。

[4] 程燕《清華六考釋三則》,發表於武漢大學"簡帛網"(http://www.bsm.org.cn/show_article.php?id=2525),2016年4月9日。

“繹”天地、逆順、剛柔也與《保訓》舜所得之“中”可以“施于上下遠邇”、“測陰陽之物”性質相近。前文提到《管仲》用“吉凶、陰陽、遠邇、上下”表述政事内容，也與舜所得之“中”可以呼應，或許三者反映的是同一系統的思想，此有待進一步研究。

六、結語

本文探討《保訓》之“中”，對舊説作了一些補充，也提出了一些不成熟的看法，兹總結如下：

一、《保訓》簡5—簡6有“測陰陽之物”一句，學者認爲與《容成氏》的“辨陰陽之氣”意思相近。王引之將《禮記·樂記》“測深厚”之“測”釋爲“盡”，指出古籍中“測”與“窮”、“極”往往對文並列且意思相近。本文據此認爲“測陰陽之物”之“測”也可解釋爲“盡”。《荀子·哀公》中一段哀公問孔子何爲聖人的内容，《大戴禮記·哀公問五義》、《孔子家語·五儀解》内容相近，可以對照。其中“辨乎萬物之情性”一句，《哀公問五義》作“測萬物之情性”，《五儀解》作“窮萬事之終始”，可知“測”應可釋爲“盡”，且古籍中也有换用“辨”字的例子。則“測陰陽之物”可解釋爲“窮盡陰陽二氣所生之物”，也就是“窮盡萬物”。

二、本文認爲舜所得之“中”能夠“測陰陽之物，咸順不逆”，且能照顧“庶萬姓之多欲”，又能“施于上下遠邇”，可能指一套可以實際運作的“法則”。學者從《論語·堯曰》的“天之歷數在爾躬，允執其中”理解《保訓》舜所得之“中”，指出其“曆數”背景，應該是合理的。古聖王掌握曆法後，還要將自然時間轉换爲社會時間，再形成政治時間，最後制定出一套法則與制度，並設官分職以治理各項事務，因此本文認爲舜所得之“中”大概就是一套以曆數爲基礎用以理物治民的法則，可以用“月令”類的文本理解，進一步可以形成“政令”。而“中”有“法則”之義，是從較原始的“方位之中”或“風向標”之義引申而來，《保訓》“中”之詞義不必有具體的指向。在舜與上甲典故的敘述脈絡中,“中”自然被理解爲理物治民的法則與止亂息爭的法則。

三、《保訓》後半部分包含上甲得“中”、商湯得天命及文王期許武王得天命等内容,焦點應該在受天命而有天下,商湯與武王對應,上甲則與文王對應。先秦文獻中常見周人用殷人典法之説,本文認爲文王從商人得到治國之大法,進而發展出屬於自己的典法制度,或可理解爲“文王假中於紂”,“文王祗服不懈,用受大命”。其後文王又將“中”傳給武王。《保訓》的作者用文王承殷之制的概念將上甲假“師”改爲假“中”,河則相當於紂王,上甲所得之“中”著重於伐罪,傳至上甲,在此過程中逐漸形成一套屬於商人自己的典法制度,最後又傳給文王。

四、《保訓》文本的結構分爲禪讓與征伐兩部分,“中”的法則之義在敘述脈絡中偏向“治民”與“伐罪”兩個面向,後者帶出“革命”的結果,因此《保訓》的作者是在“禪讓”與“革命”兩種政權轉移的敘事中談“中”,同時指出,有天下者有“受人命”與“受天命”之别,但不論“受人命”還是“受天命”,關鍵都在“中”與實踐“中”的態度,與儒家思想將受命問題歸於君王之德與民心向背不同。此外,《保訓》之“中”的“治民”與“伐罪”兩個面向的内涵即“政”與“刑”,與《論語·爲政》以“德”、“禮”批判“政”與“刑”的觀念不同,應該不是儒家概念的“中”。

後記:本文初稿曾以《清華簡〈保訓〉“易位設稽,測陰陽之物”補論——兼談舜典故的敘述立場》爲題於中興大學歷史學系主辦的“第八届出土文獻青年學者國際論壇”(2019 年 8 月 15—16 日)會上宣讀。會後對初稿進行大幅增删與修改,過程中得到顔世鉉先生及張宇衛先生的指正,特此致謝。

《周易》所見文王受命稱王的歷史敘事

何益鑫*

歷史地看,文王稱王是前後期的分水嶺,也是商周革命的肇端。文王前期順事商王,後期征伐諸侯,以"稱王"或"受命"爲這一轉折的標誌性事件。

關於這個問題,歷史上有許多的爭論。清華簡《程寤》明確以"太姒之夢"爲文、武"受商命於皇上帝"的標誌。這一說法,與《史記》的記載有很大的出入。於是,文王受命的問題,近年來重新獲得了學界的廣泛關注和探討。所幸,此事在《周易》的中保留了相當具體的敘述。從《升》、《觀》、《損》、《益》等卦的歷史敘事的解讀,我們可以得知文王祭天稱王的具體過程,及其前後的相關事件。據此,我們可以對歷史上有關文王受命、稱王的種種傳説,作出恰當的理解及判斷。

一、《升》:用見大人

《升》卦敘述了文王時期周人復興的一系列標誌性事件,其中就有指涉文王祭天稱王的內容。

---

* 作者单位:復旦大學哲學學院。

升:元亨,用見大人,勿恤,南征吉。

初六:允升,大吉。

九二:孚乃利用禴,无咎。

九三:升虚邑。

六四:王用亨于岐山,吉,无咎。

六五:貞吉,升階。

上六:冥升,利于不息之貞。

此卦的旨趣,在卦名中既已顯示。《序卦》:"聚而上者謂之升,故受之以《升》。"《序卦》認爲,《升》從《萃》來,故有"聚而上"之説。對應於人事,"升"乃有"晉升"、"登上"之義。而之所以有"升"象,《易傳》與歷代注疏多從爻象、爻位關係解釋。如《彖傳》:"柔以時升。巽而順,剛中而應。"《大象》:"地中生木,升。君子以順德,積小以高大。"這裡包含了三層意思:一者,上坤下巽,有樹木生長之象;二者,下卦之巽有柔順之德;三者,上下多應爻。[1]不過,由於九二、六四明顯指涉了歷史故事,故前人也多有探討。

其實,《周易》的卦爻辭,是内容一貫的歷史敘事。《升》卦也不例外。在之前的研究中,我們已經指出,"禴祭"見於《萃》、《升》、《既濟》。文王"初禴",是商王帝辛封文王等爲"三公"之後,文王行使相應職權的標誌。識别了這一事件,對於理解前後的歷史事實,無疑具有坐標的意義。以下,我們就以九二"孚乃利用禴"爲基本依據,解讀前後爻的歷史敘事。

初六:"允升,大吉。"王弼曰:"允,當也。"[2]"當"是"宜"的意思。伊川曰:"允,信從也。處之柔巽,唯信從於二,信二而從之同升,乃大吉

〔1〕孔穎達曰:"二、三有應於五、六,升之不疑。……(初爻)當二、三升時,與之俱升。"(王弼注、孔穎達疏:《周易正義》,李學勤主編,北京:北京大學出版社,2000年,第225頁。)

〔2〕王弼注、孔穎達疏《周易正義》,第225頁。

也。"[1]從爻位關係坐實了"信從"之義。近人尚秉和、高亨釋"允"爲"進"。[2]則"允升"衹是説"升"了。高亨引于省吾之説云:"允者,信然之辭。甲骨卜辭與事實相符每言允。……然則允升者,信乎其升也。"[3]我們認爲,以信解允,最爲恰當。《説文》:"允,信也。"《爾雅》:"允,信也。"又曰:"允,誠也。"從歷史敘事的角度看,此爻在文王初禴之前,又不曾提及"從王事"、"伐鬼方"之事,[4]可知此爻所指的時期正在兩者之間。進一步,我們之前提到,帝乙、帝辛之際,周人曾有一段危險的時期。後來因爲文王戰戰兢兢以事紂,而獲得了商王的信任,被封了三公。故此處"允升",正是指文王得到了信任,從而被封"三公"。

值得注意的是,《晉》與《升》都是"晉升"之義,敘事也多相關。《晉》初六言周人伐商事,六二言帝乙歸妹事。《晉》六三:"衆允,悔亡。"敘事正與《升》初六相當。"衆允",是"衆信之"的意思。"允"字之義,與"允升"相同。此外,《大有》九三:"公用亨于天子,小人弗克。"我們曾指出,這便是指文王被封三公,而受享於商王之事。從"小人弗克"一句來看,商王封文王爲三公,其實有小人從中作梗,衹是没有成功。由此,我們也就更能理解"衆允"的豐富意涵了。

九二:"孚乃利用禴,无咎。"從史實來説,這一爻講的是"西伯初禴于畢"的故事。帝辛封文王爲三公。文王乃得行禴祭之禮。這對周人來説,具有重要的政治意義。

九三:"升虚邑。"這一句文辭簡潔,但不好理解。虚,一説空虚。王弼曰:"履得其位,以陽升陰,以斯而舉,莫之違距,故若升虚邑也。"[5]

---

〔1〕程顥、程頤《二程集》,北京:中華書局,1981 年,第 937 頁。

〔2〕尚秉和《周易尚氏學》,北京:光明日報出版社,2006 年,第 139 頁;高亨《周易大傳今注》,濟南:齊魯書社,1998 年,第 295 頁。

〔3〕高亨《周易大傳今注》,第 295 頁。

〔4〕關於文王從商王伐鬼方事,參見何益鑫《〈周易〉所見"伐鬼方"的歷史敘事》,《人文雜誌》2019 年第 4 期。

〔5〕王弼注、孔穎達疏《周易正義》,第 226 頁。

以陽爲實、以陰爲虚,九三升於九六,乃有此象。如此一來,所謂“虚邑”即“空虚之邑”。當然,這是一種比喻之辭。伊川曰:“以是而升,如入無人之邑,孰禦哉?”〔1〕李光地曰:“勇於進而無所疑畏。”〔2〕這一路的解釋,明顯囿於爻位關係。此外,也有以“虚”爲“丘”者。《釋文》引馬融曰:“虚,丘也。”尚秉和曰:“《左傳·僖公二十八年》‘晉侯登有莘之虚’,《詩·衛風》‘升彼虚矣’,虚者,高丘。……升虚邑者,言升邑之高處也。”〔3〕高亨曰:“虚,大丘。虚邑,邑在大丘之上者也。”〔4〕我們認爲,此處的“虚邑”當作“大丘”解。《説文》:“大丘也。昆崘丘謂之昆崘虚。古者九夫爲井,四井爲邑,四邑爲丘。丘謂之虚。”

那麽,這裡的“大丘”究竟何指?李零懷疑,“虚邑”指的是“岐邑”。〔5〕這是依據下一爻“王用亨于岐山”推出的。但我們傾向於認爲,“虚邑”應指“程邑”。“程”,位於今咸陽城區東北十五公里白廟村。以其在渭北黄土高原上,故得稱“虚”。“程”本爲獨立的封國。〔6〕據《今本竹書紀年》:“(武乙)二十四年,周師伐程,戰于畢,克之。”又云:“(文丁)五年,周作程邑。”則季歷克程十六年之後,營建了程邑。王季之時,周人都於畢。畢在今咸陽市西北,程在今咸陽市東北,兩地相距約一百公里。在文王時期,兩邑都具有重要的地位。而越到後來,後者的戰略地位似乎更爲凸顯。故《今本竹書紀年》載“(帝辛)二十九年,釋西伯,諸侯逆西伯,歸于程。”又云:“三十三年,密人降于周師,遂遷于程。”從“遷于程”一句看,周人有一短暫的時期遷都於程。〔7〕《逸周書》及清華簡有

〔1〕 程顥、程頤《二程集》,第938頁。

〔2〕 李光地《周易折中》,成都:巴蜀書社,2010年,第155頁。

〔3〕 尚秉和《周易尚氏學》,第139頁。

〔4〕 高亨《周易大傳今注》,第295頁。

〔5〕 李零《死生有命 富貴在天:〈周易〉的自然哲學》,北京:三聯書店,2013年,第239頁。

〔6〕 羅長源《路史》:“程,商封吴回後。”鄭樵《通志》:“程氏,伯爵,風姓,重黎之後也。重爲火正,裔孫封于程。”

〔7〕《今本竹書紀年》將“密人降周”與“遷程”關聯。據《史記·周本紀》,文王伐密須在文王稱王之後。征伐之時,兩者有所矛盾。《今本竹書·紀年》所載事件實有,而繫年不確,此其例也。

《程寤》之篇。而《逸周書·大匡解》:“維周王宅程三年,遭天之大荒。”其時文王已宅於程,可知當時或已遷都於程。

故此爻“升虛邑”,是指文王從羑里歸來,宅於程邑。即前引《今本竹書紀年》所載“諸侯逆西伯,歸于程”之事。文王羑里之難,是這一時期的重要事件。而此卦的主旨是從正面表現周人的升進,故此爻衹用“升虛邑”一句,指代文王囚羑里、從羑里脱身,進而諸侯逆之而歸於程之事。文王囚羑里期間,周國在太姒的主持下,得到了穩步的發展。從羑里歸來之後,文王親自主持政務,周國進入了加速發展的時期。

六四:“王用亨于岐山,吉,无咎。”這一爻顯然有故事。但其具體所指,歷史上有不同的理解。王弼曰:“岐山之會,順事之情,無不納也。”[1]孔穎達曰:“可納而不可距,事同文王岐山之會。”[2]王孔認爲,這一句是文王宴饗賢士於岐山的事情。另一路,是將“亨”理解爲“祭祀”。《釋文》引馬融曰:“亨,祭也。”進一步,則要認定具體的史實。崔憬曰:“此象太王爲狄所逼,徙居岐山之下,一年成邑,二年成都,三年五倍其初,通而王矣。”[3]尚秉和認爲,王爲殷王,但殷王無至岐山之理,故此爻是説文王“望王至岐山,而有所享獻也……此正文王服事殷之本旨”。[4]如此,則“王用亨于岐山”非實有之事。黄壽祺、張善文認爲:“這三句似舉殷王來到岐山設祭,周人順從服事的典故。”[5]則肯定了此事爲殷王實事。解法雖多,實際上並無多少根據。

朱子認爲,此爻與《隨》上六“王用亨于西山”同義。其解《隨》上六曰:“亨,亦當作祭享之享。自周而言,岐山在西。凡筮祭山川者得之,其誠意如是,則吉也。”[6]的確,西是方位之辭。對周人來説,西山就是

〔1〕〔2〕 王弼注、孔穎達疏《周易正義》,第226頁。
〔3〕 李鼎祚《周易集解》,成都:巴蜀書社,2004年,第150頁。
〔4〕 尚秉和《周易尚氏學》,第139頁。
〔5〕 黄壽祺、張善文《周易譯注》,上海:上海古籍出版社,2004年,第357頁。
〔6〕 朱熹《周易本義》,北京:中華書局,2009年,第92頁。

岐山。此外,《隨》上六:"拘係之,乃從維之。"是説文王被囚羑里之事。與《升》九三同期。故《隨》上六的敘事背景,也與《升》六四相同。由此,我們有理由推斷,"王用亨于岐山"與"王用亨于西山",當爲一事。

至於具體的事件,朱子認爲,王用享於岐山(西山),必是祭祀山川之神。高亨亦曰:"王以享祭岐山之神。"[1]這一説法不甚恰切。"享于岐山"不等於"享岐山",正如"祭于畢"不是"祭畢"。"于岐山"衹是表明了祭祀活動的地點而已。那麼,這次享祭到底是什麼性質的呢?《益》六二:"王用享于帝。"根據我們系統的分析,與《升》六四、《隨》上六的敘事相同(詳後)。换句話説,"王用亨于岐山"、"王用亨于西山"、"王用享于帝",背後是同一件事情。[2]帝,天帝。此次在岐山舉行的祭祀,是一次祭天的活動。《春秋繁露・四祭》:"已受命而王,必先祭天,乃行王事,文王之伐崇是也。"[3]彼所謂"郊",即此所謂"享帝"。而由於祭天的典禮,是王者的特權,非諸侯的本職。從這個意義上説,文王祭天,背後就有"稱王"的意思。值得注意的是,無論是《升》,還是《隨》、《益》,在這一敘事之前都没有出現"王"的提法,而到了這裡,其主語一致爲"王"。這也可以佐證,這次祭祀天帝的活動,與文王稱王之事相關。這次祭天之後,文王正式稱王,故爻辭皆用"王用亨"。"吉,無咎",是對此次祭祀活動的一個判斷。

六五:"貞吉,升階。"孔穎達以"升階"爲"踐祚",[4]則此爻有即位的意思。伊川曰:"階,所由而升也。任剛中之賢,輔之而升,猶登進自階,言有由而易也。"[5]朱子曰:"階,升之易者。"[6]依程、朱之説,"升階"是步步升進、順利無阻的意思。李元量所謂"升而有序"、熊良輔所

---

〔1〕高亨《周易大傳今注》,第 296 頁。

〔2〕此外,《困》九五曰:"劓刖,困于赤紱,乃徐有説,利用祭祀。"筆者認爲,此爻前半句"劓刖,困于赤紱,乃徐有説",敘述了文王被囚羑里前後的事;而"利用祭祀",可能也是指"王用亨于岐山"之事。

〔3〕董仲舒撰、蘇輿義證《春秋繁露義證》,北京:中華書局,1992 年,第 408 頁。

〔4〕王弼注、孔穎達疏《周易正義》,第 226 頁。

〔5〕程顥、程頤《二程集》,第 939 頁。

〔6〕朱熹《周易本義》,第 171 頁。

謂“以順而升,如歷階然”,[1]都表現了這一層意涵。對應到這一時期的歷史事件,我們可以看到,“升階”説的正是文王後期受命稱王之後進行的一系列的征伐戰爭。據《周本紀》記載:“明年,伐犬戎。明年,伐密須。明年,敗耆國。殷之祖伊聞之,懼,以告帝紂。紂曰:‘不有天命乎?是何能爲!’明年,伐邘。明年,伐崇侯虎。而作豐邑,自岐下而徙都豐。明年,西伯崩,太子發立,是爲武王。”如果《周本紀》“文王受命七年”之説可信,則文王稱王之後,幾乎年年都有軍事行動,分别對犬戎、密須、耆(即《尚書·西伯戡黎》的“黎”)、邘、崇用兵,並以經營豐京爲文王時代的結束。這些軍事行動,並非一帆風順,[2]也遭到了商王和商人的懷疑。但總體而言,這一系列的征伐戰爭有條不紊地進行,穩步推進了周人翦商的事業,故曰“升階”。至於“貞吉”,是説文王決定征伐之前進行了占卜。

上六:“冥升,利于不息之貞。”冥,學者解作“昏暗”、“昏冥”、“昏昧”,或作“夜”。聯繫本卦的歷史敘事,此爻是指文王之歿。故“冥”,是“冥界”、“幽冥”的冥。升,則指文王歿後升天,侍於上帝左右。《大雅·文王》:“文王在上,於昭于天。周雖舊邦,其命維新。有周不顯,帝命不時。文王陟降,在帝左右。”朱子認爲,《文王》是“周公追述文王之德”、“以戒成王”之詩。又,“此章言文王既没,而其神在上,昭明於天”。[3]其説得之。“文王在上”,字面的意思是文王在上帝之旁。[4]僞古文《尚書·泰誓下》:“惟我文考,若日月之照臨,光于四方,顯于西土。”[5]這

[1] 李光地《周易折中》,第156頁。

[2] 如伐崇之戰非常慘烈,參見《大雅·皇矣》。

[3] 朱熹《詩集傳》,南京:鳳凰出版社,2007年,第204頁。

[4] 毛《傳》不可從。

[5] 一般認爲,流傳下來的古文《尚書》是僞書,但它們並非全無意義。李學勤指出:“所謂作僞,我一再地説並不一定是個騙子在騙我們,而衹是整理了一些材料。陳寅恪先生説古文《尚書》可能就是古人把一些過去剩下的材料整理了。”(李學勤《清華簡與〈尚書〉、〈逸周書〉的研究》,見氏著《夏商周文明研究》,北京:商務印書館,2015年,第204頁)陳來認爲:“大體上説,我們把古文《尚書》視爲春秋以前周代史官輯存的文獻,即作爲周人的思想材料來使用,既是不中,當亦不遠。”(陳來《古代宗教與倫理》,北京:三聯書店,2009年,第199頁)

一句對"於昭于天"作了最好的詮釋。而這是文王死後的狀態。[1]此外,武王時期的《天亡簋》:"不(丕)顯考文王,事喜上帝,文王監才(在)上。"亦可證明朱子"文王在上"之説。另一方面,《詩》言"文王陟降"。既能"陟降",必先"升登"。《大雅·生民》:"卬盛于豆,于豆于登。其香始升,上帝居歆。"這是説祭祀的馨香,可以升聞於天。《禮記·禮運》:"體魄則降,知氣在上。"所謂"知氣在上",是説人死之後靈魂(智氣)在上。可見,人死之後靈魂升天,是商周之際的固有觀念。當然,"於昭于天"、"在帝左右",還是文王特殊的待遇,與文王之聖有關。總之,周人相信,文王死後升登於天,位於上帝左右,故上六曰"冥升"。

至於"利于不息之貞",是繼志述事之義。文王志業未成而歿,後人故當紹述其心志,成就其大業。後來,武王自稱太子發,奉文王木主以伐商(《史記·周本紀》),便是爲了彰顯武王對文王志業的繼承性。《蠱》卦敘述武王、周公之事,而皆以"幹父之蠱"言之,也有這個意思。當然,對文王的繼承,還體現在德行的方面。就此而言,"不息"也可以包含修德不已的意思。[2]

卦辭:"元亨,用見大人,勿恤,南征吉。""元亨",大亨,當與六四文王岐山祭天對應。"見"即"見龍在田"的"見",出現的意思。恤,憂也。"用見大人,勿恤",就相當於"利見大人"。[3]後者在《周易》中多次出現,[4]大致是説利於大人出來採取相應的大的行動。這裡順著稱王而

[1] 晁福林認爲,"文王在上,於昭于天"是文王在世之時,人們對文王神性的讚頌之語,參見氏著《從上博簡〈詩論〉看文王"受命"及孔子的天道觀》,載《北京師範大學學報》2006年第2期,第90頁。

[2] 《周頌·維天之命》:"於乎不顯,文王之德之純。"《中庸》引此,曰:"蓋曰文王之所以爲文也,純亦不已。"

[3] 《釋文》:"用見,本或作利見。"馬王堆本作"利見大人"。按:"用見大人,勿恤",即"利見大人"之義,不改亦無妨。

[4] 《乾》九二、九五,《訟》卦辭,《蹇》卦辭及上六,《萃》卦辭,《巽》卦辭。

來,當是指文王的征伐戰爭。

至於"南征吉",我們認爲有兩種理解方式:其一,征,征伐之義。文王的征伐戰爭,大致可以分爲兩條路線。犬戎、密須、黎、邘都在黄河以北,可以説是北伐路線;崇在黄河之南,欲伐崇,又必連帶掃清黄河南面、崇國以西的所有障礙,此可謂是南征路線。文王先行北伐,當有戰略的考量。虞、芮兩國皆在北岸,可以作爲文王征伐的中繼,征伐從這裡開始很可以理解。而黎、邘兩國是商朝西面的蕃屏,近於殷商之地,若能取之,便可以順著黄河北岸直趨殷商腹地。這便可以免去渡河的危險。祇是,黎國與殷商僅一山之隔。文王伐黎,引起了商人的戒備和商王的不滿。故文王不得不改道南向,而有所謂"南征"。由於文王與崇侯素有仇怨,而崇侯在當時恐已不被商紂寵倖,故崇國雖是西南的堡壘,但文王伐崇也未能引起商人足夠的警惕。故周人得以崇地爲黄河南岸的橋頭堡。這便是所謂"南征吉"。其二,《周易》的"征"字未必指征伐,也可以指一般性的"行"。豐京(今"豐鎬遺址")在程邑(今咸陽市白廟村)南偏西約三十公里,又在畢邑(今"周原遺址")東偏南約一百公里。如果在文王後期,周人實際上已經遷都程邑,則從程邑再遷豐都,便可以恰如其分地稱爲"南征"。古人對遷都之事一向謹慎。文王遷程,又遷豐,意味著戰略中心的轉移,是其東進策略或翦商事業的重要步驟。文王遷豐,具有重要的政治和軍事意義,奠定了商周對峙的基本格局,達到了"天下歸心"的階段,同時也宣告了文王時代的結束。故卦辭亦以之爲結。

通過以上的分析,我們可以看到,《升》敘述了從文王封三公到文王去世約二十年間,文王所經歷的重要事件,包括封三公而初禴於畢、從羑里歸來而諸侯逆歸於程、於岐山祭天稱王、進行征伐並營建豐京,以及文王死後升於天帝之側。這些事件,折射出了文王時代周人興起的過程。可以説,《升》是一部周人復興史,或者説是一部文王"大作"史。

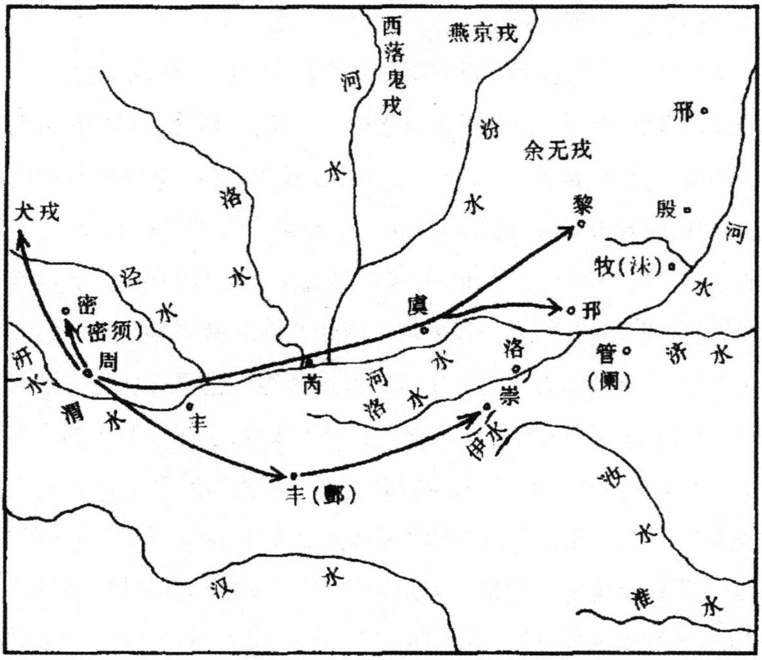

文王用兵路線圖(楊寬《西周史》)〔1〕

二、《觀》:虞芮來賓

據《史記・周本紀》,文王受命稱王的同年,"斷虞芮之訟"。〔2〕《大雅・緜》有"虞芮質厥成,文王蹶厥生"一句,毛傳之説與《周本紀》相似,並指明了兩國相爭實爲爭田,最後"以其所爭之田爲閒田而退"。〔3〕此類記載,還見於《尚書大傳》與《孔子家語》。歷代學者對這一事件並無懷疑。現代學者則有不同的意見。比如,楊寬不承認這一事件。他認爲,詩句"虞芮質厥成",祇是説"兩國結好的書契終於製成"。〔4〕

〔1〕 楊寬《西周史》,上海:上海人民出版社,2016年,第80頁。
〔2〕《史記・周本紀》:"詩人道西伯,蓋受命之年稱王而斷虞芮之訟。"
〔3〕 毛亨傳、鄭玄箋、孔穎達疏《毛詩注疏》,上海:上海古籍出版社,2013年,第1422頁。
〔4〕 楊寬《西周史》,第79頁。

那麽,"虞芮之訟"是不是歷史上的真實事件?這一事件與文王受命稱王是否有關?檢視《周易》,我們發現,《觀》的歷史敘事涉及了"虞芮之訟"的問題。

觀:盥而不薦,有孚顒若。

初六:童觀,小人无咎,君子吝。

六二:闚觀,利女貞。

六三:觀我生,進退。

六四:觀國之光,利用賓于王。

九五:觀我生,君子无咎。

上九:觀其生,君子无咎。

在《易傳》看來,《觀》的主旨與"化民"有關。《彖傳》:"大觀在上,順而巽,中正以觀天下。'觀,盥而不薦,有孚顒若',下觀而化也。觀天之神道,而四時不忒,聖人以神道設教,而天下服矣。"可見,"觀"有二義:一是"景觀"的觀,一是"瞻觀"的觀。前者爲"所觀",後者爲"能觀"。《彖》所謂"大觀",即在上的至美景觀,如"四時不忒"爲天之大觀,"神道設教"爲聖人大觀;而所謂"下觀",即指下民仰而觀之。朱子曰:"觀者,有以示人,而爲人所仰也。"[1]示人以大觀,而爲人所仰觀,此正儒家風化之義。故《大象》:"風行地上,觀。先王以省方,觀民設教。"前一句從卦體以言風化,後一句則別取君王省方、觀民之義。《彖傳》王注:"統説觀之爲道,不以刑制爲用,而以觀感化物者也。"[2]這一句,與其繫之於《彖傳》,毋寧繫之於《象傳》。這些對"觀"的理解,都是政治的通義。而從史實的角度看,《觀》也是一個歷史的敘事,對應於從文王囚羑里,到

〔1〕朱熹《周易本義》,第98頁。
〔2〕王弼注、孔穎達疏《周易正義》,第115頁。

文王稱王、行征伐的時期。

初六:“童觀,小人无咎,君子吝。”歷代學者多認爲,爻辭的“觀”都是觀九五,朱子所謂“爻以觀瞻爲義,皆觀乎九五也”。[1]對於初爻,諸家多將“童觀”與“小人”相聯繫。王弼曰:“不能自進,無所鑒見,故曰‘童觀’。趣順而已,無所能爲,小人之道也,故曰‘小人無咎’。”[2]朱子曰:“童觀之象,小人之道,君子之羞也。”[3]可見,童觀乃小人之觀,君子用之則吝。拋開歷史的敘事,這種解釋頗合常理。而從史實來説,“童觀”當指商王幼稚之見。《蒙》卦辭及六五爻辭,以“童蒙”指稱商王,可以佐證。“小人无咎,君子吝”,小人指崇侯虎,君子指文王。據《史記·殷本紀》:“九侯有好女,入之紂。九侯女不喜淫,紂怒,殺之,而醢九侯。鄂侯爭之强,辨之疾,並脯鄂侯。西伯昌聞之,竊歎。崇侯虎知之,以告紂,紂囚西伯羑里。”商王竟以如此的理由,殺害“三公”中的兩公,誠可謂是幼稚至極,故曰“童觀”。文王不由地私下裡感歎了一番。崇侯虎聽到了,向商王進讒言,以致文王被囚羑里,故曰“小人無咎,君子吝”。

六二:“闚觀,利女貞。”“闚觀”,從門隙或孔縫中看,有所見但非常有限。王弼曰:“猶有應焉,不爲全蒙,所見者狹,故曰‘闚觀’。”[4]“有應”謂應於九五。伊川曰:“但如闚覘之觀耳。”[5]聯繫史實,“闚觀”指文王囚於羑里之所見。文王身在羑里,心繫周國。時時以各種曲折的方式,探尋周國和家人的訊息。“利女貞”,指文王在羑里占卜太姒之事。文王離開周國之後,太姒承擔起主持家政的重任,甚至也可能成了周人實際上的政治主導者。而在此期間,文王子弟得到了培養,周國實

---

〔1〕朱熹《周易本義》,第99頁。
〔2〕王弼注、孔穎達疏《周易正義》,第116頁。
〔3〕朱熹《周易本義》,第99頁。
〔4〕王弼注、孔穎達疏《周易正義》,第116頁。
〔5〕程顥、程頤《二程集》,第799頁。

力也得到了進一步的發展。這些都是太姒的功勞,故曰“利女貞”。[1]

六三:“觀我生,進退。”王弼曰:“‘生’,猶動出也。”[2]故伊川曰:“觀其所生而隨宜進退。”[3]朱子曰:“觀己所行之通塞以爲進退。”[4]都是君子有所自省而知所進退的意思。其實,在先秦,“生”字多指民,如《詩》、《書》之“生民”。“生民”,也即庶民,或老百姓。故虞翻曰:“生,謂坤生民也。”[5]高亨曰:“生,古語稱百官爲生,亦稱庶民爲生。”[6]此外,“生”字,雙古堆本作“産”。李零曰:“秦人常以産代生。”[7]可以佐證。

我們認爲,“觀我生,進退”一句,敘述了“虞芮之訟”的基本過程。關於這一事件,《周本紀》記載:“西伯陰行善,諸侯皆來決平。於是虞、芮之人有獄不能決,乃如周。入界,耕者皆讓畔,民俗皆讓長。虞、芮之人未見西伯,皆慚,相謂曰:‘吾所爭,周人所恥,何往爲,秪取辱耳。’遂還,俱讓而去。諸侯聞之,曰‘西伯蓋受命之君’。”與六三對比,“入界,耕者皆讓畔,民俗皆讓長”,相當於“觀我生”。“虞、芮之人未見西伯,皆慚……俱讓而去”,相當於“進退”。兩國有了爭訟,相約尋求周文王的調解。進入周國地界之後,看到了周人的民俗與風尚,心生慚愧,還没見到文王就已作出了決定。這一事件,毛《傳》的記載更爲詳細:“虞、芮之君相與爭田,久而不平。乃相謂曰:‘西伯仁人也,盍往質焉。’乃相與朝周。入其境,則耕者讓畔,行者讓路。入其邑,男女異路,斑白不提挈。入其朝,士讓爲大夫,大夫讓爲卿。二國之君感而相謂曰:‘我等小人,不可以履君子之庭。’乃相讓,以其所爭田爲閒田而退。天下聞之而

---

〔1〕參見何益鑫《〈周易〉所見太姒的事蹟——兼論〈大雅・思齊〉的史實與宗旨》,《雲南大學學報》2019年第1期。
〔2〕王弼注、孔穎達疏《周易正義》,第118頁。
〔3〕程顥、程頤《二程集》,第800頁。
〔4〕朱熹《周易本義》,第99—100頁。
〔5〕李鼎祚《周易集解》,第76頁。
〔6〕高亨《周易大傳今注》,第164頁。
〔7〕李零《死生有命　富貴在天:〈周易〉的自然哲學》,第142頁。

歸者四十馀國。"[1]可見,《周本紀》就著"爭"以寫"讓",毛《傳》則全面地表現了周國從庶民到朝廷的德化。

虞、芮國君未見文王而退,這一點值得深味。按常理來説,盛德君子在位,即便自己羞愧難當,也應前往覲見。一種可能是,文王見兄弟之國前來爭訟,故意避而不見,令其自我反省。猶孔子決父子之訟一般。[2]更有可能是,虞、芮兩國觀周國風化,先行退避,準備以更爲隆重的方式覲見文王。據《周本紀》,此事之後,"諸侯聞之曰'西伯蓋受命之君'"。毛《傳》也説,"天下聞之而歸者四十馀國"。在當時的信息條件下,這一事件的定性、傳播和發酵,應當有人在後面持續推動。這很可能就是虞、芮兩國的國君。虞、芮兩君回去之後,多方聯絡,與其他諸侯相約一起朝見了文王。

六四:"觀國之光,利用賓于王。""觀國之光",伊川曰:"觀見國之盛德光輝也。"又曰:"觀天下之政化,則人君之道德可見矣。""利用賓于王",伊川曰:"夫聖明在上,則懷抱才德之人,皆願進於朝廷,輔戴之以康濟天下。"[3]伊川雖不知背後的史實,但其解説甚爲恰切。此爻順著六三説諸侯來朝之事。

文王稱"王",則此事發生在文王稱王之後。或則,諸侯來朝與文王稱王本即一事。後者的可能性更大。諸侯來朝,一面是來仰觀周國風貌,一面也有推舉文王之意。就此而言,則"賓于王"不是做一般的賓客,而更有歸附文王、效力於文王之意。在後面,我們將看到,《損》六五、《益》六二"或益之十朋之龜,弗克違",正有推舉文王之意。可見,文王稱王,實由虞、芮之訟發其端。故《周本紀》記爲一條。[4]《通鑒外紀》

〔1〕毛亨傳、鄭玄箋、孔穎達疏《毛詩注疏》,第1422頁。

〔2〕《孔子家語·始誅第二》:"孔子爲魯大司寇,有父子訟者,夫子同狴執之,三月不别。其父請止,夫子赦之焉。"

〔3〕俱見程顥、程頤《二程集》,第800頁。

〔4〕又,《史記·齊太公世家》:"西伯政平,及斷虞、芮之訟,而詩人稱西伯受命曰文王。"《史記·劉敬列傳》:"及文王爲西伯,斷虞、芮之訟,始受命。"這兩處記載,也將兩事聯繫起來。

卷二引《尚書大傳》:“文王受命一年,斷虞、芮之質。”也將兩者放在一起。

九五:“觀我生,君子无咎。”此爻與上爻衹差一字。王弼認爲:“‘觀我生’,自觀其道也;‘觀其生’,爲民所觀者也。”[1]九五之所以是“自觀”,王弼曰:“居於尊位,爲觀之主,宣弘大化,光於四表,觀之極者也。上之化下,猶風之靡草。故觀民之俗,以察己道。‘百姓有罪,在予一人。’君子鳳著,己乃‘無咎’。”[2]意思是説,君子是天下風俗之源,觀天下風化便可以自察己德。上九之所以是“他觀”,王弼曰:“不在於位,最處上極,高尚其志,爲天下所觀者也。”[3]君子不在其位,但仍可以爲天下人所仰觀。伊川也承認“觀我生”、“觀其生”有自觀、他觀的分别。但同時指出,兩者都須自觀。衹是由於分位不同,君子在位則可以通過觀天下風俗以自觀,不在其位則須自觀德業行義。[4]這些解釋,很好地體現了孔子“德治”的思想,也凸顯了爲己之學的基本特徵。不過,它們都建立在以“動出”解“生”的前提之下。

與六三一樣,“生”也是指生民或百姓。“我”是文王自指。那麼,“觀我生”的主語是誰?之前四爻敘述對象各個不同,初六“童觀”是商王,六二“闚觀”是文王,六三“觀我生”是虞、芮兩君,六四“觀國之光”是諸侯。從六三來看,九五“觀我生”的主語也應爲他人,或其他諸侯。“觀我生”,還是説諸侯考察周國的生民。諸侯看到周國生民的狀態,感受到文王的風化,故能對文王有信心而歸附文王,故曰“君子无咎”。君子,指文王而言。

上九:“觀其生,君子无咎。”“其”與“我”相對,必非文王自指。高亨曰:“其猶彼也,指他國。”[5]與九五對比,我們可以發現,彼我正好互换

---

〔1〕〔3〕 王弼注、孔穎達疏《周易正義》,第118頁。

〔2〕 王弼注、孔穎達疏《周易正義》,第117頁。

〔4〕 程顥、程頤《二程集》,第801頁。

〔5〕 高亨《周易大傳今注》,第165頁。

了角色。此處的彼國,當指諸侯而言。觀的主語,則是文王。可以推測,觀是一個相互的過程,諸侯觀文王之治,文王也觀諸侯之治。諸侯觀文王之治,是爲了效法和歸附;文王觀諸侯之治,則是爲了懲惡揚善。文王晚年的征伐,雖是以商王專征之命(《左傳・襄公四年》:"率殷之叛國以事紂"),實際上卻行討伐有罪諸侯之實。而文王判定諸侯是否有罪,則從其生民的狀態來看。如果生民無恙,則其國君無咎。如果生民有恙,則其國君有咎。唯"君子"乃得"无咎",故"君子无咎"。《師》初六:"師出,以律否臧。"文王征伐,爲的是懲治不善。《噬嗑》:"利用獄。"也是征討有罪之義。《孟子》引《太誓》曰:"天視自我民視,天聽自我民聽。"從庶民百姓的生計和意志,得知上天的意志,這一思路與此處並無二致。

最後看一下卦辭:"盥而不薦,有孚顒若。""盥",即《論語》所謂"灌",祭祀時用香酒澆灌地面以降神之禮。"薦",祭祀中的獻饗之禮。王弼曰:"王道之可觀者,莫盛乎宗廟。宗廟之可觀者,莫盛於盥也。至薦,簡略不足復觀,故觀盥而不觀薦也。"[1]祗觀最莊嚴盛大的灌禮,至於獻饗之禮則可略而不觀,所謂"觀其大,不觀其細"(孔穎達)也。並引孔子"禘自既灌而往者,吾不欲觀之矣"(《論語・八佾》)爲說。對此,朱子有不同的説法:"盥,將祭而潔手也。薦,奉酒食以祭也。"[2]朱子認爲,"盥而不薦"可以體現其人之信。我們認爲,兩種解釋都不甚恰切。聯繫歷史敘事,卦辭是説諸侯觀禮於岐山之事。高亨曰:"薦,獻也,獻牲於神。"[3]"盥而不薦"是説祭禮不用牲,而這正是文王祭祀的一個標誌性的特徵。《既濟》九五:"東鄰殺牛,不如西鄰之禴祭。"可知,文王禴祭不殺牛、不用牲。之所以不用牲,或許與周人的條件有關,但更與文王對祭祀的認識有關。在祭祀中,文王重視的乃是個人内在的誠敬之

〔1〕 王弼注、孔穎達疏《周易正義》,第114頁。
〔2〕 朱熹《周易本義》,第98頁。
〔3〕 高亨《周易大傳今注》,第162頁。

心。與《觀》相似,《損》之卦辭“曷之用,二簋可用享”。以“二簋”用“享”,也就相當於此處的“盥而不薦”,表明祭祀用度之簡約。文王的祭祀雖不豐盛,但内心莊重肅穆,得到了諸侯和其他觀禮者的信服,故曰“有孚顒若”。

可見,《觀》的歷史敘事,涉及了從文王囚羑里,到文王晚年征伐的這段時期。其中,又以虞、芮之訟,及其此後儶諸侯用賓於王爲敘事的核心。虞、芮之訟,實爲文王稱王的肇端,在周國歷史上具有標誌性的意義。由此,我們也就不難理解《大雅·緜》“虞芮質厥成,文王蹶厥生”一句的意思了。“蹶生”之辭,朱子不得其解。[1]其實,它很可能是説,以虞、芮之質爲始,文王逐漸聲動諸侯,獲得了崇高的威望。[2]故而接下來,“予曰有疏附,予曰有先後,予曰有奔奏,予曰有禦侮”,極寫天下歸周的盛況。

三、《損》:祭天稱王之一

《損》、《益》兩卦,自孔子以來受到了特别的重視。《繫辭》“三陳九德”就有“損”、“益”二者。《帛書·要》:“孔子籀《易》,至於《損》、《益》二卦,未嘗不廢書而歎。”而《孔子家語·六本》、《説苑·敬慎》、《淮南子·人間訓》等亦有類似的記載。學者指出,《損》、《益》兩卦之所以受後世學者的青睞,原因在於這兩卦不但體現了“爲君之道”、“君子全身之道”、“改過遷善”之道,更體現了“損益盈虚”的“天地之道”,“《損》、《益》之道也就是《易傳》所説的‘一陰一陽之謂道’”。[3]這樣一種瞭解的方式,是依據《易傳》(《彖》、《象》及《繫辭》)而作的發揮。

---

〔1〕朱熹《詩集傳》,第211頁。

〔2〕毛《傳》釋“蹶”爲“動”。鄭玄《箋》曰:“虞、芮之質平,而文王動其緜緜民初生之道,謂廣其德而王業大。”(毛亨傳、鄭玄箋、孔穎達疏《毛詩注疏》,第1422頁)

〔3〕鄭萬耕《損益兩卦何以深受古人青睞》,載《北京師範大學學報》2004年第6期,第82—86頁。

從卦爻辭本身來講,《損》、《益》兩卦的歷史敘事具有内在的連續性,而又有部分的交疊。交疊的部分,使我們有理由把兩卦的敘事聯繫在一起解讀。

損:有孚,元吉,无咎,可貞,利有攸往。曷之用?二簋可用享。
初九:已事遄往,无咎,酌損之。
九二:利貞,征凶,弗損,益之。
六三:三人行則損一人,一人行則得其友。
六四:損其疾,使遄有喜,无咎。
六五:或益之十朋之龜,弗克違,元吉。
上九:弗損,益之,无咎,貞吉,利有攸往,得臣無家。

《損》六五和《益》六二都有"或益之十朋之龜,弗克違"一句,顯然指涉同一件事情。而前面我們已經指出,《益》六二"王用享于帝"指的是文王祭天稱王之事。瞭解了這一點,有助於我們理清前後的歷史敘事。

初九:"已事遄往,无咎,酌損之。""已"字,王、孔、程、朱通行本皆作"已"。孔穎達曰:"已,竟也。遄,速也。"[1]從這個思路出發,"已事遄往"可以有兩種理解,一是説,一旦完成了自己的職事,迅即轉而奉上,所謂"事已則往,不敢宴安"也。[2]一是説,事情做完了應該抽身離去,以見"不自以爲功"、"不居其功"之意。[3]當然,兩者都是就下事上的一般原則來説的。而《釋文》:"巳,虞作祀。"《集解》亦作"祀"。尚秉和引晁氏"巳,古文祀字",並指出金文沇子它敦銘"巳公"爲"祀公"。[4]按照這些説法,無論作"巳"、"祀"或"已",都是"祭祀"的意思。從史實的角度説,這是正確的。根據我們系統的考察,這一爻的内容與周大旱有

〔1〕〔2〕 王弼注、孔穎達疏《周易正義》,第202頁。
〔3〕 程顥、程頤《二程集》,第909頁。
〔4〕 尚秉和《周易尚氏學》,第127頁。

闕。《逸周書·大匡解》:"維周王宅程三年,遭天之大荒。"宅程三年,也就是文王從羑里歸來後的第三年,周國遭受了饑荒。這一事件,見於《无妄》。漢儒以爲《无妄》爲"大旱之卦",是有依據的。《損》初九的内容,相應於《无妄》初九:"无妄,往吉。"説的是,周遭令人絶望的大旱之後,文王進行了祭祀活動去除災害。之後,及時求助於友邦,而得到了一定的幫助,對災情有所緩解。故曰"酌損之"。

九二:"利貞,征凶,弗損,益之。"王、孔從爻變的角度解釋"征凶"。[1]伊川從事君之道指出:"不自損其剛貞,則能益其上,乃益之也。"[2]换句話説,有時臣子守持剛貞也是益上之道。從史實的角度説,此爻也是説大旱之事。"利貞",利於貞問。"征凶",行而有凶。"利貞"與"征凶"在一起,似乎不妥。其實,"利貞"是占卜的結果,而"征凶"是事實的結果,兩者並不矛盾。具體而言,因爲周遭大旱,無法維持生計,文王想去求助於商王。出發之前進行了占卜,結果是有利。但事實上,文王到了商國之後,商王不但没有幫助文王,反而出於當時東夷的戰事,進一步向周國索要物資,使周人的處境更爲凶險。故曰"征凶,弗損,益之"。"利貞",相應於《无妄》六二:"不耕獲,不災畬,則利有攸往。""則"有應當之義,可見其結果是相反的,其實不利,與"征凶"呼應。"弗損,益之",相應於《无妄》六三:"无妄之災,或繫之牛,行人之得,邑人之災。"

六三:"三人行則損一人,一人行則得其友。"這句爻辭,形式上看,應是當時的諺語。[3]學者對此爻的解釋,一是立足於爻位的關係,一是依據於《繫辭》的説法。《繫辭下》:"天地絪緼,萬物化醇,男女構精,萬物化生。《易》曰:'三人行,則損一人;一人行,則得其友。'言致一也。"這是從天地之道來説明"兩兩匹配"之理。不過,這是引申出來的奥義,

---

〔1〕 王弼注、孔穎達疏《周易正義》,第203頁。

〔2〕 程顥、程頤《二程集》,第909頁。

〔3〕 參見李鏡池《周易探源》,北京:中華書局,1978年,第51頁。

而不是卦爻辭的原義。從歷史敘事的角度看,這一爻與"虞芮之訟"有關。"三人"與"一人",前者指商,後者指周,顯示了當時商、周實力的對比。但虞、芮兩君來到周國,看到周國風化之後,隨即有意歸附文王。諸侯叛商而歸周,故曰:"三人行則損一人,一人行則得其友。"當然,這是一種大致的説法。在這一時期,商、周的實力還有很大的差距,我們不能據"三損一"、"一益一"的説法,推出當時商、周已經勢均天下的結論。此外,《坤》:"西南得朋,東北喪朋。"西南指周,東北指商。與本爻是一個意思。

六四:"損其疾,使遄有喜,无咎。""有喜",高亨曰:"古人謂病癒爲有喜。"[1]這一爻字面意思是,減損疾病,使之迅速痊癒。至於這裡的"疾",或據陰爻而言"陰柔之疾",[2]或據初、四相應而言"企予之疾"。[3]其實,從史實角度看,這裡的"疾",可能是實指文王的疾病。根據我們的考察,《巽》卦以敘述文王的疾病爲主。其初六:"進退,利武人之貞。"這一爻是説虞、芮的歸附。"進退"的用詞,與《觀》六三完全一致。而其六二:"巽在牀下,用史巫紛若,吉,无咎。"便是實寫文王生病之事。古以史巫祝禱祓疾,故曰"用史巫紛若"。而從"吉,无咎"看,文王的病應該很快痊癒了。而這正是此爻的敘事内容。

六五:"或益之十朋之龜,弗克違,元吉。"朋,王弼曰:"黨也。"[4]朱子曰:"兩龜爲朋。"[5]相較而言,從貨幣來理解更爲合適。漢儒一説兩貝爲朋,一説五貝爲朋。近人王國維認爲十貝爲朋。[6]王弼曰:"龜者,決疑之物也。"[7]龜的神性,體現在占卜之用。"十朋之龜",是非常珍貴的龜。《漢書・食貨志下》:"元龜岠冉長尺二寸,直二千一百六十,爲大貝十朋。公龜九寸,直五百,爲壯貝十朋。侯龜七寸以上,直三百,爲

---

〔1〕 高亨《周易大傳今注》,第270頁。
〔2〕 朱熹《周易本義》,第156頁。
〔3〕〔4〕〔7〕 王弼注、孔穎達疏《周易正義》,第204頁。
〔5〕 朱熹《周易本義》,第157頁。
〔6〕 王國維《説玨朋》,《觀堂集林》第一册(卷三),北京:中華書局,1959年,第160—163頁。

幺貝十朋。子龜五寸以上,直百,爲小貝十朋。是爲龜寶四品。"元龜十朋,是最高規格的寶龜。《爾雅・釋魚》列出了十種龜,彼謂"神龜"就相當於此處的"元龜"。[1]元龜,因其產地又名蔡。[2]《食貨志》又云:"元龜爲蔡,非四民所得居,有者,入大卜受直。"天子纔用元龜,故一旦發現元龜,即須藏入太卜。當然,元龜藏入太卜,目的是作占卜之用。故《史記・龜策列傳》云:"古明王聖主皆殺而用之。"[3]《龜策列傳》還記載了一個故事:"神龜出於江水中,廬江郡常歲時生龜長尺二寸者二十枚輸太卜官,太卜官因以吉日剔取其腹下甲。龜千歲乃滿尺二寸。王者發軍行將,必鑽龜廟堂之上,以決吉凶。今高廟中有龜室,藏内以爲神寶。"廬江郡出元龜,以生龜輸入太卜,太卜須擇吉日而殺之,龜甲經過加工之後再藏於龜室。"滿尺二寸"即元龜。元龜之所以珍貴,是因爲它壽數最長,占卜最準。故古人在征伐之前,必先占卜,以決吉凶。《龜策列傳》又載,衛平對宋元王曰:"龜者是天下之寶也,先得此龜者爲天子,且十言十當,十戰十勝。生於深淵,長於黄土。知天之道,明於上古。游三千歲,不出其域。安平靜正,動不用力。壽蔽天地,莫知其極。與物變化,四時變色。居而自匿,伏而不食。春倉夏黄,秋白冬黑。明於陰陽,審於刑德。先知利害,察於禍福,以言而當,以戰而勝,王能寶之,諸侯盡服。"從衛平的説法來看,元龜除了占卜最準,還具有保佑的作用("十戰十勝"、"以戰而勝"),誰先得了元龜,誰就得爲天子。這是對元龜的神性的發揮。

《尚書・金縢》有"今我即命于元龜"之語,《尚書・大誥》有"用甯王遺我大寶龜"之語(甯王即文王),可知文王有元龜,周公亦以元龜卜。《論語・公冶長》云"臧文仲居蔡",知臧孫世爲守蔡之官。蔡非諸侯之

---

〔1〕一曰神龜,二曰靈龜,三曰攝龜,四曰寶龜,五曰文龜,六曰筮龜,七曰山龜,八曰澤龜,九曰水龜,十曰火龜。

〔2〕參見《論語・公冶長》"臧文仲居蔡"包咸、鄭玄注。

〔3〕《莊子・秋水》:"吾聞楚有神龜,死已三千歲矣,王巾笥而藏之廟堂之上。此龜者,寧其死爲留骨而貴乎,寧其生而曳尾于塗中乎?"亦可見,藏於廟堂之龜,其實是龜殼,而非活龜。

禮,魯官所守,蓋成王賜周公之器。[1]《損》六五“或益之十朋之龜”,説的是文王時代的事情。所謂“三王不同龜,四夷各異卜”,在商、周之際,用龜的等第未必有《食貨志》所説的那麽嚴格。但元龜畢竟是神聖之物,多少都有象徵的意味。“或人”得了元龜,不貢獻於商王,而貢獻於文王,這一點表明了“或人”有歸附文王、推舉文王之意。[2]客觀地説,當然也具有天佑文王、賜福於文王的寓意。“弗克違”,説明文王想推辭而不得。[3]文王何以推辭?因爲這不是一個簡單的納貢之事,而是一個明確的政治信號。進獻元龜,就是推舉文王稱王的意思。其事不得不慎而又慎,需要結合當時的時局以及諸侯的心意,作全盤的考量。最後,文王在推脱不下的情況下,接受了元龜。並用元龜進行了占卜,故爻辭曰“元吉”,便是指占卜的結果。相當於《益》六二的“永貞吉”。此後,文王在岐山進行了祭天的活動,正式稱王了。

值得注意的是,《尚書・西伯戡黎》記載:“西伯既戡黎,祖伊恐,奔告于王。曰:‘天子!天既訖我殷命,格人元龜,罔敢知吉。非先王不相我後人,惟王淫戲用自絶。’”“格人”,《史記・殷本紀》引作“假人”。孔安國曰:“至人以人事觀殷,大龜以神靈考之,皆無知吉。”[4]蔡沈曰:“格人,猶言至人也。格人、元龜,皆能先知吉凶者。”[5]又,《論衡》云:

---

〔1〕《禮記・明堂位》:“崇鼎,貫鼎,大璜,封父龜,天子之器也。越棘,大弓,天子之戎器也。”

〔2〕李零曰:“商代卜龜有四種,其中亞洲大陸龜(Testudo emys)是從很遠的南方進貢,花龜(Ocadia sinensis)、水龜(Clemmys mutics)也是中國南方的特産,但金龜(Geoclemys reevsii,也叫烏龜)卻在北方有廣泛的分佈。”(氏著《中國方術續考》,北京:中華書局,2006年,第222頁)李學勤説:“殷墟的卜甲多來自納貢,有的龜種産於南方,甚至個别來自南洋地區。”(氏著:《周易經傳溯源》,長春:長春出版社,1992年,第136頁)兩人的説法,都參考了 James F.Berry, Appendix 1: Identification of the inscribed turtle shells of Shang, in *Sources of Shang History*, ed. By David N.Keightley, University of California press, pp.157—164.張光直指出:“在甲骨卜辭中,有關向商王朝進貢龜甲的記載極其豐富。”參見氏著《商文明》,瀋陽:遼寧教育出版社,2002年,第142—143頁。

〔3〕崔憬曰:“用元龜價值二十大貝,龜之最神貴者以決之,不能違其益之義,故獲元吉。”(李鼎祚《周易集解》,第134頁)則是説不可違逆元龜的占卜結果。

〔4〕孔安國傳、孔穎達疏《尚書正義》,上海:上海古籍出版社,2007年,第383頁。

〔5〕蔡沈《書集傳》,南京:鳳凰出版社,2010年,第118頁。

“祖伊曰:‘格人元龜,罔敢知吉。’賢者不舉,大龜不兆。”王充亦以格人爲賢人。而據《説文》,格之義爲“木長皃”,段注:“木長皃者,格之本義。引伸之長必有所至。故《釋詁》曰:‘格,至也。’《抑》詩《傳》亦曰:‘格,至也。’凡《尚書》‘格于上下’、‘格于藝祖’、‘格于皇天’、‘格于上帝’是也。此接於彼曰至,彼接於此則曰來。鄭注《大學》曰:‘格,來也。’凡《尚書》‘格爾衆庶’、‘格汝衆’是也。”可見,上古《詩》、《書》用“格”,多指或來、或去的具體動作。“格人”一詞,在先秦不多見。以“格人”爲“至人”、“賢人”,則“至”爲“至極”之義,不免引申過度。我們認爲,“人”即文王,“格人元龜”即“以元龜格人”,指的正是“或益之十朋之龜”之事。諸侯把元龜進獻文王,正是叛商歸周之義。故祖伊之言,飽含了天命改易的憂心。這對商人來説,當然不吉,故曰“罔敢知吉”。如果以上解讀無誤的話,那麼,“或益之十朋之龜”在當時確有重要的政治影響,甚至以之爲文王受命的標誌性事件(故祖伊以“訖我殷命”與“格人元龜”對舉)。周人寶藏蓍龜的習慣,或許正與“元龜”在周人歷史上的重要意義有關。[1]

上九:“弗損,益之,无咎,貞吉,利有攸往,得臣无家。”歷史上,學者多從爻位看君臣,而用“損終反益”之説解釋此爻,[2]尤其是“得臣无家”一句。從歷史敘事的角度看,這一爻説的是文王征伐之事。文王稱王之後,便有意行征伐。文王的軍事行動,也獲得了諸侯的幫助。《豐》初九:“遇其配主,雖旬无咎,往有尚。”這一爻也是説諸侯來朝的情形。“往有尚”,就是文王征伐得到佑助的意思。此外,《節》九五也有“往有尚”一句,内容與此相同。“弗損,益之”,也是這個意思。“无咎”,當指文王稱王之事,没有招致咎害。“貞吉”,是説征伐之前進行了占卜,結果很好。“利有攸往”,征伐順利之義。與前引《升》六五“貞吉,升階”相

〔1〕《史記·龜策列傳》:“略聞夏殷欲卜者,乃取蓍龜,已則棄去之,以爲龜藏則不靈,蓍久則不神。至周室之卜官,常寶藏蓍龜;又其大小先後,各有所尚,要其歸等耳。”
〔2〕王弼注、孔穎達疏《周易正義》,第205頁。

同。“得臣无家”,是形容文王的勤政。文王樂得賢臣,無暇顧及私家之事。《大畜》:“利貞,不家食。”不家食,即不食於家。文王不在家進食,而是與大臣共食於朝廷。也可以看出文王勤政與愛賢之意。後來,周公對伯禽説:“我一沐三捉髮,一飯三吐哺,起以待士,猶恐失天下之賢人。”(《史記·魯周公世家》)看來,這是父子相承的美德。

卦辭:“有孚,元吉,无咎,可貞,利有攸往。曷之用?二簋可用享。”“有孚,元吉”,是文王用元龜占卜的結果。“无咎,可貞,利有攸往”,同於上九“无咎,貞吉,利有攸往”。“曷之用?二簋可用享”,是説文王以簡單的禮器在岐山祭天。“二簋”而可以祭天,是因爲上天佑護的緣故。

從以上的分析,我們可以看到,《損》的歷史敘事,從周大旱開始,到文王征伐結束。核心的内容,是有人向文王進獻元龜,以此因緣文王在岐山祭天稱王。

四、《益》:祭天稱王之二

《益》的敘事,與《損》有所交疊。我們先對交疊的内容稍作分析,再來看《益》卦對《損》卦所有補充的地方。

益:利有攸往,利涉大川。

初九:利用爲大作,元吉,无咎。

六二:或益之十朋之龜,弗克違,永貞吉。王用享于帝,吉。

六三:益之,用凶事,无咎。有孚中行,告公用圭。

六四:中行告公從,利用爲依遷國。

九五:有孚惠心,勿問元吉,有孚惠我德。

上九:莫益之,或擊之,立心勿恒,凶。

初九:“利用爲大作,元吉,无咎。”“大作”,孔穎達曰:“興作大事也。”[1]伊川曰:“宜以其道輔於上,作大益天下之事。”[2]對此,現代學者有不同的看法。高亨曰:“興大建築。”[3]李零曰:“大興土木。”又曰:“當與下‘爲依遷國’有關,應指遷都之處的土木工程,或與周公營建洛邑有關。”[4]就此爻而言,現代學者的説法更爲可信。如果是“興作大事”,《周易》已有固定的表達,即所謂“利見大人”。且周原甲骨 H11:12“其又大乍(作)其……”[5]此句連讀,“大作”必有確切的内容,不是泛説“興作大事”,用法與此處相近。衹因前有一“爲”字,故可不具“大作”的對象。故爻辭“大作”,確實與興建土木有關。但考慮到《益》卦敘事的連續性,此爻不會是指六四“爲依遷國”,也不會是指周公時代營建洛邑之事。我們認爲,這一爻很可能與擴建程邑有關。季歷克程之後又作程,但仍以畢爲都。文王即位之後,仍以畢爲都,而不是與商更近的程。據《今本竹書紀年》記載,文王釋歸之後,諸侯逆之而歸於程。[6]《逸周書·大匡解》云:“維周王宅程三年,遭天之大荒。”則文王釋歸之後一直居程。彼時,周國很可能已經遷都於程。然而,“虞芮之訟”之後,文王聲震天下,歸於文王者日多。程邑舊有的規模,必不能滿足實力日益增長的需要,也無法安置逐漸歸附的天下之人。故須在原有程邑的基礎之上再行擴建,便是所謂的“大作”。

六二:“或益之十朋之龜,弗克違,永貞吉。王用享于帝,吉。”這一爻説的是有人進獻元龜,文王用之占卜而吉,於是在岐山祭天稱王。此爻大致與《損》六五相同,不再贅言。

六三:“益之,用凶事,无咎。有孚中行,告公用圭。”“凶事”,王弼

---

[1] 王弼注、孔穎達疏《周易正義》,第 207 頁。

[2] 程顥、程頤《二程集》,第 914 頁。

[3] 高亨《周易大傳今注》,第 273 頁。

[4] 李零《死生有命　富貴在天:〈周易〉的自然哲學》,第 225 頁。

[5] 曹瑋《周原甲骨文》,北京:世界圖書出版公司,2002 年,第 12 頁。

[6] 《今本竹書紀年》:“(帝辛)二十九年,釋西伯,諸侯逆西伯,歸于程。”

曰:“衰危。”[1]伊川曰:“患難非常之事。”[2]李零據馬王堆本改“工事”。[3]其實,古以戰爭爲“凶事”,如《老子》“吉事尚左,凶事尚右”。前半句“益之,用凶事,无咎”,與《損》“弗損,益之,无咎”相當,指文王稱王之後征討有罪,得到了諸侯的幫助。後半句“有孚中行,告公用圭”,相對難解。“中行”,歷史上多從“中道之行”、“中道之德”理解。如王弼曰:“位雖不中,用中行者也。”[4]位不中,指爻位非中;“用中行”,指行中道。同樣,伊川既云“處不得中”,又云“所爲合於中道”、“行得中道”。[5]可見,傳統注疏對《周易》“中”的解釋,一面從爻位説,一面從“中道”説。在儒學史上,“中”或“中道”無疑是一個核心的概念。但未必是此處“中行”的原義。

“中行”一詞,在六三與六四同時出現。高亨認爲:“中行似爲人名,似即微子之弟仲衍。”[6]關於六三,他説:“殷國有凶災之事,謀公助益之,結果無咎,且有所俘獲。中行來告災乞援,用圭爲乞援之禮物。”[7]關於六四,他説:“依讀爲殷,即殷商也。遷國,遷都也。……中行以凶災之事告某公,公從之,於是助殷遷國,其事順利。”[8]進一步,他説:“余疑微子本在殷,被封於宋時,由殷遷宋,遇凶事,乃遣仲衍求助於周公,周公遂助之遷國。”[9]其實,在高亨之前(1936 年),于省吾已讀“利用爲依遷國”爲“利用爲殷遷國”:“是遷殷國於宋,而封康叔於殷虚朝歌也。”[10]若從《益》的整體敘事來看,這兩爻不可能是成王時期的事情,但説這兩爻關涉“仲衍”卻還是有可能的。中衍爲帝辛庶兄。《吕氏春

[1] 王弼注、孔穎達疏《周易正義》,第 208 頁。
[2] 程顥、程頤:《二程集》,第 915 頁。
[3] 李零《死生有命　富貴在天:〈周易〉的自然哲學》,第 226 頁。
[4] 王弼注、孔穎達疏《周易正義》,第 209 頁。
[5] 程顥、程頤《二程集》,第 915—916 頁。
[6][7][8] 高亨:《周易大傳今注》,第 274 頁。
[9] 高亨《周易大傳今注》,第 276 頁。
[10] 于省吾《雙劍誃易經新證》,北京:中華書局,2009 年,第 730—731 頁。

秋・當務》:“紂之同母三人,其長曰微子啟,其次曰中衍,其次曰受德。”我們知道,文王與帝乙是同一代人。[1]由於文王高壽,後來又與帝辛同時。“仲衍”爲帝辛兄,在時間上確有可能與文王發生關係。那麽,文王與仲衍之間,可能會有什麽往來呢?

據史書記載,“微子去之”,乃回到了封地。《論語集解》引馬融曰:“微、箕,二國名。”孫星衍説微子封地在山東梁山之北。現代學者考證,微子封地更可能在殷都的西邊,而非東南。朱鳳瀚指出,殷後期王族子支封地可考者,都在豫北西端,晉南、晉東南地區,目的在於屏護殷商。[2]若這種格局屬實,則殷商本來的防禦中心在西北方向。據《四書釋地》、《太平寰宇記》、《一統志》,“潞安府”(今長治市)東北十五/二十里有“微子城”、“微子嶺”、“微子橋”。今長治市位於河南淇縣(朝歌)西北約一百六十公里,安陽(殷墟)西面約一百五十公里。有學者從甲骨文的研究出發,也認爲山西境内就有一個微國。[3]另有學者結合《吕氏春秋・誠廉》召公與微子盟於“共頭(山)”的記載,以及對武庚之叛的分析,以佐證之。[4]的確,如果微國在殷商西面,與周國會有更多的接觸機會。因此,我們似乎有理由把六三“中行告公用圭”理解爲仲衍代表微國前來歸附。至於六四的“中行告公從”,則表明仲衍有求於文王,或爲文王提了一個具體的建議。[5]

---

〔1〕即位時間相仿,又有“帝乙歸妹”之事。

〔2〕參見朱鳳瀚《商代晚期社會中的商人宗族》,載田昌五主編《華夏文明》第3集,北京:北京大學出版社,1992年,第90頁。

〔3〕李雪山《卜辭所見商代晚期封國分佈考》,《殷都學刊》2004年第2期。

〔4〕陳立柱《微子封建考》,《歷史研究》2005年第6期,第67頁。

〔5〕值得注意的是,陳立柱通過對一些歷史記載的重新解讀,認爲《尚書・牧誓》所言參與伐紂的“庸、蜀、羌、髳、微、盧、彭、濮”中的“微”即微子之微,又認爲膠鬲(《吕氏春秋》“殷使膠鬲候周師”)是微子的臣屬和共謀,進而提出:“‘微子去之’以自獻於先王的所作所爲,正是暗中與周接謀,盟誓擁周,派族人參與伐紂,入周爲史爲謀,以及暗中使紂兵前徒倒戈,接應武王,促成紂王速速滅亡,從而得到周的諒解,以圖保有先王的祭祀。”(參見陳立柱《微子封建考》,第71頁)順此,則微仲見文王(告公),就有可能是微子所委派,而與文王來接洽。這一説法與傳統的歷史敘事大相徑庭。

不過,把"中行"理解爲"仲衍",有一個困難。除了《益》卦兩爻之外,《周易》還有兩處提到了"中行"。《泰》九二:"包荒,用馮河,不遐遺,朋亡,得尚于中行。"《夬》九五:"莧陸夬夬,中行无咎。"對於這兩爻的"中行",高亨、李零等,皆作"中途"或"中道",[1]没有理解爲人名(更不用説歷代注疏了)。同一個詞,有完全不同的解法,這本身並非不可理解。但無疑會削弱其解釋的效力。那麽,有没有可能後者的"中行",也都是指微仲呢?根據我們之前的分析,《泰》九二是説文王初年伐商敗歸之事。當時文王即位不久,微仲又比文王小一輩,不太可能對文王提供幫助。

對《泰》九二、《夬》九五來説,將"中行"理解爲"中途"或"途中"是合適的。《泰》九二"得尚于中行",意思是説周人在回逃的途中,得到了他人的幫助。而《夬》九五"莧陸夬夬,中行无咎"。根據其前後的敘事,這一句是説文王征伐之事。"莧陸",伊川、朱子認爲是"馬齒莧"。[2]這是一種田間路旁常見的伏地雜草。"夬夬",高亨曰:"借爲趹趹,急走之貌。"[3]那麽,這句話是説,在外匆匆行軍,途中没有咎害。這是對征伐行軍的描繪。

那麽,《益》的"中行"是否可能也是中途的意思呢?我們知道,《益》六三爻"益之,用凶事,无咎"指文王征伐之事。順此,"有孚中行,告公用圭",當是表現征伐途中的事情的。出於年齡的原因,文王征伐,很可能是武王領兵。文王的征伐,不以劫掠爲目的,非常重視對所征之國安撫、治理和秩序重建。據卜辭的記載,文王打下一國之後,便會親至其地。[4]

〔1〕《泰》九二"得尚于中行",高亨曰:"中行即道中。"(高亨《周易大傳今注》,第114頁)《夬》九五"中行无咎",李零曰:"'中行'是半道。"(李零《死生有命　富貴在天:〈周易〉的自然哲學》,第230頁)

〔2〕程顥、程頤《二程集》,第922頁;朱熹《周易本義》,第162頁。

〔3〕高亨《周易大傳今注》,第281頁。

〔4〕周原卜辭有文王親至密須的記載。參見楊寬《西周史》,第90頁。

《大雅·皇矣》説文王克崇之後"是致是附",便有安撫之意。[1]由於文王征討的是有罪諸侯,而征伐之後又有相應的重建措施,故獲得了沿途各國諸侯、百姓、庶民的信服。故曰"有孚中行"。沿途諸侯紛紛前來歸附,奉周文王爲王,故曰"告公用圭"。伊川曰:"圭者,通信之物。《禮》云:'大夫執圭而使,所以申信也。'凡祭祀朝聘用圭玉,所以通達誠信也。"[2]在這裡,"告公用圭"不是替他人出使,而是指沿途的諸侯正式朝見文王。故"告公用圭"除了表信之外,還有歸附和臣服的意思。從這裡,也可以看到,天下歸周不可能一蹴而就。從文王稱王,到"三分天下有其二",有一個逐漸獲得天下人信任的過程。

同樣,我們也可以用這種方式理解《益》六四。"中行告公從",是説途中有諸侯給文王出了個主意,而文王聽從了這個建議。具體而言,這個建議就是"爲依遷國"。"依",歷史上多解釋爲"依附"、"依靠"的意思,學者好引《左傳·隱公六年》"周之東遷,晉鄭焉依"爲證。[3]近代學者追究史實,多將"依"讀作"殷",進而作"殷商"解。[4]與之相對,楊寬對"依"字有不同的解法。《大雅·公劉》第四章:"篤公劉,于京斯依。"又云:"既登乃依。"兩處的"依",鄭玄、毛《傳》作"依傍"、"依幾"解。楊寬認爲:"'依'當讀作'殷',古時'殷''依'聲同通用。"[5]他分析道:"《公劉》這一章'于京斯依',和第六章'于豳斯館'文例相同。'館'指居住的宫室,'依'當讀如'扆',指族衆聚會的廳堂。'既登乃依'的'依',當讀作'殷',是指舉行族衆會見並參與宴會之禮。"[6]如此,則

〔1〕馬瑞辰曰:"附當讀如拊循之拊,亦通作撫。……《説苑》:'文王伐崇,令毋殺人,毋壞室,毋填井,毋伐樹木,毋動六畜。'何楷謂即此詩'是致是附',其説是也。"氏著《毛詩傳箋通釋》,北京:中華書局,1989年,第856頁。

〔2〕程顥、程頤《二程集》,第915頁。

〔3〕王弼注、孔穎達疏《周易正義》,第209頁;朱熹《周易本義》,第159頁。

〔4〕的確,周原甲骨文也多以"衣"代"商",如"衣王田至於帛"(鳳雛H11:3)、"唯衣微子來降"(鳳雛H31:2)等。

〔5〕楊寬《西周史》,第34頁。

〔6〕楊寬《西周史》,第35頁。

“于京斯依”,是説公劉在大塊向陽高地上營建公共活動的場所。楊氏進一步指出:“(依)這種廳堂的起源很早,在原始氏族制的村落中,中部就造有一所較大屋子,供集體活動之用。這種廳堂也就是後來所謂明堂或辟雍的起源,既成爲貴族集體行禮、集會、聚餐、練武、奏樂的地方,又成爲貴族弟子學習的處所,兼有禮堂、會議室、俱樂部和學校性質。”〔1〕

我們可以把楊寬對“依”的理解,應用到《益》六四的解釋中。所謂“爲依”,即興建“依”這種公共活動場所,是“遷國”的題中之義。聯繫《益》卦的敘事脈絡,“爲依遷國”具體是指文王遷豐之事。至於作者爲何要特意先提“爲依”,再言“遷國”,則不僅僅有以部分代全體的用意。文王遷豐,首先關切和考慮的是營建公共場所,而不是個人的宫室,其中便能體現先公後私的德行。這與公劉(《公劉》)和亶父(《緜》)營建新都的順序一致,也與《周易》他處(《豐》卦)對作豐的過程的描述相通。值得注意的是,馬王堆帛書《周易》作“爲家遷國”,則“爲家”與“遷國”相當於互文。這在一定程度上可以證成我們對“爲依”的解釋(作“處所”解),同時也反襯出了“爲依”在義理上的優勝之處。

此外,之所以要遷豐,一個重要原因是爲了安置前來歸附的諸侯和民衆。西周金文《史牆盤銘》:“雩武王既𢦏殷,微史剌且迺來見武王,武王則令周公舍寓,于周卑處。”又《瘐鐘銘》:“雩武王既𢦏殷,微史剌且來見武王,武王則令周公舍寓,以五十頌處。”可見,諸侯來歸,武王乃於周卜而舍之。那麼,在文王的時代,也當如是。諸侯帶著族人前來歸附,文王便有義務收留,並安置在特定的處所和地界。這或許是“中行告公從,利用爲依遷國”的另一層意義。

九五:“有孚惠心,勿問元吉,有孚惠我德。”王弼以兩“有孚”分别與“惠心”、“惠我德”連讀。他認爲,“有孚惠心”是“信以惠心”的意思。由

---

〔1〕 楊寬《西周史》,第39頁。

於"爲惠之大,莫大於心",無須占問,便知元吉,故曰"勿問元吉"。而"有孚惠我德"是"以誠惠物,物亦應之"的意思。[1]故此爻是説,一是説統治者施恩惠施到了百姓庶人的心坎上,一是説百姓庶人對統治者感恩戴德。[2]聯繫歷史背景,這一爻説的正是文王遷豐之後,諸侯、百姓、庶民受文王盛德感召,咸來歸附的情形。可以説,祗是到了這個時候,文王纔真正達到了"三分天下有其二"(《論語·泰伯》)和"天下歸心"的地步。這個方面的内容,同時表現在《豐》、《井》兩卦的歷史敘事中,也表現在《大雅·靈臺》的描繪和讚美中。

上九:"莫益之,或擊之,立心勿恒,凶。"前半句"莫益之,或擊之",意思比較明確,是説没有人來增益它,卻有人來攻擊它。後半句不易理解。王弼曰:"處益之極,過盈者也。求益無已,心無恒者也。"[3]王注先從爻位出發,指出此爻"處益之極",不應再度增益。但何謂"求益無已,心無恒者也"?從字面上看,"無已"表示一種狀態的持續,恰恰是"恒"的表現,王弼反而説他是"無恒者"。其實,這裡的"有恒"、"無恒",連著"心"講,乃是一個專有的説法。孟子曰:"無恒產而有恒心者,惟士爲能。若民,則無恒產,因無恒心。苟無恒心,放辟邪侈,無不爲已。"(《孟子·梁惠王上》)又曰:"民之爲道也,有恒產者有恒心,無恒產者無恒心。"(《孟子·滕文公上》)這裡的"有恒心",説的是有操守、有道德,是士君子的特徵。顯然,王弼是在這個意義上説的。故伊川曰:"'立心勿恒,凶':聖人戒人存心不可專利,云:勿恒如是,凶之道也,所當速改也。"[4]

---

〔1〕王弼注、孔穎達疏《周易正義》,第 209 頁。

〔2〕需要説明的是,殷墟卜辭有的以"不惟"與"惠"或"惟"與"不惠"對言,"惠"字的用法與"惟"相似。裘錫圭指出:"'惠'和'惟'應該是一對音、義皆近的虛詞。"(裘錫圭《中國出土古文獻十講》,上海:復旦大學出版社,2008 年,第 165 頁)若此,則"有孚惠心"相當於"有孚惟心"(與《坎》"有孚維心"同),"有孚惠我德"相當於"有孚惟我德"。前者是説"衷心信孚",後者是説"信孚於我之明德"。這就與我們文中的解釋稍有差别。

〔3〕王弼注、孔穎達疏《周易正義》,第 209 頁。

〔4〕程顥、程頤《二程集》,第 917 頁。

從歷史敘事看,這一爻指的是文王之歿,以及周人此後的狀態。據《周本紀》,文王遷豐第二年而崩。在當時周人集團的内部,文王是具有傳奇色彩的領袖人物,也是翦商大業的精神支柱。文王是受命的王,也是具有盛德的王。諸侯和賢士對周人的信任,主要建立在對文王的信任和感惠之上。這一點,我們祇要舉個例子就可以明白。據《周本紀》,九年,武王盟津觀兵,奉的是文王的木主,又自稱太子發,以示不敢自專之意。十一年,武王伐商,渡盟津而誓:"惟我文考若日月之照臨,光于四方,顯于西土。惟我有周誕受多方。予克受,非予武,惟朕文考無罪;受克予,非朕文考有罪,惟予小子無良。"(僞古文《尚書·泰誓下》)這些記載都説明,武王伐商借用的是文王的名義,是爲了完成文王的志業。可以從側面反映出文王的號召力。也正因爲對文王的倚賴,他的死對於周人來説,就是一場巨大的政治危機。一方面,没有更多的諸侯前來歸附;一方面,又要防備其他勢力乘其不備而來攻擊。於是,周人忐忑不安,故曰"立心勿恒,凶"。"勿,猶無也。"[1]恒,猶安也。[2]"立心勿恒",就是居心不安的意思。

文王之殁造成的政治恐慌,在《周易》其他卦中也有反映。《豐》上六"闚其户,闃其無人,三歲不覿,凶"一句,説的就是文王之殁導致的危機。《升》上六"冥升,利于不息之貞",也是指文王之殁。但與《益》、《豐》不同的是,《升》没有渲染此事造成的恐慌,而是從正面加以告誡。從中我們可以看到周人應對這一政治危機的兩個策略:一是對文王的神化,包括宣傳文王殁後升天,在帝左右,於昭于天;二是在政治施設和德行修爲上向文王學習,樹立諸侯對周人(武王、周公)的信任。

我們可以看到,《益》的歷史敘事,從虞、芮來賓開始,直到文王之殁,涵蓋了文王後期興作的基本過程。文王稱王之後,隨即進行了一系

〔1〕王弼注、孔穎達疏《周易正義》,第210頁。
〔2〕《周禮·夏官·司弓矢》:"恒矢痺矢,用諸散射。"注曰:"恒矢,安居之矢也。"

列的軍事征伐,並遷都於豐。從政治、軍事,以及民心方面,爲武王克商奠定了基礎。故卦辭曰"利有攸往,利涉大川"。

五、清華簡《程寤》及相關問題

在文王受命稱王的討論中,有所謂太姒之夢的問題。《吕氏春秋·誠廉》記載,伯夷、叔齊曾批評武王:"割牲而盟以爲信,因四内與共頭以明行,揚夢以説衆,殺伐以要利,以此紹殷,是以亂易暴也。"其中,"揚夢以説衆"的"夢",指的就是太姒之夢。按《吕氏春秋》的説法,武王曾把這一事件作爲一種政治資本來宣揚。如果確有其事,武王"揚夢以説衆",應是文王歿後之事,是武王應對當時政治危機的策略之一。關於這一事件,《逸周書》有《程寤》一篇,惜其久已亡佚。佚文散見於各種類書籍:

> 文王去商在程,正月既生魄,太姒夢見商之庭産棘,小子發取周庭之梓樹乎闕間,梓化爲松柏棫柞。寤驚,以告文王。王及太子發並拜吉夢,受商之大命於皇天上帝。(《太平御覽》卷三九七)
>
> 十年正月,文王自商至程。太姒夢見商庭生棘,太子發取周庭之梓樹之於闕間,梓化爲松柏柞棫。覺而驚,以告文王。文王不敢占,召太子發,命祝以幣告於宗廟羣神,然後占之於明堂。及發並拜吉夢,遂作《程寤》。(《太平御覽》卷八四引《帝王世紀》)

兩個記載大致相同。文王從羑里歸來之後,居於程邑。其間,太姒做了一個奇怪的夢。在夢中,商人王庭長出了很多荆棘,姬發把周庭的梓樹種到了商庭之上,梓樹或變成了松柏,或變成了棫柞。太姒驚醒,告知文王。文王剛開始還不敢占。後來與姬發一道,先行祭祀,再占於明堂。結果顯示這是一個吉夢,表示"受商之大命於皇天上帝"。

這一事件,此前没有太多學者關注。隨著清華簡《程寤》篇的現世,才逐漸爲學者所重視。下面我們先録簡本《程寤》如下:

惟王元祀貞月既生魄,大姒夢見商廷惟棘,迺小子發取周廷梓樹於厥間,化爲松柏、棫柞。寤驚,告王。王弗敢占,詔太子發,卑(俾)靈名凶,祓。祝忻祓王,巫率祓大姒,宗丁祓大子發。敝(幣)告宗方(祊)社稷,祈於六末山川,攻于商神,望、烝,占於明堂。王及大子發並拜吉夢,受商命於皇上帝。興,曰:“發,女敬聽吉夢。朋棘戩梓,松柏副,棫覆柞,化爲䕬。於呼,何敬非朋,何戒非商,何用非樹!因欲,不違材。女(如)天降疾,旨味既用,不可藥,時不遠。惟商戚在周,周戚在商,欲惟柏夢,徒庶言迖,引(矧)又亡秋明武威,女(如)棫柞亡根。於(嗚)呼,敬哉!朕聞周長不貳,務擇用周,果拜不忍,綏用多福。惟梓敝不義芃于商,卑(俾)行量亡乏,明明在向。惟容内(納)棘,意(億)亡,勿用,不忎。思(使)卑柔和順,眚(生)民不災,懷允。于(嗚)呼,何監非時,何務非和,何褢非文,何保非道,何愛非身,何力非人。人謀强,不可以藏。後戒後戒,人用女(汝)謀,愛日不足。”〔1〕

全面地解讀此篇,不是本文的關切所在。在這裡,我們衹是想要簡單探討以下幾個問題。

關於事件發生的時間,《帝王世紀》記爲“十年正月”。這一記載,學者不得其解,認爲這不可能是文王十年的事情。〔2〕其實,這裡的紀年不是文王即位紀年,很可能是姬昌封公之第十年。楊寬曰:“殷、周貴族的紀年,很不統一。有以君王嗣位之年開始計算的,也有以某一特大事件發生之年開始計算的,更有以當年發生的大事作紀年標誌的。”〔3〕這一説法是有道理的。前面我們已經看到,對於周人來説,姬昌封三公是一件大事。故《周易》多次提到文王封公而受享於商王之事。〔4〕由此,文

〔1〕參見李學勤主編《清華大學藏戰國竹簡(壹)》,上海:中西書局,2010年。

〔2〕陳穎飛《清華簡〈程寤〉與文王受命》,載《清華大學學報》2013年第2期,第133頁。

〔3〕楊寬《西周史》,第182頁。

〔4〕《大有》九三:“公用亨于天子,小人弗克。”《晉》六三:“衆允,悔亡。”《升》初六:“允升,大吉。”等等。

王有了"禴祭"的職權。故《周易》三次提到"禴祭",並以之爲周人受福的標誌。[1]因此,周人一度從文王封公之年紀年,完全是可以想像的。而《程寤》所謂"惟王元祀",指明太姒發夢之年即文王稱王之年,篇中又點明此夢意味著"受商命於皇上帝"。可知,太姒發夢之年,即文王受命元年。

關於太姒之夢的内容。太姒夢見商庭長滿了荆棘,姬發取了周庭的梓樹種到了商庭之上,梓樹化作了松柏、棫柞。這樣一個夢,使太姒驚醒,而文王的第一反應是"弗敢占"。這個夢究竟有何奇特,使文王和太姒如此憂心呢?

首先,"商廷惟棘"的意象。釋者認爲:"以棘比喻奸佞朋黨,以松柏比喻賢良善人。"[2]從一般的意義上説,這是正確的。除此之外,"棘"對文王來説,還有特殊的意味。《坎》上六:"係用徽纆,寘于叢棘,三歲不得,凶。"虞翻曰:"獄外種九棘,故稱'叢棘'。"[3]高亨曰:"監獄牆上牆外皆種有刺之棘木,以防囚人之逃出,故稱之爲叢棘。"[4]李零進一步指出,古人聽訟之所,亦有三槐、九棘、二石之設,故不衹是監牢有"九棘"。[5]總之,爻辭是説,用繩捆綁犯人,置於叢棘之中,數年不得釋放。[6]聯繫《坎》卦的歷史敘事,可知此爻説的正是文王囚羑里之事。文王囚羑里七年之久,雖不必受盡苦難,但對"叢棘"的意象必定記憶猶新。《程寤》説"朋棘戕梓",戕字原讀爲"鬷",取"棄"義。其實,戕字從戈,或有戕害之義。在周人的印象中,"棘"是牢獄之災的象徵。正是由於這個原因,太姒驚嚇而醒,文王也難以抑制内心的緊張。他們

---

〔1〕《萃》六二:"引吉,无咎,孚乃利用禴。"《升》九二:"孚乃利用禴,无咎。"《既濟》九五:"東鄰殺牛,不如西鄰之禴祭,實受其福。"

〔2〕李學勤主編《清華大學藏戰國竹簡(壹)》,第137頁。

〔3〕李鼎祚《周易集解》,第101頁。

〔4〕高亨《周易大傳今注》,第210—211頁。

〔5〕李零《死生有命　富貴在天:〈周易〉的自然哲學》,第178頁。

〔6〕虞翻曰:"'不得'謂不得出獄。"李鼎祚《周易集解》,第101頁。

深怕此夢預示商王會再次給周人帶來牢獄之災,故而隨即進行了除凶的祓祭。

在那個時期,文王對自身的處境有清醒的認識。《困》上六:"困于葛藟,于臲卼。曰動悔,有悔,征吉。"從史實的角度看,《困》九五"劓刖,困于赤紱,乃徐有説,利用祭祀",是説文王囚羑里、脱羑里之事。順此,上六便是説文王對當時自身處境的考量和決斷。葛藟,即葛蔓,是藤類纏繞植物。《周南·樛木》:"南有樛木,葛藟累之。"《逸周書·大開武解》也有"商今生葛"之説。可知,"葛藟"是一種束縛的東西。"臲卼",孔穎達以爲"動揺不安之貌",[1]李零認爲是"緊張不安"的意思。[2]"動悔",即生悔。總之,文王當時的處境,就如喬木被藤蔓纏繞束縛一般,在風中揺曳。在這種情況下,文王有了決斷,與其産生悔恨,不如主動進發,於是有了征伐之事。爻辭的"葛藟",可以理解爲商王的束縛,也可以對應到商朝爪牙(黎、崇等)對周人的牽制。"葛藟"與"叢棘",兩者所表現的文王的處境和心境是一致的。

其次,"梓"與"松、柏"及"棫、柞"的區别。有學者認爲:"松、柏、棫、柞,皆可爲棟樑之材,質地較梓堅硬。"[3]這是不能成立的。下文云"棫柞亡根",這兩種樹根基不深,不可能是高大的喬木。有學者指出:"'棫'、'柞'屬於灌木,並且生有棘刺,一般用作取火之材,有時單獨使用,有時合稱,如《詩·大雅·棫樸》'芃芃棫樸,薪之槱之',《詩·大雅·旱麓》'瑟彼柞棫,民所燎矣'。而且'棫'、'柞'常是人們拔除的對象,如《詩·大雅·緜》'柞棫拔矣,行道兑矣',這説明'棫'、'柞'是比較低劣的樹。"[4]其説可從。故"松柏棫柞"分兩組來看,"松柏"爲一組,"棫柞"爲一組。前者爲良材,後者爲灌木。以言人事,則前者爲賢才,

---

〔1〕王弼注、孔穎達疏《周易正義》,第232頁。

〔2〕李零《死生有命　富貴在天:〈周易〉的自然哲學》,第243頁。

〔3〕黄懷信《清華簡〈程寤〉解讀》,載《魯東大學學報》2011年第4期。

〔4〕袁瑩《清華簡〈程寤〉校讀》(復旦大學出土文獻與古文字研究中心網站,http://www.gwz.fudan.edu.cn/SrcShow.asp?Src_ID=1376)

後者爲庸人。再加上“朋棘”(害木,喻小人),則文王已將商臣劃分爲三等。

進一步説,“梓”與“松柏”都是良材,其間又有重要的不同,否則太姒之夢便不會有“周梓”化爲“松柏”之説。其實,對於古人來説,梓與松、柏,因其產地與用處的不同,實具有政治象徵的意義。《論語》記載,哀公問社於宰我,宰我對曰:“夏后氏以松,殷人以柏,周人以栗,曰使民戰慄。”(《論語·八佾》)社,鄭本作“主”,鄭注曰:“主,田主,謂社主。”也就是社稷之神的神主。宰我指出,社稷之(木)主的用材,三代不同。夏朝用松樹,商朝用柏樹,周人用栗樹。之所以如此,孔安國曰:“凡建邦立社,各以其土所宜之木。”皇侃疏:“夏居河東,河東宜松。殷居亳,亳宜柏。周居豐鎬,豐鎬宜栗。”[1]宗廟社稷乃是國家的象徵,故其用材之不同,可以指代不同的朝廷。因而,太姒夢中的“松”、“柏”,不僅僅是木材而已,更是夏人、商人的一種象徵。故下文“惟商戚在周,周戚在商,欲惟柏夢”,説完商、周互相防範之後,即云“柏夢”。當時,周人最以商、周關係爲重,故單舉“柏”以稱太姒之夢爲“柏夢”。相應而言,夢中的“梓”應是周材(周人)的象徵。《周書》有《梓材》一篇,傳説爲武王告康叔之書,其中有一句“若作梓材,既勤樸斫,惟其塗丹雘”。以匠人作“梓材”爲器比喻爲政之術,[2]可見梓木乃當時周人常用的木材。需要注意的是,宰我説“周人以栗”,而太姒夢“梓”,其差異或由於文王之時禮制未定,或由於不同時期都邑不同造成的(太姒夢時在畢、程,西周在豐鎬、洛邑)。

這樣,姬發種“周梓”於商庭而化爲“松柏棫柞”,便可以承載很多政治的意涵。文王對此夢的政治意味非常敏感,衹是不知此夢究竟當如何解釋,也不知道到底是凶是吉。占卜之後,此夢的意義纔最終確定了

〔1〕 皇侃《論語義疏》,北京:中華書局,2013年,第71頁。
〔2〕 孔安國傳、孔穎達疏《尚書正義》,第566頁。

下來。大概的意思是説,商朝已經無可救藥;商庭中的賢臣,便是周人的梓材,對於這些來歸的賢士大臣,應予接納,各因其才而用之;〔1〕對於商庭中的小人,應當予以容納,以免生靈遭殃,但不可有所任用。

其實,從文王的話中,我們似乎看不出太姒之夢與受命有直接的關係。《周易》卦爻辭記録了文王時期幾乎所有重要的歷史事件。但我們無法找到太姒之夢的相關敘事。如果太姒之夢,在當時就已經被視爲一個象徵"受命"的事件,那麽在《周易》的卦爻辭中不可能没有反映。且從前面的分析,文王稱王的線索和過程,已經清晰而完整,也没有必要在此之外加入另外的環節。當然,從《程寤》及其他古籍的記載看,太姒之夢應該是真實的事件(尤其《程寤》所展現的文王形象與《周易》卦爻辭高度一致),而且這一事件也可能確實發生在文王元年。衹是兩者未必有直接的關聯。一種可能的解釋是,當時文王衹是認定它是一個"吉夢",卻没有視之爲"受命"的標誌。具體的稱王之事,尚在虞芮之訟之後。至於《程寤》"受商命於皇上帝"之説,則可能是文王歿後,周人出於某種現實的需求,作了引申解讀的結果。故《吕氏春秋》有武王"揚夢以説衆"之説。畢竟,在《詩》中,文王還是一個"於昭于天"、"在帝左右"的人。

六、文王"受命"之説

如果"受命"之説不是源於"太姒之夢",又會源於哪裡呢? 我們認爲,文王受命,應出自文王龜卜的活動。

在古人看來,龜卜是一個決疑的過程,也可以是一個受命的過程。《尚書・大誥》:"已,予惟小子,不敢替上帝命。天休于寧王,興我小邦

〔1〕 接納和重用商朝賢人,是文王以來的傳統。如文王以辛甲爲太史,武王接納商内史向摯。《大雅・文王》:"殷士膚敏,祼將于京,王之藎臣,無念爾祖。"就是此番情境。

周,寧王惟卜用,克綏受兹命。今天其相民,矧亦惟卜用。”此中“寧王”,即文王之謂也。從“天休”至於“兹命”,回顧了文王的故事。意思是説,上天降休美於文王,要興起我小邦之周。文王用龜卜占之,乃安受上天之命。從這裡可以看到,在周公看來,文王是通過占卜而接受天命的。之所以可以龜卜天命,應與其所用的元龜的神性有關。周公一面説“不敢替上帝命”,一面説“矧亦惟卜用”,可知龜卜的結果便是上帝之命。於是,周公東征之前,也仿效文王以占卜決天命。《大誥》又曰:“矧今卜并吉,肆朕誕以爾東征,天命不僭,卜陳惟若兹。”周公確從龜卜之吉中解讀天命。

而從《周易》來看,《損》六五:“或益之十朋之龜,弗克違,元吉。”《益》六二:“或益之十朋之龜,弗克違,永貞吉,王用享于帝,吉。”文王占卜,最初的因緣是諸侯進獻元龜。文王后來用元龜占卜,結果是“元吉”或“永貞吉”。結合《大誥》周公所説,則此次占卜,即是文王受天大命的標誌。接著,文王就在岐山祭天稱王了。從這裡看,文王是“受命”在先,“稱王”在後。此外,《姤》九五:“以杞包瓜,含章,有隕自天。”根據前後文的敘事,這一爻是指岐山祭天。“以杞包瓜”,是説用杞柳編成的筐來盛瓜果祭品。“含章”,内含章美之德,指的是文王。隕,降也。“有隕自天”,即有天命降於文王的意思。這裡將祭祀與受命放在一起敘述。可見,時人對文王占卜和祭祀兩事不作著意區分,是當作一件事情來看待的。除了此爻,《周易》中還有兩爻與天命有關。《大有》上九:“自天祐之,吉,無不利。”從前後文敘事看,這一爻是文王從羑里歸來之後。很可能是指文王在龜卜和祭天的時候,受到了上天的護佑。與“有隕自天”一致。《大畜》上九:“何天之衢,亨。”從前後文看,這一爻是文王征伐之後,當文王遷豐之時。何,荷也。衢,道也。李零曰:“‘何天之衢’是上承天道的意思。”[1]此爻是説,文王因爲上承天道、行天之命,所以

〔1〕 李零《死生有命　富貴在天:〈周易〉的自然哲學》,第166頁。

如此這般亨通。結合以上的分析,我們傾向於認爲,文王用元龜占卜,才是“受命”的標誌。

值得指出的是,根據《周易》的卦爻辭,文王得到元龜之後的龜卜,同時很可能伴隨著多次的筮占。《比》:“吉,原筮元永貞,无咎。”這一句話有很多歧解。原筮,孔穎達曰:“原窮其情,筮決其意。”又曰:“原謂原窮比者根本,筮謂筮決求比之情。”〔1〕伊川曰:“推原占決。”〔2〕朱子曰:“再筮。”〔3〕尚秉和曰:“猶言野筮也。”〔4〕李零同之。〔5〕各種解法,莫衷一是。其中,朱子將“原”字作“再”字解,比較有意思。原有初始的意思。《説文》:“原,始也。”初在邏輯上包含了“再”的意思。但直接將“原筮”解作“再筮”,也不可取。因爲畢竟相對於“再”,“原”字更應該是“初”。巧的是,《蒙》卦辭有:“初筮告,再三瀆,瀆則不告,利貞。”其中的“告”字,熹平石經作“吉”,而馬王堆帛書《易經》作“吉”、《繆和》亦引作“吉”。當以作“吉”爲凖。這一句話説明,進行了多次的占筮,第一次結果是好的,而後面的結果不好。卦辭並對不好的原因作出了解釋,是因爲多次占筮已經褻瀆了占筮本身。可見,最終卦辭還是選取了初筮吉的結果。回到《比》的卦辭,我們認爲,這兩者記録的是同一件事情。“原筮元永貞”,也就是“初筮吉”的意思。之所以强調“原筮”,是因爲確實經過了多次的占筮,最終選取了第一次的好結果。這次占筮在《周易》卦辭中兩次出現,背後應該是一件大事。而“元永貞”的表達,又與《益》六二“永貞吉”相近,皆用了“永貞”。此外,《萃》九五:“萃有位,无咎。匪孚,元永貞,悔亡。”根據我們的分析,這一爻前半句即指諸侯來朝、進獻元龜。後半句則與文王稱王之前的占卜有關。同樣用了“元永貞”。進一步結合《比》、《蒙》的整體敘事内容,我們大概可以認定,上引

〔1〕王弼注、孔穎達疏《周易正義》,第64頁。
〔2〕程顥、程頤《二程集》,第738頁。
〔3〕朱熹《周易本義》,第65頁。
〔4〕尚秉和《周易尚氏學》,第46頁。
〔5〕李零《死生有命　富貴在天:〈周易〉的自然哲學》,第102—103頁。

的卦辭,説的應與文王稱王有關。換句話説,文王稱王之前,一面用元龜占卜,一面用筮法貞問。

其實,這一點也不難理解。周人平時好用筮占,文王作《周易》卦爻辭,更當是筮占的高手。諸侯來朝,進獻了元龜。文王行事審慎,心中有疑,很有可能先用了筮占。自己決疑之後,才應諸侯的要求,用元龜占卜,結果更是大吉,這纔受命稱王。文王的受命,當以龜卜爲主。但文王自身心志的決定,很可能是在筮占中完成的。職是之故,《周易》詳細記録了這次筮占的過程。當然,以上細節的描述有很多推測的成分。

至於"受命"的具體内容。《逸周書·商誓解》:"上帝弗顯,乃命朕文考曰:殪商之多罪紂。"《尚書·康誥》:"天乃大命文王,殪戎殷,誕受厥命。越厥邦厥民,惟時敘,乃寡兄勖。"可見,文王從天所受是伐商之命。而《尚書·君奭》:"殷既墜厥命,我有周既受。"又曰:"迪見冒聞于上帝,唯時受有殷命哉。"則與清華簡《程寤》"受商命於皇上帝"一致,是説受了商的天命。顯然,這是兩種不同意義的"命"。前者指天帝的具體指令。後者是没有具體内容而可以保有的"天命",相當於上帝的眷顧和保佑,是天下之王的象徵。商紂所稱"我生不有命在天"(《尚書·西伯戡黎》)指的就是後一種天命。從伐商之命到受商之命,可能有一個發展的過程。不過,這些都是後來的説法。從文王時代的形勢看,商周關係並未處於敵對的狀態,文王在一定程度上,仍然臣服於商王(孔子所謂"以服事殷")。就此而言,文王可以"受命",此"命"很可能與"稱王"有關,但不太可能明確説受了"殪殷"之命。其"命"的内容的具體闡釋,應是武王之後的事情。

七、文王"稱王"之説

文王自己是否已經稱王,這是一個自古以來聚訟不已的問題。根據我們的研究,文王確曾在龜卜受命之後稱王。前面,我們多少已經給出了一些理據。在此,我們可以稍作總結。文王稱王的證據包括:其一,"或人"進獻元龜,而元龜是王(天子)之所用;其二,據《大誥》,文王因元龜占卜而受命;其三,"王用享于帝",文王在岐山祭天,而祭天是王的職權;其四,"用賓于王",是説歸順和朝見文王;其五,"告公用圭",執圭表信,也是歸順之義。

另外,在《周易》的敘事中,一般在文王受命稱王之後纔用"王"的稱謂。如《觀》六四"利用賓于王",是諸侯來朝之時稱"王";《隨》上六"王用亨于西山",《升》六四"王用亨于岐山",《益》六二"王用享于帝",是祭天之時稱"王";《師》九二"王三錫命",《比》九五"王用三驅",是征伐之時稱"王";《井》九三"王明",《豐》"王假之",是遷豐之時稱"王"。衹有兩次泛用了"王"的稱呼:《夬》"揚于王庭",是指周庭;《家人》九五"王假有家",是指文王自羑里歸來之時。《周易》對"王"的稱呼的用法,顯然不是隨意的。

進一步,我們認爲,文王不但晚年稱王,即位之初也曾稱王。這是爲了聯絡多方勢力,以報殺父之仇。即《古本竹書紀年》所謂"二年,周人伐商"是也。《泰》初九、九二,《否》初六、六二,都是描繪聯絡宗族友邦一同伐商的情形。值得注意的是,《大雅·大明》在"大任有身,生此文王"之後説:"維此文王,小心翼翼。昭事上帝,聿懷多福。厥德不回,以受方國。"此後敘述了"帝乙歸妹"之事。這一章,以往都作寬泛的理解。但我們認爲,背後應有具體的史實。"以受方國",即接受方國歸附。與後來文王受命稱王之年諸侯來朝,《比》曰"不寧方來"是一樣的。《大明》的"以受方國",時間在即位之初,説明當時確有很多方國歸順了文王,[1]同時意味著文王初年已經稱王。另外,《否》六二有"包承"的説法。包承,包納和承受,其實就是"以受方國"之義。文王即位之初稱王,與"受方國"而"伐商"是一脈相承的。也因爲文王曾經稱王,故當文

---

〔1〕這與太王、王季的經營是分不開的。

王重新歸順商朝,成爲商王諸侯的時候,《小畜》初九稱之曰“復自道”;而當文王再次受命稱王的時候,由於是“復”之“復”,故《復》曰“反復其道,七日來復”。可見,《周易》關於文王兩次“稱王”的説法是内在統一的。

而關於“稱王”的意義,王國維認爲:“世疑文王受命稱王,不知古諸侯於境内稱‘王’,與稱‘君’、稱‘公’無異。”〔1〕這個説法有失片面。文王受命稱王,作爲一個歷史性的轉折時刻,具有實質的内涵。這個“王”的意義,絶不僅僅是限於諸侯國境之内。稱王之後,文王開始祭天,開始接受諸侯的朝見和歸附,也開始行使征伐和分封的權力。不過,王氏的説法並非全無道理。周原甲骨 H11:84:“貞:王其桒又(祐)太甲,𠬝周方白(伯),□甶(惟)足不(丕)𠂇(佐)於受又(有)又(祐)。”又 H11:82:“……□文武……王其邵(昭)帝(禘)……天……典𠬝周方白(伯),甶(惟)足亡(無)𠂇(佐)……王受又(有)又(祐)。”這是周王祈求獲得商王册封方伯的記録。其中的王,我們認爲,即指文王。〔2〕其時未封“方伯”,應在文王封三公和西伯之前,很可能是帝乙、帝辛之際。當時文王尚未稱王,而卜史記録的時候稱之爲王。這種用法,恰符合静安所論“諸侯於境内稱王”之義。而《夬》“揚于王庭”、《家人》九五“王假有家”,也可以作類似的理解。但這種“王”,與文王后來受命而當天下諸侯的王,不可同日而語。

或許正是因爲“王”的兩種不同的意義,一方面“受命稱王”,一方面“以服事殷”(《論語·泰伯》),〔3〕在文王的時代可以並行不悖。商周的關係,也還没有達到完全敵對的地步。衹是到了武王扛起了伐商的大旗,遂將文王的“受命”直接解釋爲“殪殷”之命。“武王”的“王”,就完全是天下之王的意思了。

---

〔1〕王國維《觀堂别集》卷一《古諸侯稱王説》,《觀堂集林(附别集)》,第 1152 頁。

〔2〕武王之時,獨立既久,不會再尋求商王的册封。

〔3〕《左傳》襄公四年:“文王帥殷之叛國以事紂。”

八、小結

依據《周易》,我們可以得到文王稱王前後的歷史敘事。文王在帝辛時代封三公。其後不久,由於九侯之事及崇侯虎的譖言,被商王囚於羑里。七年之後,通過閎夭之徒的積極營救,終於得脱。諸侯逆文王而歸程邑。文王回來親自主政,任賢臣、興教化,以致周國民風醇美。幾年之後,虞、芮因訟來周,看到了周國的民俗風情,感受到了文王的盛德大化,心生慚愧而退。此事之後,文王盛德聲動天下,諸侯紛紛前來歸附,進獻元龜於文王,有推舉文王之意。文王推脱不下,遂以元龜決之,獲得了大吉的徵兆。這是文王"受命"之始。於是,在岐山正式祭天稱王。稱王之後,文王隨即進行了一系列的征伐戰爭,攻克了商紂在西面的藩屏和爪牙。[1]其後,又遷都於豐京。文王稱王,雖是衆多諸侯推舉的結果,但文王的盛德和實力,還未得到其他諸侯、百姓、庶民的普遍信任。文王征伐之後,採取了相應的秩序重建的工作,使沿途的諸侯、百姓、庶民深感文王的恩澤,最終形成了"三分天下有其二"和"天下歸心"的格局。

可見,我們從《周易》得到的歷史敘事,接近於《史記》的記載。當然,歷史上關於文王受命稱王的討論,還涉及"太姒之夢"和"赤烏丹書"之説。隨著清華簡《程寤》的出現,因爲其中有"受商命於皇上帝"之辭,學者傾向於相信,"太姒之夢"是文王受命的標誌。[2]對於這個問題,我們有不同的看法。從《程寤》的記載看,文王言辭中並没有提到"受命"之辭,其受命的意義很可能是後人詮釋的結果。並且,《周易》爲文王和周公所作,敘述了商周之變的重要事件,但其中没有關於"太姒之夢"的

---

〔1〕 參見何益鑫《〈周易〉所見文王征伐的歷史敘事》,《思想與文化》2019 年第 1 期。
〔2〕 陳穎飛《清華簡〈程寤〉與文王受命》,第 140 頁。

明確記載。可見,"太姒之夢"或許是文王受命當年確曾發生的事件,但在文王心目中,它還算不上"受命"的標誌。這一事件的重大政治意義,很可能是在武王時期,出於對文王宣傳的需要而附益上去的。因而,伯夷、叔齊對武王有"揚夢以説衆"的批評(《吕氏春秋・誠廉》)。至於"赤鳥丹書"之説,[1]在《周易》中也没有反映,很可能是東周以後神化演繹的結果。

〔1〕這類的記載,見於以下文獻。《墨子・非攻》:"赤鳥銜珪,降周之岐社,曰:天命周文王伐殷,有國。"《易緯是類謀》:"文王比靈斯興始霸,伐崇,作靈臺,受赤雀丹書,稱王制命,示王意。"《易緯通卦驗》:"有人侯牙,倉姬演步,有鳥將顧。"《春秋元命苞》:"鳳皇銜丹書於文王之都。"《尚書帝命驗》:"季秋之月甲子,赤爵銜丹書入於酆,止於昌户。其書云……"(《史記正義》引)等等。

衛湜《禮記集説》在宋元論著中的身影考述*

楊晉龍**

一、前言

傳統中國社會的運作,"禮"的作用甚爲重要,禮是制約傳統中國人行爲重要的基本規範,上自帝皇成人,下至平民兒童,莫不有符合其年齡地位該遵循的禮儀。傳統中國禮儀文本的載體,自以"十三經"内的"三禮"爲主,唐代以來,"三禮"之中最受重視者,莫過於《禮記》,宋代以後解説《禮記》的專著越來越多,〔1〕清代以後,自以衛湜和陳澔兩部《禮記集説》最受矚目,其中陳澔飽受清朝學者的譏評,衛湜卻成爲清朝學界的寵兒,〔2〕清朝學界在《禮記》學上興起的"崇衛卑陳"之態勢,至今

* 本文爲臺灣科技主管部門專題研究計劃《衛湜及其〈禮記集説〉在宋元明三朝的流傳研究》(MOST 108—2410—H—001—055—)的研究成果。感謝臺灣科技主管部門在經費與人員上的支援,使得本研究計劃得以順利且方便地執行。本文初稿曾發表於 2020 年 10 月 22 日由桃園中央大學中國文學系主辦的"宋明清儒學的類型與發展Ⅶ"學術會議,評論人蔣秋華學長及與會學者孫致文教授、陳威瑨教授等,提供資料與睿見,使本文的訛誤,可以減至最低,謹此致謝。

** 作者單位:臺灣"中研院"中國文哲研究所、臺北大學中文系合聘。

〔1〕 此可參閲王鍔《三禮研究論著提要(增訂本)》(蘭州:甘肅教育出版社,2007 年)的相關内容。

〔2〕 參閲朱彝尊《經義考》及清朝官方編輯的《四庫全書總目》,即可大略了解。

依然存在著頗大的影響力。但民國以來中外對衛湜《禮記集説》的研究,卻並不特别熱烈,諸如衛湜《禮記集説》如何從宋朝流傳到清朝,尤其是在明朝陳澔《禮記集説》當道的氛圍下,如何繼續流播而進入清朝?還有該書進入清朝之前,在宋、元、明等三朝流播的情況如何?這些涉及衛湜《禮記集説》價值與地位瞭解的議題,就經學史或禮學史,以及衛湜《禮記集説》等的研究而論,當該具有研究認知的學術意義與價值,但長期以來並没有受到必要的關注,因此設計本研究進行討論,以便比較確實的取得有用的相關答案,提供研究者參考。但由於宋元兩朝相對於明朝,並不存在陳澔《禮記集説》一枝獨秀的情況,本計劃因而將明朝獨立出來,另文探討,本文僅先討論衛湜《禮記集説》在南宋與元朝被接受而傳播的實情。

衛湜《禮記集説》(以下簡稱"衛湜《集説》")進入民國以後,學界的研究並不熱烈,尤其臺灣至今爲止,筆者衹見到陳恒嵩和謝淑熙等兩篇論及衛湜《集説》的單篇論文,[1]猶未見有專門研究衛湜《集説》的論文或專著,但臺灣的碩博士學位論文,自1998—2019學年,倒有85篇徵引衛湜《集説》(包括《中庸集説》)。[2]香港、日本也没有見到專門研究的論著,[3]民國以來關注衛湜《集説》的研究,主要還是以大陸學者的表現較爲積極。[4]僅是涉及者不計,直接探討衛湜《集説》者:有一部書,[5]此書把衛湜《集説》之《中庸》部分,單獨抽出整理成書。碩士論

〔1〕 論文内容觸及衛湜《禮記集説》者:陳恒嵩《〈禮記集説大全〉修纂取材來源探究》,《東吴中文研究集刊》第4期(1997年5月),第1—24頁;謝淑熙《〈禮記〉注本探析》,《元亨學刊》創刊號(2010年9月),第181—206頁。

〔2〕 搜尋臺北圖書館《臺灣期刊論文索引系統》、《臺灣博碩士論文加值系統》和《HyRead臺灣全文資料庫》的結果。

〔3〕 搜尋香港中文大學圖書館、香港大學圖書館、日本國立國會圖書館、東洋學文獻類目、CINII(日本の論文をさがす)等的結果。

〔4〕 搜尋北京國家圖書館《文津搜索》、CNKI中國知網、北京大學圖書館、維普網、萬方數據庫等網頁的結果。

〔5〕 (宋)衛湜撰,楊少涵校理《中庸集説》,桂林:灕江出版社,2011年。關於此書的優點與不足,可參閲石立善《讀〈中庸集説〉校理本》,《衡水學院學報》2013年第3期,第36—38頁。

文有一篇,[1]此學位論文考察衛湜《集説》徵引的學者與書籍。單篇論文共十四篇,大略歸納研究的議題,主要探討的内容:或討論衛湜《集説》的版本問題;[2]或歸納説明衛湜《集説》寫作的緣起、版本、表現的内容及功能;[3]或從衛湜《集説》蒐輯佚書;[4]或從衛湜《集説》歸納徵引學人所説之内容,[5]其中以涉及搜輯佚書的論文最多,共有八篇,顯然有不少學者將衛湜《集説》當成輯佚的文獻材料。不過此類將衛湜《集説》當成輯佚材料,從中輯出佚書的作爲,早有先例,葉廷琯(1792—1869)和葉德輝(1864—1927)就曾經從衛湜《集説》内輯出葉夢得(1077—1148)《禮記解》。[6]從前述的搜尋論證,可知衛湜《集説》雖在清朝享有大名,但清末民初以來,比較受學者關注的竟然是輯佚的功能,至於衛湜《集説》在"三禮"學或其他學科的功能作用,確實没有受到學界的關注。從而可知本文從傳播的角度,探討衛湜《集説》在宋元兩

〔1〕桂梟《衛湜〈禮記集説〉引人引書考》,北京:北京大學中國古典文獻學碩士論文,2013年。

〔2〕陳杏珍《宋嚴州刻本〈禮記集説〉》,《故宫博物院院刊》1999年第4期,第69—72頁;曾曉梅、毛遠明《阮元校勘〈禮記正義〉存在的問題》,《圖書情報工作》第55卷第23期(2011年12月),第135—139頁;井超《阮元校勘〈禮記注疏〉引〈禮記集説〉版本考異》,《古籍整理研究學刊》2018年第3期,第83—87頁。

〔3〕潘斌《衛湜〈禮記集説〉探論》,《儒藏論壇》第6輯(2012年12月),第33—67頁。

〔4〕潘斌《王安石佚書〈禮記發明〉輯考》,《古代文明》第4卷第2期(2010年4月),第61—70頁;郭曉東《論司馬光對〈中庸〉"性"與"誠"的詮釋:從經學史與道學史的雙重脈絡考察》,《復旦學報(社會科學版)》2010年第5期,第69—77頁;魏濤《司馬光佚書〈《大學》《中庸》廣義〉輯考》,《宋史研究論叢》第14輯(2013年12月),第547—560頁;桂梟《陳亮〈中庸〉佚説輯釋》,《北京大學中國古文獻研究中心集刊》第13輯(2014年1月),第76—89頁;林鵠《〈經學理窟·宗法〉與程頤語録——兼論衛湜〈禮記集説〉中的張載説》,《經學思想研究》2015年第2期,第64—71頁;桂梟《葉適〈大學講義〉(外二種)輯考》,《北京大學中國古文獻研究中心集刊》第15輯(2016年8月),第28—49頁;于中航《李格非〈禮記精義〉輯存》,《海岱學刊》2016年第2期,第216—242頁;桂梟《范成大〈禮記〉佚説輯釋》,《古籍整理研究學刊》2019年第1期,第49—53頁。

〔5〕沈娟《從"大同小康説"闡釋看宋儒的"三代觀"——以〈禮運集説〉爲中心》,《切磋集》2015年第1期,第61—90頁,歸納探討衛湜《集説》收録宋代學者的"三代觀"。杜樂琛《〈禮記集説〉樂記中的禮樂天地關係》,《大衆文藝》2016年第21期(11月),第158—159頁,搜集探討衛湜《集説》徵引的各家關於音樂的思想觀點。

〔6〕(宋)葉夢得著,葉德輝輯録《禮記解·序》([清]宣統元年[1909]長沙葉氏觀古堂刻本),第1頁。

朝學界被接受的實情,就瞭解衛湜《集説》的學術地位與功能及影響而論,自然就具有研究的學術意義與價值了。

本文寫作的目的旨在探討衛湜《集説》在宋元兩朝學界被接受而影響的實情,由於乾隆朝《四庫全書》抄録衛湜《集説》,並没有所謂刻意删改的問題,因此將以比較方便取得的《四庫全書》本,作爲本文研究探討統計觀察的底本。研究搜尋使用的文獻,以包括《四庫全書》、《四庫存目叢書》、《續修四庫全書》等大型叢書收録的南宋與元朝學人的著作爲對象。其書收入網絡資料庫者,將設定相關的"關鍵詞",使用電腦搜尋方式以取得論文需要且有效的信息,未收入網絡資料庫者,經由閱讀而篩選。篩選的標準:排除徵引鄭玄(127—200)的《注》與孔穎達(574—648)等《正義》的文本,專門關注徵引宋朝學者的解説文本。探討的目的,則是通過南宋與元朝學人著作提及或轉引衛湜《集説》等關注接受的實際表現,以考查衛湜《集説》在南宋與元朝被學人討論接受的實況,用以瞭解衛湜《集説》在南宋與元朝學人心目中的學術形象,進而瞭解衛湜《集説》在兩個朝代的學術地位與功能及其實際的影響表現。研究進行的程序,除説明研究緣起的《前言》外,首先,將歸納探討臺灣現存南宋朝學人論著接受衛湜《集説》的實況;其次,歸納探討臺灣現存元朝學人論著接受衛湜《集説》的實情;再次,分析南宋與元朝現存著作接受衛湜《集説》的學術意義;最終統合南宋與元朝現存著作接受衛湜《集説》的實際表現,用以呈現衛湜《集説》在宋元兩朝學術上的功能與地位。

二、南宋著作内衛湜《禮記集説》身影考

衛湜《集説》成書後,曾在宋理宗趙昀(1205—1264, 1225—1264 在位)寶慶二年十月(1226 年 11 月)呈獻朝廷,並且受到朝廷的肯定,這對該書在社會聲名的傳播,必然帶來巨大的正面影響力。因爲在傳媒不

發達的傳統中國,相較於書商與親朋等的小衆傳播,朝廷皇帝的肯定與官方系統的擴散傳布功能,無疑是最具影響力的存在。當然,由於衛湜《集説》初版在五年後的紹定四年(1231)刻成,修訂版甚至要在十四年後的嘉熙四年(1240)方纔刻成,是以知道此書的存在,與是否能接觸到此書;還有即使能接觸到此書,與是否有經濟能力購買此書,或有機會閲讀到此書,以及是否接受此書,等等,並不必然成正相關的關係。但無論如何,寶慶二年以後,衛湜《集説》進入社會相關人士,尤其是關心"三禮"研究的學者,甚至把《禮記》内《大學》與《中庸》納入其中的四書相關研究者的視野,應該是個可以肯定的事實。

衛湜《集説》抄本既然呈獻給朝廷,必然留在朝廷中,家中也必然存有副本。留存於朝廷的抄本,朝中官員當有機會閲覽,留存於家中的副本,家人與親朋衹要願意自也有閲讀的機會,因此衛湜《集説》在刊刻之前,應該就曾以抄本的形態,傳播於少部分的官員與家族之間,必須等到紹定四年以後,方才呈現於社會大衆之前。關於衛湜《集説》在宋代著作内的傳播,除爲該書寫序的魏了翁(1178—1237)、衛湜主動贈送《集説》的真德秀(1178—1235)之外,[1]其他論及或接受衛湜《集説》的情況,經由閲讀搜尋而獲得的結果如下:

首先,陳振孫(1179—1262)在其《直齋書録解題》介紹衛湜《集説》曰:"《禮記集説》一百六十卷。直秘閣崑山衛湜正叔集諸家説,自《注》《疏》而下爲一書,各著其姓氏。寶慶二年表上之,由此寓直中秘。魏鶴山爲作序。"[2]但不知是自身擁有此書,或僅是轉引自其他文獻。

其次,方大琮(1183—1247)寫信給同樣來自福建的同鄉高定子(1177—1247),詢問是否有餘書,若有餘書則懇求贈送一部衛湜《集説》。該信説:

〔1〕以上信息,可參閲陳杏珍《宋嚴州刻本〈禮記集説〉》、潘斌《衛湜〈禮記集説〉探論》等二文的相關討論。

〔2〕(宋)陳振孫《直齋書録解題·禮類》(《四庫全書》本),卷二,第29頁。

某輒有無厭之稟，某昨在直翁侍郎處，見所惠衛氏編集《禮記解》，欲之不可得，恐都承自金陵來，或更多有之，則乞賜以一部，若無則已之，恃庢愛輒忘其僭，皇悚汗下。〔1〕

福建籍的方大琮説自己曾在徐清叟（1182—1262）家裡，看到同鄉高定子送給徐清叟的衛湜《集説》，因而請求高定子若還有存書，希望也可以送自己一部。方大琮寫此信後的結果如何不得而知，但可知高定子和徐清叟都擁有衛湜《集説》，方大琮則希望也可以擁有一部。此雖是單文孤證，但亦可部分證明衛湜《集説》確實受到部分學人的重視。

其三，馬光祖（1200—1270）和周應合（1213—1280）纂修的《建康志》中，提到該地藏有"《禮記集説》四千六百版"，〔2〕雖未明言係衛湜《集説》，但當時以《禮記集説》爲書名，且刻板如此之衆的書，除衛湜《集説》外，當無第二部。

其四，黄震（1213—1280）在其《黄氏日抄》卷十四到卷二十九《讀禮記》共十六卷中，大量徵引來自諸家的文獻，黄氏在説明此十六卷文獻來源時提到：

吴郡衛湜集《禮記》解，自鄭康成而下，得一百四十六家，惟方氏、馬氏、陸氏有全書，其餘僅解篇章，凡講義、論説嘗及之者，皆取之，以足其數。其書浩瀚，惟嚴陵郡有官本。岳公珂《集解》亦然，皆未易徧觀。天台賈蒙繼之，始選取二十六家，視衛、岳爲要，而其采取，亦互有不同，其書又惟儀真郡學有録本，世罕得其傳，今因并合各家所集而類抄之。〔3〕

此外，黄氏在解〈中庸〉時，亦有批評諸注釋家之言曰：

〔1〕（宋）方大琮《鐵庵集·高少卿（定子）》（［明］正德八年［1513］方良節刻本），卷十五，《中國基本古籍庫》，總第124頁。

〔2〕（宋）馬光祖修，（宋）周應合纂《建康志·文籍志·書版》（［宋］景定二年［1261］刻；［清］嘉慶六年［1801］重刻本），卷三十三，《中國方志庫》，第12頁。

〔3〕（宋）黄震《黄氏日抄·讀禮記一》（《四庫全書》本），卷十四，第1頁。

《中庸》,按《家語》子思所作,實得聖門之親傳,非漢儒所集,其他記禮比也。然至唐李翱始爲之説,至本朝周濂溪始得其要,至二程先生、張横渠、吕氏、游氏、楊氏、侯氏、謝氏、尹氏,始各推衍其義。自是爲集解者凡三家,會稽石憝初集濂溪以下十人之説,晦菴先生因其《集解》删成《輯畧》,别爲《章句》以總其歸,又爲《或問》以明其所以去取之意,已無餘藴矣。吴郡衛湜再爲《集解》,乃增入石氏元本及附入石氏元所不集,與晦菴以後,諸皆取之,晦菴《章句》雖亦參錯其間,意若反有未滿於晦菴者。天台賈蒙久爲《集解》,雜列諸家,晦菴《章句》之説,又特間見一二而已。晦菴以命世特出之才,任萬世道統之託,平生用力盡在四書,四書歸宿萃於《中庸》,其該貫精備,何可當也,而二家之所見如此哉!……若衛氏、賈氏所集晦菴《章句》後晚出諸説,間亦竊附一二,以示義理無窮,非敢偏主一説,以示來者考焉。〔1〕

可見衛湜《集説》亦是此十六卷選取的文獻,經由詳細的比對,《黄氏日抄》在此十六卷内,確實轉引不少來自衛湜《集説》的文獻,〔2〕從而可知黄震確實參考轉引了衛湜《集説》。

其五,王應麟(1223—1296)也提到"衛湜《集説》一百六十卷,寶慶二年十月上"。〔3〕這僅是陳述一件歷史事實,但對衛湜《集説》聲名的傳播,自然有所幫助。另外,《玉海》内徵引有某些與衛湜《集説》所録

〔1〕(宋)黄震《黄氏日抄·讀禮記十二》,卷二十五,第1—2頁。

〔2〕姑以《黄氏日抄·讀禮記一》卷十四觀之,黄氏總共轉引來自衛湜《禮記集説》(《四庫全書》本)的文獻166筆,其中:吕氏74筆、方氏17筆、陳氏12筆、馬氏11筆、戴氏9筆、應氏7筆、晦庵5筆、游氏5筆、胡氏4筆、葉氏4筆、王氏3筆、邵氏2筆、張氏2筆、黄氏2筆、劉氏2筆、横渠2筆、范氏1筆、慮氏1筆、新安王氏1筆、藍田吕氏1筆、廬陵胡氏1筆等。再以卷二十九觀之,黄氏轉引自衛湜《禮記集説》的文獻34筆,其中:吕氏13筆、方氏7筆、晦庵3筆、陸氏3筆、山陰陸氏2筆、馬氏2筆、清江劉氏1筆、程氏1筆、藍田吕氏1筆、嚴陵方氏1筆等。

〔3〕王應麟《玉海·藝文·三禮·政和禮記解義》(《四庫全書》本),卷三十九,第33頁。

文獻相同或相近内容的學者之文,〔1〕當然這也可能是王應麟取自相同的文獻,但觀察《玉海》有“方氏曰:‘鸞車,車之有鈴者,必曰鸞,取其聲之美也;鈎車,取其形之曲。’”一條引文,此條引文最先出現在衛湜《集説》,並無其他來源,是以王應麟應該是取自衛湜《集説》。此外,《小學紺珠》和《六經天文編》也出現與衛湜《集説》相近或相同的引文,〔2〕雖然王應麟没有明白説明來自衛湜《集説》,但依據前述的分析,應該可以合理的推測,王應麟編書之際,確實曾參考衛湜《集説》立説。

其六,方仁榮(1230—1270 前後)、鄭珤(1230—1270 前後)等纂修的《景定嚴州續志》,提到衛湜在嘉熙三年七月初六日(1239 年 8 月 6 日)到四年十二月二十六日(1241 年 1 月 9 日)任知州,並謂其曾“刊《禮記集説》一部”;〔3〕且謂當地典藏有“櫟齋《禮記集説》”,〔4〕這應該是指學宫内的公家藏書而言。

---

〔1〕王應麟《玉海》卷二《天文・堯考星中》第 16 頁徵引“陳氏曰”,見衛湜《禮記集説・月令》,卷三十七,第 21 頁“長樂陳氏曰”;“方氏曰”,見衛湜《禮記集説・月令》,卷三十七,第 22—23 頁“嚴陵方氏曰”;卷十二《曆律・總論時令》,第 20 頁徵引“方氏曰”,見衛湜《禮記集説・月令》,卷四十,第 5 頁“嚴陵方氏曰”。《車服・虞鸞車》,卷七十八,第 18 頁徵引“方氏曰”,見衛湜《禮記集説・明堂位》,卷八十九,第 23—24 頁“嚴陵方氏曰”。《官制・殷六大》,卷一百二十二,第 6 頁徵引“吕氏曰”,見衛湜《禮記集説・曲禮下》,卷十二,第 7 頁“藍田吕氏曰”;“陸氏曰”,見衛湜《禮記集説・曲禮下》,卷十二,第 9 頁“山陰陸氏曰”。《宫室・周五門》,卷一百六十九,第 8—9 頁徵引“方氏曰”,見衛湜《禮記集説・明堂位》,卷七十九,第 40 頁“嚴陵方氏曰”;徵引“陳氏曰”,見衛湜《禮記集説・明堂位》,卷七十九,第 38 頁“長樂陳氏曰”等等。

〔2〕王應麟《小學紺珠・天道類・十二月中星》,卷一,第 11 頁引“陳用之曰”,見衛湜《禮記集説・月令》,卷三十七,第 21 頁“長樂陳氏曰”;引“方氏曰”,見衛湜《禮記集説・月令》,卷三十七,第 22—23 頁“嚴陵方氏曰”。王應麟《六經天文編・四仲中星》(《四庫全書》本),卷上,第 18 頁徵引“方氏曰”,見衛湜《禮記集説・月令》,卷三十七,第 22—23 頁“嚴陵方氏曰”;卷上,第 37 頁徵引“陳氏曰”,見衛湜《禮記集説・月令》,卷三十七,第 21 頁”長樂陳氏曰”。

〔3〕(宋)方仁榮、(宋)鄭珤纂《景定嚴州續志・知州題名・衛湜》(《四庫全書》本),卷二,第 3 頁。

〔4〕(宋)方仁榮、(宋)鄭珤纂《景定嚴州續志・書籍》,卷四,第 10 頁。《四庫全書》本缺一“説”字,作“櫟齋禮記集”,依南宋咸淳(1265—1274)年間刻本補。

衛湜《集説》成書以後,就臺灣可見的南宋現存著作,至少有陳振孫《直齋書録解題》、方大琮《鐵庵集》、馬光祖和周應合纂修《建康志》、黄震《黄氏日抄》、王應麟《玉海》及《小學紺珠》和《六經天文編》、方仁榮與鄭珤纂修《景定嚴州續志》等八部著作,或論及介紹衛湜《集説》,或轉引該書内的文獻。至於個人確定擁有或閱覽過衛湜《集説》者,則有魏了翁、真德秀、高定子、徐清叟、黄震、王應麟等六人。以上即衛湜《集説》在臺灣可見現存南宋著作内出現的身影,其中黄震與王應麟則確實接受了衛湜《集説》,這同時也是衛湜《集説》影響南宋學者的實證。

三、元朝著作内衛湜《禮記集説》身影考

元朝實際的建國者是鐵木真(1162—1227, 1206—1227 在位),鐵木真在宋寧宗(1168—1224, 1194—1224 在位)開禧二年(1206)統一蒙古諸部,建立"大蒙古國"之後,開始侵略擴張。"蒙古國"在宋理宗寶慶三年(1227)滅西夏(1038—1227);在宋理宗端平元年(1234)聯合南宋攻滅金朝(1115—1234);至元世祖忽必烈(1215—1294, 1260—1294 在位)至元十六年(1279)覆滅南宋,結束南北宋三百多年的統治(960—1279),正式統一全中國。

傳統概念中的元朝(1271—1368),指涉的是宋度宗(1240—1274, 1264—1274 在位)咸淳七年(1271)忽必烈改國號爲"元"開始,直至明朝徐達(1332—1385)在洪武元年(1368)八月攻入大都,元順帝(1320—1370, 1333—1370 在位)逃入大漠爲止,總共統治全中國近百年。但在這之前的元朝前身"蒙古國",早就已經統一北方,而與南宋共同統治現代概念中的全中國了,且當宋恭帝(1271—1323, 1274—1276 在位)德祐二年(1276)元軍攻陷臨安之時,宋朝實際上就已經滅亡了,本文討論涉及學者的斷代,因此不免就有歸宋或入元的爭議問

題,唯本文原就統合南宋與元朝而進行討論,學者斷代的歸屬,因此並不會影響到本文的討論分析,是以本文不特別關注學者斷代歸屬的爭議問題。

衛湜將《集說》呈獻給朝廷的時間,距離元軍攻陷臨安爲五十年,初版刊刻時間相距四十五年,修訂版刊刻時間相距三十六年,即使在商品通路相當不發達的傳統中國,經過幾十年的傳播擴散,正常情況下,衛湜《集說》的聲名應該已經擴散到整個南宋地區,關心的士子學者即使無法獲得該書,至少都有機會獲得該書的信息,因此相對於宋朝,元朝學人接觸或聽聞衛湜《集說》的可能性,自然遠遠大於南宋。然則衛湜《集說》在元朝著作中受到關注的情況又如何?以下即根據臺灣可見的文獻討論歸納之。

首先,號稱宋朝皇家宗室的趙悳(約 1260—1330 前後),在其《四書箋義》內,明白稱名轉引來自衛湜《集說》的文獻,共有十一筆,都是直接稱名轉引,或稱"《禮記集說》",或稱"《禮記集註》",〔1〕可知這些轉引的文獻,皆是來自衛湜《集說》。

其次,吴澄(1249—1333)《禮記纂言》徵引的諸家之説,其中亦有相當多與衛湜《集說》内容相近者。其中固然有某些未見於衛湜《集說》者,如:"陵陽李氏曰:'牧伯皆諸侯之賢者,天子所親倚,豈復使内臣監之。'"〔2〕以及文句稍有差異者,如:衛湜《集說》"馬氏曰:'喪期有遠近

〔1〕(元)趙悳《四書箋義》([清]《守山閣叢書》本),《中國基本古籍庫》,《中庸》,卷一,總第 11 頁"衛氏《禮記集說》:'雪川倪氏曰'";《中庸》,卷二,總第 20 頁"衛氏《禮記集說》云";《論語・季氏》,卷三,總第 116 頁"衛湜《禮記集註》:'江陵項氏曰'";《論語・微子》,卷三,總第 125 頁"衛氏《禮記集說》:'新定顧氏曰'";《大學》,卷一,總第 139—140 頁"《禮記集說》:'中山成氏曰'"、"延平周氏曰";《孟子・滕文公章句》,卷二,總第 154 頁"衛氏《禮記集註》:'横渠張氏曰'";《孟子・離婁章句上》,卷二,總第 164 頁"衛氏《禮記集說》:'廬陵胡氏云'";《補遺・祭如在章》,總第 194 頁"衝(衛)氏《禮記集說》:'金華應氏釋《祭統》'";《補遺・滕文公上・性善章》,總第 201 頁"《禮記集說》:'晉陵喻氏曰'"、"臨邛魏氏曰"等。

〔2〕(元)吴澄《禮記纂言・王制》(《四庫全書》本),卷七,第 12 頁。

之殺。'"《禮記纂言》作"馮(馬)氏晞孟曰:'喪期有遠近之數。'""殺"作"數";[1]衛湜《集説》"延平周氏曰:'有虞氏尚氣、殷人尚聲、周人尚臭者。'"《禮記纂言》作"周氏曰:'尚氣、尚聲、尚臭者。'"[2]删去"有虞氏"、"殷人"、"周人"等。衛湜《集説》"延平周氏曰'有事於太廟言禘祫也。'"《禮記纂言》作"周氏曰:'有事於大廟言祫也。'"[3]删去"禘"字。衛湜《集説》"延平周氏曰:'《春秋》書不雨,至于秋七月者三。'"《禮記纂言》作"周氏曰:'《春秋》書正月不雨,至于秋七月者三。'"[4]增入"正月"二字。衛湜《集説》"横渠張氏曰:'耆欲,猶言祥福也。'"《禮記纂言》作"張氏曰:'耆欲,猶言福澤也。'"[5]"祥福"作"福澤"。等等。這類文本文句稍有差異者,表述的内容並無改變,可知吴澄《禮記纂言》或者參考搜集的文獻資料,來源與衛湜《集説》相同,或者是轉引自衛湜《集説》,然考慮吴澄生存時代,取得與衛湜《集説》相同宋人文獻的可能性恐怕不高的前提,大致可以肯定《禮記纂言》轉引自衛湜《集説》的可能性高於參考來源相同文獻的可能性,尤其《禮記纂言》還徵引有二條"王子墨曰"之文,[6]由於"王子墨"之説,除衛湜《集説》徵引之外,並未見到他書有徵引者,可見吴澄此書所徵引者,當是轉引自衛湜《集説》,是以《禮記纂言》與衛湜《集説》相同或相近的文本,應該是直接或間接轉引自衛湜《集説》,然後再加以整理而成。關於《禮記纂言》這類與衛湜《集説》相同或相近的文獻文本,經由詳細的比對統整,最後的結果是轉引的學者總共有五十三家,轉引的諸家之説總共爲 2 311

[1] 衛湜《禮記集説·曲禮上》(《四庫全書》本),卷一,第 38 頁;吴澄《禮記纂言》,卷一上,第 7 頁。

[2] 衛湜《禮記集説·郊特牲》,卷六十七,第 36 頁;吴澄《禮記纂言》,卷二十二,第 18 頁。

[3] 衛湜《禮記集説·祭統》,卷一百十五,第 30 頁;吴澄《禮記纂言》,卷二十四,第 17 頁。

[4] 衛湜《禮記集説·玉藻》,卷七十三,第 39 頁;吴澄《禮記纂言》,卷四,第 6 頁。

[5] 衛湜《禮記集説·孔子閒居》,卷一百二十,第 39 頁;吴澄《禮記纂言》,卷三十,第 6 頁。

[6] 吴澄《禮記纂言》,卷一上,第 6 頁;卷一上,第 9 頁等兩處。

筆,[1]可見吴澄寫作《禮記纂言》之時,確實參考轉引了衛湜《集説》。

其三,胡炳文(1250—1333)《四書通》徵引的文獻内,至少有三筆與衛湜《集説》徵引的文獻内容相同的引文,胡炳文固然没有明確表示引文來自衛湜《集説》,但從《中庸通》内有一段引文説:"衛氏曰:'按:《中庸》一篇,會稽石氏《集解》,自濂溪先生而下凡十家,文公嘗爲之《序》,已而自著《章句》,以十家之説,删成《輯略》,别著《或問》,以開曉後學。'"就此段文字來自衛湜《集説》的事實觀之,[2]當可合理推測《四書通》的引文,應該是直接轉引自衛湜《集説》。再如:《中庸通》:"延平周氏曰:'天神言郊舉其大;地祇言社舉其小。……蓋祭之備物,始於秋而豐於冬,春則少損,而夏則愈薄故也。'"此與衛湜《集説》著録之文一致。[3]又

〔1〕吴澄《禮記纂言》徵引與衛湜《禮記集説》相同或相近文獻資料53家學者及其徵引數量之統計:(1)方氏愨1筆,方氏765筆,共766筆。(2)陸氏佃3筆,陸氏114筆,山陰陸氏148筆,共256筆。(3)陳氏祥道1筆,陳氏《禮書》1筆,長樂陳氏123筆,陳氏91筆,共216筆。(4)馬氏165筆,馮(馬)氏晞孟1筆,共166筆。(5)吕氏大臨119筆,藍田吕氏8筆,共127筆。(6)朱子76筆。(7)張子74筆。(8)應氏鏞1筆,應氏72筆,共73筆。(9)輔氏65筆,慶源輔氏4筆,共69筆。(10)廬陵胡氏68筆。(11)延平周氏32筆,周氏32筆,共64筆。(12)劉氏彝1筆,劉氏30筆,長樂劉氏7筆,共38筆。(13)胡氏銓1筆,胡氏27筆,共28筆。(14)石林葉氏28筆。(15)皇氏23筆。(16)游氏桂1筆,游氏6筆,廣安游氏10筆,共17筆。(17)程子16筆。(18)王氏15筆(王氏1筆,王肅8筆,臨川王氏6筆)。(19)李氏格非1筆,李氏13筆,共14筆。(20)葉氏夢得1筆,葉氏13筆,共14筆。(21)臨川王氏13筆。(22)項氏11筆,江陵項氏1筆,共12筆。(23)熊氏12筆。(24)新安王氏11筆。(25)黄氏10筆(延平黄氏3筆,黄氏7筆)。(26)晏氏10筆。(27)吕氏祖謙3筆,東萊吕氏7筆,共10筆。(28)戴氏溪1筆,戴氏5筆,永嘉戴氏2筆,共8筆。(29)長樂黄氏8筆。(30)清江劉氏8筆。(31)慕容氏8筆。(32)庾氏5筆,庾氏蔚2筆,共7筆。(33)真氏德秀1筆,真氏4筆,共5筆。(34)邵氏淵1筆,邵氏1筆,金華邵氏3筆,共5筆。(35)秦溪楊氏(楊氏復)4筆。(36)張氏3筆。(37)崔氏3筆。(38)趙氏3筆。(39)延平黄氏3筆。(40)盱江李氏2筆。(41)陵陽李氏2筆。(42)慈湖楊氏2筆。(43)王氏子墨2筆。(44)顧氏臨1筆,顧氏元常1筆,共2筆。(45)張氏敬夫1筆,廣漢張氏1筆,共2筆。(46)會稽高氏1筆。(47)王氏炎1筆。(48)王氏昭禹1筆。(49)費氏1筆。(50)葉氏棣1筆。(51)范陽張氏1筆。(52)天台陳氏1筆。(53)顧氏1筆。

〔2〕(元)胡炳文《四書通·中庸通·中庸朱子序·注》(《四庫全書》本),第8頁。"衛氏"即指衛湜,該説見衛湜《禮記集説·中庸》,卷一百二十三,第1頁。

〔3〕胡炳文《四書通·中庸通》,卷二,第27頁。"延平周氏"之説與衛湜《禮記集説·中庸》,卷一百二十九,第29頁所録之文相同。

如:《大學通》:"新定邵氏曰:'他書言平天下本於治國,治國本於齊家,齊家本於修身者有矣。言修身本於正心者,亦有矣。若夫推正心之本於誠意,誠意之本於致知,致知之在於格物,則他書未之言也。六籍之中,惟此篇而已。'"這與衛湜《集説》徵引之文相同,不過"此篇"二字,衛湜《集説》作"此章",[1]這可能是抄録時産生的訛誤,不可能有不同的來源,因爲邵氏此説最早即出現於衛湜《集説》故也。

其四,陳櫟(1252—1334)提到曾抄衛民(氏)《禮記集説》,並轉引《深衣》解説内楊簡(1141—1226)之文討論,以爲"楊慈湖一段,可謂先得我心之所同然者"。[2]更謂其皇慶元年(1312)完成的《禮記集義詳解》,原先"不無所得,未浹洽也",直到"大德丙午(1306)始見衛氏《集説》,乃得因衆説之紛紜,而折衷去取之"。[3]可見衛湜《集説》對陳櫟完成《禮記集義詳解》的重大功用,從而可知衛湜《集説》在陳櫟寫作《禮記集義詳解》時的重要地位,惜此書已經佚失,徵引參考的實情難以得知,但此書確實有轉引自衛湜《集説》的文獻,當可確定。

其五,陸文圭(1252—1336)的《志學解》一文的内容,經由較爲細緻的比對,可確定係融會衛湜《集説》著録徵引諸文而成。[4]其中"鄭氏曰:'期,要也。孝子要盡養道而已。'嚴陵方氏曰:'人生以百年爲期,由是而上,則過乎人所期;由是而下,則不及人之所期矣。'朱氏曰:'期音朞,取周朞之義。期謂百年已周頤,待養而已。'"諸條内容更與衛湜《集説》完全相同,[5]陸文圭雖未明説,但可以判斷此文不僅有直接轉引衛

〔1〕胡炳文《四書通·大學通·朱子章句》,第1頁。"新定邵氏"之説,見衛湜《禮記集説·大學》,卷一百五十,第24頁。

〔2〕(元)陳櫟《定宇集·答問》(《四庫全書》本),卷七,第25—26頁。"楊慈湖曰"一段,見衛湜《禮記集説·深衣》,卷一百四十五,第14—17頁。

〔3〕陳櫟《定宇集·禮記集義自序》,卷一,第8—9頁。

〔4〕(元)陸文圭《牆東類稿·經解·志學解》(《四庫全書》本),卷一,第1—7頁。

〔5〕陸文圭《牆東類稿·經解·志學解》,卷一,第3頁。"鄭氏曰",見衛湜《禮記集説·曲禮上》,卷二,第32頁;"嚴陵方氏曰",見衛湜《禮記集説·曲禮上》,卷二,第36頁;"朱氏曰",見衛湜《禮記集説·曲禮上》,卷二,第42頁;"新安朱氏曰"。

湜《集説》的文本,同時還融會諸説而成文。

其六,詹道傳(1250—1300 前後)《四書纂箋》内有稱名轉引者曰:“《禮記集説》:‘中山成氏曰’”。此《禮記集説》即衛湜《集説》,[1]該筆文獻,顯然是直接轉引自衛湜《集説》,雖然僅有一筆資料,但亦可證明詹道傳寫作《四書纂箋》時,確實直接或間接參考轉引了衛湜《集説》徵引的文本。

其七,馬端臨(1254—1323)《文獻通考》録有“《禮記集説》一百六十卷”,並引陳振孫《直齋書録解題》之言爲説,[2]合理推測,馬端臨應當未擁有衛湜《集説》,甚至很可能並未見過衛湜《集説》,僅是過録《直齋書録解題》而已,雖是如此,但這對衛湜《集説》聲名的傳播,依然具有正面的功能。

其八,程端禮(1271—1345)在《讀書分年日程》的“治《禮記》鈔法”中,主張“節鈔《黄氏日鈔》、陳氏櫟《詳解》、衛氏《集解》精確而有裨正經古註疏者”。[3]顯見程端禮亦知道衛湜《集説》的存在,並肯定其中有“精確而有裨正經古註疏者”。

其九,吴師道(1283—1344)在書寫邵囦(?—1276)《今是堂藁》的〈跋〉文時,提到“吾鄉先輩,宋南渡後,如邵公囦、應公鏞,特深究經學,邵於《易》、《禮》部,應於《易》、《書》、《禮》,皆有論著成書。邵即朱子集中所稱長沙博士,以張宣公《三家禮範》及公《釋奠儀式》刻之學宫者也。余嘗見應氏《書約義》,及於衛湜《禮記集説》,間得所引一二,他則未之識。”[4]據此,可知吴師道確實閲讀過衛湜《集説》,否則必無法説出“於衛湜《禮記集説》,間得所引一二”之論。

---

[1] (元)詹道傳《四書纂箋・孟子纂箋・梁惠王下》(《四庫全書》本),卷二,第 14 頁。“中山成氏曰”一段,見衛湜《禮記集説・王制》,卷三十六,第 2 頁。

[2] (元)馬端臨《文獻通考・經籍考八・經(禮)》(《四庫全書》本),卷一百八十一,第 20 頁。

[3] (元)程端禮《讀書分年日程・自八歲入學之後》(《四庫全書》本),卷一,第 18 頁。

[4] (元)吴師道《禮部集・邵氏今是堂藁跋》(《四庫全書》本),卷十六,第 13—14 頁。案:衛湜《禮記集説》徵引“金華邵氏”(邵囦)75 筆,“金華應氏”(應鏞)181 筆。

其十,熊忠(1297—1335 前後)在《古今韻會舉要》内,亦稱名轉引八條衛湜《集説》之文爲證。轉引之際,或稱"《集解》",或稱"《禮記集説》",或稱"《禮記集解》",或稱"《禮記注》",[1]但無論何種稱名,經由比對可證其文皆來自衛湜《集説》,可知熊忠等編纂《古今韻會舉要》時,曾經直接或間接參考了衛湜《集説》。

其十一,劉岳申(1300—1350 前後)爲劉辰翁(1232—1297)學生曾聞禮(1280 前後)《禮記貫義》寫序,提到"《禮記》固未易讀,《傳》文有似經者,得《疏》而後明,此古注所以不可廢。後來注者益衆,方氏、應氏爲著,最後有衛氏者,盡得諸家之説,而取其尤長者集爲一書,然後罕有見者"。[2]文中這位"盡得諸家之説,而取其尤長者集爲一書"的"衛氏",所指的顯然是衛湜;所謂"得諸家之説,而取其尤長者集爲一書"的那部書,顯然是衛湜的《禮記集説》。無論劉岳申"後罕有見者"之意,指涉的是衛湜《集説》之書難以得見,或是指注解《禮記》者,後來罕有超越衛湜其人者,都可以想見劉岳申對衛湜《集説》的肯定,因爲抱怨求書難,表達的其實就是能夠獲得該書的想望故也。

其十二,汪克寬(1301—1372)提到鄭玉(1298—1358)屢欲與自己參互考訂《禮》經,欲"因朱子師友《儀禮通解》,釐析經傳;因衛氏《集義》,删定《註》説,以成一家之言"。奈何生"值干戈騷屑"之際,導致"志

---

[1] (元)熊忠《古今韻會舉要》(《四庫全書》本):《平聲下四・皋》,卷七,第 7 頁"《集解》'周氏曰'",見衛湜《禮記集説・禮運》,卷五十四,第 39 頁;《平聲下七・央》,卷八,第 19 頁:"《禮記集解》'方氏曰'",見衛湜《禮記集説・王制》,卷三十六,第 5 頁;《平聲下十一・疇》,卷九,第 23 頁"《禮記注》'方氏曰'",見衛湜《禮記集説・月令》,卷四十二,第 33 頁;《上聲二十七・衽》,卷十六,第 17 頁"《禮記注》'方氏曰'",見衛湜《禮記集説・内則》,卷六十九,第 19 頁;《去聲十・紖》,卷二十,第 20 頁"《集解》'方氏曰'",見衛湜《禮記集説・檀弓下》,卷二十,第 9 頁;《去聲十三・綄》,卷二十一,第 4 頁"《集解》'吕氏曰'",見衛湜《禮記集説・喪服小記》,卷八十一,第 5 頁;《去聲十四・獻》,卷二十一,第 5 頁"《禮記注》'吕氏曰'",見衛湜《禮記集説・曲禮上》,卷六,第 30 頁;《去聲二十三・將》,卷二十三,第 19 頁"《禮記注》'方氏曰'",見衛湜《禮記集説・月令》,卷四十三,第 20 頁。

[2] (元)劉岳申《申齋集・禮記貫義序》(《四庫全書》本),卷二,第 16—17 頁。

弗克遂”。[1]衛氏《集義》自是指衛湜《集説》。鄭玉“成一家之言”之願雖無結果,然由此亦可知鄭玉與汪克寬等二人,都相當肯定衛湜《集説》的學術價值。

其十三,梁益(1341 年舉人)在其《詩傳旁通》内,亦稱“衛正叔湜《禮記集説》”之名,轉引“伊川程氏曰”之文一條,[2]無論是直接轉引自衛湜《集説》,或是間接轉引自他書,均可見梁益確實有參考衛湜《集説》之處。

經由前述的考察分析,臺灣可見之元朝學人著作内,涉及衛湜《集説》的信息是:總共有趙悳、吴澄、胡炳文、陳櫟、陸文圭、詹道傳、馬端臨、程端禮、吴師道、熊忠、劉岳申、鄭玉、汪克寬、梁益等十四位學人,在其著作中論及或轉引衛湜《集説》,其中趙悳《四書箋義》、吴澄《禮記纂言》、胡炳文《四書通》、陳櫟《禮記集義詳解》、陸文圭《志學解》、詹道傳《四書纂箋》、熊忠《古今韻會舉要》、梁益《詩傳旁通》等論著,更有直接轉引自衛湜《集説》内之文獻爲説的事實。

四、衛湜《禮記集説》在宋元朝著作身影分析

學術論著的學術地位,來自該論著被接受與有效運用的影響力,被接受與有效運用而産生影響力,奠基於傳播,透過傳播方有可能被認知,認知後纔有可能出現後續關注性的接受、運用與發展,學界接受、運用與發展的程度,決定了該論著的學術地位與價值。因此,傳播情況的實際表現,就成爲探討學術論著地位與價值的重要材料。本文正是基於這樣的認知,期望透過衛湜《集説》在南宋與元朝學人論著中受到關注的實況,用以瞭解衛湜《集説》在此兩朝學界的學術地位與功能價值。

---

〔1〕(元)汪克寬《環谷集・師山先生鄭公行狀》(《四庫全書》本),卷八,第 18 頁。
〔2〕(元)梁益《詩傳旁通・魯頌・賜天子禮樂》(《四庫全書》本),卷十四,第 1 頁“伊川程氏曰”,見衛湜《禮記集説・明堂位》,卷七十九,第 13 頁。

經由前述現存可見文獻的歸納,排除作者及親友與書商等"同温層"者行銷性質的發言,可以瞭解南宋與元代兩朝的一般學人,除了認爲朱熹(1130—1200)"以命世特出之才,任萬世道統之託,平生用力,盡在'四書','四書'歸宿萃於《中庸》,其該貫精備,何可當也",故其解説《中庸》"至當歸一,精義無二"、"已無餘藴"的黄震,對衛湜《集説》稍有不滿之微詞外,〔1〕其他學人對衛湜《集説》的内容大致都持肯定的態度,這可以從方大琮"欲之不可得"的强烈希求情緒;陳櫟"乃得因衆説之紛紜而折衷去取之"的喜悦;程端禮認定衛湜《集説》内有"精確而有裨正經古註疏者";劉岳申"盡得諸家之説,而取其尤長者集爲一書"的讚揚等而知之。受到讚揚的實際理由,如:黄震雖帶點揶揄的口氣謂衛湜《集説》"自鄭康成而下,得一百四十六家,惟方氏、馬氏、陸氏有全書,其餘僅解篇章,凡講義、論説嘗及之者皆取之,以足其數",以及"其書浩瀚"的評論,但這也可以另一個角度來看,不難看出黄震其實也不得不同意衛湜《集説》搜録廣博的表現。〔2〕劉岳申所謂"衛氏者,盡得諸家之説,而取其尤長者,集爲一書"之論,更是明顯稱揚衛湜《集説》搜録的廣博與精當。

學術論著的地位與價直,除讚揚與評騭的言語文字之外,最能表現學術論注重要性者,自是對該學術論著實際的運用發展。考察曾經轉引衛湜《集説》徵引之文的論著,以今日所能獲得的文獻而論,南宋有黄震《黄氏日抄·讀禮記》;王應麟《玉海》、《小學紺珠》、《六經天文編》等四部書;元朝有趙悳《四書箋義》、吴澄《禮記纂言》、胡炳文《四書通》、陳櫟《禮記集義詳解》、詹道傳《四書纂箋》、熊忠《古今韻會舉要》、梁益《詩傳旁通》等七部書,以及陸文圭《志學解》一篇文章。

觀察這些轉引衛湜《集説》論著的内容本質,可以發現衛湜《集説》

〔1〕黄震《黄氏日抄·讀禮記十二·中庸》,卷二十五,第1—2頁。
〔2〕黄震《黄氏日抄·讀禮記一》,卷十四,第1頁。

主要的影響對象，以《禮記》和"四書"的詮解專著爲主，同時還外溢到《詩經》等其他可列入"經部"性質的專書。再就轉引衛湜《集説》諸論著作者的生存時代而論，可以發現宋代僅有二位，元朝則有八位，元朝爲宋朝的四倍，從而可見元朝學人對衛湜《集説》的接受關注程度，遠遠高於宋朝學人。出現此種情況，自然與衛湜《集説》的出版發售情況，具有非常密切的關係，根據文獻殘留的訊息，可以瞭解在南宋時期，雖然衛湜《集説》經過二次刊刻，但流通的情況並不順暢，這可以從方大琮向高定子求書，以及黄震"惟嚴陵郡有官本"的陳述，[1]瞭解南宋時衛湜《集説》流通不廣的情形。進入元朝以後，陳櫟固然有"大德丙午始見衛氏《集説》"之言，但這顯然不是在抱怨此書難以獲得；程端禮既然提倡讀《禮》者需要節抄衛湜《集説》，顯然也不認爲此書很難獲得。根據這些陳述的意思，衛湜《集説》在元朝似乎要比南宋更容易獲得，流傳的情況較爲順暢。如果前述的推測無誤，劉岳申所謂"然後罕有見者"之言，當是指衛湜《集説》之後，注解《禮記》者再也没有像衛湜這樣的人了。

再進一步考察轉引衛湜《集説》入其論著的作者之籍貫，可以發現除南宋的黄震與王應麟都爲江南的浙江人之外，元朝的趙悳、吴澄、胡炳文、詹道傳等都是江西人；陳櫟是安徽人、陸文圭和梁益都是江蘇人、熊忠是福建人。雖然傳統學者因爲科考、任官或遊學等的緣故，以及書商販售、學宫藏書等因素影響，接觸的學者或著作，不可能衹有鄉邦著作而已，但從這些轉引衛湜《集説》論著的作者，籍貫都集中在南宋統治的南方地區，恐怕不能不合理地懷疑，衛湜《集説》即使進入元朝，流傳與影響的地域，依然僅在南方而未能普及於北方，北方的作者既然無緣獲知衛湜《集説》，自然也就不會刻意尋求，衛湜《集説》因此也就難以受到北方學人們的關注，自也就不可能産生任何影響了。根據前述的歸納與分析，可以明確的瞭解，衛湜《集説》無論在南宋或元朝，實際受到

---

〔1〕 黄震《黄氏日抄・讀禮記一》，卷十四，第1頁。

學人關注而產生影響的地區,主要還是在南方地區,對北方學界應該比較缺乏影響力,甚至没有影響作用,雖然無法取得全面性的文獻進行確認,但存在此種可能性的幾率應該非常大。

此外,宋元兩朝學人如何看待與運用衛湜《集説》此書呢?從衛湜在《序》中假借他人質疑的所謂"是書粹聚諸家之善,逾數十萬言,毋乃務博而忘約乎"的自我陳述,[1]以及黄震"其書浩瀚"、"未易偏觀"的發言,[2]可知衛湜《集説》就讀者而言,確實存在篇幅過大的問題。然而若從衛湜"博求諸家之説,零篇碎簡,收拾略徧。至若説異而理俱通,言詳而意有本,抵排孔鄭,援據明白,則亦併録,以俟觀者之折衷"之論,就可知衛湜原本就是要盡量兼容並蓄地多方搜集,因此就衛湜本身而言,"其書浩瀚"即是其寫作的本意,自也就不存在所謂"未易偏觀"的問題,因爲衛湜編輯此書,並非要成一家之言,而是要廣泛搜録相關之説,以"俟觀者之折衷"而"以反説約"之故。[3]再從諸家引述的表現觀之,可知宋元兩朝的學人,大致上都能瞭解衛湜編輯《禮記集説》的目的,因而將衛湜《集説》當成是宋朝以前諸家《禮記》注解的彙編,這與現代人將該書當成輯佚的文獻資料,頗有異曲同工之妙。宋代及其前諸家《禮記》注解的彙編,應該就是宋元兩朝關注衛湜《集説》學人心目中,衛湜《集説》主要的學術形象。

五、結論

學術著作與經典的地位不同,經典没有時間性的制約,學術著作則存在有作者身份及其學術視野,還有不同時空學術風氣影響等的問題,因而會受到時空性的制約,《四庫全書總目》有所謂"經稟聖裁,垂型萬

[1] 衛湜《禮記集説・序》,第2頁。
[2] 黄震《黄氏日抄・讀禮記一》,卷十四,第1頁。
[3] 衛湜《禮記集説・序》,第1頁。

世,删定之旨,如日中天,無所容其贊述,所論次者,詁經之説而已。自漢京以後,垂二千年,儒者沿波,學凡六變"之論,[1]其中所稱"無所容其贊述",就在表述經典不受時空性制約的事實;所謂"學凡六變",指的就是不同時代有不同學風的事實,學風不同之下,著作的内容自然也就産生差異。《四庫全書總目》這裡雖然主要在討論傳統經學,但所有的學術莫不如此,即使一般的流行歌曲也同樣如此,例如著名歌手羅大佑(1954—　)那首有名的歌曲《童年》,歌詞中有"諸葛四郎和魔鬼黨,到底誰搶到那支寶劍"一段話,這段話對二十世紀五十年代出生,看過葉宏甲(1923—1990)漫畫的人很親切,但對二十世紀八十年代以後出生的人,恐怕就會覺得不知所云了。在這樣的認知前提下,以解決社會現存問題爲職志的經學領域的學術著作,更是難以脱離此種規律的制約,傳統中國許多學者用心書寫的經學著作,雖然有些基本的義理不變,但卻有不少由於時過境遷而失去原有的功能,因而很容易就消失在歷史的洪流中。當然,若能夠獲得官方認可,因而成爲官學體制内學習的標準本,流傳的幾率就大大增加,鄭玄、朱熹、陳澔(1260—1341)等都是明顯的例證。另外,若能符合後代學術潮流的需要,同樣也有獲得重生的機會,姚際恒(1647—1715?)、崔述(1740—1816)、方玉潤(1811—1883)等,都是很顯明的例證。衛湜《集説》的完成出版,剛好在寶慶三年(1227)追封朱熹爲信國公,並將周敦頤(1017—1073)、程顥(1032—1085)、程頤(1033—1107)、張載(1020—1077)、朱熹、邵雍(1012—1077)等理學人物入祀孔廟,還將朱熹《四書章句集註》規定爲科舉考試定本,朝廷特别推崇理學的宋理宗時代。在此理學受到朝廷重視,朱熹學術受到特别推崇的學術環境與氛圍下,南宋與元朝學人對衛湜《集説》抱持的態度,大概就與黄震一樣,承認其搜録文獻的成就,不滿於有不同

〔1〕(清)永瑢等《欽定四庫全書總目·經部總敘》([清]武英殿刻本),《文淵閣四庫全書》,卷一,第1頁。

於朱熹的論點,這對衛湜《集説》的學術傳播接受,自然帶來不利的影響,因此必須等到清初漢唐學術復甦之後,衛湜《集説》方才重生而獲得充分肯定。這部受到甚多清朝學人推崇備至的衛湜《集説》,在南宋與元朝等理學高漲的學術語境下,根據臺灣可見文獻的歸納分析,推斷其在兩朝學術環境中的身影,獲得的最後結果與結論如下:

首先,衛湜《集説》在清朝享有大名,進入民國以後,依然受到經學界的推崇,但相關的研究成果卻相當稀少,現代研究最多的部分,乃是把衛湜《集説》當作文獻材料,從中搜尋已經佚失的論著集結成書,對於衛湜《集説》内容與功能,以及歷史發展傳播的情況,並未受到關注,本文的寫作就是希望可以提供歷史發展方面的部分答案。

其次,衛湜《集説》在宋理宗寶慶二年(1226)完成並呈獻給朝廷,受到官方的肯定之後,初刻本出版於紹定四年(1231),嘉熙四年(1240)則刊刻了校訂本,此後一直到清朝約康熙三十一年(1692)《通志堂經解》完全刻成之前,中間四百五十多年來,除明代有幾種抄本外,未見有其他刊刻的版本。[1]

其三,就臺灣可見的南宋學人著作,論及衛湜《集説》的有陳振孫《直齋書録解題》、方大琮《鐵庵集》、馬光祖和周應合纂修《建康志》、黄震《黄氏日抄》、王應麟《玉海》及《小學紺珠》和《六經天文編》、方仁榮與鄭珤纂修《景定嚴州續志》等八部;黄震《黄氏日抄》;王應麟《玉海》、《小學紺珠》、《六經天文編》等四部書,確定有轉引衛湜《集説》的事實。再者,魏了翁、真德秀、高定子、徐清叟、黄震、王應麟等六人,肯定擁有衛湜《集説》,魏了翁、真德秀擁有的很可能是抄本。

其四,就臺灣可見的元朝學人著作,曾經論及衛湜《集説》者,有趙悳、吴澄、胡炳文、陳櫟、陸文圭、詹道傳、馬端臨、程端禮、吴師道、熊忠、劉岳申、鄭玉、汪克寬、梁益等十四位學人;直接轉引衛湜《集説》文本的

[1] 參閲王鍔《三禮研究論著提要(增訂本)》,第287—290頁。

論著有趙悳《四書箋義》、吴澄《禮記纂言》、胡炳文《四書通》、陳櫟《禮記集義詳解》、陸文圭《志學解》、詹道傳《四書纂箋》、熊忠《古今韻會舉要》、梁益《詩傳旁通》等著作。

其五,就臺灣可見的南宋與元朝等兩朝學人著作,關注衛湜《集說》者呈現的事實而論,可以發現論及衛湜《集說》者,主要讚揚的是此書搜輯文獻資料的功能;轉引衛湜《集說》者,以《禮記》和"四書"的著作爲主,外溢到其他學科者並不多。轉引衛湜《集說》的學人,主要集中在南宋版圖的南方地區,尤其以江西學人最多,可見衛湜《集說》的影響,還未能進入先前受元朝統治的北方地區。黄震對此書有篇幅過大,難以卒讀之歎,然多方尋求,兼容並蓄,盡可能完備的搜集,本就是衛湜編輯《集說》的基本意圖,目的在提供"觀者之折衷",宋元兩朝學人大致也將衛湜《集說》當成宋代及其前諸家《禮記》注解的彙編,因而並不存在黄震難以卒讀的問題。

其六,本文經由搜尋臺灣可見之南宋與元朝學人著作,以考求衛湜《集說》在兩朝學界受關注的情形,進而推斷該書在兩朝學術上產生的功能及其學術地位,經由實際的歸納分析,確實獲得衛湜《集說》在宋元兩朝被關注的實況,以及影響的實情。結論以爲本文所得結果,對衛湜《集說》歷史發展的瞭解,提供了部分可信的有效答案,這對於衛湜《集說》傳播發展、《禮記》學及經學史等的研究者,當該具有實質的助益功能焉。

調和與分歧

——清中葉考證學風下的《大學》詮釋

黄　湛*

《大學》原本是《禮記》第四十二篇，南宋時經朱子編纂，與《論語》、《孟子》、《禮記》之《中庸》篇合併爲"四書"。"四書"的成立促使《學》、《庸》完全脱離《禮記》，從"十三經"體系轉入"四書"體系。隨著"四書"在元代立於學官，成爲科舉考試的主要内容，元明清三代讀書人自童年起將《大學》、《中庸》及朱子經解爛熟於心。然而，伴隨著朱子《四書章句集注》成爲官方確立的權威學説，質疑的聲音從未間斷，有關兩篇的作者、章次、詮釋等問題莫衷一是。特别是《大學》一篇經過朱子的删補，面貌與鄭玄、孔穎達用來作注疏的"古本《大學》"判然迥異。無論是朱子改本抑或基於改本的經義發明，都備受爭議。其中既有董槐、王柏等朱子後學的修正；也有跳出朱子改本模式、另起爐灶者，如王陽明據古本《大學》發明心學即最具代表性。

進入清代，尊經崇古之風日漸盛行。一方面，《學》、《庸》開始脱離"四書"體系，有回歸《禮記》的趨勢。學者重新審視朱子改本，不同於宋明學者動輒擅改經文，清儒普遍重視古本，並以此爲基礎發明經義。然而古本與朱子改本並不是非此即彼的關係。學者按照對經文的不同理

---

* 作者單位：清華大學國學院。

解取捨，古本與朱子改本、新經義與《章句》舊義之間殊爲糾纏，從而形成錯綜複雜的詮釋局面。本文將考察清代《大學》、《中庸》回歸《禮記》的過程，在此基礎上，探討清中葉考證學興盛之際，《大學》爭議及其背後的學理問題，並進一步結合漢宋之爭的學術史背景加以考察。

一、從"四書"到《禮記》：經書原貌的恢復與阻礙

（一）尊經重禮風潮下的回歸經典

元代延祐年間，科舉考試以朱子四書注本爲程式，"五經"考試中的《禮記》則專用古注疏而不録《大學》、《中庸》。明初胡廣等人編定《五經大全》，其中《禮記》一經以元人陳澔《禮記集説》爲藍本，亦不載《學》、《庸》。在一般讀書人的知識體系中，《學》、《庸》專屬於"四書"而非經書篇章。官方及私家《禮記》注本也多不載兩篇文字，衹存目録。〔1〕

明代中期，個别學者開始提出《學》、《庸》回歸《禮記》的想法。如祝允明(1460—1527)指出，"《大學》、《中庸》終是《禮記》之一篇"，並認爲"宜以《學》、《庸》還之禮家"。〔2〕不過祝氏並未對《禮記》作詳細的討論，其"還之禮家"還衹是一個設想。真正付諸實踐的是郝敬(1557—1639)。其《禮記通解》一書收録《學》、《庸》並作疏解，郝氏於《大學》選用古本的做法在當時可謂特立獨行。他認爲"禮與道，非二物也"，自《學》、《庸》與其餘四十七篇禮文割裂開來，"道爲空虛而無實地"，"禮似枯瘁而無根柢"，因而批評宋儒將《學》、《庸》視爲"道學之要"，導致《禮記》一書被拆解得支離破碎。〔3〕類似祝、郝的聲音畢竟衹是個案，在明

---

〔1〕有關《大學》《中庸》兩篇在宋、元、明三代脱離《禮記》情況的討論，詳見石立善《〈大學〉〈中庸〉重返〈禮記〉的歷程及其經典地位的下降》，《國學學刊》2012年第3期，第31—37頁。

〔2〕祝允明《懷星堂集》卷一一《貢舉私議》，孫寶點校，杭州：西泠印社出版社，2012年，第272頁。

〔3〕郝敬《讀禮記》，《禮記通解》第1册，哈佛大學燕京圖書館藏明萬曆四十四年刻本，第6頁下—7頁上。

代並未造成太大影響。

清初流行尊經崇古的思潮,《學》、《庸》回歸《禮記》又被重新提起。陳確(1604—1677)指斥《大學》非聖門之言、孔曾之書,實則爲竄入禪學的異端。他在《大學辨》中提出將《學》、《庸》歸還《戴記》:"竊欲還《學》、《庸》於《戴記》,删性理之支言,琢磨程、朱,光復孔、孟,出學人於重圍之内。"[1]又説:"欲黜《大學》,還《戴記》,以息宋以來五百餘年學人支離附會、紛紜爭辨之端。"[2]雖然陳確從根本上否定了《大學》的神聖性,但没有因此要求廢黜不用。在他看來,宋明儒爲這一來路不明的僞書爭論不休,不若將其歸還漢人編輯的雜篇合集《禮記》,存疑處理以息紛爭。

黄宗炎(1616—1686)和王夫之(1619—1692)從禮學的角度闡述《學》、《庸》回歸《禮記》的必要性。黄氏認爲《學》、《庸》並非性道之書,"《大學》之修齊治平,《中庸》直至、參贊、位育、無聲無臭,亦祇形容禮之至極爾。"批評宋儒割裂《禮記》中的《學》、《庸》,"蓋由視禮爲麤蹟,而别求性與天道不可聞之微旨,以爲上達"。[3]援釋入儒的做法曲解了經典原義。

王夫之《禮記章句》對《學》、《庸》作了詳細的解説。他指出:"凡此二篇,今既專行,爲學者之通習,而必歸之於《記》中者,蓋欲使五經之各爲全書,以見聖道之大,抑以知凡戴氏所纂四十九篇,皆《大學》、《中庸》大用之所流行,而不可易精粗異視也。"[4]王氏欲使五經"各爲全書",其初衷並非全然在復還古書,而是要把《學》、《庸》與其他禮篇緊密聯繫起來。《學》、《庸》雖仍然凌駕於諸篇之上,但其餘禮篇亦爲"大用之所流行",學者不可以禮爲粗跡,祇追求虚無縹緲的精微之道。

---

〔1〕 陳確《陳確集·别集》卷一四《大學辨一·書大學辨後》,北京:中華書局,1979年,第559頁。
〔2〕 陳確《陳確集·别集》卷一七《大學辨四》,第612頁。
〔3〕 黄宗炎《周易象辭》卷四,收入《文淵閣四庫全書》第40册,臺北:臺灣商務印書館影印文淵閣四庫全書本,1986年,第263頁上—263頁下。
〔4〕 王夫之《禮記章句》卷三一《中庸》,收入船山全書編輯委員會編校,《船山全書》第4册,長沙:嶽麓書院,1998年,第1246頁。

王氏强調精粗不可異視，實是針對陽明心學融入二氏異端思想而發，因此一併排斥陽明所依據的《大學》古本。他説："自姚江王氏者出，而《大學》復亂，蓋其學所從入，以釋氏不立文字之宗爲虚妄悟入之本。"[1]王氏在解釋《大學》時仍沿用朱子改本，注解一本朱注。他意圖恢復《禮記》原貌，而以義理爲標準判斷古本與改本的優劣："蓋諸經之傳，皆有錯闕，而《禮記》爲尤甚，讀者以意逆志而察夫義理之安，以求通聖賢之旨，非爲鑿也。"[2]王氏認爲《大學》一篇正是在朱子的重新編定下，疏通連貫，彰顯經義。可知他將《學》、《庸》歸還《禮記》更像是從朱子《章句》直接嫁接到《禮記》之中，與還原舊本尚是兩回事。

（二）兼采的論調：從重編禮書到還原舊貌

在清初興起的重編禮書運動中，《大學》、《中庸》被置於禮學領域内討論。清儒編纂禮書的起因多是鑒於朱子《儀禮經傳通解》未能完書，因此欲要重新編排禮書，以期完成朱子未竟之志。如康熙年間的張怡(1608—1695)《三禮合纂》及任啟運(1670—1744)《禮記章句》均是仿照《儀禮經傳通解》而成。張書章目依次爲《通禮》、《祭禮》、《王朝之禮》、《喪禮》。其中《通禮》以《大學》、《中庸》爲首，且選用古本。任書冠《大學》、《中庸》於全書之首，其次爲《明倫》、《敬身》、《立政》、《五禮》及《通論》。王心敬(1656—1738)《禮記彙編》分爲三編，上編首列《聖賢訓拾遺》，載孔子論禮之言，其次是《大學》、《中庸》，再次爲《曾子拾遺》、《諸子拾遺》、《樂記》。[3]這些禮書旨在囊括古禮全貌，而非恢復經書原貌，因此在録入《大學》、《中庸》兩篇的同時以己意編排章次，沿襲朱子編纂《儀禮經傳通解》的舊轍。

---

[1] 王夫之《禮記章句》卷四二《大學》，《船山全書》第4册，第1467—1468頁。

[2] 王夫之《禮記章句》卷四二《大學》，《船山全書》第4册，第1467頁。

[3] 張怡、任啟運、王心敬三書概要，分别參見《四庫全書總目》中三書提要。永瑢等撰，紀昀等纂《四庫全書總目·經部》卷二四、二五，桂林：廣西師範大學出版社，2019年，第620—621、633—634頁。

乾隆初年官方設立三禮館編纂《欽定三禮義疏》,聚集了李紱、方苞、杭世駿、全祖望、惠士奇、吴廷華等一衆名儒碩學。所編《禮記義疏》收録古本《大學》、《中庸》,注解依次羅列鄭玄《注》、孔穎達《疏》和朱子《章句》。《義疏》在所列《凡例》中批評"四書"流行之後,俗本《禮記》大都爲省簡便而删去《學》、《庸》兩篇文字。在尊經崇古和尊朱重道的雙重考量下,《禮記義疏》選用古本取代了原本的朱子改本;但在羅列古注疏的同時依舊保留朱子的注解。《禮記義疏》申明《學》、《庸》在全書編纂體例中具有特殊性,謂:

> 案《戴記》四十九篇,其四十七篇並用《正義》等六條編纂之例。獨《大學》、《中庸》二篇不拘諸例,但全録注疏於前,編次朱注於後者,一以示不遺古本之源,一以示特尊朱子之義。全録注疏古本,方識鄭、孔羽翼聖籍之功,方見朱子之精心邃密,而注疏之是非得失,讀者自一目瞭然,故不拘諸例。[1]

所謂"《正義》等六條編纂之例"即《禮記義疏》編纂體例,逐條之下依次爲"正義"、"通論、餘論"、"存疑、存異"、"辨正"、"案"、"總論"六項。[2]《大學》、《中庸》雖然回歸《禮記》,與其他篇章並峙,三禮館臣爲其特置體例,證明仍無法擺脱"四書"體系和朱子《章句》的影響。《義疏》要在古本與朱子改本之間尋求平衡:"不遺古本之源"是文獻考證的準則,"特尊朱子之義"則是義理是非上的判斷。後來四庫館臣對《禮記義疏》處理古本和朱子改本的方法給予了很高的評價,稱許兼采古本和朱子注的做法是"不立異同,以消門户之爭。蓋言各有當,義各有取,不拘守於一端,而後見衡鑒之至精也"。[3]

---

〔1〕鄂爾泰總纂《欽定禮記義疏》卷六六《中庸第三十一之一》,收入《文淵閣四庫全書》第126册,臺北:臺灣商務印書館影印文淵閣四庫全書本,1986年,第164頁下—165頁上。

〔2〕"存疑、存異"、"辨正"、"案"三項順序或有調整。《凡例》言:"如'案'繫'辨正',則列在'存疑、存異'後。若但發明經義,則列在'存疑、存異'前。"鄂爾泰總纂《欽定禮記義疏·凡例》,收入《文淵閣四庫全書》第124册,第4頁上。

〔3〕見《欽定禮記義疏》提要。永瑢等撰,紀昀等纂《四庫全書總目·經部》卷二一,第538頁。

身處三禮館的杭世駿(1696—1773)在參與官方修書工程的同時,卻在私人著述中大乖其趣。杭氏所撰《續禮記集説》廣采古今二百餘家之説,其中《大學》《中庸》兩篇沿用古本,並以鄭、孔注疏爲主,又引用宋人王應麟、清人姚際恒尊尚古本的話;既不像普遍做法尊奉朱子注,亦不用宋、明儒以理學解讀《大學》的慣例。[1]

三禮館看似折衷的辦法無法掩蓋《大學》、《中庸》回歸《禮記》造成的矛盾:古本、改本、古注疏、朱子《章句》是否可以並行不悖?解經方法上以考證還是義理爲標準?這些問題成爲後來學者不斷爭論的焦點。三禮館的兼采手段實際上更近於倡導一種通達的治學態度,卻缺乏對於經義經解的反思精神。三禮館在《禮記義疏》編纂中反映出的觀念是,所用底本無論是古本還是改本都不會影響朱子經義的合理性。在三禮館的劃定之下,文本考證與義理發明不存在緊密的内在聯繫,是可以被分割開來討論的。

三禮館恢復古本很大程度上是針對科舉俗學棄用古本所做的對策,《禮記義疏凡例》云:"《中庸》、《大學》二篇,自宋大儒編爲'四書',其後俗本《禮記》遂有止載其目而不列其文者。玆仍曲臺之舊,以尊全經,以存古本;兼輯朱注,以示準繩。而《正義》等條,概置勿用。"[2]三禮館的這一思路後來在乾嘉之際被一衆考證學者繼承。如李惇(1734—1784)在敘述當時《禮記》版本狀況時就説:"今惟注疏本尚載原文,而不能家有其書,坊刻讀本止存其目,學者有老死而不見元文者,竊謂急宜補刊,庶得先河後海之義。"[3]嘉道之際,以朱子學起家後又轉入漢學考據的朱彬(1753—1834)所撰《禮記訓纂》則於《大學》篇首列古文,次

〔1〕杭世駿《續禮記集説》卷八六至八九、卷九七,收入《續修四庫全書》第102册,上海:上海古籍出版社影印清光緒三十年浙江書局刻本,1995年,第507頁下—591頁下、702頁上—722頁上。

〔2〕鄂爾泰總纂《欽定禮記義疏》,《凡例》,第3頁下。

〔3〕李惇《羣經識小》卷四《大學中庸》,收入《續修四庫全書》第173册,上海:上海古籍出版社影印清道光李培紫刻本,1995年,第37頁下。

列“朱子所考定《大學》”,而均不加訓釋。[1]這様編排是以折衷的方式,糾正俗本《禮記》給學子造成不明古經書原貌的不良影響。李惇和朱彬所身處的時代,有心治經者已普遍重視起古本和古經義。但是俗本《禮記》祇留《學》、《庸》存目的做法仍然流行,這與三禮館時期的狀況並没有太大差别。其原因在於科舉中“四書”和《禮記》的考試内容没有發生更動,因此坊間教材自然不會因應經學的風氣而作出相應的改變。

以上所列皆是從俗本《禮記》的消極面敘述保留古本的意義。趙佑(1727—1800)則是從學理上,爲古本和改本並行的可能提供支持。他在《四書温故録》中説:

> 《大學》依古本讀講自順。古《大學》一篇文理渾浩,朱子恐學者不易得其頭緒之所在,故爲之分經分傳,三綱八目,以次相從,便于讀而易明,非必有自我作古之心。學者讀《大學》,不能不從朱子《章句》入門。而至于詳説反約,則體會古本,自然一貫。豈可尤而效之,復爲多事。[2]

趙佑認爲就文理而言,《大學》文本平順,無須修改。“致知”、“格物”之所以不像其他六目一様有傳,是因爲“格致”屬於小學之事,作爲初學内容業已載入《曲禮》、《文王世子》、《内則》、《少儀》諸篇:“是當其爲小學而已具之。及爲大學,第因其所已知而進之,以達乎無窮,非有加乎其外也。”故《大學》不需再對此兩目另作别釋。趙佑同時强調,朱子改本雖不合古經本義,卻具有現實意義:“後世小學廢,讀書多倒。小子初就塾啟蒙,明有《曲禮》諸篇不以授,而即讀《大學》,則徒見其闊遠而無序,即欲稍與講明,亦茫然不識何謂。”[3]按照趙氏的説法,村塾啟蒙直接以《大學》爲教,難免轉入虚無縹緲的空談。因此朱子特别增補

---

〔1〕朱彬《禮記訓纂・序》,沈文倬、水渭松校點,杭州:浙江大學出版社,2010年,第2頁。
〔2〕趙佑《四書温故録・大學古本説》,收入《續修四庫全書》第166册,上海:上海古籍出版社清乾隆刻清獻堂全編本,1995年,第445頁上。
〔3〕趙佑《四書温故録・大學古本説》,第445頁下。

"格致"一章作爲下學上達之旨,指明爲學門徑當由小學入手。有鑒於此,趙佑認爲學者當理性審視《大學》古本和朱子改本各自的意義,會通兩説,不可盲目尊信取捨。

二、底本考證:古本與改本間的博弈

清以前批評朱子改本的聲音已不絶如縷,清儒質疑朱子改本的特點則是以考辨古本作爲立論之基。古本與改本間文字順序、篇章布局的差别進一步導致文義理解的不同。展開話題之前,有必要先瞭解朱子改本的修動内容。自二程起,《大學》已有三綱、八目的分别。三綱包括"明明德"、"親民"(程、朱改作"新民")、"止於至善";八目包括"格物"、"致知"、"誠意"、"正心"、"修身"、"齊家"、"治國"、"平天下"。由於"誠意"以下六目有釋文,三綱及"格物"、"致知"二目没有釋文,後儒因此懷疑古本《大學》可能存在錯簡或闕文。

朱子將《大學》分爲經一章,傳十章。認爲經文爲孔子所作,曾子所述;傳文爲曾子所作,後學所記。[1]經一章總述三綱、八目,從篇首"大學之道"至"而其所薄者厚,未之有也"。傳十章,包括釋"明明德"、釋"新民"、釋"止於至善"、釋"本末"、釋"格物致知"、釋"誠意"、釋"正心誠意"、釋"修身齊家"、釋"齊家治國"、釋"治國平天下"。除了將《大學》明確拆分經傳外,朱子改動的部分主要有四:其一,於"誠意"章前作"格

〔1〕朱子以前,二程將《大學》視爲孔氏遺書,而未明言具體爲何人所作。朱子關於《大學》作者的説法前後不一。在《癸未垂拱奏劄一》中,朱子以《大學》爲孔子所作,"門人弟子又相與傳述而推明之",並未詳言是哪位弟子。見朱熹《晦庵先生朱文公文集》卷一三《癸未垂拱奏劄一》,朱傑人、嚴佐之、劉永翔主編《朱子全書》第 20 册,上海:上海古籍出版社、安徽教育出版社,2002 年,第 631—633 頁。《大學章句》則認爲《大學》經的部分由孔子所作,曾子所述;傳的部分明確説是曾子之意,門人記之。見朱熹《大學章句·序》,《朱子全書》第 6 册,第 14 頁。《大學或問》又以經的部分"或出於古昔先民之言",傳的部分出自曾子門人之手。見朱熹《大學或問》,《朱子全書》第 6 册,第 514 頁。三種説法中,以第二種最受後世認可。後人敘述朱子時,多認爲孔曾之書是朱子的定論。

致”補傳134字,闡明“格物”爲“即物窮理”;其二,認爲“此謂知本,此謂知之至也”句中的“此謂知本”爲衍文,“此謂知之至也”移至“格物”補傳作結語;其三,“誠意”章原本在釋三綱之前,是全篇的第二部分,朱子將“誠意”章移至“格致”補傳之後,變成傳文第五章;其四,《淇澳》、《烈文》詩兩節原在“誠意”章下,朱子將其移至《玄鳥》、《緜蠻》、《文王》詩三節之後,合此《詩經》五篇一併作爲釋“止於至善”章的傳文。

(一) 惠士奇(1671—1741):結合古本與改本的經義發明

康、雍之際,漢學的引領者惠士奇所撰《大學説》對文本問題進行了充分的討論。惠氏結合訓詁、義理和文法,逐個章節加以詮釋。他認爲《大學》分爲十章:第一章爲總論第一,對應朱子改本中的經文部分;其後依次是證“明明德”第二、證“親民”第三、證“止於至善”第四、證“知本”第五;再後依次爲“誠意”章第六、“正心修身”章第七、“修身齊家”章第八、“齊家治國”章第九、“平天下”章第十。惠氏本與朱子改本最大的不同在“知本”章,此章對應朱子“本末”章,惠氏將此章視爲釋“格致”的文字。

對“格物”和“知本”的闡釋,是惠士奇《大學説》的重心。《大學説》於起首開宗明義謂:“大學之道,致知在格物,格物在知本。”〔1〕“知本”是《大學》宗旨所在:“《大學》一卷皆言知本。知本者,致知格物之原。内而誠意、正心、修身,外而齊家、治國、平天下之要,言之切且詳。”〔2〕惠氏將“格”訓爲“度”,將“格物”釋作“通德類情”,即通過同理心來認知事物。“知本”對應前文“物有本末”之“本”。所謂“本末”,是就先後次序而言,本爲先,末爲後。從而認爲宋儒以道、器對應本、末,本在上爲道,末在下爲器,重道而輕器的觀念是對“知本”的誤讀。惠士奇沿著

〔1〕 惠士奇《大學説》,收入《續修四庫全書》第159册,上海:上海古籍出版社影印上海圖書館藏稿本,1995年,第183頁上。

〔2〕 惠士奇《大學説》,第184頁下。

"致知在格物"繼續推論出"格物在知本",指出《大學》此義與《論語·憲問》孔子"下學而上達"的思想相呼應,謂:

> 君子下學而上達,本在下,故下學爲始。末在上,故上達爲終。自本而達末者通,由末而反本者窮。未下學而先見本原,非吾儒之學也。全體大用,無過明德、親民;表裏精粗,不出始終、本末。君子終身下學,而無一旦豁然頓悟之功。行遠自邇,登高自卑。盈科而進,成章而達。真積力久,深造自得。及其至也,通乎神明,察乎天地。安得有一旦豁然頓悟者哉?一旦豁然頓悟者,釋氏之參禪,我弗知之矣。君子務本,本立而道生。[1]

"格物"並非毫無頭緒地去認知萬事萬物,所謂爲學之本在下不在上,具體是指人倫日用相關的平實學問,而非虛無縹緲的奥義玄理。朱子在補傳中用到"即天下之物"、"窮理"、"一旦豁然貫通"等詞語解釋"格物"、"致知",實則流入禪學,誤導了後世爲學的方向。惠氏反復申明"知本"之旨説:

> 盖知止則止之而不遷,知本則守之而不失,大學之道於是乎全矣。孟子曰:"知者無不知也,當務之爲急。堯舜之知而不徧物,急先務也。"然則所謂"致知格物"者,豈必天下之物無不窮其理,然後我心之所知無不盡哉?亦惟先其切於日用者,反之於身,度之於物,取而辟之,疏而通之,推而廣之而已。故曰:"情邇而暢乎遠,察一而關乎多。一物治而萬物不亂者,以身爲本者也。"學者泛言"格物",不知務焉知本乎?[2]

惠士奇有關切於身心的人倫日用作爲"格物"之本、爲學急務的説法,其實與朱子解釋《大學》以修身爲本,治民爲末大體吻合。但朱子認爲"此謂知本"衹在"本末"章出現,删去第一章的"知本",在惠氏看來,

[1] 惠士奇《大學説》,第184頁上。
[2] 惠士奇《大學説》,第186下—187頁上。

便是漠視了"格致"與"知本"的緊密聯繫,"本末"章也因此成爲無關緊要的内容。從解經的層面上講,朱子改本的問題是由文本誤讀引起的;從學術思想的層面看,忽視《大學》"知本"宗旨直接導致了宋明儒捨棄下學、空言義理的弊病。

惠士奇的《大學説》並非一味與朱子立異,他在分章中明確提到自己部分觀點承襲朱子而來。如證"明明德"章即朱子釋"明明德"傳文,惠氏謂此章"依朱子定爲第二章",至於"不分經傳,所以存疑也。"證"親民"章即朱子釋"新民"傳,惠氏謂此章"依朱子定爲第三章",至於"不破'親'爲'新',所以遵經也"。[1]此兩章均言分章順序依照朱子改本,祇不過根據存疑、尊經的原則,不再沿用朱子分列經傳和改字的做法。惠士奇將繼承和修正朱子的部分清楚列明,可見其解經的平正態度。

這一點從惠士奇對"誠意"章順序的調整上也可體現。按照古本的順序,"誠意"章緊接總論之後,其次爲釋"止於至善"(《淇澳》、《烈文》詩),釋"明明德"、釋"親民"、復釋"止於至善"(《玄鳥》、《緜蠻》、《文王》詩)、然後爲釋"知本"。惠氏指出《淇澳》、《烈文》二節爲錯簡,當移併於《玄鳥》、《緜蠻》、《文王》三詩後,由此釋"明明德"、"親民"、"止於至善"三章,方次第井然,此亦承朱子改本。至於"誠意"章則並非錯簡,惠氏認爲:

> 漢本先"誠意",誠則明,故次自明誠者,非自誠己而已也,所以成物也,故次親民;不明乎善,不誠乎身,故次止于至善。誠者聖人之本,故以"誠意"爲冠,而以"知本"終焉。[2]

根據《中庸》"自誠明,謂之性;自明誠,謂之教",《大學》古本順序正合《中庸》,"誠意"章講自成其性之義,對應"誠明"之性;"誠意"以下諸章則言爲學進德、由己及人推行教化,對應"明誠"之教。不過惠氏並未

---

〔1〕 惠士奇《大學説》,第187下—188頁下。
〔2〕 惠士奇《大學説》,第190頁上。

解釋“誠意”作爲“八條目”之一,爲何會在釋“三綱”之前。且《大學》首章既然言“欲正其心者,先誠其意;欲誠其意者,先致其知;致知在格物”,則“誠意”章何以在解釋“格致”的“知本”章之前?“知本”章與“正心修身”章前後相連,又作何解?惠氏亦未顧及這些矛盾。

在尊奉古本的原則下,惠士奇試圖爲《大學》古本“誠意”章在諸章之前做出合理解釋,但他本意實則更加傾向於朱子改本將“誠意”章移至“知本”章後的做法,認爲如此改動之下,《大學》“次第爲尤順”。[1]惠氏在解釋“明明德”章時,也透露出“誠意”章爲錯簡的看法。他將“明德”釋爲“天德”,“天德本無不誠,亦無不明”,反對朱子以“虛靈不昧”作解。[2]按照改本的順序,“明明德”爲“三綱領”之首,置於“誠意”章之前,説明《大學》全篇闡述自明誠之教,誠明之性的闡述則主要在《中庸》。惠氏又於釋“誠意”章下言:“自誠明者,生知之聖,不廢好古敏求;自明誠者,學知之賢,惟在致知格物。是以《大學》之教以知止爲先,知本爲急。不知止則泛而無歸,不知本則雜而無統。豈聖賢之學哉?”[3]其於釋“誠意”章强調《大學》之教以“知止”、“知本”爲先爲急,也是依據朱子改本“格致”在“誠意”之前的觀點。

(二) 翁方綱(1733—1818):古本缺陷及朱子改本的修正

翁方綱在《禮記附記》中專門剖析《大學》全文,同樣認爲《大學》古本存在闕文和錯簡。他結合宋明儒的不同見解,在朱子改本的基礎上提出修正。翁氏的觀點主要有四:

其一,經傳分章依從朱子改本,但對“格物”的解釋卻認同宋人黎立武的説法。黎氏聯繫前後文指出“格物”之“物”即“物有本末”之“物”,“致知”之“知”即“知所先後”之“知”,“物”具體指有關身心家國天下之

---

〔1〕 惠士奇《大學説》,第 190 頁上。
〔2〕 惠士奇《大學説》,第 185 頁下。
〔3〕 惠士奇《大學説》,第 190 頁下。

事。强調先後本末,即是説格物要先知曉用力的次序。翁方綱認爲黎立武對“格物”的解釋十分精確,較朱子“窮理”的解釋爲善。至於黎氏沿襲古本篇章結構,翁方綱反駁説,釋“正心修身”以下諸章分别以“所謂修身在正其心者”、“所謂齊其家在修其身者”、“所謂治國必先齊其家者”、“所謂平天下在治其國者”的格式起首,次第井然。“誠意”章首句格式同樣是“所謂誠其意者”,古本中卻在釋“三綱”之前,而没有連接釋“正心修身”以下諸章,殊爲混亂。此外,《大學》釋“三綱”引《詩》、《書》對應的内容中,《淇澳》、《烈文》兩詩作爲釋“止於至善”的傳文,卻直接接續“誠意”章,而在釋“明明德”和釋“新民”傳文之前,顛倒錯出,一目瞭然。朱子修改後的章節次序則使《大學》前後文義連貫,三綱領、八條目的經傳文字一一對應。[1]

其二,駁斥王陽明依據古本發明“致良知”學説。翁方綱從陽明年譜、書信和《傳習録》等文獻中搜集數條陽明探討《大學》的文字,指出陽明尊信古本的初衷並不在經學本身,而是要藉助古本傳播異端學説。翁氏此言用意在於區别陽明與清儒採用古本背後南轅北轍的治學精神。治經基於嚴謹慎重的態度,本不該輕易斷言古籍存在錯簡,臆改經文更是禁忌。但翁氏認爲《大學》是個例外,因爲《大學》古本的篇章次序存在十分明顯的問題,學者不能因爲尊經崇古便教條化地採用古本,彌縫曲解其中的漏洞。[2]

其三,針對改本和補傳,翁氏採納宋人董槐的改本,稱之爲“千古定論”。董本是在朱子改本的基礎上續作修訂,認爲古本並無闕文和衍文,衹有錯簡。其中將“知止而後有定”至“則近道矣”節移至“聽訟”之前;又將“此謂知本,此謂知之至也”拆開,“此謂知本”移到“則近道矣”後下接“聽訟”章,“此謂知之至也”移至“聽訟”章末尾。合此四節爲釋

---

〔1〕 翁方綱《禮記附記》卷九,收入《續修四庫全書》第103册,上海:上海古籍出版社影印北京大學圖書館藏稿本,1995年,第653—656頁。

〔2〕 翁方綱《禮記附記》卷九,第656—661頁。

"格致"章。[1]翁方綱以前的清儒中,顧炎武(1613—1682)已從董氏説,翁方綱加以發揚,將董本釋"格致"章的内容分爲三部分:第一部分釋"明德"中的"格致",内容從"知止而後有定"至第一個"此謂知本";第二部分釋"新民"中的格致,内容從"子曰聽訟"至第二個"此謂知本";第三部分以"此謂知之至也"作總結語,認爲"知至"一詞兼有格物和本末的意涵。[2]

其四,指出《大學》古本的章法文理問題。翁方綱引用清初學人毛先舒(1620—1688)的觀點並加以反駁。毛氏認爲古本純粹,並没有闕文、衍文和錯簡問題,理由是《大學》看似文理錯亂,其實是聖人"錯綜敘法"的特筆。這主要體現在《大學》的前半段,也就是後人認爲錯亂,不斷予以修訂的部分。自"正心、修身"以後的内容則文法順暢,毛氏解釋説後半部分變作"整次敘法",迥異於前文,同樣是聖人刻意安排的書寫

---

〔1〕 董槐修正後《大學》傳第四章釋"格物致知",其文爲:"知止而后有定,定而后能靜,靜而后能安,安而后能慮,慮而后能得。物有本末,事有終始,知所先後,則近道矣。此謂知本。子曰:'聽訟,吾猶人也,必也使無訟乎!'無情者不得盡其辭,大畏民志。此謂知本,此謂知之至也。"

〔2〕 翁方綱《禮記附記》卷九,第 661—664 頁。案:劉仲華在《漢宋之間:翁方綱學術思想研究》中論及翁方綱對《大學》文本的態度,認爲"翁方綱在《禮記附記》中主要摘録黄震、王禕、董槐、顧炎武以及翟灝等人質疑朱熹的言論,自己並没有明確表明態度。至晚年所改定的《蘇齋筆記》中,纔有了明確的反對態度"。其説非是。從本文分析可知,翁方綱於《禮記附記》中明確表示遵從董槐改本,義理則以朱子爲宗。劉氏又總結翁方綱《蘇齋筆記》的觀點説:"翁氏明確肯定《大學》並没有錯簡衍文,也表明了不必補'格物致知'的態度。"見劉仲華《漢宋之間:翁方綱學術思想研究》,北京:中國人民大學出版社,2010 年,第 191 頁。案:此説亦誤。《蘇齋筆記》謂:"惟經傳以綱領條目相承,是一經九傳,非十傳也,實無釋'本末'之傳,實不必補'格物致知'之傳。聖經一章首節三綱領,下即接'古之欲明明德於天下'二節八條目也。傳之首章釋'明明德',傳之二章釋'新民',傳之三章釋'止于至善'。此下即'格物致知'之傳:'知止而後有定'至'則近道矣',此下第一個'此謂知本'(即所謂疑衍文之'此謂知本'也,此以上'明明德'之格物致知);'子曰:聽訟,吾猶人也'至'大畏民志',此下第二個'此謂知本'(此'新民'之格物致知);'此謂知之至也'一句總收。此是傳之四章釋'格物致知'。傳之五章釋'誠意'至傳之九章釋'治國平天下',綱領條目井然。此南宋丞相董文清(槐)之説,當爲定論。若使朱子聞之,亦必愜當,不補此傳矣。'本末'與'終始'同義,若有釋'本末'一章,則'終始'豈亦須釋乎?"翁方綱《蘇齋筆記》卷三,收入《四庫未收書輯刊》第 4 輯第 9 册,北京:北京出版社清宣統二年北洋官報印書局影印稿本,1997 年,第 273 頁。翁氏《蘇齋筆記》論《大學》底本與《禮記附記》觀點一致,亦從董槐説,即認爲古本並無闕文和衍文,衹有錯簡。

方式。毛氏此番解説全出臆想,毫無根據。翁方綱引作反例,意在證明《大學》古本章法存在問題的事實。[1]

翁方綱頗費一番功夫論辨《大學》文本的缺陷,再行修正朱子改本。相對於通過訓詁闡發古本經義的學者而言,翁方綱並未提出迥異於朱子的義理詮釋。他對文字、文法和章節聯繫的分析,重點全部集中在文本内部的考證上,其目的則是尊朱黜王。通過批判《大學》古本存在缺陷,證明基於古本《大學》的陽明學説荒謬無稽。除了上舉翁氏論辨《大學》第二點詳細駁斥陽明學説外,他在書信文章中亦屢有論及。如後學吴嵩梁(1766—1834)曾致信申明陽明"良知説"。翁方綱復信分辨孟子"良知"與陽明"良知"的區别,認爲孟子"良知"是論性善,陽明"良知"則意在破除朱子《大學》"格致補傳"。繼而謂:

> 蓋因古本《大學》所謂"誠其意者"一段,在諸章之前。自朱子乃移正之,列於"格物、致知"之後,此定論也,必不可妄矜復古者也。陽明乃欲矯爲立異,謂本心自有真知,不待用格知之功。以此駁朱子,是正與《大學》教人之序相乖剌,有是理乎?[2]

又專門撰《姚江學致良知論》駁斥陽明"良知論",其上篇論及《大學》"致知"之訓云:

> 姚江之學與朱子異,人皆知之。然所以謂"致良知"之學與朱子異者,正以其不當以此詁《大學》之"格致"耳。陽明以"致良知"詁《大學》之"格致",故必欲從舊本以"誠意"居先。是則《大學》"欲誠其意者,先致其知,致知在格物",皆紊其次矣。紊《大學》之次,則失古人所以爲學之實矣。[3]

《姚江學致良知論》下篇中申明撰文初衷説:"《大學章句》必以朱子

---

〔1〕 翁方綱《禮記附記》卷九,第666—669頁。

〔2〕 翁方綱《復初齋文集》卷一一,《與吴蘭雪書二通》(其一),收入《清代詩文集彙編》第382册,上海:上海古籍出版社影印李彦章刊本,2010年,第120頁上。

〔3〕 翁方綱《復初齋文集》卷七《姚江學致良知論上》,第73頁上。

所定爲正本，不可妄言復古本。是則姚江‘致良知’之説，大有蠹於經者。”[1]從前文的分析中，可知翁方綱並非因襲朱子《大學》改本而毫無變化，但他在此處卻徑謂“必以朱子所定爲正本”，明顯是針對陽明學説及陽明尊崇之古本而發，意圖在於尊朱黜王，而不在於客觀的文獻考辨。儘管清中期陽明學説不再流行，但仍有如吴嵩梁爲代表的學人尊信其説。[2]翁方綱在“朱王之辨”的語境下探討《大學》文本問題，是基於對吴氏的回應。

從另一層面看，陽明的思想主張雖然與清代考證學者迥然相殊，但二者同樣選用與朱子相悖的《大學》古本，也因此常被尊朱者視爲共同戰線的反叛者(本文第三部分還將有所探討)。僅就翁方綱而言，他在《蘊山應聘主鹿洞講席賦寄》一詩中有曰：“經義師承毋泥古，文章家數莫翻新。”詩後自注云：“書院壁間有王文成書古本《大學》。愚去年來此，有詩力言近人輕談復古，好駁宋儒之弊，故此詩及之。”[3]案白鹿洞書院建於南唐，後經朱熹重修並講學於此，成爲傳播程朱理學的重鎮。明正德年間，王陽明因平定寧王叛亂名聲大振，之後在白鹿洞聚講，此處遂成爲宣揚“致良知”學説和“心學”的基地。[4]翁氏所説此前曾作

〔1〕翁方綱《復初齋文集》卷七《姚江學致良知論上》，第74頁上。

〔2〕吴嵩梁以詩名世，有《香蘇山館詩集》。《詩集》中留有不少歌詠王陽明的詩篇，從中可窺見吴氏尊崇陽明其人及“良知説”。如《東林寺讀王陽明先生詩碑即次原韻》謂：“聖門功罪漫稱首，曲學陷人如中酒。平生得力在良知，緯地經天同不朽。”吴嵩梁《香蘇山館詩集》卷九，《東林寺讀王陽明先生詩碑即次原韻》，收入《續修四庫全書》第1490册，上海：上海古籍出版社影印清木犀軒刻本，1995年，第51頁下。又如《鄂雲浦方伯徐詠之廉使郎蘇門于蓮艇兩觀察招集扶風山謁王文成公祠》(其二)云：“濟世功成溯本源，良知培養此心存。”《八月二十八日還任黔西》(其三)云：“陽明書院即祠堂，講學平生爇瓣香。曠世勳名推性理，諸羅俎豆始文章。”《香蘇山館詩集·今體詩鈔》卷一八、一九，第341頁上、351頁下。

〔3〕翁方綱《復初齋詩集》卷三六《蘊山應聘主鹿洞講席賦寄》，收入《清代詩文集彙編》第381册，上海：上海古籍出版社影印清刻本，2010年，第338頁下。

〔4〕根據王陽明於正德十六年(1521)五月在白鹿洞書院講學後定稿刻石的《大學古本序》，古本《大學》是王陽明構建其哲學思想的營盤。其“致良知”學説即在改寫《大學古本序》的過程中形成。詳細討論，見鶴成久章撰，陳翀譯《王守仁之白鹿洞書院石刻發微》，《湖南大學學報(社會科學版)》第21卷第6期(2007年第11期)，第16—20頁。

詩,蓋謂《白鹿洞書院示諸生》。詩中有云:

忠孝紫陽規,心性甘泉語。所基於《大學》,誠意爲之主。格致迨修齊,至善其閑矩。迋稽董定遠,借證藍田吕。旁綜著録家,定本究焉取。堂堂文成公,悾愡勘軍旅。浣手小戴帙,澄心大江渚。顧鑴洞規間,然否章句補。近者駁朱習,亦到媚學侶。吾甚爲此懼,入道戒輕侮。但須切求益,且莫泥復古。[1]

此詩爲規誡白鹿洞書院學生所作。雖然翁氏在專門討論《大學》文本的《禮記附記》中,明確表示遵從董槐改本(案:即詩中所言"董定遠",董槐乃濠州定遠人),但此詩目的在於藉《大學》之辨批評時下駁朱陋習,詩中言及陽明("文成公")和從事考證漢學者("近者"),便仍是將陽明尊奉古本《大學》和時人復古聯繫在一起,放在朱子、董槐改本系統的對立面一概而論。

(三)錢大昕(1728—1804)與郝懿行(1757—1825):古本以"誠意"章為首要

錢大昕與郝懿行重視古本,且就"誠意"章及底本問題進行考辨。錢大昕强調不得擅改經文,臆測文義:"竊意古書相傳已久,毋庸以意增改。古人文字前後相應,變化不拘,詎有經傳之分?"[2]在他看來,《大學》一篇"無可補亦無可移。先儒之説與經文有不安者,信先儒不如信經之愈也"。[3]錢大昕對《大學》古本的尊信並非盲目依從尊經崇古的原則,而是在分析文理和文義之後得出的結論。他就《大學》歷來最具爭議的删改字句問題入手,論曰:

"此謂知本"句,文與"壹是皆以修身爲本"云云相屬,而義亦相

[1] 翁方綱《復初齋詩集》卷三四《白鹿洞書院示諸生》,第 320 頁上一下。
[2] 錢大昕著《潛研堂文集》卷一七《讀大學》,陳文和點校,收入陳文和主編《嘉定錢大昕全集》第 9 册,南京:江蘇古籍出版社,1997 年,第 274 頁。
[3] 錢大昕《潛研堂文集》卷一七《讀大學》,第 275 頁。

承;先儒移之它所而目爲衍文,非果衍文也。“格物”即“物有本末”之“物”,“致知”即“知所先後”之“知”。自天下國家言之,則修身爲本,而修身又以誠意爲本。知本末之先後,而先其所宜先,此之謂“知本”,此之謂“知至”也。誠意者,修身第一切要工夫,故經先申言之,次乃申言修身爲本之旨。修身所以明明德也,民之不能忘,由于盛德至善。曰“克明德”,曰“顧諟天之明命”,曰“克明峻德”,言古之有天下國家者,皆以自明其德爲先也。新民之本,在于明明德,而明德之極,即是至善。仁、敬、孝、慈、信,皆修身之事也,而齊家、治國、平天下之事已備。民之無訟,國治之極也,而使無訟者,由于身修。《孟子》謂“天下國家之本在身”,《大學》云“修身爲本”,其義一也。故重言“知本”而即以所謂“修身”承之也。〔1〕

錢大昕此文明顯是針對朱子改本而發,内容上强調《大學》“知本”之旨。依據古本《大學》,修身爲齊家治國平天下之本,誠意又爲修身之本。古本以“誠意”章在先,其次言“明明德”、“新民”、“止於至善”,由本至極,最終國家大治的表現在於没有爭訟。“子曰聽訟”一節末尾重言“此謂知本”,呼應前文,亦是文理上的刻意編排而非衍文。

郝懿行《禮記箋》一書根據鄭玄注解,糾正被立爲科舉標準的陳澔《禮記集説》的謬誤。〔2〕在《大學》底本問題上,郝氏尊奉“《禮》是鄭學”的原則,“章次一仍其舊”。但這僅僅是底本上的取捨,至於具體的訓詁和經義,郝氏在古注疏外亦兼采朱子及陽明等各家説法。如於“親民”之義即沿用程朱改爲“新民”。對於古本《大學》“誠意”章及《淇澳》、《烈文》詩在諸目之前的篇章次第,郝懿行以“誠意”爲《大學》宗旨,並引用陽明的觀點,將“誠意”作爲入手工夫,“上包格致,下攝身心,乃《大學》

〔1〕錢大昕《潛研堂文集》卷一七《讀大學》,第274—275頁。
〔2〕郝懿行《與孫淵如觀察書》謂《禮記箋》“專用鄭注以駁陳澔”。郝懿行《曬書堂集・文集》卷二《與孫淵如觀察書》,收入《續修四庫全書》第1481册,上海:上海古籍出版社影印清光緒十年東路廳署刻本,1995年,第443頁下。

之樞要,明德、親民之鈐轄”。緊接“誠意”章之後的《淇澳》、《烈文》二節講“盛德至善,自修治人之極”,用來説明“明德”。再後則是釋“明明德”、“新民”、“止於至善”三節,最後以“聽訟”作結。“聽訟”一事放在結尾,作爲闡述“誠意”以治民之效的例子,理解上與錢大昕認爲是天下大治的表現不同。郝懿解釋前後兩處“所謂知本”,認爲前者以“修身”爲本,是致知之極至;後者以“誠意”爲本,闡述自修在治人之先的道理。兩處所指不同,應因循上下文義理解,不可草率地視爲衍文。至於清儒普遍看重的“格致”,郝氏認爲其意已然包含於“誠意”之中,從爲學的重要性上講,顯然更爲看重“誠意”。在郝懿行看來,“聽訟”以上諸節均爲闡述“誠意”的文字;其後幾章在“誠意”章基礎上依次講正心、修身、齊家、治國、平天下。[1]綜上所述,郝氏以“誠意”爲《大學》全篇宗旨的初衷是基於尊經發明古本,而他接受陽明關於章法的解釋完全出於解經層面,無關乎陽明心學思想上的尊尚。

三、清中期默認古本醇正的變調

清儒尊信古本者在考證的同時,往往重新提起陽明推行古本《大學》“誠意”説,認爲陽明此舉具有尊經復古的先見之明。朱子改本自宋至明一直備受爭議,學者基於對《大學》宗旨的不同認識,各依己意修訂文本。這期間的改本達至數十之多,但由於朱子《章句》立於學官,加之修訂的新説見解紛歧,朱子改本仍爲大宗。明中葉王陽明主張恢復古本,闡發“致良知”之旨的思想學説風靡一時。

清初鑒於明亡的教訓,陽明心學成爲衆矢之的。重視考證實學的清儒雖然與陽明説經南轅北轍,但在重視古本的態度上卻相契合。清

〔1〕 郝懿行《禮記箋》卷四二,收入《續修四庫全書》第104册,上海:上海古籍出版社影印清光緒八年郝氏遺書本,1995年,第696—700頁。

儒往往將尊經崇古的主張附會於陽明依據古本的行爲,並加以表彰。如淩廷堪(1755—1809)《姚江篇》一詩謂陽明"唯於《大學》知復古,隻手獨探驪珠淵。恪遵聖言不改竄,特識遠出徽公前。由此一端足俎豆,可與鄭、孔相後先。譬之葑菲或節取,不妨餘事皆棄捐。"〔1〕即批判宋明理學援儒入釋,卻稱許陽明尊信古本。

清初名儒李光地(1642—1718)篤信朱子經義,唯於《大學章句》不能與朱子"心通默契",而發明古本,以知本、誠身二義爲《大學》樞要。〔2〕儘管李光地解説《大學》與陽明心學並無關聯,但他立異於朱子且根據古本與陽明相類,因此常被後來考證學者與陽明相提並論,加以推許。如錢大昕説:"餘姚王氏、安溪李氏皆尊古本者也,安溪篤信朱學,非餘姚比,而于此篇亦不能强同,尊經崇古之心,所由高人一等矣。"〔3〕王鳴盛(1722—1798)亦謂:

王陽明答羅整菴書云:"來教謂某《大學》古本之復,以人之爲學,但當求之于内,而程朱'格物'之説,不免求之于外。遂去朱子之分章,而削其所補之傳。非敢然也。《大學》古本乃孔門相傳舊本。今讀其文詞,既明白而可通;論其功夫,又易簡而可入,亦何所據而斷此段之必在彼,彼段之必在此;與此之如何而缺,彼之如何而誤,而遂改正補緝之,無乃重于背朱,而輕于叛孔乎?"陽明此段頗可節取。蓋古本之當從,有識者皆知之。即近日李安溪立意欲規摹朱子,獨于此案亦不以朱子爲然。〔4〕

在王鳴盛看來,尊經首要在於信經。他反對各類《大學》改本分列經傳、删補文字。至於古本《大學》是否有窒礙難通之處,則不在王氏的

---

〔1〕淩廷堪《校禮堂詩集》卷一四《姚江篇》,收入《續修四庫全書》第1480册,上海:上海古籍出版社影印清道光六年張其錦刻本,1995年,第96頁上。

〔2〕李光地《大學古本説》,《自記》,收入《文淵閣四庫全書》第210册,臺北:臺灣商務印書館影印文淵閣四庫全書本,1986,第2頁下—6頁上。

〔3〕錢大昕《潛研堂文集》卷一七《讀大學》,第275頁。

〔4〕王鳴盛《蛾術編》卷六《大學古本》,北京:商務印書館,1958年,第108頁。

討論範圍。作爲吴派漢學的代表人物,王鳴盛對《大學》的態度與他整體的經學觀相表裏。他引用陽明語説古本"明白而可通",卻不予任何論證,便是"凡古必是"觀念的體現。此外,他亦如錢大昕一樣,表彰陽明僅僅是認可其採用古本的一面,完全没有深入到義理思想層面加以剖析。

汪中有關《大學》的論述同樣不重視底本考辨。其《大學平議》認爲"《大學》其文,平正無疵,與《坊記》、《表記》、《緇衣》伯仲,爲七十子後學者所記,於孔氏爲支流餘裔"。[1]《大學》是孔門後學之書,是否出於曾子一系則未可知。《大學》也不是宋儒所説的至德要道之書,它和《坊記》、《表記》、《緇衣》等篇類似,衹是禮學相關的通論。一切針對《大學》文本的改動和義理上的過度發明均屬多餘。汪氏完全否定《大學》作爲經典的神聖性,被後來激進的宗宋學者方東樹稱爲"拔本塞源,直傾巢穴"。[2]

不過多數乾嘉考證學者仍舊認爲《大學》是重要的義理篇章,試圖重新訓釋古本文字以確立《大學》"格物"的宗旨。阮元(1764—1849)即將"格"訓爲"至","物"訓爲"事"。格物就是踐履家國天下五倫之事。阮元對"格物"的解釋强調親身實踐,以此區别於朱子"窮理"之説導致學問流入事外求理的空疏境地。[3]孔廣森(1751—1786)同樣訓"格"爲"至","物"則解釋爲"射者畫地所立處",指五倫五常之事。致知則是將格物限定在仁、敬、慈、孝、信的德性之知。[4]淩廷堪將"物"釋爲"禮之器數儀節",主張以禮節性,從禮制之中探求精義。[5]焦循(1763—

〔1〕汪中著,李金松校箋《述學校箋·補遺》,《大學平議》,北京:中華書局,2014年,第487頁。

〔2〕方東樹《漢學商兑》卷中之上,南京:鳳凰出版社,2016年,第82頁。

〔3〕阮元《揅經室集·一集》卷二《大學格物説》,鄧經元點校,北京:中華書局,1993年,第54—56頁。

〔4〕孔廣森《禮學卮言》卷五《小戴禮記雜議·致知在格物》,收入《續修四庫全書》第110册,上海:上海古籍出版社影印清嘉慶十八年刻本,1995年,第122頁下—123頁上。

〔5〕淩廷堪《校禮堂文集》卷四《復禮中》,王文錦點校,北京:中華書局,1998年,第29—31頁;另見《校禮堂文集》卷一六《慎獨格物説》,第144—146頁。

1820)通過訓釋“格物”,對戴震(1724—1777)主張的情欲觀作進一步申述。他依鄭玄注訓“格”爲“來”,訓“物”爲“對乎己之稱也”。格物即後文“絜矩”之義,謂“以己之情旁通人之性”。[1]在清中葉漢宋之爭的語境下,漢學家以“格物”爲基礎强調人倫日用,帶有鮮明的反對宋明儒空言道德心性的意圖。值得注意的是,乾嘉學者普遍反對朱子添加“窮”字作解,對“至”字的訓解卻未能達成一致。此外,他們一致承認《大學》古本的醇正性,以此作爲發明義理的底本和前提,卻甚少反思《大學》古本是否存在漏洞。

孫星衍(1753—1818)對底本的解説則是一個例外。孫氏曾與座師朱珪(1731—1807)通信討論經學,涉及《大學》。朱珪認同朱子以“格致”爲宗旨的説法,反對陽明以誠意正心爲本;但對朱子割裂《大學》、作補傳有所質疑。孫氏復信先是贊同老師的質疑以及以“格致”爲主旨的見解,指出朱子雖然重視“格致”,卻在訓詁和文意理解上出現偏差,誤以爲古本缺失了解釋“格致”的章節。孫氏遵從鄭玄訓“格”爲“來”、訓“物”爲“事”的解釋,認爲“格物”就是講人生在世不免接觸事物的客觀事實。接下來孫氏説:

> 夫“格物”、“致知”不可分爲二,故《大學》本文云“欲誠其意,先致其知。致知在格物”,不云“欲誠其意,先致知。欲致其知,先格物”。下則云:“物格而後知至。”言物來而試其見事之明,是物格爲接物之名,猶云遇事,非關學也。是以《大學》無釋“格物”之文。[2]

孫氏疏通了文法上前後無法對應的矛盾:前文“欲明明德於天下者,先治其國;欲治其國者,先齊其家;欲齊其家者,先修其身;欲修其身者,先正其心;欲正其心者,先誠其意;欲誠其意者,先致其知”皆爲排比

---

〔1〕焦循《雕菰集》卷九《格物解》(一、二、三),《焦循詩文集》,劉建臻點校,揚州:廣陵書社,2009年,第162—164頁。

〔2〕孫星衍《岱南閣集》卷二《呈覆座主朱石君尚書》,《孫淵如先生全集》,收入《清代詩文集彙編》第436册,上海:上海古籍出版社影印四部叢刊本,2010年,第162頁上。

句,最後“致知在格物”變换文法,説明“格物”與“致知”、“誠意”諸目不是並列義項。後文排比句中“格物”卻和諸目變成並列義項:“物格而後知至,知至而後意誠,意誠而後心正,心正而後身修,身修而後家齊,家齊而後國治,國治而後天下平。”孫氏的解釋是,事物來至面前而非人主動去遇事,因此“致知在格物”不能變爲“欲致其知,先格其物”;但“物格而後知至”卻可以説得通。這一爲學次第由“致知”起始,“致知”從接觸日常事物中得來,可見“格物”、“致知”不能一分爲二,“致知”中已包含“格物”。至於後文爲何没有專門解釋“致知”章的段落,孫氏認爲“致知之功即絜矩之道”,“治國平天下”章中已包含“致知”的内容,因此不必像朱子改本那樣增加補傳。

孫星衍圍繞古本和改本的討論有兩點無法説通:其一,“致知”既然在首章中置於諸目之前,後文爲何卻又融入“治國平天下”章,而不是列於“誠意”章之前?其二,按照孫氏的邏輯繼續推論,本應考慮到朱子改本中“本末”章與“格致”之間的關聯,但他並未論及“本末”章,對於朱子關於“此謂知本,此謂知之至也”的删改也未作評價。這説明孫氏此信的重點在説明“格致”實學,仍然是針對朱子“窮理”的論述,而不是解決《大學》底本問題。

孫氏身爲刑部官員主掌訟獄之事,結合親身經驗,更加篤定自己對“格致”的體認。他説:“往於都官中,見有談明心見性之學者,自以爲有得。試以疑獄,卒不能斷。是知虚空之理無益於政治也。”又謂:“今夫斷獄,知殺人者之當罪,非其罪之當釋,明善也。及兩造具備,格物也。不知其無罪而入之,或反疑其冤而釋之,不能致其知也。而罪之、釋之之心無他,出於善善惡惡,此正心、誠意之不可恃也。”〔1〕孫星衍認爲若忽略經驗知識,僅僅憑藉高尚的道德和本能的良善,想要成爲察吏祇能是有心無力。可見他就斷獄問題分析《大學》文本,實際上並不完全在

〔1〕 孫星衍《岱南閣集》卷二《呈覆座主朱石君尚書》,《孫淵如先生全集》,第162頁下。

於經文内部的章法條理和文字訓詁，而是結合經世目的和個人經驗發明文意。

值得留意的是，在《大學》文本的態度上，考據學領袖戴震與當時考證學者普遍尊奉古本的態度不同。戴震自年少時就曾質疑朱子斷定《大學》爲孔、曾之書的可靠性，並在與人論學時明確指出朱子《章句》不合《大學》本旨。[1]針對《大學》古本和朱子改本的問題，戴震説："自程子發明'格物致知'之説，始知《大學》有闕文。凡後儒謂'格物'、'致知'不必補，皆不深究聖賢爲學之要，而好爲異端，其亦謬妄也矣！"[2]戴震既不篤信朱子，亦没有盲從古本，基於文本的考察，做出了《大學》存在闕文的判斷，認同朱子補寫"格致"傳的做法。

乾嘉之際的考證學者與早前惠士奇同樣重視訓詁，發明人倫日用的實學以及情的功能；在《大學》文本方面亦都反對補傳和删改經文。不同之處在於，惠氏重視考辨底本，且不諱言自己與朱子改本的淵源。乾嘉考證學者的重點則放在訓詁和義理發明，丢失了考察底本的關鍵步驟。他們將尊信古本作爲既定前提，而不是像惠氏一樣將考辨底本作爲關鍵的論證步驟。

四、嘉道以降的調和漢宋與古義發明

與宋明儒相較，乾嘉學者闡釋《大學》古本具有注重訓詁和尊奉古本兩個特點。訓詁考據是他們治學的强項，至於尊奉古本所造成的解經"盲區"，卻成爲擁護改本者攻擊的軟肋。"改本派"學者往往通過文本細讀，堅信《大學》在流傳的過程中産生了錯簡和闕文。宋明時期諸

---

〔1〕段玉裁《戴東原先生年譜》"十年壬子十歲"，收入戴震《戴震文集》，趙玉新點校，北京：中華書局，1980年，第216頁。

〔2〕戴震《經考·附録》卷四"二程子更定《大學》"條，收入張岱年主編《戴震全書》第2册，合肥：黄山書社，1994年，第546頁。

多改本湧現,原因即在於此。儘管數百年的爭辨並没有讓某個版本真正具備一錘定音、消除紛爭的權威性,但這並不妨礙學者們繼續熱衷於尋求解決問題的辦法。嘉道以降,隨著朱子學的復興,《大學》的研究重回清代早期兼重底本考辨、訓詁字義和義理發明的軌道。學者或篤信朱子義理,沿用朱子改本;或遵守清代以來形成的尊經規範,以古本爲基礎闡述經義;或是從古本和朱子改本之間取捨調和。比如從事校勘的丁晏(1794—1875)《禮記釋注》一書多發明鄭玄古注,但他於《大學》篇依循董槐改本,於"格物"解則從朱子"窮理"説。[1]丁氏處理《大學》的途徑與注解整部《禮記》格格不入,其觀點大致繼承翁方綱而來。

桐城派姚瑩(1785—1853)解説《大學》一依朱子《章句》。他並不諱言朱子義理不合古義,謂:"雖然六經之有古本自爲可貴,譬日月經天,萬物各被其光;江河在地,偃鼠各滿其腹。仁見爲仁,智見爲智。朱子之本,朱子之説也;《戴記》之本,《戴記》之説也;文成之注,文成之説也。執朱子所訂之本,遂棄戴氏原《記》之本不讀,文成古本之記不問,亦非也。"[2]姚氏認爲不應因尊信朱子改本而棄置古本和陽明注本,落脚點雖在宣揚一種通達的讀書理念,但他在經義方面仍堅持朱子改本最合聖道。在姚氏看來,經解的是非當由義理來評判,義理的是非則但憑心證,從而反對漢學家重古輕今、甚至"凡古必是"的解經態度。姚瑩同時也反對讓《學》、《庸》重回《禮記》,認爲看似復古的做法實則是"聖賢切實精微之旨,雜置繁文度數中"。[3]若將《大學》、《中庸》放回《禮記》,聖人之道恐怕會被瑣碎的禮節和繁複的文字遮掩。

此時期尊信古本的學者相較於乾嘉之際,開始重視對古本合理性的討論,並重提三禮館兼采古本與歷代注釋的範式。如秦篤輝(道咸時

---

〔1〕丁晏《禮記釋注》卷四,收入《續修四庫全書》第106册,上海:上海古籍出版社影印清咸豐二年六藝堂詩禮七編本,1995年,第62頁上—下。

〔2〕姚瑩《康輶紀行》卷一四"王文成古本大學説二條"其一,收入《四庫未收書輯刊》第5輯第14册,北京:北京出版社影印清同治刻本,1997年,第337頁下—338頁上。

〔3〕姚瑩《康輶紀行》卷六"事物本原於道",第216頁上。

人)云:“《欽定禮記義疏》一依《大學》古本原文,全載鄭、孔注疏,朱子《章句》祇從附録。爲主爲客先後之間,其宗古本之意較然可見。誠以朱于改本持之有故,言之成理。”[1]魏源(1794—1857)亦稱許《禮記義疏》“一循古本之舊不分經傳,盡録朱子《章句》原文於下。即以今本之説注古本之書,天造地設,不約同符”。[2]

魏源認爲《大學》的宗旨在於“知本”,“知本”的要義在於“格致”和“誠意”。[3]他爲朱子開脱説,朱子在《或問》、《文集》、《語録》中屢釋“格物”義,以所格者在意、心、身、家、國、天下之物,所知者在誠、正、修、齊、治、平之理。唯獨“窮理”説泛言格物爲窮盡天下之物理,由此開啟後世治學流於瑣碎空疏的弊端。魏源又論及陽明雖用古本,但“致良知”於“致知”上增添一“良”字,仍不符合《大學》舊義。他將朱子和陽明分别作爲義理解經和尊奉古本的代表,認爲就經學而言兩者各有優劣:“使朱子闇合古本之旨意,而並顯符古本之章次,則不致文成之疑,雖道問學而不失於支。使文成顯復古本之章次,而並闇符‘格致’之條理,則不至啓末流之弊,雖尊德性而不流於蕩。”[4]魏氏《大學古本》結合《中庸》“明善”、“誠身”證明《大學》“致知”、“誠意”之義,又以“正心”、“修身”説明“敬以直内”(《易經·坤卦》)的工夫論,闡發“存養與知行並進”的治學進路。可見魏源尊信古本《大學》雖受崇古考證的學風影響,發明經

〔1〕秦篤輝《經學質疑録》卷一五,收入《四庫未收書輯刊》第4輯第10册,北京:北京出版社影印清道光六年墨緣館刻本,1997年,第313頁下。

〔2〕魏源《古微堂集·外集》卷一《大學古本敘》,收入《續修四庫全書》第1522册,上海:上海古籍出版社影印清宣統元年國學扶輪社鉛印本,1995年,第347頁上。

〔3〕魏源以“知本”爲宗旨的説法當是受到乾嘉時期宗宋學者姚學塽(1766—1826)的影響。姚氏的觀點根本於《石經大學》,謂:“古本出自石經,天造地設。惟後儒不得其脈絡,是以致訟。吾子能見及此,幸甚。惟在致力於‘知本’,勿事空言而已。”見魏源《古微堂集·外集》卷四《歸安姚先生傳》,第392頁下—393頁上。案:《石經大學》乃明中期所造僞書,僞書性質在清初已成定論,清儒甚少有尊信《石經大學》者。有關《石經大學》的流傳和辨僞,詳見林慶彰《考辨〈石經大學〉》,氏著《清初的羣經辨僞學》,上海:華東師範大學出版社,2011年,第413—429頁。

〔4〕魏源《古微堂集·外集》卷一《大學古本敘》,第346頁下。

義卻仍與朱子理學思想一致。

張舜卿(1809—1886)也有類似於魏源的見解。根據蕭穆(1835—1904)爲張氏所作墓志的描述,張舜卿治學不存門户之見,主張漢宋持平,"不苟異,亦不苟同,惟求心之所安"。經過反復玩味古本《大學》,張氏發現古本原文"格物與敬之義皆已周備"。說明他反對改本增加補傳的同時,卻接受了朱子對經義的解釋。張氏因此提出:"後之論者不得執古本爲朱子病,亦不得因注疏及陽明誤解,遂謂古本有差,而《大學》乃還其真面目云。"〔1〕在魏源和張舜卿看來,朱子依據改本闡發的義理與古本原義若合符節。但是朱子何以能夠在誤解章法和字詞之後,還能精準地把握文章的義理,並沒有引起應有的質疑。

秦篤輝在謹遵古本《大學》的原則上闡發經義。他認爲《大學》古本本無錯簡或闕文、衍文,朱子及後世的擅自改訂都是由於誤解了《大學》文義。秦氏批評讀書人追逐科舉功利,祇關注朱子《章句》對《大學》的解釋,卻對古本、古注疏茫然無知。在他看來,盲目捨棄古義而信奉朱子改本無異於數典忘祖。鄭玄、孔穎達的注解雖然簡略,後世學者也應基於古訓依文衍義,以探求其中的精微義理。〔2〕

秦篤輝將《大學》分爲六章:先是總論,其後依次爲"誠意"章、"正心修身"章、"修身齊家"章、"齊家治國"章、"平天下"章。分章的依據是每章結語均以"此謂"爲句式,諸章分別爲"此謂知本,此謂知之至也"(總論);"此謂知本"(誠意);"此謂修身在正其心"(正心修身);"此謂身不修不可以齊其家"(修身齊家);"此謂治國在齊其家"(齊家治國);"此謂國不以利爲利,以義爲利也"(平天下)。總論提綱舉目,兼釋"格致"之義。其中"知止"節論"格致","物有本末"節論"格物"。"知止"是說知止於至善之當然;"物有本末"是指明家國身心爲事物之實,特爲"格致"

〔1〕蕭穆《敬孚類藁》卷一一《張舜卿先生墓志銘并序》,項純文點校,合肥:黃山書社,1992年,第306頁。

〔2〕秦篤輝《經學質疑録》卷一五,第313頁上—314頁上。

限定規模。

秦氏進而强調,“修身”爲“格致”之本,包攬三綱、八目,爲諸條首要。“修身”的法則在於“慎獨”。“誠意”章所論“慎獨”工夫是《大學》宗旨,因此緊接總論以統領全篇,總貫三綱,兼包七目。朱子改本中釋“三綱領”的全部章節在古本中均歸屬“誠意”章,《淇澳》、《烈文》二節講《大學》首務在明慎獨以格物、致知,是爲承接“誠意”章而設,並非朱子釋爲“止於至善”的文字。[1]

秦篤輝根據古本指出《大學》宗旨在“慎獨”,發明“慎獨”卻仍沿襲朱子“主敬”學説。秦氏謂:

> 經文雖自“誠意”説入,其語意實首重“必慎其獨”二節,凡兩言之。“慎獨”不外主敬,故章末引“於緝熙敬止”,爲“慎獨”填實。“君子必誠其意”下“瞻彼淇澳”節説“道學”、“自脩”、“恂慄”、“威儀”,實節節貫入“慎獨”,而“格致”、“誠正”、“脩身”,始終一“慎獨”而已矣。“格物”、“致知”亦非慎獨之敬無從下手。此章重“慎獨”,與首章重“格致”,各明一義以相足。古人之微意道破時顯然甚明,亦確然不易。朱子補“格致”傳,於首章則爲贅衍,於此章以“慎獨”之敬爲“格致”入手,功夫反致漏落,是欲密而轉疎也。何如依經文各明一義,毫無滲漏乎? 朱子《文集》有悔補傳之言,其《答胡氏書》云:“聖學惟用敬耳,向謂先致知而後用敬,殊不其然。是必於《小學》中灑埽應對之時,涵養用敬,以先於格致,而後《大學》可言焉。”是朱子明知聖學以敬爲先,因拘於綱領之序,誤補“格致”傳,不得不以“格致”爲先。“誠意”章又截從“故君子必誠其意”而止,誤以“於緝熙敬止”二節另作釋“止於至善”之文,遂滿篇尋不出以敬爲“格致”之本注腳。又覺不安於心,欲另以《小學》用敬補之於《大學》之外。使其如此,《大學》真有缺文遺義矣。不知古本節次顯

〔1〕 秦篤輝《經學質疑録》卷一五,第320頁下、322頁下—323頁上。

然,敬乃《大學》徹始徹終之道,非惟《小學》爲然。余縷析言之,不獨明聖經之全,亦成朱子之美也。[1]

以上一大段論述要點有三:其一,闡述"慎獨"、"格致"不外於敬,"敬乃《大學》徹始徹終之道",這其實是承接朱子主敬工夫論而來;其二,以"慎獨"爲全章宗旨,貫穿"格致"、"誠正"、"修身",與朱子詮釋《大學》不同;其三,證明《大學》古本原文節次順暢,朱子改本反失主敬之意。秦氏又區分朱子改本、陽明古本與漢儒古本謂:"朱子訂本專重格物、致知,大旨自正。王陽明宗古本,則欲自暢其良知宗旨,迥非《大學》本義矣。予今宗古本,一以鄭、孔注疏爲據,而參會程、朱之旨,不敢少雜陽明之説。其重慎獨爲格致之主,因以貫徹誠、正、脩、齊、治、平之全,與朱子似異而實同,竊敢自信焉。"[2]這段自述是秦氏解説《大學》觀點的集中體現:在底本上秦氏一反朱子而尊信古本,義理方面則在繼承朱子之餘略加修正。他對《大學》經義的判斷嚴格依據經文章節,修正朱子處則根本於古本"誠意"章節次序,就《大學》宗旨提出異議。

五、小結

隨著清初經學的復興,學者注釋《禮記》和編纂禮書時開始收録《大學》、《中庸》兩篇,以期恢復《禮記》全貌。[3]由於"四書"學的深入影響,《大學》、《中庸》在重返《禮記》之初仍沿用朱子《章句》的模式。與此同

[1] 秦篤輝《經學質疑録》卷一五,第324頁下—325頁上。

[2] 秦篤輝《經學質疑録》卷一五,第333頁下—334頁上。

[3] 需要説明的是,《大學》、《中庸》回歸《禮記》衹是清代經學家處理辦法之一種。實際上不少學者在注解《禮記》或編纂禮書時,仍舊延續宋明傳統,不録《學》、《庸》。如萬斯大《禮記偶箋》、李光坡《禮記述注》、張沐《禮記説略》、姜兆錫《禮記章句》、江永《禮記訓義擇言》、《禮書綱目》、孫希旦《禮記集解》等均衹存篇目。見石立善《〈大學〉〈中庸〉重返〈禮記〉的歷程及其經典地位的下降》,《國學學刊》2012年第3期,第31—37頁。

時,漢唐注疏爲底本的古本《大學》進入學人的視野。[1]就《大學》一篇而論,傳統觀念多認爲《大學》文本存在錯簡和闕漏。宋明間出現衆多《大學》改本,其中朱子改本以及由朱子改本發展出的修正本是一大宗。清儒研究《大學》本著尊經崇古的原則,以古本爲依據闡發經義,同時又延續宋明儒爭辨《大學》的路徑,比較古本和朱子改本的優劣。

清中葉反對朱子《大學》義理的考證學者多忽略底本及文本章法的考辨。他們更偏向通過訓詁字詞闡發經義,從而打破宋儒"四書"體系建構的道統和理學學説。站在其對立面的朱子信徒則篤信《大學章句》,認爲較之古本經義更合聖人之道。

清儒中重視考辨底本者比較朱子改本和古本後,給出的修正意見頗爲紛雜:或認爲古本毫無瑕疵、文理順暢;或認爲朱子改本恰當;或在古本和朱子改本之間加以調和。其中,考證學者雖然重視古籍文獻,卻未必完全尊信古本。[2]基於實事求是的原則,考證學者往往按照他們認爲更合理的方式修訂古本。弔詭的是,雖然所據底本有古本、朱子改本或自行修正本的區别,不少學者在考辨思路上各有出入,卻仍得出與朱子《章句》近似的結論,尊經和尊朱在《大學》的詮釋中竟達成契合。

---

〔1〕《大學》、《中庸》回歸《禮記》並不意味著直接脱離了朱子"四書"體系。葉純芳認爲:"經由學者的努力,《大學》、《中庸》得以逐步擺脱朱子《章句》與各種改本的束縛。二者被裁篇至'四書'後,視'四書'爲一有系統而不可分割之整體而所横生之各種臆解,也得以漸次掃除。《大學》、《中庸》終於得以回歸至《禮記》中屬於兩篇的本位,使《禮記》得以回復原有的篇目。"葉純芳《中國經學史大綱》,北京:北京大學出版社,2016 年,第 468 頁。通過本文的分析,可知《大學》、《中庸》在回歸《禮記》過程中的表現相當複雜,古本與改本、《禮記》與"四書"體系的關係相互糾纏。葉氏的判斷是基於陳確、李惇、郝懿行等人的評論,至於時人具體的《大學》、《中庸》研究,所考未詳,根據《大學》、《中庸》形式上回歸《禮記》,便推斷二者在内容和義理闡發上,自然也就脱離了朱子"四書"體系。

〔2〕早在清初時,考證名家胡渭(1633—1714)便基於文獻考證,對《大學》古本提出疑問,謂:"古本其可悉從邪?於不可從者而篤信之,且曲爲之解,是郢書而燕説也。"胡渭《大學翼真》卷三"古本《大學》"條,收入《文淵閣四庫全書》第 208 册,臺北:臺灣商務印書館影印文淵閣四庫全書本,1986 年,第 949 頁下。胡渭鑒於《大學》古本闕漏,沿襲朱子改本,惟以爲無須"格致"補傳;且"此謂知本,此謂知之至也"無須移動,但仍屬錯簡,當改爲"此謂知止,此謂知之至也"。認爲"聽訟"章有"此謂知本"語,後世傳抄者遂誤改前文。見胡渭《大學翼真》卷三"《大學》有錯簡譌文而無闕文"條,第 954 上—955 頁下。

此外,清儒提出“回歸原典”、“經學即理學”等原則,實質是强調義理必須以經文考證爲基礎。然而以《大學》爲論,即使嚴格依據古本細密分析,最終卻得出與朱子相同或相近的詮釋。這等同説,朱子改本雖然存在問題,但同樣可以“誤打誤撞”道出聖人寄託在古本中的“古義”。

回到《大學》、《中庸》脱離“四書”、返還《禮記》的論述,乾嘉時期的新義理學者熱衷探討《論語》、《孟子》、《大學》、《中庸》的本義,他們不承認宋儒編定的“四書”體系能夠真實反映出聖人的意志,“四書”體系所建構出的道統也一併被否定。淩廷堪即批評宋儒私造“四書”名目淩駕於經學的行爲,説:“《大學》、《中庸》,《小戴》之篇也。《論語》、《孟子》,傳記之類也,而謂聖人之道在是焉,别取而注之,命以‘四書’之名,加諸‘六經’之上。”〔1〕阮元認爲曾子“其學與顔、閔、游、夏諸賢同習,所傳于孔子者,亦絶無所謂獨得道統之事也”。〔2〕無論《禮記·大學》是否與曾子有關,曾子都不可以稱作獨得孔子道統者。焦循也説:“夫道無所爲統也。爲道統之説者,失孟子之教矣。”〔3〕孫星衍則以爲傳經即傳道,從而否定宋儒道統論。〔4〕

以阮元、淩廷堪等人爲代表的乾嘉新義理學者探討《學》、《庸》時,明顯具有反宋學的傾向。他們不太注重底本的考證,通過重新詮釋重要字詞(如“格物”),指出《大學》在宋儒的歪曲之下,從通論禮學變成了性道理學之書,後學誤信“窮理”之説,從而忽視了孔孟之教原本注重的倫理實踐的平實學問。相較於延續傳統《大學》研究路徑的學者而言,新義理學者缺乏對《大學》文本的整體把握,但從字詞推闡義理尚不足

〔1〕淩廷堪《校禮堂文集》卷二三《與胡敬仲書》,第205頁。

〔2〕阮元《揅經室集·一集》卷二《曾子十篇注釋序》,第46頁。

〔3〕焦循《孟子正義》卷二九,收入《續修四庫全書》第158册,上海:上海古籍出版社影印清嘉慶道光間焦氏雕菰樓刻焦氏叢書本,1995年,第824頁上。

〔4〕孫星衍謂:“或以前代置五經博士重在道統。不知道存乎經,統本於堯、舜、禹、湯、文、武。伏生不傳《尚書》,則道何所存? 統何所述?”孫星衍《岱南閣集》卷一《咨請會奏置立伏鄭博士稿》,《孫淵如先生全集》,第144頁下—145頁上。

以完全推翻舊説,更無法爲古本的合理性做出令人信服的説明。至於朱子改本,自宋明以來已飽受非議,雖然清儒在底本問題上没能達成共識,但大致的方向都是借鑒古本和朱子改本二者,從中尋求一個平衡。由於《大學》經義的闡發與文本章法之間存在密切聯繫,這一調和方法不僅體現在底本方面,字詞訓釋上亦多兼采古今漢宋注解;至於經義的理解,則大致不出朱子《章句》劃定的範圍。

《我們今天怎樣做父親:梁啓超談家庭教育》新書分享會發言

主持人:劉海濱(上海古籍出版社副編審)

嘉　賓:張文江(同濟大學人文學院教授)

　　　　鄧秉元(復旦大學歷史學系教授)

時　間:2020 年 6 月 21 日父親節

對談

劉海濱:作爲《我們今天怎樣做父親:梁啓超談家庭教育》的策劃者和責編,我先介紹一下這本書的成書經過。

本書的緣起,首先得從"梁啓超修身系列"叢書説起。《我們今天怎樣做父親》是這個系列叢書的第五本,最早的三本分别是《德育鑒》、《節本明儒學案》、《曾文正公嘉言鈔》,是梁啓超編纂評點的,自成系統。《德育鑒》是一個總綱,從修身工夫的角度,分門别類梳理了上自四書五經下至曾國藩的儒家修身方法;《節本明儒學案》、《曾文正公嘉言鈔》則分别對應明清儒修身日用工夫。這三本書起初是梁啓超用於自我修養的隨身讀物,1905 年之後陸續出版,作爲梁啓超推行修身德育的一個途徑,合在一起我們稱之爲"梁啓超修身三書"。後來又出了一本《梁啓超修身講演録》,是把他後期的很多以修身德育爲主題的講演彙編起來,演講的對象主要是大學生和青年,通俗而系統地表達了梁啓超關於現代人如何繼承和發揚傳統文化,如何走出現代化的困境、解決當下的問題。

修身和教育是一體的,孔子説"己欲立而立人",佛家講"自覺覺他",所以修身系列叢書裡其實就包含了梁啓超對教育,尤其是德育的看法和主張。在他看來,教育在現代中國,由傳統教育變成現代教育之後,發生了一個很大的轉折,由以德育、以做人成德爲主,變成了以知識技能爲主。現代教育過於偏重智育,德育被忽略了,這是非常大的問題,在二十世紀初他就看到這個問題。我們現在通常把梁啓超看成一個學者,或者是一個政治家,其實他在戊戌變法失敗之後旅居日本期間,經過反省深思,認識到中國的落後不僅僅是技術和制度層面的,其根本原因是文化的衰落,具體説來,是清代以來以修身爲本的文化根本精神衰落了,而隨後的改革和學習西方,不但没有認識到這個問題,反而變本加厲,路子越走越偏。所以從日本回國後,梁啓超不論是從政還是爲學,都是以修身爲本,1917 年退出政壇之後,更是到處奔走、大聲呼籲重回修身之道,並且投身教育實踐和改革,希望從改造教育入手,進而帶動全社會的變革,這是梁啓超後半生主要的目的。

梁啓超在教育方面的行動主要有兩個,一是有計劃地周遊全國到處演講,宣傳推廣自己的理念,再一個就是在大學實踐改革,其中最著名的例子是清華國學研究院。大家都知道清華國學院有四大導師,其實這個研究院是梁啓超一手創立的。他原本計劃創辦一所文化學院,後來大概是經費的原因没有辦成,轉而寄希望在清華體制之内辦一個半書院式的研究院。他想在此做一個實驗和示範,重新提倡以修身德育爲主的教育,並且將德育、智育統一起來,能夠對中國教育起到糾偏的作用。當然清華研究院也没能完全實現他的想法。梁啓超在清華研究院有三四年的時間,他後來也表達了某種程度上的惋惜,他跟學生們感慨,説清華有自己的傳統,研究院其他人也未必和自己的想法一致,等等。

其實梁啓超另外還有一個教育的實踐場所,就是《我們今天怎樣做父親》這本書的主題——家庭教育。梁啓超在家庭教育當中投入了大量的時間和精力,由於他跟子女之間聚少離多,所以更多是通過書信的方式進行交流,這從梁啓超現存的四百多封給兒女的信裡面就可以看出來。當然實際他寫的書信遠遠不止這些。這些家書構成了這本書的主體内容,還有一些他在家中講課的講稿,他在家裡爲兒女講過孟子,另外在外面做關於王陽明的演講的時候,他把講稿也寄給兒女們,讓孩子們來讀,還包括他對家世的回憶,對父母、對妻子的懷念等。我們把這些内容搜集起來加以編排,書前有詳盡的導讀,每篇文字都加了背景介紹和注釋,是希望讓現代更多的人能夠看到它,更重要的是,希望對從事教育工作的人,包括我們新一代的父母們能夠有所幫助。

説起來梁啓超是一百年前的人,好像已經很久遠了。但是我們看到,一百年過去了,一方面我們的科學技術和物質生活飛速發展,好像已經改天換地了,跟一百年前完全不一樣,但是如果仔細看一看我們教育的情況,比如説梁啓超當時説,民國初年的學校已經變成了"販賣知識的雜貨店",這個詞如果放到現在用,我們看是不是很形象——可能甚至還更合適。他當時覺得學校的教育已經完全知識化,德育都給丢掉了,中國文化修身的傳統没有了。他希望通過他自己的家庭教育,通過他自己的修身,通過他和兒女之間的交流、對兒女的影響,能夠對學校教育加以彌補。從實際效果來看,所謂"一門三院士,九子皆才俊",從現在的成功學上來説,好像他兒女個個都成才很成功,他的家教很成功。其實這是從我們後人的眼光來看,因爲我們很看重才能和事業的成功,但就我的觀感,梁啓超在教育兒女的時候,並没有想去教三個院士出來,他衹是把他的一些教育理念,他做人的理念,就像談心一樣,通過寫信的方式來傳達給兒女。並且在傳達過程中,主要通過敘述,不是説教,秉承的仍是傳統教育"身教重於言教"的原則。

接下來請兩位嘉賓談談他們的心得和思考。兩位教授對傳統文化、古典教育,以及新舊時代的轉變等領域都有深入的研究,關於本書也有很多感受,可以跟我們分享。

張文江:中國古典著作《大學》中,提出了三綱八目,核心是修身。對修身初步的理解,是對自己有要求,注意校正自己的身心行爲。《大學》又説:"自天子以至於庶人,一是皆以修身爲本。"社會上處於不同階層、不同崗位的人,都必須對自己有要求,注意校正自己的身心行爲。通過内(明明德)外(親民或新民)兩方面,追求止於至善的文明理想。梁啓超一生爲學,經歷數次大變,甚至"不惜以今日之我否定昨日之我",以修身爲核心卻始終没有變。修身是他取得多方面成就的根本,也是理解中國學問的入口。

2016 年,上海古籍出版社出版"梁啓超修身三書",我和鄧秉元老師應邀來舉行過講座。時隔四年,同一家出版社、同一位責任編輯再次推出《梁啓超談家庭教育》,作爲前書的姐妹篇。家庭教育或子女教育,如果翻譯回古典語言,就是齊家。齊家是修身的延伸,家庭教育是齊家的不可繞過的部分。

2020 年是必然載入史册的一年,我們親眼見證的歷史事件,層出不窮。在天下大疫的期間,人們居家時間比較多,在享受天倫之樂的同時,也會感受不少問題。種種不同的家庭問題,在相當程度上,可以歸結爲家庭教育的缺失,或者説不夠成功。

《大學》於修身向内,有正心、誠意乃至格物、致知;於修身向外,有齊家、治國、平天下。這些涉及更廣闊領域,有著更深遠關懷,但對於我們普通人來説,也許更關注家庭教育,也就是齊家的主要内容。

手邊的新書有三個標題,分别對應不同的時代背景:1.主標題:《梁啓超談家庭教育》(近代)。2.副標題:《我們今天怎樣做父親》(現代)。

這個標題脱胎於魯迅名文《我們怎樣做父親》,今天選擇父親節作推廣,也相應這層内容。3.腰封:《“一門三院士,九子皆才俊”,“史上最强老爸”的家教之道》(當代)。看得出來,出版者在編排設計上花了很大心思,努力接通地氣,以適應不同層次的讀者。

此外,還可以作幾層對比,協助此書定位:1.梁啓超的書信寫於1912—1927年,魯迅的文章寫於1919年,寫作上應該是同時代,但發展的方向不同,反映了時代大變局中知識人的不同認知。2.康有爲、梁啓超都是戊戌變法運動領袖,有著師生關係。對比二人的家教之道,康有爲不怎麽成功,而梁啓超大體美滿。3.大約四十年前,我當學生的時候,社會上風行《傅雷家書》,一時洛陽紙貴。二人都以古今中西教育下一代,而梁以中式教育爲主,傅以西式教育爲主。

鄧秉元:首先感謝劉海濱先生邀請,也很榮幸與張文江老師一起參加這個活動。其實大概三個星期以前海濱兄邀我的時候,我還不知道本書的名字,衹知是梁啓超的家書,就不假思索地應承下來。因爲我知道海濱兄是一個有自己真正關懷的人,他有對人世的善意和理想,這些年一步一個脚印,做了大量的工作。所以我很高興可以用自己的微薄之力參與其中。

但拿到書以後,還是覺得自己有些冒失了。“我們今天怎樣做父親”,這應該是人生導師做的工作。以我們時下社會的預期,一個人講什麽就好像在標榜什麽,而我自己無論作爲一個父親還是一個兒子,不僅都乏善可陳,甚至自己還覺得做得很糟。我是不太相信有開壇説法的人生導師的,當然自己也不敢做别人的人生導師。這並不是我不承認人類在文化上有其導師級的人物,譬如孔子、佛陀、蘇格拉底、耶穌,這都是人類文化所公認的導師。此外,古人把政治或倫理的合法性建立在師道的基礎上,學術在總體上具有某種根源性,這個意義上的師也可以成立。

但具體到孔子這些人物怎麼做，是否就應該成爲我們今人所效法的對象，其實還是需要加以探討的。我相信每個人應該找到自己的定位(這也就是古人所説的獨立)，並因此產生自己的精神認同。作爲長輩、父母，我們可以根據自己的經驗去告訴後輩或孩子，哪些是好的人物，應當取法的，但不必把這些人物設定爲偶像，令其盲從。何況絶大多數成年人自己也未必真有能力去判斷什麼纔真正是好的。許多成年人本身就是一堆功利與欲望的載體，所以我很怕一些人看了梁啓超的家書，衹是奔著他子女的那些所謂院士頭銜去了。我們有些人想學習“虎爸虎媽”，好像孩子考上好大學就成了人才，其實離真正的人才還很遥遠。有的人在社會中的地位很高，但未必是人才，有時反而可能是禍害。梁啓超的這些子女總的來説，除了大多學有所長之外，我更看重的反而是他們人格上的成長。譬如梁思成便不僅是一位建築專家，也是一位有良知、有勇氣的知識人，身上還有傳統的士大夫精神。爲了保護北京城，梁思成做了他能夠做的事情。

其次，即便這些文明導師值得效法，似乎也不能簡單移用他們當年的所作所爲，這裡面有著時空的巨大變化，否則就是“刻舟求劍”了。我不贊成某種宗教式的立場，特别是原教旨主義。而且完全的原教旨事實上也是不可能的。

還有一點，或許尤其重要，其實這些人類導師本身的生命態度便不一致。譬如儒家主張入世，而佛陀與莊子，顯然更爲出世者所欣賞。儘管在歷史上他們各自成爲某一文化中的靈魂人物，但在今天許多問題還可以重新加以探討。而且話説回來，即便我們有對某種生活的嚮往，人生其實也是自己的事，是很難預先設計的。除非你很早就對某種精神傾向有了明確的認同。這就像藝術品，凡是設計出來，可以量產的，便馬上帶有匠氣，反而失去了生命的本真。所以即便梁啓超作爲一個父親很成功，是否其他人就真正可以通過他的家族故事學習怎樣成爲一個成功的父親？當然這裡還存在一個什麼是成功的父親，怎樣去定義的問題。此外也應該注意,歷史上還有許多偉大人物其實是没有得到父親指導的,譬如孔子、孟子,譬如六祖惠能、范仲淹、歐陽修,朱熹的父親其實也早卒。這又怎麽説呢? 當然,我們可以説,這些不世出的人物可能都不是"培養"的,天才其實不需要培養,祇需要給他合適的環境。

下面我主要從儒學視角談兩個問題。首先想討論的是"親親倫理的利與弊"。

前面之所以要拉雜討論這些,並不是説家庭教育不重要。家庭作爲人類社會的基本單元,其意義是不言而喻的。但家庭又無疑是人類最難處的關係之一。許多心理學家注意到"原生家庭"問題,原生家庭帶給一個人的可能是温暖和友愛,但也可能是精神上的創傷。就像托爾斯泰所説的,"幸福的家庭都是相似的,不幸的家庭各有自己的不幸"。假如用這個尺度來説,其實上述許多人類導師及偉大人物,毋寧説家庭都是很不幸的。譬如最强調家庭的儒家,幾個祖師級人物,孔、曾、思、孟的家庭生活都不能説理想,蘇格拉底也差不多,佛陀則是逃避了家庭,至於耶穌,野史好像説他也是有家庭的,但並没有寫進正式的基督教史。

儒家對幸福家庭的理想是一個守禮的家庭。每一個人有他的分内之事,每一件事也有其應該如此的位置,這就是禮,抽象地説就是合乎天理。但如何達到禮或天理的境界卻不容易。主要有兩個原因。首先,禮是一套複雜的思維與實踐活動,差不多就代表著某一時代對人類生活的總體理解。二是因爲不同時代人類精神會發生變化,而且這種變化並不總是向好的方向發展,會有挫折,會有逆流,甚至會掉入深淵。晚清以來社會達爾文主義影響最大,許多人以爲新的就是好的,但歷史其實給出了答案。

相對於後世,孔子時代還是很幸福的。雖然禮樂開始崩壞,但從上到下禮樂依然在實行,並没有完全喪失信心。孔子還和他的門徒發揚孔門新禮,試圖扭轉乾坤。禮仍然是從士大夫到民衆願意去投入的事情,並没有像現代,完全變成一種慣性或禮俗。齊景公向孔子問政,孔子的回答便是“君君臣臣,父父子子”。簡單點兒説,就是君像君,臣像臣,君臣父子,各有各的樣子。這個樣子便是禮。這句話近代許多學者喜歡望文生義,馬上就想到階級矛盾、父權壓迫,這是不值一駁的。

儒家對家庭的理解首先是從情感入手的。《周易》有個“家人”卦,風火家人。家人的前一個卦是明夷,光明受傷,太陽落到地下,這是古人所理解的黑暗時代的象。家人卦因此大概是説,無論社會壞到什麽程度,總還可以有家人作後盾,家庭作爲堡壘,君子如果不能達則兼善天下,至少還可以獨善其身,管好自己的家庭。由修身齊家,然後星星之火,可以燎原,直到重新治國、平天下。這就是爲什麽家人卦的象是上風下火。禮是人類與動物相互區别的底線。没有了這個底線,人類其實可能比動物還要不如。所以如果説一個人是禽獸,還不算壞;禽獸不如,才是更壞。

但任何事物都有它的反面。親情假如缺乏節制,也是一樣。近代有些學者發明出“差序格局”四個字來作爲儒家倫理觀的定位,不能説完全没有道理,因爲儒家在與墨家兼愛(或者説無差别的愛)學説相對話的時候,確實强調家庭之愛不可能完全被兼愛所代替,家庭倫理具有某種優先性。譬如父子、兄弟是天倫,而夫妻、君臣、師友都是人倫,人倫義合,有義則合,無義則可以分開。親情具有某種絶對性。這當然是對的。但假如認爲儒家衹是强調差序,並因此反對平等和公義,好像也不對。儒家强調父子之親的優先性,但卻並不主張親情的籠罩性。親情衹是相對於其他情感更接近本源,但父子之情也不是最本源的,由父而祖,而曾、高,一路追上去,最後就是帝,如果還要追,那就衹能是天。親情假如没有節制,會出現兩個方面的問題。

一是唯關係論。判斷一件事應不應該做,首先看彼此有没有關係,所以“找關係”、“講人脈”就成爲我們現在社會中經常看到的情況。人際關係是自然形成的,有其合理性。但如果正常的事情也非得靠有關係,那就是問題所在。有人生了病,害怕醫生不盡心,一定要找關係打了招呼才放心。這就是“關係社會”。我想除了法治本身缺位的因素之外,其實就與傳統社會對儒學的這種片面强調有關。古人早就意識到這個問題,所以漢儒常説“門内之治恩掩義,門外之治義掩(斷)恩”。這就是公義和私親之間的邊界。這其實也就是晚清時代梁啓超等常討論的公德私德問題。而在孟子那裡,對這些問題也早有警惕,所以他仔細分疏了親親、仁民、愛物之間的差别。可惜宋以後,在儒學社會化的過程中,許多人把仁義禮智信等五常觀念隨處套用,造成了許多混淆。

二是造成了某種近乎絶對性的父權,成爲後世禮教中的問題所在。這一問題的主要表現便是傳統社會晚期堪稱畸形的孝道,下面我還會對此稍作申説。

劉海濱:我想稍微説一點在做“梁啓超修身系列”叢書的一個感覺,現在距離“五四”那個時段剛剛過了一百年,“五四”其實是一個衆説紛紜的時代,我們現在回望歷史容易簡單化,好像當時是鐵板一塊,其實那個時候有不同的聲音,當然有的聲音特别大,逐漸成爲主流,會掩蓋其他的聲音。梁啓超當時代表了一種聲音,就是返本開新的思路,回到中國傳統的根本精神上去,根本精神是什麽?就是修身,“一是皆以修身爲本”,這是整個中華文化的根本,如果脱離了修身去談政治、談家庭,從中國文化傳統來説是没有實際意義的。梁啓超的後半生就是抓住修身爲本,所以他提倡“返本”。但是返本後面還有個“開新”,開新是什麽?面對新時代,文化的基本精神就像大樹的根,面對不同的時代環境,它要能夠自我更新,這才是一個活的文化,這才是一個文化可以延續數千年的根本所在。所以梁啓超説,之所以現在有各種問題,是我們大家脱離了本,爲什麽會脱離,因爲我們大家對本喪失了信心,就像魯迅有一篇名文叫《中國人失掉自信力了嗎》,那時候有一個普遍的問題,大家對自我的文化喪失了信心，喪失信心可能跟所謂列强的壓迫有關，但更根本的原因，在梁啓超看來，是自身文化精神衰落了。清代以來，中國文化其實是處在一個低谷期，這是文化本身的問題，就是它的根本產生了問題。而文化根本精神衰落的一個表現，就是禮教的僵化，因爲精神没有了或偏離了，外在的形式就變成束縛人的東西了，這其實是魯迅等人説的"吃人的禮教"的實質。但是如果没有看清内在的這個實質，而西學進來之後又產生了一個外在的壓迫，這樣一來很多人就對自己的文化没有信心了，就會產生類似全盤西化，這樣的偏激的思路。梁啓超看到，是因爲你本身不正，所以要產生很多問題，就像中醫説你本元不固的時候，外邪就容易入侵，所以梁啓超的思路是：先回到本原上來，固本培元，元氣恢復了，自然就會焕發自我更新的能力。所以他一方面强調回到根本，一方面他又不是守舊，而是用文化的根本力量主動適應新時代。在梁啓超的家庭教育中尤其可以看到他新舊結合得非常好，其實不是新舊兩塊的結合，它本身是一體的。他有很多很現代的觀念，但是又有很傳統的以德育以做人爲本的理念，這兩個在我們看來好像不一樣的東西，爲什麽在他身上結合得這麽好？在我看來，他的"新"不是完全"拿來主義"的新，而是在返本的前提下，有一個和自己的根本接通的新，所以這些現代因素吸收得很自然，立即轉化成了自身的東西。我稍微補充這一點，接下來還是請張老師繼續。

張文江：謝謝鄧老師和海濱，我接著講。家庭教育是學校教育不可缺少的補充，其成敗關乎家庭的未來，合起來關乎國家的未來。教育孩子是最難的事，也是最值得的事，同時也是最美好的事，天倫之樂就在其中。亞洲人，尤其中國人，普遍重視教育。從多少家庭爲高考而不惜投入，可以感知一二。

按照我的理解，教育孩子可以分上中下三策，或者説有三種不同的進入角度，各有其長：

下策是引導孩子學習知識和技能。值得强調的是,現代社會中,技能的重要並不亞於知識。

中策是家長以身作則,言傳身教。更好的是教學相長,通過教育孩子進一步完善自己,促進兩代人共同進步。很多孩子的問題其實是家長的問題,我甚至想提倡建立家長學校的理念。

上策是提高原生家庭的天花板(既在經濟上,又在思想上),通常的途徑是讀好書,尤其是推行適當的經典教育,理解傳統,理解時代。而更好的是打開天窗,深入理解人類的文明,走向精神上的超越之路。家庭和個人,都不可能完全避免逆境和挫折,必須在難解的矛盾中堅持前行,不斷地自我更新,獲得向上的動力。

關於知識和德育的關係,相當於《中庸》的"自誠明"和"自明誠"。對應宋學,爲程朱(自明誠)和陸王(自誠明)。對應漢學,爲《尚書・周官》和賈誼《新書・保傅》設置的"三公",太師、太傅、太保,大體對應智、德、體,三公討論文明的維繫,與天子的地位平等,共同追溯至深的源頭。而德、智或者德、智、體的互攝,回到《大學》的修身。

我理解中國學問的核心是做人、做事情,以經典系統作爲進階或輔導手册。剛才引用《大學》和《中庸》是四書,進一步上推是五經,更完整的表達是六經或六藝。這是儒家學説的主要脈絡,而梁啓超之學,也同時斟酌採用佛家和道家學説。

做人方面,參考佛教的因果業報論。本書第 148 頁,引梁思成寫給姐姐梁思順的信説:"感覺做錯了多少事,便受多少懲罰,非受完了不會回轉來。"即使不深究佛學,梁啓超所説的,爲善心上平安清涼,爲惡感應煩惱痛苦,我們普通人也能體會。

做事情方面,他抱持完全積極的人生觀,"有一天做一天",不是"得過且過"而是"得做且做"(代前言,第 11 頁)。"天下事無所謂大小,衹要在自己責任内,盡自己力量做去,便是第一等人物。"(第 137 頁)。"我是挨得苦之人……老守著我的'得做且做'主義。"(第 257 頁)梁啓超的這些想法,來自《周易》的“天行健,君子以自强不息”,以及《尚書》的“無逸”,激勵所有的中國人。而自稱“挨得苦”,又對應《周易》的“吉凶與民同患”,爲有成就者的上出之路。梁啓超的這些觀念,和魯迅臨終前寫下的“要趕快做”(《死》)的思想,完全一致。

有了這兩條,人生是不是就一帆風順呢? 依然未必。在道家方面,第 177 頁稱:“人之生也,與憂患俱來,知其不可奈何而安之若命。”引用的話來自《莊子・人間世》,可以看成《周易》“樂天知命故不憂”另外的表達,表面上消極,實際上積極。梁啓超這樣的人生態度,感染並激勵他的孩子,使他們在各自的環境中都能得到成長。

劉海濱:我剛才想到鄧老師一開始説的,不想自居爲人生導師,我稍微做點解釋。現在這個書名“我們今天怎樣做父親”,就像張老師説到的,其實是受魯迅那篇文章的啟發,當時在審稿的過程中一直盤算需要給它一個響亮點的書名,後來這個名字突然就跳出來,一個字也没有改。我覺得這個名字跟這本書的主題比較契合,還有一點,張老師也看出來了,我還希望用這個書名來關聯一百年前梁啓超的時代和當下的時代,所以書名中有“今天”兩個字,是希望能夠加强“當下”的感覺。其實我把這個書名理解爲一個問句:“我們今天怎樣做父親?”這是一個問題,大家一起來探討,實驗。我覺得梁啓超也不會自居人生導師,而是他認爲人生就是從自我做起,由修身到齊家這是一個很自然的過程。比如剛才説的“有一天做一天”這樣的“得做且做主義”,一方面這種自强不息的精神來自傳統,跟儒釋道都有關係,他自己就是這樣做的,而且他也非常希望能將這種精神傳遞給自己的兒女,而這種傳遞和影響就是家庭教育了。

因爲看到“一門三院士”等等,如果希望在梁啓超這裡學到很多教育方法、秘訣,恐怕會失望的。打開這本書你會發現,很難總結出可稱爲“梁式家教法”的一套方法。實際上他就是把最近我碰到什麽人碰到什麽事,我怎麽做的,怎麽想的,這樣像拉家常一樣寫進信裡,子女也很樂意聽也很樂意向他傾吐。另外他不端父親的架子,比如他稱呼大女兒思順叫“大寶貝”,稱思莊爲“小寶貝”,戲稱三女兒思懿爲“司馬懿”,管小兒子思禮叫“老白鼻”(老 baby)。他以非常平等的這種方式跟兒女們談話。其實這也是鄧老師説的,在家門裡面是“恩掩義”,更重要的不是講道理,而是情感的交流,平等的交流,在梁啓超這裡是很自覺的行爲。在這樣一個氛圍之下,彼此關係很親近,交流很順暢,那麽梁啓超通過他自己的經歷,將他的所思所感像朋友之間談心一樣講出來之後,在關鍵的地方點一下,提煉一下,説我就是這樣做的,也希望你們能這樣做,這樣效果就非常好。翻開這本書的目録,每封書信下都有一個副標題,其實就是編者從信中找到的一句話,比如:

人之生也,與憂患俱來,知其無可奈何,而安之若命。

我有極通達、極健强、極偉大的人生觀,無論處何種境遇,常常是快樂的。

我以爲一個人什麽病都可醫,惟有“悲觀病”最不可醫,悲觀是腐蝕人心的最大毒菌。

我怕你因所學太專門之故,把生活也弄成近於單調,太單調的生活,容易厭倦,厭倦即爲苦惱,乃至墮落之根源。

用現在的話説,句句都是金句。但是這些金句不是集中在一起變成格言集,也不是脱離事實的説教,而是散落在這些拉家常講故事之中的,並且來自他自己的真切體驗,讀來非常親切,又有震撼人心的力量。這種看似無形像春風化雨一般的方式,非常值得我們學習,但是也很不容易學,因爲它是以自我的修身爲本,做好一個父親的前提是先做好自己這個人,做一個人格獨立並且有强大精神力的人,做一個對社會有責任,就自己的環境和條件儘量去做事這樣一個人,這也是很不容易的,但是這卻是唯一的做人和爲父之道。如果説梁啓超有家教秘訣的話,這就是他的秘訣。

鄧秉元:我接著剛才的話題,談談關於孝道的看法。

在二十世紀,傳統文化中最受人詬病的内容之一就是孝道。“五四”時代提出打倒孔家店,孝道也是罪狀之一。這種孝道在現實中其實很有土壤。我小的時候,身邊的傳統思維還很盛。我祖父那一輩人,好多人的教子經,其實還是“棍頭出孝子,慈父多敗兒”。“孝順”一詞,我在兒童時代便不陌生。後來看到明清小説中充斥著“天下無不是的父母”諸般論調,才知道淵源所在。這種觀念在近代被一些人認爲是養成了奴性,所以極力反對。可歎的是,由於本著擒賊先擒王的心態,許多人把孝道歸罪於孔子。我不止一次看到有當代的學者名家,引用孔子的“無違”説來批評孔子。當然,最近若干年好像傳統文化又突然翻過來了,有些人又對這種孝道大唱讚歌。一些早年大造父母之反的人突然來提倡傳統,到底意味著什麽,不得而知。

“無違”的説法出自孔子與弟子樊遲的一段討論。魯大夫孟懿子向孔子問孝。孔子説“無違”。孔子可能還希望他繼續問下去,但對話卻因故終止了。所以孔子出來就對趕車的弟子樊遲説,孟懿子問我孝,我説“無違”。於是樊遲追問,孔子才補足了意思:“生事之以禮,死葬之以禮,祭之以禮。”孔子顯然是説不要違背孝道,也就是禮;而不是説不要違背父母。這個問題並不是很深奥,但爲什麽不少學者都會犯如此低級的錯誤,就是因爲許多人在研究傳統之前早就已經認定傳統文化是應該否定的東西,這種研究其實不過是一種宣傳。

但還是應該具體談一下古人心目中的孝。《孝經》説孝是天經地義,在傳統時代,整個社會約定俗成了某種觀念,可能不假思索便接受了。但儒學畢竟與宗教不同,儒學是一門講理的學問。簡單來説,儒家提倡孝道本來是基於一個最樸素的原則。所謂孝其實也就是報。孝並不僅僅是針對父母或祖宗,我們看《論語》,孔子就説大禹“菲衣食而致孝乎鬼神”,對鬼神也可以言孝,其實也就是報答鬼神的福佑。古代祭祀也是報,報在某種意義上是宇宙的基本原則。佛家講業報,《舊約》講

“以眼還眼”,物理學講作用力、反作用力,其實都是對報的不同表述。也正是因此,報代表著人心的“直道”,《大學》稱之爲“絜矩之道”,當然在經學裡對直道的理解君子小人有别。關於這一問題没有時間加以討論。但我們在孔子與弟子宰我之間關於爲父母行三年喪的討論中,便可以看到這一原則。宰我問孔子是否可以把三年喪改爲一年,因爲一年已經是天運一周,這當然是一個不錯的理由。但孔子不是根據抽象的原則講三年喪,而是説“三年而免於父母之懷”。父母抱了兒女三年,所以兒女也應以三年爲回報。

前面説家庭倫理屬於天倫,是血緣關係,這種關係被抽象爲仁。而人倫的關係是義合,也就是通過某種原則聯繫在一起。譬如君臣、夫妻之間本質上都是一種互助的合作關係,所以男子娶妻,命辭是“往迎爾相”,相就是助,如同盲人的拐棍。既然要維護這種天倫,所以父子之間不可“責善”,也就是相互不用善或很高的標準要求對方。孟子給出的理由是,假如父親以善要求兒子,兒子便會反問,爲什麽您自己没有做到呢?這會讓父子關係變壞,並最終破壞家庭。現代家庭許多問題的癥結出在這裡,許多應該由學校承擔的責任,被轉嫁給了家庭,從儒學角度來看,其實是無解的。所以古人强調易子而教,由師友負責“責善”,因爲這是師友之義,師友也是義合。

父子之間這種關係,發展出親親相隱的觀念。這個觀念最近幾年討論很多了。許多人誤解親親相隱的觀念,以爲是在包庇對方犯罪,其實是不對的。親親相隱衹是意味著不去質證。而在儒學那裡,兒子干預父母作惡,反而是孝道的應有之義。這方面的討論很多,也有不同的傾向,譬如可以分温和派和嚴厲派。嚴厲派如《孝經》所説的國有諍臣,家有諍子。父母行惡,子女要勇於相爭。温和派則是《禮記》所説“三諫而不聽,則號泣而隨之”。這兩種傾向在《周易》都有體現。《周易》把阻止君主或父母做壞事,或爲之善後的討論放在蠱卦,叫作“幹蠱”。蠱是毒的意思,幹蠱則是去毒。君主或父母做了惡事,臣、子有責任爲其去毒。這才是真正的忠臣、孝子。關於具體做法没有時間在這裡討論了。但由此我們可以看到古人對孝道的理解,與二十世紀所批評的那種愚忠愚孝,不僅不同,甚至可以説截然相反。

總之,早期儒家所理解的父子關係,是一種以親情相連接,但又有所節制的關係。這種關係不是建立在子對父的身份依附基礎上,而是首先保有獨立的人格。儒學是講求生命的學問,生命的真諦在於自由,而自由的真正基礎,就是這種獨立精神。没有人格的獨立,談論生命、自由,乃至人類一切美好的詞彙都没有意義。這是我們今天重温古典的家庭倫理所首先應該注意的。這一點在梁啓超身上,圓滿地體現出來。在我看來,這也是梁啓超家書最有價值的地方。

劉海濱:鄧老師很系統地把儒家孝道的本義和根本精神表述出來了。在這樣的網絡信息和文化快餐化的時代,我們很容易道聽塗説人云亦云,誤解和歪曲反而容易流傳,對於傳統文化尤其如此。大家好像都能引用一點經典上的話,但是理解上有很多問題,比如剛才説對孝的理解,一説到孝好像就是絶對的服從,做兒子的没有獨立人格,是一個依附性的關係,是一個權力的關係。建立在這種誤解的基礎上,然後開始批判傳統,這是早幾十年非常常見的思路,也一直延續到現在。我們出版“梁啓超修身系列”叢書,也是希望能夠在這方面起到一點作用,如果大家都去讀四書五經,可能有些門檻,但是我們找一個離我們很近的人,而且他是處在跟我們相似的環境下,就可以起到一種橋樑的作用。梁啓超所處的時代恰好是在古今中西的交匯點上,而且他又是這麼一個終生處於風口浪尖的人物,他更敏感地體會到東西南北的各種風向。我們現在所面對的各種問題,從根本上説其實並未超出梁啓超的時代,很多時候表現爲中西的對抗與交流,其實是古今的變化與更新,梁啓超對此有深刻的認識,並早於他同時代的很多人做出了清醒的判斷,這不僅體現在他的思想和行動上,而且體現在他的家庭教育裡。

因爲誤解或偏見,我們會以爲孝對於子女一方,是没有獨立人格的,是依附和服從的一方,父親那一方是威權的壓迫的一方,傳統家教也都是教訓式的。但如果我們認真讀讀梁啓超的家書,就完全不是這樣的體會,真的就是春風化雨。當然偶然也會有當頭棒喝,那就是他看到兒女有危險的話,需要提醒甚至震懾一下,這也是有的,但這是建立在尊重兒女的人格獨立,平等的交流之上的,這在梁啓超是非常明確的。

我們很容易認爲這是因爲梁啓超吸收了西方的觀念,當然他會從西方思想方面有一些借鑒,但我覺得首先是跟傳統的精神並不違背,其實他也提倡孝道,但是比較符合鄧老師剛才説的本義上的孝道。比如他經常寫信提醒孩子們,説你們要常常問候祖父,要經常陪伴他,關心他。再比如,梁啓超的弟弟因爲一直跟他們住在一起,後來梁啓超夫人去世之後,有很多事情,包括買墓地,營造墓園,舉行葬禮,等等,都由他弟弟一手操辦。梁啓超爲此事特意寫了好幾封信,告訴在海外留學的那些子女們,説你們每個人都要寫一封信給叔叔表示感謝,在當天葬禮完成了之後,他還要留著家裡的年齡尚小的兩個小孩,要他們代表哥哥姐姐給叔叔磕頭,感謝叔叔替他們做了這些事。這些長幼有序、注重親情等傳統的理念,他非常自然地就做到了,但是他又是非常平等,尊重兒女的人格,希望他們自己來決定自己的事,比如説學業、前途等。

還有一個例子是梁思成跟林徽因的婚禮。梁思成、林徽因在國外,他們準備回來結婚,但梁啓超説,希望你們先在國外結婚,然後去歐洲旅遊一圈,去看看那些古建築文化遺跡,與自己的所學相互印證,但是你們必須先結婚纔方便同遊。還説既然你們在國外結婚,因爲徽因的父親是基督徒,你們可以在教堂舉行婚禮,還説“你們若在教堂行禮,思成的名字便用我的全名,用外國習慣叫做‘思成梁啓超’,表示你以長子資格繼承我全部人格和名譽”。這種觀念好像很現代很開放,但一方面他又説你們需要先結婚纔能一起去旅遊,甚至説如果你們現在不打算馬上結婚的話,最好分居兩地,不要住得太近,以免因爲所處親近產生心理生理的波動(發生親密行爲),可見在兩性關係上梁啓超又很"保守"。這些東西好像反差很大,然而它們又是一體的,通過鄧老師剛才的解釋就會明白,其實傳統的觀念可能未必是我們想像的那樣,傳統的和現代的,中國的和西方的觀念之間的轉化也許可以是很暢通的,衹是因爲我們的偏見或誤解,人爲地給它加了很多阻隔。我覺得這本書在這方面有很多生動的例子。

現場問答

問:子女天性頑劣,怎麽也教育不好,怎麽辦呢? 還有一個問題是父子之間理念不同,應該如何協調?

張文江:第二個問題是關於兩代人之間的理念協調,與第一個問題"孩子頑劣怎麽辦",也有一點關係。這方面我覺得盡自己的力,能做多少是多少。好的教育過程,父子之間彼此有促進,孩子不夠好,作爲父親你就必須更好,從改正並提升自己做起。即使短時間内看不到效果,你至少已提升了自己,這方面可以説是立竿見影的。而一個人如果有所提升,對外界完全没有影響是不可能的,儘管這個影響在你所認知的時間段中,有可能還没有直接作用到孩子身上。

另外,兩代人理念有不同,還要看自己的理念,是不是需要更新。人必須終身學習,更新迭代不可以停止。時代劇烈變化,新一代人在陸續上場,據説每十年就有代溝,甚至有人誇張説可以縮短到五年。今年年初,我和趙汀陽老師在湖南做講座,説起怎麽理解當前的 2020 年? 提到零零後正在登上歷史舞臺,一零後正在準備,二零後已開始出生,大浪淘沙,就没有人可以置身於代際更替之外。推前一百年,那時的九零後就是毛澤東那一代人,零零後就是梁思成那一代人,要理解他們所面臨的問題,時間並不遥遠。

《周易》、《論語》的言説對象是君子,面對三千年未有之大變局之後,如何連接古今,君子何在? 其定義有待探索。我初步的認知是,盡可能地理解時代,做人做事情有原則,不降低對自己的要求。

問:剛才鄧老師説“父子不責善”,那麽父親怎麽教育呢?

鄧秉元:“父子不責善”,如果看字面意思,好像衹是説父母不要幹什麽,但是孟子在説“父子不責善”之後,還引申了一句,説“古之人易子而教”。父母要希望子女好的話,不要自己去責他的善,但是要爲他選擇良師益友。互相責善、切磋琢磨是師友的義務,師友相互夾持、幫助,彼此是應該有要求的。這就是“義合”。老師、朋友的正確責難要遵守,但如果他自己做不到,彼此是可以絶交的,有義則合,無義則去。雖然互相可能有傷害,但没有傷害親情那麽嚴重,因爲親情屬於天倫。

當然如何給孩子找個好老師很重要。唐代韓愈曾專門寫了一篇《師説》,講了師的幾個層次,所謂傳道、授業、解惑。譬如小學生或初中生,主要是授業解惑的階段。上了高中、大學以後,這是人格成長特别重要的時候,可以適當地“傳道”。此前也不是不可“傳道”,但身教勝於言傳,一開始的時候其實不能講太多的道理。我們現在的許多做法恰恰反了。一是很多應該由學校做的事轉嫁給家長。現在很多中年的家長,都遇到類似問題,要看著學生做作業,甚至幫他去做各種各樣的作業。二是在學生小的時候灌輸了太多的大道理,而不注意在灑掃應對中潛移默化地進行人格培養。這其實是本末倒置了。孔子説過,“君子欲訥於言而敏於行”。今天的問題是,家庭做了不該家庭做的事,學校幹了不該學校幹的事。許多孩子不是在受教化,而是在被馴化。結果是整個社會倫理、家庭倫理差不多全部被破壞了。殊不知,内在德性的養成,是一個人未來發展的真正根基。

問:能否具體說一下,怎樣的關係才是好的父子關係?

鄧秉元:我覺得並不適合提出一個抽象的尺度。但我相信身邊的許多人,都可能在自己父親那裡獲得過很多教益。比如說我自己的父親,從小到大,他其實講的不多,好像並沒有花太多的心思教育子女,但我還是越來越感覺自己從他那裡得到了不少教益,儘管有些很晚才體會到。印象中父親没有說過什麽慷慨激昂的話,但他的正直體現在他所做的每件事中。有時候不言之教其實更重要。

前面說過,家庭關係其實是人類最難相處的人際關係,别的關係實在不行都可以割斷,但父子親情即便登報發了聲明,也不是就真的斷了。好的父親不好講,但歷史上最差的父親可能莫過於舜的父親瞽叟。《孟子》書中有不少篇幅討論舜和父親的關係。舜的父親不僅不滿意他,甚至要跟他的兄弟一起殺他。普通人如果遇到這種父親,父子之間保持某種有距離的關係,可能已經足夠了。但是孟子爲什麽要討論這個問題?因爲舜被他理解成是一個聖人,聖人在面對這樣的問題的時候,如果不能用最好的方式去解決,何以成其爲聖人?這是在理論上要去面對的問題。孟子的解決方案就是誠,舜最後用自己的誠意化掉了父親的惡意,並相處融洽。親情本身便蘊含著誠意。這是孝道的極致,兒子化導了自己的父親。

問:孩子没有達到父母理想的境地怎麽辦?

張文江:父母對孩子要求高,幾乎所有家庭都希望自己的孩子成才,這也是國家强盛的底層基礎。至於說如何成才,涉及非常深的内容,比如說遺傳學規律,家庭中的夫婦關係,以及孩子出生是不是一張白紙等等,可能不適合在大範圍中探討。我找一個容易被忽略的角度來展開。父母養育孩子是非常美好的事情,爲什麽美好?父母隨著自己孩子的成長,會重新過一次童年。對自己的童年,我們没有完整的記憶,祇留下零碎的印象。等到當了父母,在伴隨孩子成長過程中,唤醒潛在的記憶,重新理解自己,再次獲得成長。不僅父母是孩子的老師,孩子也是父母的老師,衹是施教的方向不同。表面上好像是父母在教孩子,但是教育的效果如何?孩子以自己是否健康成長給父母打分,而且分毫不差。做父母的人要讀得懂其中的回饋信息,作出各種及時調整,才能交出過得去的答卷。

我參加過不少關於家庭教育的討論。在我看來,問題家庭的孩子的缺點,都有著父母不到位的因素。儘管最後的根源還没有那麽簡單,也許父母做得盡善盡美,孩子依然有不能解決的問題,但是很多父母並没有爲此作應盡努力。從這個角度來理解,做父母的不能一味地責怪孩子,放任自己的不良情緒。父母在無意識中說的那些話,以及不節制的情緒發洩,對孩子有著很深的潛在影響,比口頭教"應該怎麽做"更加重要。

每個已然成人的人,爲什麽還要繼續成長?消除原生家庭種種看不見的痕跡,是修身必須面對的問題,而這些問題往往伴隨人的一生。父母不容易意識到的方面,正是教育孩子時最應該全力以赴的方面。點點滴滴地、潛移默化地做到這些,會減少孩子成長的阻礙。

問:在今天的教育中,往往是母親擔當家庭教育的主角,兩位老師如何看待這個現象?

張文江:有父有母,才是完整的家庭,彼此不可或缺。如果父母之間必須取一方,我覺得母親更重要。缺少父親,家庭有缺憾,而缺少母親,幾乎不成爲家庭。父母的側重點有所不同,父親在引領家庭的方向上,可以起更大的作用。我剛才說,家庭教育分上中下三個維度,普通的維度是教授知識和技能,所有家庭都在努力。其次的維度以身作則,父親的作用有可能更大。最後的維度,提升整個家庭的天花板,乃至於打開天窗,父親更應該付出比較大的努力。儘管以上的内容,母親有可能做得更好,但今天是父親節,我們就多强調做父親的責任,以及他的擔當和引領。

結束語

劉海濱:四年以前,“梁啓超修身系列”叢書的第一本書也是邀請了張文江老師、鄧秉元老師作爲對談嘉賓,那天碰巧是立秋;今天我們選了父親節這天做新書發佈暨分享會,很巧又趕上了夏至。跟四年前那場分享會一樣,最後請兩位嘉賓分別用一句話來總結一下今天的發言主題。

張文江:我們大家都要盡可能地理解時代,做人做事情有原則,不降低對自己的要求,以此共勉。這是人的自我教育,同時也是家庭教育的根本。

鄧秉元:傳統儒家倫理在幾千年歷史中發生過複雜的變化,既有非常好的遺産,也有它的問題。儒學容易産生的問題其實毋庸諱言,因爲好講道德,所以更容易流於虚僞,喜歡説門面話,喜歡在道德上上綱上線,責人以嚴,律己以寬,凡此種種,在今天社會上其實還很常見。這是我們今天談論儒學,特别是許多人打著復興傳統的旗號宣講儒學時,首先要面對、反思、警醒的問題。不要講太多的門面話,更多的應該反求諸己,我想這是我們今天應該注意的問題吧。

劉海濱:兩位老師的話也都可以歸結到修身,而修身的原則是反求諸己,不論是學校教育、家庭教育,還是和其他人相處,整個傳統文化的根基就在這裡,要努力做好自己,才可能有其他的。《我們今天怎樣做父親:梁啓超談家庭教育》新書發佈暨讀書分享會到此結束,感謝各位網友和現場朋友的參與,謝謝!

無論多少,不該被抹煞*

——《公羊》和《穀梁》的史料價值

黎漢基**

由於近代學者的建構,《公羊》與《穀梁》二傳常被視作今文經學的作品,被標籤了各種各樣的屬性,許多想法已被視若天經地義,其所衍生的問題也許比想像中更繁多和更複雜。其中一個較少人注意的客觀效應是二傳的史實性較少得到著墨或甚至備受忽略。[1]尤有進者,甚至有人徹底不承認它們的史料價值。陳壁生《經學的瓦解》提出這麼一個論斷:"在三傳中,《公羊》、《穀梁》二傳,唯説微言大義,實無史料之價值。……具有史料價值的是《左傳》。"[2]以上說法,貌似理所當然,但細梳文獻,比讀諸傳,卻大不然。是否僅《左傳》"具有史料價值",而《公羊》與《穀梁》"實無"呢? 這是需要經過具體考察方能得到解答的學術問題。有鑒於此,下文將會比讀三傳,略作辨解,提出不一樣的事實認知。

---

* 本文得國家社會科學基金重大專案"四書學與中國思想傳統"(15ZDB005);中山大學"三大建設"專項資助。

** 作者单位:廣州中山大學政治科學系,中山大學中國公共管理研究中心。

〔1〕 認爲二傳(通常專指《公羊》)專講微言大義,或所謂的"以義解經",而不措意於其敘事或史料價值,是相當流行的想法。參閱平飛《經典解釋與文化創新:〈公羊傳〉"以義解經"探微》,北京:人民出版社,2009 年,第 1—18 頁;曾亦、郭曉東《春秋公羊學史》,上海:華東師範大學出版社,2017 年,第 121—126 頁。

〔2〕 陳壁生《經學的瓦解》,上海:華東師範大學出版社,2014 年,第 157 頁。

一、有待澄清的誤解

首先,澄清一些不必要的誤解。認爲《公》、《穀》二傳没有史料價值,貌似符合直覺的一個理由,也許是認爲它們不是歷史著作。二傳的寫作,其核心宗旨無疑是以解讀《春秋》經文,不是以史料價值的傳承爲第一義。但必須明確一個基本的認識:説一部著作具有史料價值,跟它的作者是否有意識地寫作歷史作品,没有必然的關係。像出土的甲骨文、金文、簡帛,其作者大概没有意圖要留下什麽重要的史料,但誰會否定這些東西的史料價值? 同樣道理,《公》、《穀》與其他經部文獻一樣,即使不是有意識寫作的歷史著作,也不代表它們没有史料價值。承認二傳不是歷史著作,不意味它們没有史料價值。這一點,金景芳在概括經部文獻時已説得比較明白:"從歷史實際出發,就要求佔有大量的史料,不論是地上的、地下的,正統的、非正統的,都不應輕易放過。基於上述觀點,研究中國古代史就不能不對經學予以足夠的重視。"[1]以上,是强調從經學中挖掘史料,能不能挖到史料,主要是看文獻的内容和研究者個人的本領,無涉於這些文獻是否歷史著作的定性。

要證明《公》、《穀》没有史料價值,比較有力的做法似乎是認爲它們没有歷史敘事,而非説二傳不是歷史作品。假如二傳的内容没有絲毫史事記載,那麽説《公》、《穀》没有史料價值,至少在直觀上似乎比較可靠。然而,《春秋》是編年史的體裁,而《公》、《穀》爲了解釋經文對所述事件有何見解,往往不得不交代相關歷史的來龍去脈。因此,二傳敘事的内容縱使不如《左傳》之多,但絶非拒絶歷史敘事的記載。這一點,趙生羣先生已説得相當明白:"《公羊》、《穀梁》直接敘事解經者共 80 餘

〔1〕 金景芳《經學與史學》,載《金景芳全集》第 7 册,吕文郁、舒大剛主編,上海:上海古籍出版社,2015 年,第 3139 頁。

條。這些條目從十幾字、幾十字至數百字不等(最多者達600餘字),與《左傳》以事解經性質完全相同。"[1]這是相當全面、確切的概括。二傳載有各種敘事,開卷自見,記載顯明,不煩辭費。

涉及《公》、《穀》二傳的歷史敘事,陳澧另有一個説法需要清理。他説:"《公羊》亦甚重記事,但所知之事少,而又有不確者耳。"又批評《穀梁》"實因所知之事少,故從簡略"。[2]這是一個很有誤導性的論斷。説"所知之事少"的"少",究竟是多少?説穿了,陳澧之所以認定二傳"所知之事少",是把二傳不述其事當作不知其事。陳澧没有提及,桓譚早已批評《穀梁》殘略,鍾文烝對之已有批駁,《穀梁補注》云:"謂傳所不載者,並是不知其事,豈其然乎?"[3]然而,"不知其事"的批判是一個有待證驗的的預設。二傳作者所據的史料原典是什麼,現已無從考察,難以斷言其"所知"是多是少。不管如何,"所知之事少"的"少"已意味二傳不是也不知道!就是陳澧本人,也承認二傳有記事之語,有些内容是二傳知道。因此"所知之事少"的批判,與二傳是否存在史料價值,是不相干的。

二、二傳獨有的歷史敘事

有歷史敘事不蘊涵有史料價值。假如三傳屬於同一史源,而《公》、《穀》完全復述或抄襲《左傳》所講過的各種記事,《公》、《穀》的敘事仍有可能没有史料價值。然而,究竟三傳的史源如何?這是一個無法深入探討的問題。魯史舊文(即《公羊》所謂的"不修《春秋》")没有傳世,三傳參考的是什麼史料也無從稽考。惟一清楚的是,三傳敘述有異有同,絶非事事相同。吕思勉先生説:"至《公》、《穀》之記事,與《左氏》之記

〔1〕趙生羣《〈春秋〉經傳研究》,上海:上海古籍出版社,2000年,第276頁。
〔2〕(清)陳澧《東塾讀書記》卷十,載《陳澧集》第2册,黄國聲主編,上海:上海古籍出版社,2008年,第195、205頁。
〔3〕(清)鍾文烝《春秋穀梁經傳補注》卷二,駢宇騫、郝淑慧點校,北京:中華書局,1996年,第70頁。

事，則各有所取。”[1]趙伯雄先生也有類似的觀點：“三傳解經都是依據史實的，有時所據史實不同，也會使三傳的説解産生歧異。”[2]三傳取材的源頭既然不盡相同，而《公》、《穀》二傳也不是全盤復述或照搬《左傳》的記載。細心的讀者都會發現，如果遇到了其他文獻闕如的情況，《公》、《穀》的一些敘事就會成爲相關史事的惟一紀録(或主要紀録)，具有難以抹煞的史料價值。

相信《公羊》學者最自負和最有把握的敘事，該是關於孔父、仇牧、荀息三人死義的敘事。《公羊》歌頌這三個被弑君逆賊殺死的臣子，不像其他觀點容易遭到質疑，主要原因是其傳對三人死難過程的深描，尤其是孔父和仇牧二人。《公羊》桓二年傳：“督將弑殤公，孔父生而存，則殤公不可得而弑也，故於是先攻孔父之家。殤公知孔父死，己必死，趨而救之，皆死焉。孔父正色而立於朝，則人莫敢過而致難於其君者，孔父可謂義形於色矣。”[3]宋督先攻孔父之家，與夷知道孔父死了自己也不能倖存，就趕去援救，結果君臣二人同遭殺害，記述詳盡，基本上没有反證足以駁倒其説。儘管《左傳》記述禍事之源由，指出宋督在路上目睹孔父妻子的豔色，並且批判宋殤公“十年十一戰，民不堪命”而孔父没有糾正等情節，而杜預和孔穎達也怪責孔父連累宋殤公遇害，[4]但因《公羊》敘事的完整和厚實，基本上接受孔父作爲忠臣的聲音，絶對蓋過對他的責難。章太炎的意見可見一斑，《春秋左傳讀》云：“孔父爲詹事，其能整飭宮闈必矣。其妻偶一失禮，未足爲孔父病也。”[5]這是相信《公羊》上述敘事比較接近歷史實際。連章太炎也如此，以辯護《公羊》

[1] 吕思勉《吕思勉讀史劄記》上册，上海：上海古籍出版社，2011年，第148頁。

[2] 趙伯雄《春秋學史》，濟南：山東教育出版社，2004年，第75頁。

[3] (唐)徐彦《春秋公羊傳注疏》卷四，李學勤主編，北京：北京大學出版社，1999年，第70—71頁。

[4] (唐)孔穎達《春秋左傳正義》卷五，李學勤主編，北京：北京大學出版社，1999年，第133、136—37頁。

[5] 章太炎《春秋左傳讀》，載《章太炎全集》(二)，姜義華點校，上海：上海人民出版社，1982年，第116頁。

爲己任的皮錫瑞同樣充滿底氣,他和其他《公羊》學者一樣都認爲《公羊》記載孔父之事皆符合史實,反過來抨擊唱反調的杜預和孔穎達謬誤失宜:“杜、孔之解《春秋》如此等處,不謂之邪説不可也。”〔1〕

與孔父一樣,《公羊》對仇牧死義的討論,也因其獨家且厚實的敘事,得到廣泛的支持。《公羊》莊十二年傳:“萬嘗與莊公戰,獲乎莊公。莊公歸,散舍諸宫中,數月然後歸之。歸反爲大夫於宋,與閔公博,婦人皆在側,萬曰:‘甚矣! 魯侯之淑,魯侯之美也! 天下諸侯宜爲君者,唯魯侯爾!’閔公矜此婦人,妒其言,顧曰:‘此虜也! 爾虜焉故,魯侯之美惡乎至?’萬怒,搏閔公,絶其脰。仇牧聞君弑,趨而至,遇之于門,手劍而叱之。萬臂摋仇牧,碎其首,齒著乎門闔。仇牧可謂不畏彊禦矣。”〔2〕這裡記述宋萬與宋閔公如何發生口角,憤而弑君,並且遇上仇牧,用椎擊將之格殺。其中的前因後果,乃至相關對話、行凶方式、殺人動機等等,一一縷述無遺,現存文獻也找不到任何反證,所以它的認受性極高,即使杜預對之刻意貶抑,也没能予以改變。《左》莊十一年傳:“遇仇牧於門,批而殺之。”杜解:“仇牧稱名,不警而遇賊,無善事可褒。”〔3〕上述《左傳》僅九字,情節單薄,讀者自難因此棄《公》奉《左》。焦循《左傳補疏》云:“雖不及《公羊傳》之詳,亦未嘗有貶辭。”〔4〕之所以不相信杜預的觀點,很大程度上是因爲《公羊》有關仇牧的記載是現存文獻中最具體、最豐富和最細緻的敘事,杜預“無善事可褒”的批判也不足以動摇分毫。

雖然《左傳》的整體篇幅和敘事數量遠高於《公羊》,但在某些事件的記載上,《公羊》比《左傳》更全面和更翔實,也不乏其例。有關曹劌劫持齊桓公訂盟之事,便是一證。《公羊》莊十三年傳:“莊公將會乎桓,曹

〔1〕 皮錫瑞《經學通論》卷五,周春健校注,北京:華夏出版社,2011 年,第 396 頁。
〔2〕 徐彦《春秋公羊傳注疏》卷七,第 148—149 頁。
〔3〕 孔穎達《春秋左傳正義》卷九,第 247—248 頁。
〔4〕 (清)焦循《春秋左傳補疏》卷二,載《春秋左傳補疏 春秋左氏傳補注》,郭曉東、郝兆寬、陳峴點校,上海:上海古籍出版社,2016 年,第 22 頁。

子進曰：'君之意何如？'莊公曰：'寡人之生，則不若死矣。'曹子曰：'然則君請當其君，臣請當其臣。'莊公曰：'諾。'於是會乎桓。莊公升壇，曹子手劍而從之。管子進曰：'君何求乎？'曹子曰：'城壞壓竟，君不圖與？'管子曰：'然則君將何求？'曹子曰：'願請汶陽之田。'管子顧曰：'君許諾。'桓公曰：'諾。'曹子請盟，桓公下與之盟。已盟，曹子摽劍而去之。"〔1〕齊桓公被曹劌劫持卻仍然遵守信用不負盟約，使得他的信用聞於諸侯，《公羊》的敘事可以與《荀子》、《鶡冠子》、《戰國策》、《吕氏春秋》諸書的記載相互印證，〔2〕所以後世讀者普遍相信以上的敘事。相反，《左傳》記載這一盟會極其簡陋，没有太多信息可言，《左》莊十三年傳："冬，盟于柯，始及齊平也。"〔3〕在史料價值上，它根本不能與《公羊》相比。因爲這樣，《史記・刺客列傳》陳述曹劌的往事，基本上是取材自《公羊》而非《左傳》。〔4〕

《公羊》敘事對歷史認識的貢獻，許多文史研究者早已瞭然于胸。陳其泰先生有一個比較平實的觀察："《公羊傳》雖以闡釋大義爲主，但在史實上，與《左傳》相比，也有重要的補充。如宣公六年記趙盾弑其君，宣公十二年記邲之戰，宣公十五年記宋及楚平，成公八年記晉使韓穿來言歸齊汶陽之田，昭公二十五年記魯昭公攻季氏而反被季氏所逐出走等。"〔5〕衹要耐心研讀引文所舉諸例，誰還能認爲《公羊》没有史料價值呢？

---

〔1〕徐彦《春秋公羊傳注疏》卷七，第150—152頁。

〔2〕（清）王先謙《荀子集解》卷五，沈嘯寰、王星賢點校，北京：中華書局，1988年，第157頁。黄懷信《鶡冠子校注》卷下，北京：中華書局，2014年，第270頁。范祥雍《戰國策箋證》卷十三，范邦瑾協校，上海：上海古籍出版社，2011年，第711頁。許維遹《吕氏春秋集釋》卷十九，梁運華整理，北京：中華書局，2009年，第538頁。（漢）司馬遷《史記》卷八十六，北京：中華書局，2014年，第3053—3054頁。石光瑛《新序校釋》卷四，北京：中華書局，2001年，第497頁。

〔3〕孔穎達《春秋左傳正義》卷九，第249頁。

〔4〕《史記》卷八十六，第3053—3054頁。有關《史記》這方面的史實取材，參閱鄭傑文、傅永軍主編《經學十二講》，北京：中華書局，2007年，第219頁。

〔5〕陳其泰《清代公羊學》，上海：上海人民出版社，2011年，第18頁。

與《公羊》一樣,《穀梁》雖然篇幅比不上《左傳》,但對某些事件的記載,同樣僅此一家,别無他説。公弟叔肸在先秦文獻中記載極少,但在《穀梁》卻相當周詳全面,非二傳所能媲美。《穀梁》宣十七年傳:"其曰公弟叔肸,賢之也。其賢之何也?宣弑而非之也。非之,則胡爲不去也?曰:'兄弟也,何去而之?'與之財,則曰'我足矣'。織屨而食,終身不食宣公之食。君子以是爲通恩也,以取貴乎《春秋》。"[1]叔肸不滿其兄魯宣公篡奪君位,既不食其禄又不離棄,故此得到經文的高度肯定。這一敍事,是有關叔肸最全面的敍事。相反,《左傳》僅是泛泛申述"公子"和"弟"的稱呼:"凡大子之母弟,公在曰公子,不在曰弟。凡稱弟,皆母弟也。"[2]以上,不觸及公弟叔肸其人之事,其史料價值遠遠不如《穀梁》。《公羊》未嘗發傳解説,更不用提了。

非常清楚,《穀梁》記述史事雖不如《左》、《公》之多,但也不乏一些敍事比二傳更完備和更符合史實。僖元年經:"冬,十月壬午,公子友帥師敗莒師於麗,獲莒挐。"《左》、《公》二傳皆未提及"獲莒挐"的過程,惟《穀梁》記載其事:"其曰莒挐,何也?以吾獲之,目之也。内不言獲,此其言獲,何也?惡公子之紿。紿者奈何?公子友謂莒拏曰:'吾二人不相説,士卒何罪?'屏左右而相搏。公子友處下,左右曰:'孟勞!'孟勞者,魯之寶刀也。公子友以殺之。"[3]公子友與莒挐徒手不勝,最終憑孟勞寶刀殺了莒挐。這是現行文獻中惟一記載這場決鬥的敍事,全賴《穀梁傳》方才得以保存並流傳下來。[4]附帶一提,這場決鬥的敍述,與荆軻刺秦王一事,[5]完全是不同的歷史事件,二者環境不同,成因不同,情節不同,結果不同,除了關鍵時間有人叫喊提醒之外,基本上没有

---

〔1〕(唐)楊士勛《春秋穀梁傳注疏》卷十二,李學勤主編,北京:北京大學出版社,1999年,第207頁。

〔2〕《春秋左傳正義》卷二十七,第678頁。

〔3〕《春秋穀梁傳注疏》卷七,第107頁。

〔4〕鄭傑文、傅永軍主編《經學十二講》,第224頁。

〔5〕《史記》卷八十六,第3074—3075頁。

什麼相似之處，豈能認爲前者因襲後者？衛聚賢竟然僅據叫喊這一點，就斷定"這完全用荆軻刺秦始皇的故事"，[1]純屬自由心證，不足憑信。總而言之，以上的舉證已足夠説明《公羊》和《穀梁》有些敘事無可取代，具有不容磨滅的史料價值。

三、二傳補證文獻的作用

要討論《公》、《穀》的史料價值，不能僅限於二傳獨有而其他文獻没有或較少記載的内容。畢竟三傳都是圍繞《春秋》而發，這已決定它們的許多敘事存在重疊的地方。問題是，當三傳都有記述，而且有時《左傳》記述的部分比較多，那麽是否意味二傳完全没有史料價值呢？簡略地説，計有以下三種可能性：

1.《公羊》或《穀梁》有些記載可能錯誤，不如《左傳》可靠；

2. 二傳與《左傳》各有説法，難以確定哪一套説法更可靠；

3. 二傳雖然記載不同，但有些内容卻能印證《左傳》或其他典籍的敘述。

大體而言，這三種可能性都同樣存在，必須具體問題具體分析，不能大而化之。就1而言，《公羊》確有某些内容不符合歷史實際，例如文十二年經"秦伯使遂來聘"，《公羊》云："賢繆公也。"[2]這是把經文的"秦伯"誤解爲秦繆公。但檢《秦本紀》和《十二諸侯年表》可知，當時在位的是秦康公，非秦繆公。[3]何休和孔廣森嘗試對之辯護，也不成功。[4]同樣，《穀梁》也有一些令人費解的説法。莊三十二年經："秋，七月癸巳，

---

〔1〕衛聚賢《十三經概論》，上海：開明書店，1935年，第147頁。信從其説者，參閲吴濤《"術"、"學"紛爭下的西漢〈春秋〉學：以〈穀梁傳〉與〈公羊傳〉的升降爲例》，北京：中國社會科學出版社，2011年，第244—245頁。

〔2〕《春秋公羊傳注疏》卷十四，第299頁。

〔3〕《史記》卷五、十四，第248、745頁。

〔4〕對何、孔二人的批判，參閲陳澧《東塾讀書記》卷十，第195—196頁。

公子牙卒。"《穀梁》没有發傳解釋,但根據"大夫曰卒,正也"的傳例,公子牙的死亡日期衹能説明他是"正"而非"惡",没有政治合法性的問題。相反,《左》、《公》二傳同樣記述公子牙謀反而被公子友下令毒殺,[1]因《穀梁》未嘗刻劃公子牙之事,雖然解讀經文言之成理,但在某些史事的解説上,很難比得上二傳。無論如何,二傳被確證違反史實的敘事,數量有限。承認二傳有些内容不符合史實,没有什麽不可以,不必避忌。

再看 2。二傳在史事上引起的爭議,其實較少的是被確證爲完全不合史實,更多的是三傳各有史源而導致不同的判斷。閔元年經:"冬,齊仲孫來。"《左傳》認爲"齊仲孫"就是齊國公子仲孫湫:"冬,齊仲孫湫來省難。"相反,《公羊》認爲"齊仲孫"就是公子慶父:"齊仲孫者何?公子慶父也。公子慶父則曷爲謂之齊仲孫?繫之齊也。曷爲繫之齊?外之也。"《穀梁》也同樣認爲這是公子慶父:"其曰齊仲孫,外之也。其不目而曰仲孫,疏之也。其言齊,以累桓也。"[2]齊召南對此已有符合實情的觀察:"以仲孫爲慶父,《公》、《穀》二傳所同。"[3]確切地説,究竟是仲孫湫抑或公子慶父,就現存文獻而言,很難確言哪一主張更加正確。更合理的做法,是備存二説,等待確證,而不能因爲二傳不合《左傳》就斷言不合史實。也就是説,二傳有些觀點確實存在異説,但是否構成反證,就要看有没有堅實的證據加以佐證。無論如何,由此推導不出二傳所有内容都没有史料價值的結論。

再看 3。這是需要大書特書的部分。二傳印證《左傳》或其他典籍的内容,爲數甚多,撮其大要,計有以下四類:

(1) 重要情節的記述。楚莊王圍攻宋國近九個月,終於以和解收場,其中主要是司馬子反與華元二人居間調解的結果。儘管《左》、《穀》

---

[1] 《春秋左傳正義》卷十,第 301 頁;《春秋公羊傳注疏》卷九,第 185—187 頁。

[2] 《春秋左傳正義》卷十一,第 304 頁;《春秋公羊傳注疏》卷九,第 192 頁;《春秋穀梁傳注疏》卷六,第 102—103 頁。

[3] 齊召南《穀梁考證》卷六,第 645 頁。

二傳都有約略提及,但還是以《公羊》最爲翔實。《公羊》宣十五年傳:"莊王曰:'何如?'司馬子反曰:'憊矣!'曰:'何如?'曰:'易子而食之,析骸而炊之。'莊王曰:'嘻!甚矣憊。雖然,吾今取此,然後而歸爾。'司馬子反曰:'不可。臣已告之矣,軍有七日之糧爾。'莊王怒曰:'吾使子往視之,子曷爲告之?'司馬子反曰:'以區區之宋,猶有不欺人之臣,可以楚而無乎?是以告之也。'莊王曰:'諾。舍而止。雖然,吾猶取此,然後歸爾。'司馬子反曰:'然則君請處于此,臣請歸爾。'莊王曰:'子去我而歸,吾孰與處于此?吾亦從子而歸爾。'引師而去之。"[1]這一敘事,是《公羊》以事解經的典型事例,讀此可知楚、宋二國最後和解之所以然,史料價值毋庸置疑。[2]

《穀梁》同樣也有一些敘事,涉及重要情節的補充記述。《穀梁》定四年傳:"壞宗廟,徙陳器,撻平王之墓。"又云:"君居其君之寢而妻其君之妻,大夫居其大夫之寢而妻其大夫之妻,蓋有欲妻楚王之母者。"[3]這是刻劃吴軍攻入郢都後的各種暴行。相比之下,《公羊》卻比較簡略:"君舍于君室,大夫舍于大夫室,蓋妻楚王之母也。"[4]根本没有提及當時吴國爲滅絶楚國而毁壞宗廟,以及伍子胥鞭墓的瘋狂行爲。更令人納罕的是,《左傳》對吴軍入郢後的記載甚爲簡略,僅是説:"吾聞之:'不讓,則不和;不和,不可以遠征。'吴爭于楚,必有亂;有亂,則必歸,焉能定楚?"[5]這裡提及鬬辛聞吴人爭宫,但其事的歷史背景,也就是吴軍在攻陷郢都後的各種表現,卻毫無著墨。由此反觀,《穀梁》在吴軍入郢的敘事上,《左》、《公》二傳也不能取而代之。

---

〔1〕《春秋公羊傳注疏》卷十六,第356—357頁。

〔2〕同樣注意到《公羊》此一敘事的重要性,參閱葉國良、夏長朴、李隆獻《經學通論》,上海:上海書店出版社,2016年,第144頁;葉純芳《中國經學史大綱》,北京:北京大學出版社,2016年,第81頁;王文東《天之道與人之禮——〈春秋〉經傳主體思想》,北京:人民出版社,2016年,第645—646頁。

〔3〕《春秋穀梁傳注疏》卷十九,第323—324頁。

〔4〕《春秋公羊傳注疏》卷二十六,第564頁。

〔5〕《春秋左傳正義》卷五十五,第1563頁。

(2) 人物品性的刻劃。《公羊》有些敘事對歷史人物的描述,頗爲生動細緻,令人印象深刻。有關公子目夷的記載,便是一例。《公羊》僖二十一年傳:"宋公謂公子目夷曰:'子歸守國矣。國,子之國也。吾不從子之言,以至乎此。'公子目夷復曰:'君雖不言國,國固臣之國也。'於是歸,設守械而守國。"[1]目夷不負宋襄公,在危難期間,暫代君職,抵抗楚人來犯。這是《左》、《穀》二傳和其他典籍也没有提及的情節。此外,《左傳》載有子魚(即目夷)不受宋襄公讓國的往事,[2]而《公羊》上述"子之國"的話語,正好印證《左傳》的内容,不能因爲二傳有各種差别而忽略其述事的相通性。

《穀梁》對人物描述的篇幅不多,但也有一些重要的記載。《穀梁》昭十九年傳:"止曰:'我與夫弑者,不立乎其位。'以與其弟虺。哭泣,歠饘粥,嗌不容粒。未逾年而死。故君子即止自責而責之也。"[3]許止因進藥失誤而害死許悼公,事後自責悔恨。相反,《左傳》僅説"大子奔晉",[4]《公羊》僅説"止進藥而藥殺",[5]二傳對許止的敘述同樣欠缺深描。可以説,没有《穀梁》上述的敘事,讀者很難具體地瞭解許止無意弑父和深切懊惱的表現。

(3) 事件成因的解釋。《左傳》雖是記載春秋史事最權威的典籍,但不代表它的所有敘述都能縷述因果關係。例如邲之戰,《左傳》敘述楚國最初以和誑晉,隨後乘夜攻襲,當交戰取得勝利之時,卻又教敵人以遁逃:"晉人或以廣隊不能進,楚人惎之脱扃,少進,馬還,又惎之拔旆投衡,乃出。顧曰:'吾不如大國之數奔也。'"[6]爲何要放走敵人,以致反爲所笑?《左傳》以上敘事,讀來頗不近情。然而,衹要參考《公羊》的敘

[1] 《春秋公羊傳注疏》卷十一,第243頁。
[2] 《春秋左傳正義》卷十三,第353—354頁。
[3] 《春秋穀梁傳注疏》卷十八,第299頁。
[4] 《春秋左傳正義》卷四十八,第1380頁。
[5] 《春秋公羊傳注疏》卷二十三,第509—510頁。
[6] 《春秋左傳正義》卷二十三,第650頁。

事,疑惑迎刃而解。《公羊》宣十二年傳:“莊王曰:‘嘻!吾兩君不相好,百姓何罪?’令之還師,而佚晉寇。”[1]可見,楚莊王發動這次戰爭,雖是謀求挫敗晉軍,但不主張濫用殺戮,所以下令讓敵人得以遁逃。有關這方面的因果解釋,吕思勉已有顯白的闡揚:“此則非兼考《公羊》,不能明史事之真,並不能明《左氏》者矣。舉此一事,餘可類推。”[2]

同樣,《穀梁》對某些史事的成因,也有一些解説足以補《左》、《公》之闕。熟悉晉國内亂的人都知道,晉國大夫里克在晉獻公死後,接連殺了奚齊、卓子兩名嗣君及大夫荀息,隨後擁立夷吾(即晉惠公)。但夷吾即位後,立即殺了里克。《穀梁》僖十年傳:“里克所爲殺者,爲重耳也。夷吾曰:‘是又將殺我乎?’故殺之不以其罪也。”接著敘述晉獻公生前被驪姬蠱惑,逼迫太子申生走投無路最終自殺,而在申生死前,與里克有這麽一段對答:“世子之傅里克謂世子曰:‘入自明!入自明則可以生,不入自明則不可以生。’世子曰:‘吾君已老矣,已昏矣。吾若此而入自明,則麗姬必死;麗姬死,則吾君不安。所以使吾君不安者,吾不若自死,吾甯自殺以安吾君,以重耳爲寄矣。’刎脰而死。故里克所爲弑者,爲重耳也。夷吾曰:‘是又將殺我也。’”[3]可見,里克真正效忠的人是申生,而申生遺命交託的人是流亡在外的重耳(即晉文公),而非臨時擁立的夷吾。夷吾正是知道這一點,害怕里克可能殺害自己,決定先下手爲强誅殺里克。相反,《左》僖十年傳:“周公忌父、王子党會齊隰朋立晉侯,晉侯殺里克以説。”又載夷吾説:“子弑二君與一大夫,爲子君者不亦難乎?”[4]周公忌父、王子党和隰朋左右晉國政局的實力,是否能夠超越連弑二君的里克?《左傳》完全不交代夷吾顧忌里克之所以然,衹説他爲了討好這些人而殺夷吾,似乎不如《穀梁》可信。此外,《公羊》僖十

---

〔1〕《春秋公羊傳注疏》卷十六,第 353 頁。

〔2〕吕思勉《經子解題》,載氏著《中國文化思想史九種》,上海:上海古籍出版社,2009 年,第 154 頁。

〔3〕《春秋穀梁傳注疏》卷八,第 126—27 頁。

〔4〕《春秋左傳正義》卷十三,第 362 頁。

年傳:"孰立惠公?里克也。里克弑奚齊、卓子,逆惠公而入。"又載惠公之言:"爾既殺夫二孺子矣,又將圖寡人。爲爾君者,不亦病乎?"[1]如其解,讀者衹知道夷吾忘恩負義,害死擁立自己的里克。當然,"將圖寡人"之語,與《穀梁》"是又將殺我也"的記載,兩者的敘事有所互通,但《公羊》因爲没有觸及申生遺命託付重耳的情節,所以讀者實不知道"將圖寡人"的所以然。在里克的死因解釋上,《穀梁》的説法最是可信,據此方能通釋《左》、《公》未能圓滿説明的疑問。

(4) 歷史地理的旁證。這是較少學者注意的環節,但也不宜忽略。楚昭王執政時,吴、蔡聯軍在伯舉大敗楚軍。這場戰爭的緣起,是蔡昭公被楚國奸臣囊瓦拘留三年,《左》定三年傳:"蔡昭侯爲兩佩與兩裘,以如楚"和"三年止之",[2]没有提及蔡昭公被拘留在什麽地方。《管蔡世家》沿承《左傳》的記載,衹能含糊其辭,説是"留之楚三年"。[3]在這裡,《公》、《穀》記載相同,同樣明説"爲是拘昭公于南郢",[4]可見囚禁蔡昭公的地點是楚都南郢,據此可補《左》、《史》之闕。

二傳對歷史地理的佐證,也可以惠及其他典籍。歷來治《禹貢》的學者,對梁州在哪裡,"治梁及岐"之"梁"如何解釋,衆説紛紜,傳統經師往往以爲"梁"是普通的山名,然而二傳卻有一些值得關注的旁證。成五年經:"梁山崩。"《公羊》云:"梁山者何? 河上之山也。"[5]《穀梁》云:"梁山崩,壅遏河三日不流。"[6]二傳的記載明確了"梁山"完全有可能是指河道上的某一種特殊地形,這爲"梁"的解釋提供了重要的參證。[7]由此可見,二傳對研究歷史地理也不是毫無貢獻的。

---

〔1〕《春秋公羊傳注疏》卷十一,第226頁。
〔2〕《春秋左傳正義》卷五十四,第1539頁。
〔3〕《史記》卷三十五,第1897頁。
〔4〕《春秋公羊傳注疏》卷二十五,第561頁;《春秋穀梁傳注疏》卷十九,第321—23頁。
〔5〕《春秋公羊傳注疏》卷十七,第381頁。
〔6〕《春秋穀梁傳注疏》卷十三,第218頁。
〔7〕辛德勇《陸梁名義新釋》,載氏著《舊史輿地文録》,上海:中西書局,2015年,第96—129頁。

四、餘論

上文所言,祇屬不全面的舉證,可談的事例還有許許多多,難免挂一漏萬之譏。之所以不避淺陋作出這些不成熟的芻議,主要是説明《公羊》和《穀梁》的歷史内容是有待挖掘的,不宜輕易斷言二傳毫無史料價值。當然,本文也不是主張高估二傳的史料價值。如上所説,《公羊》或《穀梁》可能有些敘事是不符合歷史實際的,也未必能夠與《左傳》或其他典籍相容,過度高估甚至以爲它比《左傳》更有史料價值,肯定是不對的。反過來説,過分忽視或無視二傳的史料價值,也不符合實際。

還有這句老話:具體問題具體分析!本田成之先生在上世紀初提出的一個觀點,仍然值得玩味。他明確地反對把“理義”與“事實”對立起來的簡單化做法:“例如説《左氏》詳述事實不傳理義,然《左氏》的事實仍然有《左氏》一流的理義記載著,其理義合理與否,直接與事實有著密切的關係。這在《公羊》、《穀梁》也同樣。此二家仍然是從其一派的意見以傳事實的,如果否定此二家的道理,則不能不否定此二家所記的事實。雖則不都是這樣,然大體略同。例如同一惠公仲子,《左氏》及《公羊》都以爲是惠公之妾,而《穀梁》則以爲是惠公之母、孝公之妾。又如同一君氏,《左傳》則以爲是名叫聲子的婦人,而《公羊》、《穀梁》則作尹氏,説是天子的大夫。其他一方以爲忠臣,一方以爲惡漢的同一的人,而其判斷與事實完全不同的例子尚多,因而是等孰真孰僞很不容易分辨。”〔1〕假如今人能夠正視或重視本田先生或其他類似的觀點,大概就不致誤以爲惟《左傳》纔有史料價值。《公》、《穀》二傳同樣也有史料價值,不該被抹煞,無論多少。

---

〔1〕［日］本田成之《中國經學史》,孫俍工譯,桂林:灕江出版社,2013年,第62頁。

西洋藝術史暢想

陳　强*

老氏以小國寡民爲至治之極，揆諸史乘唯有希臘列邦庶幾近之。觀其裸體雕塑率真浪漫之致，可以想見城邦公民抱朴含真、坦蕩無僞的赤子情懷。而人際之間亦必雍熙和洽，一派“浴乎沂、風乎舞雩”之氣象。奧林匹亞裸體競技殆可視作對越神王以復歸於嬰兒之宗教修行。米隆《擲鐵餅者》雖蓄勢欲發而神情安詳自若，堪可揭櫫“希臘之純靜”。同出雅利安的印度也多有赤身修行以超脱於塵俗之係縛者，佛經所謂裸形外道即其儕類。由常理而言，“原始人”大抵真誠惻坦不以裸裎爲羞，“文明人”則往往矯情飾僞每以華衮爲榮——“逐出伊甸”正是人類隨理性發育喪天真而萌恥感的文學隱喻。希臘先民似乎孤標獨步迥異凡倫：開化既久依然眷戀樂園之美景，低回留之不能去。作爲形軀的摹本，裸體雕塑既是文明童真之見證，亦爲精神自覺之嚆矢。伴隨自我意識的蘇醒，哲學思潮漸泯自然之關懷以騖人倫之探究。是非彰乃道之所以虧——迨至蘇格拉底倡明道德之廣崇，希臘遂由偷食禁果失其天性之淳樸。自中古以降，放逸外馳的古典文化漸與矜嚴内斂的基督教形成西洋文明内部陰陽互補的共軛結構，相與之際猶如晝夜之舒卷、寒

* 作者單位：厦門大學哲學系。

署之往來。逃墨必歸於楊——士之狂簡不羈者厭於耶教桎梏,往往寄情濫觴希臘之古典主義美術。惟其存心以背逆、蓄意而放縱,故難盡得古典文化純真自然之妙。

早期希臘雕塑未脱埃及之板滯。當文明的目光終於反觀以自照,精神遂如打磨之璞玉漸顯不可言説的靈性光澤。甫入古典時期雕塑之雙眸即顧盼神飛,而容止儀態也隨之栩然如生——雖斷首殘身如命運三女神仍藉曼妙衣褶傳達雍容嫻雅之韻致。其聰俊靈秀之氣殆非好高騖巨而不知反躬自省的埃及文明所能企及,遑論混沌未鑿、癡迷成性之蠻族傳統。古典遺産猶如奧林匹斯山巍然屹立,以行雲流水之輕靈使歐洲各民族驀然覺察自家之魯鈍。“會當凌絶頂,一覽衆山小”——文藝復興之意大利以及巴洛克時期之法蘭西皆由積年修習奮力上攀,一旦豁然證會希臘之性靈即已置身俯瞰全歐的精神制高點。希臘文明因内省而鍾靈,因鍾靈而纏綿,因纏綿而枝蔓,因枝蔓而寖衰——從建築柱式的變化代興可見其概。簡潔的多利安式肇創於生機勃發的大殖民時代,勢狀雄强故有男柱之目。方其時也,文明一往擴張,質勝於文則野。隨精神之内斂人文肇興,氤氲涵煦、斐然而成章——文勝於質則史。剛毅木訥之男柱由是讓位搔首弄姿之女柱:愛奧尼亞式尚如嫺靜淑女,科林斯式已似妖冶蕩婦。雅典衛城派特農神廟之多利安柱維石岩岩,令人懷思砥柱中流、邦國所瞻的伯里克利;伊瑞克提翁廟之少女像柱則柔情綽態,使人聯想阿世媚俗、巧舌如簧的蠱惑家輩——世風之轉移每與藝術之流變相爲表裏。陰盛陽衰的希臘理所當然雌伏於馬其頓之淫威。

就神人關係而言,唯我獨尊之基督教上帝有類壟斷行市的倨慢商家,而各司其職之奧林匹斯衆神則像彼此競爭的殷勤賣主。帕特農神廟西山牆雕像著力表現雅典娜與波塞冬炫奇較技以爭阿提卡之場景——故老相傳其地即今伊瑞克提翁廟基址。彼時土人宴然安坐,盡享買方市場之優惠。希臘城邦保護神信仰殆與兩河文明一脈相承。神祇猶如一方土地——當吉凶禍福尚在未定,懸心想事成之願景以爲所佑城邦前行之動力。科林斯會後希臘列邦之運途已不卜可知,曾經日麗中天的奥林匹斯神系也就無可挽回地走到它的夕陽晚景。信仰有如潮汐起落——高張之時造像罕敢曝光女神之胴體。待到普拉克西特利斯以名妓爲裸模製作《阿佛洛狄忒》,奥林匹斯神亦遂淪落風塵,仰賴妍姿豔質以吸引人氣。尼多斯島上觀者如潮、羣情亢奮,而莊嚴神聖之宗教情感早已蕩然無存。比較而言,十字架上的耶穌在在流露漠視世俗榮利之傲岸。地中海世界的精神生態隨基督教之西漸陡然生變,多神充分競爭終爲一神絶對壟斷所更易。奥古斯丁皇皇大作使臨下有赫的上帝悠然抽身於城邦保護神的繁瑣職責,再無需爲人世間雞蟲得失抵押信譽。自希羅多德《歷史》以降的浩繁載記皆爲世俗之城的經驗記憶。當其隨文化生命精力之不濟漸趨模糊,歐羅巴便滿懷上帝之城的美好憧憬進入恍惚迷離之夢境——此爲中古藝術孕生發展的思想背景。

夢中之"我"渾然遺忘窮年累歲之閲歷,卻將《聖經》故事混同於自家記憶——遂以癡迷之目光注視内心視屏生滅流轉的神話意象。後者變幻而爲寫經之插圖、鑄銅之造像、嵌料之壁畫、刻石之雕飾——林林總總,不一而足。因失經驗記憶之校準往往稚拙而誇張,大有異於現實之場景。而顛覆羅馬之蠻族尚處蒙昧之世,從教如流略類懵懂幼兒迷戀動漫——逐漸由形會意以入文明之門户。蠻族審美偏於感性直觀。其人性嗜繁縟華美、炫人眼目之裝飾,藝術成就亦以金屬鑲嵌、聖書藻繪一類裝潢設計著稱於世。自加洛林時代以降,富麗俗豔之蠻族趣味即爲端重典雅之古典品格鎮壓於雷峰塔下。二者相反相成——此有故彼有,此生故彼生。羅馬風建築的流行標誌古典復興達於膚表,接踵而來的則是蠻族趣味之逆襲——哥特式教堂溢彩流光的玻璃畫窗差可比諸碩大雕件之嵌寶。佛羅倫薩畫派的全盛代表古典復興達於肌裏,接踵而來的則是蠻族趣味之再度逆襲——巴洛克建築金碧輝煌的雕樑畫棟依稀有似豪華聖書之裝飾。文藝復興畫家由焦點透視漸獲清晰之現實感——方其時也,意大利終於從中世紀慢慢長夢灑然醒覺。再回首已是千年身。古羅馬人習學希臘藝術殆如依葫蘆畫瓢,祇得形似而無空靈之神韻。然對無法準確造型的北歐蠻族而言,纖毫畢肖之羅馬雕塑始終皆是遥不可及的成長目標。當意大利由"文藝復興"臻於希臘之空靈,北歐亦由"文藝復興"臻於羅馬之真確——正所謂"齊一變至魯,魯一變至道"。

阿爾卑斯山南北空間地理之距不甚遐遠,而文化心理之隔頗爲迢遥。南人風流倜儻,承繼羅馬之放逸;北人矜嚴刻板,不改蠻族之木訥。深入北地的基督教在羅馬風流行之日尚龜縮於堅壁之高壘——待到哥特式當令始脱幽暗自閉以趨陽光開朗,漸與土著居民打成一片。當揚·凡·艾克創作《阿諾菲尼婚禮》之際,其金科玉律已潛移默化而爲百姓日用不知之禮俗。阿諾菲尼乃一僑居布魯日之意大利商人,入鄉隨俗變化氣質——神情容止唯見北人之嚴刻,不覩南人之簡脱。畫中與新婚嬌妻約誓示信,頗有"執子之手,與子偕老"之意。雖寫世俗家居之景,端重明麗殆類教堂之聖畫。基督教莊嚴婚姻,和古典文化縱情聲色大相徑庭。意大利文藝復興所散發的濃厚異教氣息終於在北方激起回歸《聖經》之宗教改革。馬丁·路德以破戒娶妻抗議教會之僞善,其自反而縮的道德勇氣由凡·艾克大作莊重肅穆之氛圍可見端倪。相較《阿諾菲尼婚禮》超凡而入聖,達·芬奇《聖母子和聖安娜》可謂脱神以適俗。畫中聖母與其母淺笑嫣然,何有異於抱子弄孫之鄰家婦人?若將眼神從俯視聖嬰轉向對視觀衆,宛然即是面帶微笑之蒙娜麗莎。存乎人者莫良於眸子。同樣直面觀者,蒙娜麗莎眼角流波、勾魂奪魄,阿諾菲尼則目光呆滯、麻痹不仁——其間差别非惟人格氣質之殊異,抑亦地域文化之分歧。積年窖藏成就美酒之口感,而歲月滄桑則孕育精神之靈性。達·芬奇喜以縹緲空靈之寫意山水烘托其人物形象,與凡·艾克纖毫畢肖之工筆背景適成反差——當文化生命由經多見廣漸厭繽紛之具象,纔會靈光閃現以流露洞徹世態人情的神秘微笑。

中古耶教之人物形象則往往正色莊容、不苟言笑,由絶塵脱俗之禁欲多呈瘦削挺拔的“秀骨清相”。造像雖深衣蔽體略無凹凸之肌,從其稠疊之衣褶仍可領略古典雕塑的流風餘韻——此爲黑暗時代恍惚迷離的夢境中殘存的微弱記憶。當久違的裸體維納斯在波提切利筆下悄然“誕生”之際,其淩波踏浪的曼妙形軀有如芙蓉出水、亭亭玉立——較之作爲古典原型的卡皮托利維納斯豐腴稍遜而清臒有加。在意大利文藝復興之初,未脱卡通氣息的稚嫩繪畫每將從“哥特”上溯“古典”之雕塑視爲馬首是瞻的老成典型——無論透視之講求還是明暗之處理皆有意收三維造型之效於二維平面之上。繪畫步雕塑之後塵以吸納發榮滋長之養分,逐漸青出於藍而勝於藍。波提切利另一大作《春》即以略類“曹衣出水”的技法曲盡綺羅之妙:不僅在畫面上完美再現雕塑所擅之衣褶韻律,而且盡致傳達雕塑所拙之衣料質感。相比波提切利,雕繪雙棲而又好古敏求的米開朗基羅更是接古典之靈根於圖繪的個中高手。當其在腳手架上躬廝役之勞而不得從事心嚮往之的教皇陵墓裸像之製作,就將暴露之癖盡情宣洩於西斯廷教堂之天頂畫——而《創世紀》的題材恰好爲古典雕塑般的人物形象罩上基督教的神聖光環。風景靜物畫的繪製端賴描形寫真之能事,而古典風韻之人物畫的創作在技藝之外尚需神交千古、心游萬仞之才情——博學多能如米開朗基羅方可戛戛獨造以臻其極詣。佛羅倫薩畫派向以素描造型著稱於世,既因爲其標杆之雕刻稍有疏忽即盡棄前功,亦由冠其訂單之經變略帶潦草便褻瀆神明。

威尼斯畫派在肇興之初同樣追步老成之雕塑。始祖喬凡尼·貝里尼曾受教筆下運斤之曼坦那,由是寫人狀物每帶大刀闊斧之剛勁——《聖方濟各出神》即爲個中顯例。畫面上方濟各修長挺拔之軀屹如哥特式雕像,與身後嶙峋犖確之山石渾然相融——正所謂“仁者樂山,有志如磐”。貝里尼嚴毅端謹,擅長描繪一本正經的耶教典故;高足喬爾喬内則風流倜儻,適於表現佻達放逸的神話母題。前者以端坐之瑪利亞揚名,後者藉睡卧之維納斯馳譽。喬爾喬内爲人極是温潤圓融,故能化剛爲柔以成中和之美。筆下的維納斯睡姿雖無所本,卻比傳承有緒之經典造型更見逸致——其理有似東床坦腹最得風流。拉斐爾《雅典學院》以達·芬奇和米開朗基羅爲模特影寫畫面中央的柏拉圖師弟,意在揭櫫文藝復興之精神遥接古希臘哲學。佛羅倫薩畫派崇仰凝神致思之希臘,而威尼斯畫派則向慕縱放自恣之希臘。當心旌神摇之際,意象之邊緣必趨漫漶模糊。步武喬爾喬内的提香遂假色彩之漸變盡情揮灑以收明暗凹凸之效,歸然而爲没骨油畫不祧之祖。其人較之米開朗基羅可謂未諳雕塑、不嗜古物,略無淵深之學,殊少博通之才——正惟如此,方能聚精會神於丹青以窮顔色之變化。圖繪由重色輕型告獨立於雕塑。前者天生靈動,後者則秉性嫻静。繪事當"曹衣出水"尚廁雕塑之門牆,及"吴帶當風"已脱其藩籬而證自性。提香《以撒的獻祭》藉借飄揚之衣裾烘托風譎雲詭的緊張氣氛,和根植雕塑的古典静謐大相徑庭。濫觴於斯的巴洛克風以强烈的繪畫動感反哺墨守成規之雕塑,終生文藝復興之反動。

繪畫相比雕塑少有材質限制,也因之更彰精神之自由——其含蓄雋永者或由藴藉深沉通靈而成讖。喬爾喬内傳世名作《暴風雨》即可擬於圖繪之《諾查丹瑪斯預言》。爆發於十六世紀初的宗教改革運動挾雷霆萬鈞之勢席捲歐陸,引發兵戈擾攘的百年板蕩。當歷史的風暴尚在醞釀,通幽洞冥之畫筆就已藉劃過天際的閃電照亮黑雲壓城般凝重壓抑的時代氛圍。迫在眉睫的暴風雨實則與裸身哺乳之婦人干係非淺。隨文藝復興之推展,作爲羅馬教會形象代言的聖母子漸染古典之放逸而失固有之端重——正是諸如此者激起正本清源之改革浪潮。電閃雷鳴中伶俜之狀隱約折射教會之處境——當危急存亡之秋,若非西班牙人執兵相護安能逢凶化吉、遇難成祥?以改革運動爲端舊教與新教逐漸南北分途。……相較而言新教民族更像單親家庭之兒童,成長過程唯有嚴父之督導而無慈母之嬌縱。由是天然早熟——爲人獨立自主殊少倚傍依賴之心。羅馬化的意大利人原比日爾曼人練達老成。正當啟蒙之時由美術之發達止步“看圖會意”之境界——而後者則隨《聖經》之德譯逐漸“識文斷字”,終於後來居上以窺文明之堂奥。職此之故,《雅典學院》所憧憬的哲學繁榮不睹於文藝復興之意大利,卻見諸三百年後之德意志。

《中庸》有言,“唯天下至誠,爲能經綸天下之大經,立天下之大本”,其馬丁·路德之謂也? 從克拉納赫所繪標準像可見斯人沉湎自心、視若無睹的漠然眼神——正所謂剛毅木訥近乎仁。路德原爲奥斯定會修士。倡始之改革標誌耶教内部絶世離俗之修會與混世同俗之教會的長期緊張已届爆發之節點。修會以自誠明爲鵠的,束身自修殆類佛家之宗門;教會以自明誠爲旨歸,化導衆生略如佛家之教門。路德破戒與修女成婚,可謂以身作則躋社會於至大無外之修道院。託始於舊教修會的新教一如禪宗直指心源,遂擯塵世之浮華以騖精神之超升。洗心革面則藝術風格相應生變。當南禪化宗爲教風靡東亞,素樸荒寒之氣隨之彌漫宇内而窮極工巧之造型藝術從此輝煌不再——敦煌龍門之開鑿皆隨宣教伎倆之没落陡然衰歇。新教之勃興對北歐美術的影響也與之差可倫比。在宗教畫領域,明心見性之山水或奪經變人物之席。路德宗畫家弗里德里希的風景之作便與禪風駘蕩之宋人山水多有異曲同工之妙。《林中修院》意境有似李營丘《讀碑窠石》,《枯樹寒鴉》構圖仿佛無名氏《空山歸巢》。新教民族無論歐陸英美皆有與世不偕的孤立主義情結——圖之於畫幅者其唯靈根夙植之弗里德里希。天主教則相反,自教皇以下皆汲汲於世俗之榮利。佩魯吉諾名作《基督授鑰聖彼得》即以金堂玉闕爲背景渲染教權之神聖——而遊歷羅馬的路德卻對廣廈崇樓之聖所無動於衷,眼中所見衹是索多瑪般罪惡之城。與之相似,作爲禪家宗匠的達摩亦以梁武造寺度僧毫無功德可言。不論新教還是禪宗皆以原教旨之姿清理門户、去蕪存菁。前者根柢耶教《聖經》以去古典文化之蕪,可謂舍肉而取骨;後者依止佛門悟性以去自家經籍之蕪,更是舍骨而取髓——影響及於藝苑無異地動山摇之强震。

新教講求簡約質樸,舊教則尚富貴奢華——天主教堂往往裝飾精麗,如人盛裝華服、雅自矜持。羅馬聖彼得大堂即殫工窮巧以彰教廷之威儀。美第奇教皇利奥十世以金融家之手腕百計籌款,不意兜售之贖罪券反成日後裂教之引信。其券有類教會加持之來世社保,信者恒有不信則無——主者露骨營利才使信譽俄然破産。實則中古宏壯巍峨之教堂莫不奠基於生前投資死後獲益之空想資本主義。必幡然以有生之年爲度理財逐利,始克成就資本主義"從空想到科學"之蜕變。聖彼得教堂贖罪券終令德國人羣情激憤——方其時也,此專精覃思之民族已由幽冥之莫測漸悟海德格爾所謂"向死之在"。從丟勒筆下的死神到弗里德里希畫中的荒墳皆在在流露無常迅速之憂虞。新教虔信者一如隱修之賢哲以骷髏爲伴計日程功,盡人事而聽天命——戴罪候審之忐忑與贖罪券體現的錢能通神之自信形成鮮明的反差。基督教在羅馬風時代依託鄉村修院發榮滋長,及哥特式流行逐漸輻輳通都大邑之主教座堂——也由此沾染奢靡腐敗之頑疾。宗教改革可謂返本開新,欲使德意志變身人人讀經自習之鄉村修院。路德登高一呼應者雲集——懵懂無知之農夫最是亢奮莫名。新教與農民投緣,一如舊教和文士合拍。勃魯蓋爾之大作《伯利恒料民》便借農家風情表現《聖經》母題,秋水共長天一色。……當肇興之火氣終隨世俗化之進程消退殆盡,新教即以錯人思天之舊教所不具的現世關懷成爲工商繁盛的文化助緣。經歷宗教改革洗禮的荷蘭雅好現實人生之寫真,不尚地獄天堂之經變——正惟如此,方能淩轢耽於遐想之意大利以執資本主義發展之牛耳。

當歷史的塵埃尚未落定,短兵相接之新舊兩教各使渾身解數凝聚變幻莫測的人心——前者仰賴時興之版畫插圖勵志提氣,後者憑藉固有之壁繪雕塑興感動情。米開朗基羅巨幅壁畫《末日審判》即由恢恑憰怪之羣裸造型演繹天道至公、善惡有報之主旨,其中煉獄圖景凸顯兩教千古不可合之同異。窮形盡相之裸體在《創世記》尚屬自然呈顯,於《末日審判》則爲刻意渲染。據説客居羅馬的格列柯曾毛遂自薦,欲以縱橫健筆令濟濟一堂之裸身候審者"著衣遮羞"。基督教强調靈與肉的對立——靈魂每隨肉體之失焦豁然彰顯。從聖彼得淚眼到拉奥孔怖容皆可印證格列柯孜孜所務在靈之刻畫而非肉之表現,無怪米開朗基羅不善丹青。其人喜繪巖穴高士清羸示病之容,性情亦沉靜自閉、與世寡合——漂泊至於修會繁盛之西班牙始獲身心所憩,遂舍威尼斯之明麗以就托萊多之昏暗。自兹以降,陰鬱凝重的色調常可見於西班牙繪畫之背景。畢加索"藍色時期"畫作即爲人所共知之顯例——當其棲止花都巴黎,來自伊比利亞的精神胎記便隨燈紅酒緑之浸淫姍姍消退。格列柯以創作爲修行,而同出威尼斯畫派的魯本斯卻恣情欲而輕内省。雖偶有祭壇宣教之作,從筆下所在皆是的肉感仕女可見信仰之淡薄。像《美惠三女神》衹比維林多夫維納斯稍遜豐腴,有性力之崇拜而無數度之講求。嗜欲深者天機淺——魯本斯對時代脈搏的感應不及與之先後的卡拉瓦喬和倫勃朗。二子皆由晦明之對照烘托非黑即白的極端氛圍,和改教之後兩軍對壘、冰炭難容之形勢冥冥相應。卡拉瓦喬的明暗變幻略如演出之效果,倫勃朗的陰陽過渡則類現實之情形——從中可見仰重儀式慶典之舊教與依止生活日常之新教的文化分野。

宗教理念相較更爲内在的種族氣質猶如衣裳之於形體,其間不協淺者失察而深人有感。經歷量體裁衣之改革,基督信仰終由外在灌輸之産物衍爲個性選擇之結果——馬丁·路德以龍鳴獅吼發近世民族自覺之先聲。當米開朗基羅之《大衛》作爲城邦圖騰屹立於佛羅倫薩市政廳前,碩如歌利亞之新興民族國家亦悄然進入其視野之中。法蘭西即爲巨靈之佼佼者——當路易十四時代國勢鼎盛,舉足可爲歐陸之輕重。帝宅皇居非壯麗無以重威。窮極奢華之凡爾賽宫巍然傑立,盡顯泱泱大國之風。蒙茸林野經人工之删治躋於規整苑囿——絶對君主羈縻貴族之手腕宛然有若修飭草木之園藝。繪畫之道同樣和政治息息相通。

當普桑凝神靜氣之古典主義風格沛然流行,廟堂之上凡所擘畫必先“素描打稿”——謀定後動以追步希臘羅馬之休烈。及魯本斯縱橫自恣之巴洛克新尚悄然代興,内政外交亦漸改故轍而流於率性隨意。紅衣主教之謹重杳不可見,其所開創的霸業遂由欲求之無度轉瞬成空。陵夷至於洛可可風得時當令,政壇之上更是文恬武嬉、宴安鴆毒——陰盛陽衰之光景依稀有似科林斯柱時興之希臘季世。如同中古哥特式風格,洛可可風也以法國人特有之玲瓏瑣細風靡全歐——當彼之時,懵懂稚拙之凝重已爲經多見廣之輕浮所更代。而民族性格似亦較少時委婉纏綿。在大革命的熊熊烈焰中,法國隨“賀拉斯兄弟之誓”入戲飾演雄霸歐洲之陽剛羅馬——其陰柔本性則化身向隅而泣之女眷退藏於密。恍惚之間漢尼拔變身“跨越聖伯納隘口之拿破崙”。一代梟雄以虎狼之師横掃歐陸——其以迂爲直的經典戰例何嘗不是鮮血凝成的洛可可藝術?當大戲謝幕之後,激情不再的法蘭西終於卸裝回復本來面目。玲瓏婉轉之才情揮灑而爲行雲流水之時尚設計,令熙來攘往的婦人女子一見傾心。

歐洲民族國家熠然勃興之青春活力迅速引發高潮迭起的帝國主義擴張。魯本斯名作《劫奪呂西普斯之女》便從雄性視角頌美自然本能之如意圓成——狂放不羈的征服欲藉酣暢之性侵躍然畫上,意態間隱約可見帝國主義之人性淵源。有别於沉湎繪境、陶然若醉的魯本斯,普桑在《擄掠薩賓婦女》一畫中衹以古典主義之冷靜漠然注視羅馬人肆無忌憚之暴行——表現之場景已非心血來潮的個人舉動,而是計畫周詳的集體行爲。兩畫母題皆典出希臘羅馬文化。隨文藝復興“出土”的古代價值觀超然於道德,每爲方興未艾之殖民征服傅粉施朱。舊教之法國相比新教之英荷更多從希臘羅馬的三墳五典之中汲取擴張之靈感。即便是自然風光之作,洛倫筆下的海景也往往倚託古典建築巍然兀立之港灣,不像透納所繪水天寥廓、一空依傍——法英兩國海權觀之差異亦有類於此。步武羅馬的法國常爲歐陸爭霸割捨其苦心經營之海外領地。古典之崇尚在意大利人衹是純粹的藝術傾向,於法國人則每雜斑駁的政治旨趣。自法蘭西繪畫雕塑學院肇創以來,古典主義美術即摇身而爲官方意識形態之有機組成——希臘羅馬之魂魄遂以冥冥之力呵護與其形神畢肖之殖民帝國。當此跨洲越洋之巨靈全神貫注之時,腦海始有意象清晰之思維——一旦神志模糊、昏昏欲睡,便成頭重腳輕之泥足巨人。是以意境朦朧之印象派常與法國官方沙龍鑿枘不合,當其流行之日亦即帝國衰亡之始。在風起雲湧的藝苑新潮的衝擊下,古典主義美術由蹈常襲故漸失活力,終隨其所護持之帝國無可奈何花落去。作爲正統派殿軍,布格羅以夢幻般曼妙柔美之畫風寞然見證古典主義的落日餘暉。其人殆如困守奠邊府之卡斯特里准將,獨自在四面楚歌之中進行無謂的抵抗。

個體必由託始幼年之經驗記憶證知自家爲誰,文明亦然。歐羅巴甫自中古慢慢長夢蘇醒,便隨文藝復興之潮流沉湎希臘羅馬文化的白日夢中。從意大利濫觴法蘭西的古典主義美術以雅人深致發思古之幽情,油然啟迪文明之自覺。古典主義依止冰冷之理性,常做舊秩序護法;浪漫主義則仰賴熱烈之激情,每爲新世變嚆矢。安常守故的維也納體系隨十九世紀高潮迭起之歐陸革命轟然而坍塌,其端倪見於畫壇之上安格爾與德拉克勞温文爾雅之論爭。現實主義亦集矢不接地氣之古典風格,每以下里巴人之生活寫真頡頏陽春白雪之懷舊憧憬。同樣刻畫底層勞作之人,米勒《拾穗者》不脱村野之質樸,庫爾貝《碎石工》多見匠心之雕鑿。後者煽揚之羣體自覺使柏拉圖筆下象徵欲望之階級不安其分,躍躍而欲逞。當有條不紊的經驗理性因情欲亢進霍然解紐,文化生命便隨綿延記憶之斷裂嗒然喪我,從而陷於失魂落魄之癲狂。席里柯嘗藉精嚴之筆曲盡狂者之情態——梵高則更進一步,徑以縱肆之筆直抒狂者之胸臆。其人患有想入非非之躁狂,從所繪《向日葵》熱烈如火的色調可見病情之嚴重。生前寂寥的梵高死後聲名鵲起——爲世所知乃因歐洲文明亦漸罹患躁狂之疾。隨症狀之發展,文藝趣尚如走馬燈遷變無常:往往喜新以厭舊,崇誕以黜實。陵夷至於二十世紀,法西斯主義的勃興見證人格化之國家亦由情緒失控喪心病狂——當其時也,爭地以戰殺人盈野,爭城以戰殺人盈城。有感於兵燹之慘酷,匠心獨運的畢加索將病者紊雜無章之幻覺銜爲《格爾尼卡》以揭櫫歐洲文明之狂疾。畫中唯見散亂之意象,不睹統貫之記憶。舍離意識層面條理清晰的經驗記憶以入於混沌紛亂的潛意識深處,纔有現代藝術革故鼎新之肇生。

二十世紀新美術的抽象追求似與《聖經》一神信仰之旨趣不無淵源。米開朗基羅的《摩西》即以偶像崇拜之形態淋漓盡致表現一神教鼻祖對於偶像崇拜之憤怒。而其作於西斯廷教堂的《創世記》與《末日審判》更令一部《聖經》從頭至尾皆爲古典文化之趣尚所挾制。反者道之動——經文不泥的自性則藉風靡北歐的宗教改革激起偶像破壞之狂潮。脱胎於新教文明世俗化進程的現代藝術從誕生伊始便遺傳文明肇創之時嫉視偶像之基因。詼詭如杜尚之《蒙娜麗莎》何嘗不是花樣翻新的偶像破壞? 熏沐舊教氛圍的杜尚還需唐突佳人以昭示反叛,濡染新教風習的波洛克祇消隨意揮灑便盡顯本色。拜新教文化背景之賜,積澱淺薄的美國終於在冷戰方殷之際超邁歐陸以執現代藝術之牛耳……相比新教徒,猶太人的抽象偏好可謂有過之而無不及。洋溢猶太精神的包豪斯運動損希臘羅馬之文致以用“現代”之忠,對雕鏤繁縟的古典主義式樣而言無異掃穴犁庭之偶像破壞。抽象主義藝術沖漠無朕,較諸栩然如生之造型殆如樗櫟廢材無所可用。無用之用方爲大用——包豪斯風格即因康定斯基泯滅具象之“無”而有澤及天下蒼生的器室之用。其猶太性廓然外張類於基督教——變幻而爲流行之楷式,凡舟車所至人力所通皆從風而披靡。而夏加爾如夢如幻之畫作則體現翕然内斂近乎猶太教的另類猶太性——雖浮想聯翩、思致超妙,卻如放飛之紙鳶始終繫於尋根溯源的鄉土情懷。二者陰陽互補,宛若同一硬幣的正反兩面……

“現代”奪“古典”之席在某種意義上也可視爲耶路撒冷對雅典的顛覆。正是希臘的發現引發意大利文藝復興——古典精神的涓涓細流終於濫觴而爲西洋美術的茫茫九派。曾幾何時,豐沛原泉漸已乾涸。先天下憂者頗思返本開新,從文明發端處濬其深慧以爲再造文藝復興的源頭活水。當施里曼勞人動衆發掘特洛伊之際,古典學出身的尼采也將思想的探鏟伸向希臘文明之原始。其處女作《悲劇的誕生》即以濕婆毗濕奴兩極並峙之印度神系爲藍本擬構酒神日神二元對立之希臘神系——雖向壁虛造卻持之有故、言之成理。與濕婆信仰暗通款曲的酒神精神轉手便蛻變而爲弗洛伊德之性力崇拜,隨人心不古風靡縱放不羈之藝林。從馬蒂斯筆下如醉如癡之裸舞赫然可見生生不息的永恒輪回——韻律之悠揚宛若玄妙莫測的《濕婆之舞》。近代西洋文明因理性發育過度漸生返璞歸真之反動。拉斐爾前派寄情童稚未泯之中古,而尼采則向慕混沌不鑿之上世。新潮美術得其酒神精神之放而不得日神精神之斂,遂由酩酊無狀忘所從出。當個人記憶疏離歐洲歷史,從非洲木刻到塔希提風情皆較懷舊之念想更能蕩心縈懷。異域情調在安格爾不過獵奇之趣向,而對高更而言則爲靈魂之歸宿。陵夷至於二十世紀,新美術的意趣思致已與一脈相承之歷史文化斷然絶緣。尼采欲藉希臘之新詮振興貴族化的古典傳統,而庶民社會悄然崛起的歷史大勢令其深心弘願淪空沉寂。與希臘羅馬文化不同,亞伯拉罕宗教始終紮根社會基層——其抽象追求之自性終於孕生光怪陸離的現代藝術,隨平民意識之覺醒風興雲蒸而爲藝苑之主流。雅典代表的集體記憶遂爲耶路撒冷象徵的個人體驗所顛覆,而“古典”與“現代”的鴻溝也就昭然在目難以度越。

編後記

二十一世紀轉眼已經過去五分之一了。儘管許多人對未來仍然表現出極大信心,並作出種種籌劃,甚至不斷有預言説,人類即將在科技之光的照耀下超越死亡;但生命本身的不可預測性,還是不斷製造出各種眼花繚亂的事件,這就是人類的現實處境。危機也讓不少曾經信念堅定的人氣餒:一方面,各種傳統的信仰體系在科技的巨大操控能力面前顯得脆弱不堪;另一方面,科學家、科幻作家乃至一些科技公司的領袖,已在認真地探討平行世界、高維空間等等近乎神話的理論,以至於不少人懷疑,看起來確定無疑的現實世界也許只是一個巨型虛擬系統的一部分。

類似的疑問和緊張也在一些經學研究者中表現出來。幾年前,海外一位嚴謹的春秋學家便鄭重提出,春秋學祇是地球文明從"二、三次元上升到四次元的學問",而《禮運》大同也只能代表以愛、和平、互助爲核心的"四次元初階文明",在未來的文明躍遷之後,這些道理已遠遠不夠。由此可見,清末學者廖平所要建構的"天人小大",即把經學推擴到六合之外的構想,儘管在百年之後仍存迴響,但基調卻是挫敗和茫然。更多的學者則主要受考據癖驅使,索性鑽到故紙堆中,對類似問題置之不理。經學到底已經終結,成爲歷史的一部分,還是仍然具有未來?

也正是因此,最近幾年關於"第三期經學"的討論,便成爲中國思想界一個無法繞過的問題。相關討論因爲與現實的政治、文化因素糾纏在一起,頭緒紛繁複雜。但由於經學本身在中國傳統文化中的基礎性地位,這些討論又總是與文明的存續乃至族羣的一體性等關鍵問題密不可分。

對於二十世紀的中國文化來説,在西力東漸、傳統文化遭遇危機的態勢之下,無論是附會或融攝西學以捍衛自身文化的合理性,還是强調中西之異以改造固有傳統,其前提都是對西學的自覺接受。這與晚清以來中國由"天朝上國"變成現代民族國家的歷程是同步的。儘管兩次大戰之後形成的世界體系十分鬆散,而且只是一種以西方色彩爲主的地方性形式,但本身仍是人類文明一體性的某種體現。人類因此分享了自由、民主、平等、仁愛等基本價值。這些價值在一些地區顯然是被扭曲的,但扭曲本身卻也證明名器的影響不可小覷。

不過"失之毫釐,差之千里",觀念上的名實之别,一旦進入實踐,便會形成現實世界的巨大分歧。這種分歧達到一定程度之後,會反過來對原有的一體性格局構成挑戰。有時,這些挑戰會以文明衝突的形式表現出來,但假如回到人類精神深處,便會發現"文明"不過是一種障眼法。否則無法解釋爲什麽有些國家儘管分屬不同文化,卻能和平共處;而有些同文同種的族羣卻勢如水火,不共戴天。關鍵問題便在於人類合羣方式的不同,到底是和稀泥式的玄同、一把抓式的尚同,還是羣而不黨、和而不同?在現代各種政治學觀念背後,隱藏着或同或異的精神結構。

於是,一種强調文明差異的觀念粉墨登場,原有的國際體系開始逐漸崩塌。主張從民族國家復歸到原有文明形態的聲音,便似乎順理成章。這種聲音有時甚至會以舊的"經學"形態相文飾,爲現實的一體性框架尋找一個古老的標籤。這是以另一種方式來坐實文明衝突論。在這一觀念背後,既有地緣政治的因素,也與後現代思潮對近代西方文化的消解有關。在後現代主義那裏,人類整體文明自身所隱含的本末結構被夷於平列,在“去中心”的各種喧囂之中,精神陷入一種虚幻的、“無差别的平等觀”。“無差别的平等觀”之所以是虚幻的,是因爲無論如何不喜歡現實的中心(本)與邊緣(末)關係,都難以否認:中心與邊緣儘管可以更替,卻無法真正消除,這是生命自身的本末張力所決定的。這就像晚清以來許多禮教的批判者,以爲仁義禮智信五常只是中國文化的特殊産物,必欲除之而後快;殊不知無論西洋、印度還是阿拉伯文化,其實同樣具有自己的禮教和綱常,只是語言和結構不同而已。文明之所以有别於野蠻是因爲禮的存在,對具體禮教形式的否定並不意味着禮本身可以被滅棄。五常本身便是普適的,並非中國文化的禁臠,這才是常道之爲常道的根據所在。前述以西方文化形式出現,但又被大多數族羣接受的那些觀念其實也是如此,儘管用的是地方性語言,表達的卻是人類普遍的精神理想。在今天,假如仍然以地域作爲文明的標籤(這一點在時下的政治學和歷史學界似乎仍很盛行),未免過於簡單了。

當然,與另外一種聲音相比,這些論調便顯然落伍了。早就有一種力量,試圖在元明清(我稱之爲“末三代”)以來固有的廢墟中,爲人類文明重建一種新的一體性。對於許多在想象中以諸夏自居,但又飽受百年來“天朝上國“跌落之苦的國人來説,這種願景常常令之興奮不已。問題是,“末三代”以來的基本架構,儘管同樣具有共同體的形式,卻與真正建立在生命自由基礎上的那種一體性根本有别。孔子“惡似而非者”,惡莠之亂苗、紫之奪朱,着眼點即在於此。孔門經學强調仁禮合一,現實的政治架構假如缺少禮的别異性(正如獨斷之外假如缺少質疑),那麽一體不僅毫無意義,而且勢必流於大惡。只有能夠“同而異”,回到仁禮合一的精神結構,才是《周易》所謂“各正性命”,才是“以元統天”的“大一統”,這是生命自由的真諦所在。大概地説,人類歷史上真正燦爛的文明形態,儘管形式往往各有不同,但主要都建基於這一精神結構之上。關於這一問題,未來還可以進一步申説。

换言之,那種“封閉的一體性”,儘管同樣具有統一的形式,卻並非真正的一統。應該强調的是,經學上的“大一統”與世俗的流行含義並不一致,甚至恰恰相反。真正的一統是指以天道之仁來統合充滿差異的世界,既開放而又不失一體,永遠保持生機。當自我與宇宙在根源上相通之時,“我”便意味着一體的實現,孔子所謂“一日克己復禮,天下歸仁焉。”反之,假如是他者與宇宙在根源上相通,那麽捨己從人才意味着真正的一體性。這裏體現出經學上的小大之辨,孟子所謂“惟仁者爲能以大事小,惟智者爲能以小事大。”至於如何作出相關判斷,絶不能靠虚張聲勢的自我宣示,而是應該加以嚴肅探討。當然,現實的弔詭是,幾乎所有陷於“封閉的一體性”的體制,都同樣自以爲溝通了本源,於是因襲會自鳴創造,鄙野會自居文明,整個世界因此充斥着師心自用與好爲人師,這是人類社會各種激烈衝突的根源所在。

當然也還存在另外一種可能。總的來説,儘管人類已經形成幾個不同的文化分支,而且各自把自身理解成文明的最高形態,但假如追本溯源,便會發現一個難以否認的事實:不同文化的基本傾向儘管不無差異,但卻早已並存於所有文明的精神結構之中。這在“軸心時代”以後文化交融的過程中其實也可以看到。譬如,作爲經學的分支,墨辯、名家與古希臘的知性思維遥契,而莊子則與標舉空性的大乘佛學相通。另如景教或聶斯托里派,儘管更像是東方的學問,並因而託庇於中土,但同樣是西洋文化精神結構中不可或缺的一環。甚至在政治及社會結構上,春秋時代與古希臘城邦似乎同大於異,而淵源於商代的秦政,以及由此建立的統一帝國,則與十九世紀以來法、德、俄等國一些强調劃一的政治傳統,尤其是異時異世的知音。從純粹思辨的角度來説,不僅古希臘所自覺的知性思維是普遍的,由中土及印度所特别發展的德性、空性思維,乃至猶太文化的超越性傳統,其實也都是普遍性的。因性顯相,人類文明的不同形態由此證成。

從這個角度來説,人類文明從來没有真正失去自身的一體性,只不過在不同文化的顯性意識中被忘卻了。“軸心時代”以後幾種主要文化之間的差異，因此可以理解爲人類文明的總體生命形態向不同維度展開。歷史上看似激烈的“文明衝突”，不過是人類總體文明的内在張力使然。在這一過程中，文明表現出自身的常與變，這就是“易有三義”中的不易與變易。對人類精神結構的内在理解，則是其中的易簡之道。而在今天，對這一精神結構作出全面而徹底的理解，便成爲經學的核心問題之一。如同此前已經指出的，因性顯相的不同文化，將重新回到《尚書》所謂“四門穆穆”的一體之境。正是在這一意義上，當中印兩希四根支柱確立之後，人類學術已經在爲自身的文明大厦建造屋頂，通過對差異性的超越，重新回到原初的某種同一，儘管古今這兩次“同一”在形式上已經截然異趣。而在文明内部的組織形態上，誠如《孟子·盡心上》所討論的那樣，理想的狀況應是“乾道變化”的天道一體性對於某些自外傾向的克服，實現一種新的“歸往”，這就是孔子所説的“天下歸仁”以及孟子所謂“王者無敵”。這是時下經學乃至整個人類學術應該努力的方向。只不過在這一過程中，依然會存在各種形式的衝突。但這種衝突不是文明間的衝突，而是精神結構的差異，在這種差異中藴含着偏全之分、小大之辨或文野之别。從目前的形勢來看，文與野的對決已經無可避免。執着於地方性視野而又缺乏敬畏的族羣，最終會因爲失去本源的滋養而一蹶不振。

按照華夏古典的精神意象，文明開啓於山水之間。水的渾沌，象徵着生命的本源；山爲百物依止，意味着文明的初成。早期人類，就在不同的“山谷”之中各自成長。但生命同樣不會停留在一隅之地，於是才有“百川灌河”之後，河伯的望洋興嘆。人類第二期文明因此拓展到五洲四洋之間。但誠如莊生所言，九州（地球）之於宇宙，又何嘗不是“稊米之在太倉”（《莊子·秋水》）。那麽在今天，當人類即將昂首面向星際之時，到底該是虚中應物、莊敬自持，還是師心自用、戡天役物？儘管事變依然無窮，但應對之方其實不出兩塗。孔子説：“道二，仁與不仁而已矣。”人類的希望在於回復本真的敬畏之心並直道而行。這是經學所以爲常道的根據所在,並非隨着時空維度的躍遷便可以避免。

當然,人類儘管在總體上都需要面對這一挑戰,但其實還存在更爲迫切的問題。譬如,在一些呼牛牛應、呼馬馬應的所在,一方既然是草隨風偃,一方也便樂得以丕顯無謬的天道自居。這顯然又是昌言"直道而行"的孔子所始料不及了。"人必自侮,然後人侮之",這無疑是人類精神下墜的悲劇。那麽是否還有解決之道呢?一般來説,回復《周易》所説的"天地之心",生命自然會有上出的動力;但誠如孟子指出的,"無恒産而有恒心者,惟士爲能,若民,因無恒産,則無恒心",越是普通人的生命,越需要一個良好的機制來護持。所以,這一問題既不能抽象而談,也不可用戲論的心態面對,甚至也不能只靠少數人(士)的堅定自守(恒心),而是仍然有賴於人類合羣之道的具體解決。

鄧秉元

2021年7月3日初稿草成

2021年7月24日定稿於中州大水之時

稿　約

本刊由若干學術同仁發起，旨在賡續經學傳統，推動經學新變，重塑經學與時代之聯繫，並爲學界同仁提供一學術交流園地。真誠期待海内外經學研究同仁不吝賜稿，以饗讀者。

孔門四科，堂廡甚廣。後生小子，竊有慕焉。故舉凡義理、考據、經濟、辭章，有關經義者，無論經典詮釋、儒學義理，抑或學術濟時、經學史論，皆在歡迎之列。唯期持之有故，言之成理，至於短製長篇，專論書評，則可任意所之。

九流十家，源初王官，各得經學之一脈。故有關諸子之研究，皆所亟盼。及後佛教東傳，西學東漸，經學與之相得益彰。故舉凡研究諸家學術而與經學相比較者，亦所企望。

貞下起元，此後聖之將行；守先待後，乃學人之正理。倘有已故學者遺稿、函札，而願發表本刊者，皆無任欣忭。

如蒙賜稿，本刊將於兩月内敬復來函，期間請勿一稿兩投。如大作曾經發表，務請提前註明。稿件一經刊行，即寄贈樣書，並略付薄酬。

來稿請用繁體中文、word 文檔、頁下注形式，並請注明真實姓名、所在單位及聯繫方式，不必同時寄送紙本。文稿無需内容摘要、關鍵詞、英文摘要。爲防止丢失，請同時通過電子郵件發送至以下地址：

huanzhaideng@163.com　鄧秉元（復旦大學歷史學系）

yhzhang83@hotmail.com　張鈺翰(上海人民出版社)

如欲通信,可函寄:

上海市邯鄲路 220 號復旦大學歷史學系　鄧志峰收　郵編:200433

《新經學》編輯部

二〇一六年十二月

圖書在版編目(CIP)數據

新經學.第7輯/鄧秉元主編.—上海:上海人民出版社,2021
ISBN 978-7-208-17201-2

Ⅰ.①新… Ⅱ.①鄧… Ⅲ.①經學-研究 Ⅳ.①Z126

中國版本圖書館CIP數據核字(2021)第130987號

責任編輯 張鈺翰
封面設計 陳酌工作室

新經學(第七輯)
鄧秉元 主編

出　　版 上海人民出版社
(200001 上海福建中路193號)
發　　行 上海人民出版社發行中心
印　　刷 上海商務聯西印刷有限公司
開　　本 635×965 1/16
印　　張 19.75
插　　頁 2
字　　數 252,000
版　　次 2021年8月第1版
印　　次 2021年8月第1次印刷
ISBN 978-7-208-17201-2/B·1566
定　　價 78.00圓